Masuren entdecken

Mit Königsberg, Danzig und Thorn.
Aufgezeichnet von
Maren Rathke

Trescher
Reihe Reisen

6., aktualisierte und erweiterte Auflage 2007

Reinhardtstraße 9
10117 Berlin
www.trescherverlag.de
post@trescherverlag.de

ISBN 978-3-89794-096-3

Trescher-Reihe Reisen
Herausgegeben von Sabine Fach und Bernd Schwenkros

Redaktionelle Konzeption: Detlev von Oppeln
Reihenentwurf: Robert Schumann
Satz und Bildbearbeitung: Martina Sailer, Ulla Nickl
Farbteilgestaltung: Bernd Chill
Umschlaggestaltung: Tom Schülke
Lektorat: Corinna Grulich, Hinnerk Dreppenstedt, Alice Gayler
Stadtpläne und Karten: Bernd Schwenkros, Johann Maria Just, Martin Kapp
Kaliningrad-Kapitel: Holger Kretzschmar

Gedruckt auf chlorfrei gebleichtem Papier

Printed in Germany

Vorwort

Man könnte Vater und Mutter verlassen, Kühlschränke, Farbfernseher und Telefonapparate, um in Masuren das einfache Leben zu leben.

Arno Surminski

Jahrzehntelang existierte Masuren in Deutschland fast nur noch in der Erinnerung. Von der Schönheit der Landschaft und ihren liebenswerten, manchmal ein wenig kauzig daherkommenden Menschen erzählten Schriftsteller wie Ernst Wiechert, Siegfried Lenz und Arno Surminski in ihren Geschichten, und vor den Augen der Leser entstand allmählich das Bild eines ebenso schlichten wie gemütlichen, paradiesischen Landstrichs. So, wie ihn Surminski in seiner ›Reise nach Nikolaiken‹ beschreibt: »Als der Herr noch auf Erden wandelte, kam er am späten Nachmittag, als er schon müde war, ins Masurische und erschuf, bevor er einschlief, mit sanfter Hand und ohne viel nachzudenken, die masurische Wildnis. Seitdem ist Masuren ein Land ohne Eile, das gerne die Zeit verschläft.«

Ein bißchen ist es heute noch so, obwohl es das alte ›Masuren‹ natürlich längst nicht mehr gibt – und auch in ›Mazury‹ die Zeit nicht stehengeblieben ist. War die Region schon in Zeiten der Volksrepublik ein beliebtes polnisches Sommerurlaubsgebiet, haben sie seit dem Fall des Eisernen Vorhangs auch immer mehr deutsche Touristen für sich entdeckt. Im Zuge eines sanften Tourismus ist im letzten Jahrzehnt eine allen Ansprüchen gerecht werdende touristische Infrastruktur entstanden, mit Unterkunftsmöglichkeiten von eleganten Hotels und Ferienanlagen über gemütliche Frühstückspensionen und Privatzimmervermietungen bis hin zum Urlaub auf dem Bauernhof sowie einer großen Auswahl an Campingplätzen in idyllischen Lagen. Dazu gesellt sich ein vielfältiges Freizeitangebot mit allen nur denkbaren Wassersportmöglichkeiten – ein Paradies vor allem für Paddler und Segler –, außerdem Radfahren, Reiten und Wandern. Das etwas Verträumte, Stille und Schläfrige hat sich die Landschaft dabei trotzdem bewahrt, was sie zu einer der schönsten im nördlichen Mitteleuropa macht.

Wer sich heute in den nordöstlichsten Winkel Polens aufmacht, wird immer noch ein ›Land ohne Eile‹ vorfinden, eine noch nahezu unzerstörte Natur mit über 3000 Seen, Flüssen, Kanälen, die sich mit tiefen Wäldern, sanften Hügeln und weitem Bauernland ein Stelldichein geben. Er wird außerdem eine Fülle von bedeutenden Baudenkmälern vorfinden, von backsteinernen Ordensritterburgen über barockschwere Wallfahrtskirchen bis hin zu Errungenschaften der Technik aus dem 19. Jahrhundert oder auch düsteren Hinterlassenschaften des Nazi-Regimes. Steinerne Zeugen, die von der wechselhaften Geschichte Masurens erzählen: darunter das Epizentrum der mittelalterlichen Deutschordensmacht, die imposante Marienburg am Ufer der Nogat, oder die prächtige Wallfahrtskirche Heilige Linde nahe den Großen Masurischen Seen und der kuriose Oberlandkanal mit seinen Rutschpartien quer über Land, oder auch die zusammengestürzten Betonbunker der Hitlerschen Wolfsschanze. Sie alle und zahlreiche weitere herausragende Sehenswürdigkeiten - bereichert um Abstecher in die alte Stadt Thorn und zur glanzvollen Ostsee-Königin Danzig - warten auf ihre Besichtigung.

Masurische Weite am Mamrysee

Kaum jemand vermag sich dem Reiz des nordöstlichen Polens zu entziehen. Mit Kornblumen und Klatschmohn geschmückt sind die Felder, knorrige Bäume zieren die kopfsteingepflasterten Allen, über die hier und da noch alte Fuhrwerke klappern, auf Dachfirsten und Telefonmasten baut Meister Adebar seine Nester, Gänsefamilien watscheln von Weiher zu Weiher über die Dorfstraßen, und so scheint in Masuren trotz allen Neuerungen die Zeit tatsächlich ein bißchen stehengeblieben zu sein. So wie es die Dichter beschrieben, und wie auch die Sage von der Entstehung Masurens erzählt: als dem Land, wohin der Liebe Gott, von der siebentägigen Schöpfung müde geworden, seine letzten Perlen verstreute.

Hinweise zur Benutzung dieses Reiseführers

Nach einem allgemeinen, über Geschichte und Natur, Essen und Trinken, Land und Leute informierenden Teil beschreibt dieses Reisehandbuch neben den Städten Gdańsk (Danzig), Malbork (Marienburg) und Toruń (Thorn) sowie der russischen Oblast Kaliningrad (Enklave Königsberg) die Landschaften des nordöstlichen Polens. Sie sind in geographisch sinnvolle, regionale Kapitel unterteilt, denen jeweils eine Übersichtskarte voransteht.

In den einzelnen Kapiteln werden nach einem kleinen Überblick über die Region die zugehörigen Städte und Ortschaften mit ihren Sehenswürdigkeiten beschrieben sowie Tips für Ausflüge in die nähere Umgebung gegeben. Dabei sollen die Stadtpläne für größere Ortschaften und touristische Zentren einer ersten Orientierung dienen. Sie können ausführliches Kartenmaterial, das besonders für einen

Typisch masurisches Häuschen in Popielno

längeren Aufenthalt von Nutzen sein kann, nicht ersetzen. Üblicherweise halten die Touristeninformationen eine große Zahl Stadtpläne, Landkarten, Paddel- und Wanderkarten parat. Die Adressen der Informationsstellen und darüber hinaus Unterkunfts- und Restauranttips sowie Freizeit- und Wassersportmöglichkeiten finden sich in den Informationskästen im Anhang an die beschriebenen Orte. Die dort angegebenen Preise für Unterkünfte beziehen sich auf Doppelzimmer mit Frühstück in der Hochsaison.

Dem Reiseführer ist außerdem ein kleiner Sprachführer und ein umfangreicher reisepraktischer Informationsteil ›Reisetips von A bis Z‹ beigefügt. Da es sich um Regionen der Republik Polen handelt, werden selbstverständlich die polnischen Namen verwandt. Im Ortsregister sind die Namen polnisch-deutsch und deutsch-polnisch aufgeführt. Ehemals deutsche Ortsbezeichnungen sind im Text in Klammern erwähnt. In Klammern gesetzte Übersetzungen von Namen und Landschaftsbezeichnungen, wie beispielsweise ›Mazurski Park Krajobrazowy‹ (Masurischer Landschaftspark), sind als Lesehilfe gedacht.

Häufig verwendete polnische Begriffe:

uliza (ul.)	Straße
plac (pl.)	Platz
aleja (al.)	Allee
brama	Tor
kościół	Kirche
św.	Sankt (heilig, in Straßen- und Kirchennamen)
ratusz	Rathaus
zamek	Burg
rynek	Markt
jezioro	See
puszcza	Wald

Zeichenlegende

Informationsbüro für Touristen

Internetcafés

Taxiruf, Taxistände

Hotels und Pensionen

Jugendherberge

Camping- und Biwakplätze

Restaurants

Cafés

Bars, Nachtclubs

Museen

Theater, Festivals

Verleih von Wassersportgeräten

sonstige Sportmöglichkeiten

Fahrradverleih

Reiterhöfe, Pferdeverleih

Schiffsanleger, Ausflugsdampfer

Masuren, schon lange traditionelles Ferienziel polnischer Urlauber, erfreut sich auch bei deutschen Touristen großer Beliebtheit. Zu entdecken gibt es eine schöne Region mit unzähligen Seen, dichten Wäldern und zahlreichen Baudenkmälern.

Land und Leute

Geographie und Natur

Die meisten aktuellen Reiseführer schildern eine weitaus größere Region als die, die das eigentliche Masuren umfaßt. Unter einem Titel ›Masuren‹ werden in den deutschsprachigen touristischen Veröffentlichungen in der Regel alle historischen Landschaften des ehemaligen südlichen Ostpreußens präsentiert - des ›Lands der dunklen Wälder und kristallenen Seen‹, wie es das alte Ostpreußenlied besingt -, als da sind: das Ermland, das Oberland und Masuren. Zusammengenommen beschreiben diese drei Landschaften das heutige Gebiet der Woiwodschaft Warmia-Mazury (Ermland-Masuren) im Nordosten Polens, so wie sie auch dieses Reisehandbuch vorstellt.

Die Suwalszczyzna im nordöstlichsten Winkel Polens liegt abseits der Touristenströme

Das Ermland, polnisch Warmia, dehnt sich, im Westen durch den Fluß Pasłęka (Passarge) begrenzt, von Frombork (Frauenburg) am Frischen Haff in Form eines Dreiecks Richtung Südosten aus. Mit Wiesen und Feldern erstreckt es sich östlich bis auf die Höhe von Święta Lipka (Heilige Linde) und südlich bis Olsztyn (Allenstein), der alten ermländischen Kapitale und heutigen Woiwodschaftshauptstadt.

Das historische Oberland umfaßt in seiner West-Ost-Ausdehnung in etwa das Gebiet zwischen Wisła (Weichsel) und Pasłęka und in Nord-Süd-Richtung ein Territorium von Elbląg (Elbing) bis Iława (Deutsch Eylau) an der Oberländischen beziehungsweise Iława-Seenplatte. Dank seiner vielen schönen Gewässer wird das südliche Oberland aus touristischen Gründen gerne als ›Westmasuren‹ bezeichnet, obwohl Masuren tatsächlich etwas weiter südöstlich beginnt.

Im Süden der Woiwodschaft liegt das ›Land der tausend Seen‹, wie man Masuren nennt. Niemand hat je die genaue Anzahl seiner Gewässer ermittelt, und ebenso wenig vermag man zu sagen, wo exakt es seinen Anfang nimmt oder wo es endet. Denn nie war die Region durch politische Grenzen definiert, Masuren ist stets nur die Landschaft der großen Wälder und Seen gewesen. Es zieht sich vom Góra Dylewska (Kernsdorfer Höhe) nahe Ostróda (Osterode) über das Gebiet Olsztynek (Hohenstein), Nidzica (Neidenburg), Szczytno (Ortelsburg) zu den Großen Masurischen Seen hinauf und endet auf Höhe der Linie Olecko (Marggrabowa) und Ełk, dem früheren Lyck, der historischen Hauptstadt Masurens.

An Masuren schließt sich im nordöstlichsten Winkel Polens zur litauischen Grenze hin die Suwalszczyzna an, die Region um Suwałki, die aufgrund der Schönheit ihrer Natur auf keinen Fall unerwähnt bleiben darf. Sie ist bereits Teil der Woiwodschaft Podlaskie, ebenso wie Augustów mit seinen angrenzenden herrlichen Waldgebieten und im Süden dem oberen Biebrza-Flußtal, dem bis heute nahezu unberührten, größten Sumpfgebiet Zentraleuropas. Auch diese Landschaften werden hier ausführlich beschrieben.

Darüber hinaus bietet sich seit der Öffnung der russischen Oblast Kaliningrad (Königsberg) die Möglichkeit, von Warmia-Mazury aus einen spannenden Abstecher in das ehemalige nördliche Ostpreußen zu unternehmen; weshalb der Region um die alte ostpreußische Hauptstadt Königsberg ein eigenes ausführliches Kapitel gewidmet ist.

Bereits auf dem Weg von Deutschland in den Nordosten Polens warten im Weichseltal die Sehenswürdigkeiten der alten Ordensgründung Toruń (Thorn) auf ihre Besichtigung und weiter nördlich an der Nogat beim Städtchen Malbork (Marienburg) die größte Backsteinfestung Europas, der ehemalige Sitz des Hochmeisters des Deutschen Ritterordens: die Marienburg. Schließlich und endlich darf natürlich die ›Königin der Ostsee‹ nicht fehlen, die altehrwürdige Hansestadt Gdańsk (Danzig), die 1997 ihr tausendjähriges Bestehen feierte, und deren zahlreichen Schönheiten hier ebenfalls ein Kapitel zugedacht ist.

Hügel, Steine und Sand

Die Landschaften Nordostpolens sind Teil des mitteleuropäischen Tieflands. Von Schleswig-Holstein bis nach Masuren durchzieht es der Baltische Höhenrücken, ein vielfach hintereinander gestaffeltes Hügelland mit zahlreichen Flüssen und Seen – Kinder der letzten Eiszeit, die vor rund 500 000 Jahren begann und vor etwa 12 000 Jahren endete.

Allee am Mamry-See

Mehrfach überzogen in diesem Zeitraum Eismassen von Skandinavien her das Land, wälzten dabei wie Schaufelbagger riesige Mengen an Geröll, Kies, Sand und Gesteinen vor sich her oder transportierten sie im Gletscherinneren mit sich. Beim Rückzug des Eises in wärmeren Perioden hinterließ es dann langgestreckte, quergestellte, bis zu 200 Meter hohe Schutthügel - Endmoränen -, von denen der Góra Dylewska (Kernsdorfer Höhe) südlich von Ostróda als höchster Punkt Masurens mit 312 Meter in den Himmel hinaufragt.

Zwischen Eismassen und Gletscherbett zermahlene, abgesunkene Gesteine formten zusammen mit an den Gletscherböden ausgeschürften Geschieben die sanft gewellten Grundmoränen-Landschaften, die neben den Endmoränen ebenfalls typisch für Ermland-Masuren sind und zusammen die Region stein-reich machen. Im südlichen Masuren dominiert dagegen der Sand. Das aus den Gletschern herausfließende Wasser setzte hier die unfruchtbaren Kiese und Sande ab, auf denen sich weitläufige Sandergebiete wie die Puszcza Piska (Johannisburger Heide) und die Puszcza Augustowska mit ihren herrlichen Heide- und Kiefernwäldern ausdehnen.

Flüsse und Seen

Tausende Seen zählt man in der Woiwodschaft Warmińsko-Mazurskie. Fast alle sind sie eiszeitlicher Herkunft und entweder Grundmoränen- oder Rinnenseen. Von ihrer Ausdehnung her handelt es sich bei den Grundmoränenseen in der Regel um die größeren Gewässer. Sie bildeten sich einst aus eiszeitlichen Schmelzwasseransammlungen in großräumigen Becken, die über keinen Abfluß verfügten. Zu ihnen zählen beispielsweise die Großen Masurischen Seen: der Jezioro Mamry (Mauersee) und der Jezioro Śniardwy (Spirdingsee), letzterer wird auch das ›Masurische Meer‹ genannt und ist zugleich das größte Binnengewässer Polens.

Die Rinnenseen, lang und schmal, entstanden in den Spalten, Rissen und Furchen, welche die abfließenden Gletscherwasser in den Untergrund gruben und die sich anschließend mit Süßwasser füllten. Die meist sehr tiefen Rinnen erstrecken sich grundsätzlich in Nord-Süd-Richtung, oft sind die Seen gewunden und liegen kettenförmig aneinandergereiht. Beispiele sind der sichelförmige Jezioro Nidzkie (Niedersee) südlich von Ruciane-Nida, der vielen als der schönste See in Masuren gilt, und der Jezioro Hańcza nördlich von Suwałki, mit 108 Meter der tiefste Rinnensee Mitteleuropas.

Wenn die Höhenunterschiede in Ermland-Masuren auch gering sind, reichen die kleinen Buckel und Hügel doch aus, um die Seen in unterschiedliche Richtungen zu entwässern. Die Wasserscheide verläuft auf Höhe einer Linie zwischen Mikołajki (Nikolaiken) und Suwałki: Alles nördlich von ihr strömt nach Norden, alle Flüsse südlich davon Richtung Süden. So fließen der Jezioro Mamry (Mauersee) und der Jezioro Niegocin (Löwentinsee) nach Nordosten über die Węgorapa (Angerapp) in den Pregel, während das Wasser aus dem Jezioro Śniardwy (Spirdingsee) südlich über die Pisa (Pissek) in die Narew gelangt.

Der überbordende Wasserreichtum machte über viele Jahrhunderte hinweg die ohnehin schwierigen Böden Masurens, des Oberlandes und auch großer Teile des Ermlands sauer. Auf den Äckern versanken die Landleute förmlich im Schlamm, und auf den Futterweiden staute sich zwischen nassen Mooren und Brüchen das Wasser oft bis in den Frühsommer hinein. Erstmals unter Friedrich dem Großen

Mit oder ohne Segel: Auf den masurischen Gewässern ist Platz für alle Wassersportler

begann dann mit Hilfe ausgeklügelter Abzugskanalsysteme die künstliche Entwässerung - eine technische Glanzleistung des 18. Jahrhunderts. Bereits zwischen 1765 bis 1772 wurden Schiffahrtskanäle zwischen dem Mauersee (Jezioro Mamry), Löwentinsee (Jezioro Niegocin) und Talter Gewässer (Jezioro Tałty) ausgehoben. Zwischen 1798 und 1801 machte man von Johannisburg (Pisz) aus die Pissek schiffbar, so daß das Holz aus der Johannisburger Heide über Pissek, Narew und schließlich die Weichsel bis zur Ostsee verbracht werden konnte.

Im 19. Jahrhundert machten sich die Wasserbau-Experten schließlich den Umstand zunutze, daß in der Region bei zwar extrem hohem Grundwasserspiegel andererseits jedoch nur geringe topographische Höhenunterschiede zu überwinden sind. Zahlreiche Seen wurden in jener Zeit durch Kanäle miteinander zu einem großzügigen Wasserwegenetz verknüpft. So auch die Gewässer der Oberländischen (Iława-)Seenplatte, die der berühmte Oberländische Kanal (Elbląg-Ostróda-Kanal) seit Mitte des 19. Jahrhunderts miteinander verbindet - eine weitere Meisterleistung der Ingenieurbaukunst und mit seinen kuriosen ›Schiefen Ebenen‹, heute eine vielbesuchte Touristenattraktion.

Flora und Fauna

In den Landschaften des Ermlands wie des Oberlandes herrschen Felder, Weiden und Wiesen vor. Goldgelb blüht dort im Kulturland der Raps, Rüben, Kohl, Kartoffeln und weniger anspruchsvolle Getreidesorten gedeihen, und zwischen Kirschen- und Apfel-, Birnen- und Pflaumenbäumen drehen Sonnenblumen auf den Feldern ihre Köpfe dem Licht entgegen. In Masuren und der anschließenden Suwalszczyzna bestehen noch vier große zusammenhängende Waldgebiete, in denen sich Füchse und Dachse, Biber und Fischotter, Luchse, Hirsche, Rehe und Wildschweine tummeln.

Nordöstlich von Giżycko (Lötzen) dehnt sich urwüchsig und einsam auf 250 Quadratkilometern die Puszcza Borecka (Borkener Forst) aus, eine herrliche Hügellandschaft mit Sümpfen und Seen, Brüchen und Wäldern. Waldbildend sind Fichten und Kiefern, doch haben sich auf den besseren Böden hier und da auch Ahorn und Buchen hinzugesellt und in den sumpfigen Niederungen Birken, Erlen, Eschen und Pappeln; Haselsträucher und Wacholder wachsen im Unterholz. Die Wälder sind ein Paradies für Beeren- und Pilzsammler, und auch seltene Orchideenarten blühen hier. Bis weit in die Neuzeit hinein hausten, wie überall in der Region, auch in der Puszcza Borecka Wölfe, Wisente und Bären. Erst Anfang des 19. Jahrhunderts wurde der letzte Meister Petz in Masuren erschlagen. Derweil überlebte der Isegrimm und läßt sich heute gelegentlich wieder sehen. Mit viel Glück und Geduld kann man in einem der vier Reservate im Borkener Urwald sogar eine Rotte scheuer Wisente beobachten. Anfang des 20. Jahrhunderts nahezu ausgestorben, wurde 1956 eine Gruppe dieser urtümlichen Wildrinder aus dem Białowieża-Nationalpark in die Puszcza Borecka verbracht und wenige Jahre später in die freie Wildbahn entlassen. Seitdem haben sie sich im Schutz der Wildnis tüchtig vermehrt. Auf über 70 Wisente schätzt man heute den Bestand.

Selten, sehr selten wandert ein Elch aus der Oblast Kaliningrad in die lichteren Waldgebiete der Puszcza Romincka (Rominter Heide) hinab. Dieser wunderschöne Wald erstreckt sich nordöstlich von Gołdap im Dreiländereck Polen, Rußland, Litauen auf 260 Quadratkilometern inmitten von hohen Endmoränenzügen, die sich mit sumpfigen Tälern, Mooren und Wiesen abwechseln. Von der schnurgeraden Grenze mit Rußland durchschnitten, liegt der größere Teil der Puszcza Romincka heute auf russischem Territorium, und mit einem Blick auf die Landkarte ist zu erkennen, daß es dort keine Ortschaften mehr gibt. Die Menschen wurden nach 1945 vertrieben oder zwangsumgesiedelt, weshalb sich die Natur das Land vollständig zurückeroberte. Elche und Wölfe, Luchse und Biber finden ideale Lebensbedingungen vor, und Spaziergänger genießen die stille einsame Wildnis.

Mitten durch die Puszcza Romincka verläuft die Grenze zu Rußland

Auf flachen eiszeitlichen Sanderflächen blüht und gedeiht zwischen Suwałki und Augustów die Puszcza Augustowska. Mit über 1100 Quadratkilometern ist sie das größte zusammenhängende Waldgebiet des Landes. Da die Sandböden für eine landwirtschaftliche Nutzung ungeeignet sind, ist dieser märchenhafte Wald ebenso ursprünglich erhalten wie weiter südwestlich seine sandige Schwester, die Puszcza Piska (Johannisburger Heide). Der Reiz der Landschaft, der die markanten Hügel fehlen, liegt in den zahlreichen Bruchwäldern und Sümpfen, großen und kleinen Seen. Zwischen Kiefern- und Fichtenforsten, Erlen und Birken schlängelt sich von

Norden her die Czarna Hańcza durch romantische Baumtunnel und bunte Wiesen dem Augustów-Kanal entgegen, welcher die Seen miteinander verbindet. Und überall lugen im lichten Unterholz ganze Zwergenarmeen der masurischen Nationalpflanze ›Kaddig‹ hervor, wie man den Wacholder auf Ostpreußisch nannte.

Kiefern, Fichten und Kaddig schmücken auch die mit Niedermooren, Heide und Sümpfen übersäten Sanderflächen der 1000 Quadratkilometer großen Puszcza Piska (Johannisburger Heide). Auf Wanderungen durch ihre ausgedehnten Wälder wird man gelegentlich auf Menschen treffen, die durch das Wacholder-Unterholz streifen und sich einer beliebten Freizeitbeschäftigung hingeben: dem Beerensammeln. Je nach Jahreszeit wachsen Himbeeren, Walderdbeeren, Blaubeeren und Brombeeren und darüber hinaus Pilze in allen nur denkbaren Variationen. In den unberührten Waldwinkeln haben nahe von Gewässern die vom Aussterben bedrohten Seeadler eine Heimat gefunden. Über zwanzig Horste werden mittlerweile gezählt.

Überhaupt ist Nordostpolen dank seiner zahllosen Flüsse und Seen ein Paradies für Wasservögel. An den Großen Masurischen Seen mit ihren endlosen Schilfgürteln finden sich riesige Graureiher-, Kranich- und Kormoran-Kolonien. Über den Wäldern und Torfmooren rund um die großen Gewässer ziehen neben Seeadlern außerdem Fisch- und Schelladler ihre Kreise. Bussarde, Habichte, Turmfalken gehen auf Beutefang, ebenso Uhus, Schleiereulen, Steinkäuze und Sperber. Wo ein See zu vermooren beginnt und kleine Inselchen von verknäulten Wurzeln, sogenannte ›Triebkämpen‹, auf ihm treiben, während vom Ufer her Rohrkolben und Kalmus das Wasser erobern, nisten Kiebitze, Rohrdommeln und eine Vielzahl von Schnepfenarten. Die mit Wollgras und Sonnentau, Moosbeere und Sumpfporst bewachsenen moorigen Wiesen bestellen ihnen mit allerlei Lurchen und Echsen, Insekten und Krabbelgetier eine reichliche Tafel. Unbestrittener König der nordostpolnischen Wasser- und Vogelwelt ist der Schwan, der allerorten stolz sein weißes Gefieder putzt.

Störche sind in Masuren noch häufig zu sehen

Als Hausvögel werden wie fast überall auf der Welt Hühner gehalten sowie die von Feinschmeckern besonders zu Weihnachten gerühmten polnischen Gänse. Nicht zu vergessen der Glücksbringer, Freund und Begleiter der Menschen durch die schöne Jahreszeit: der Storch. Und auch Meister Adebars sehr seltener Verwandter, der Schwarze Storch, ist hier noch zu finden.

Nationalparks und Naturschutzgebiete

In Polen werden große Anstrengungen unternommen, um die Vielfalt und die Ursprünglichkeit der Pflanzen- und Tierwelt zu erhalten. Mittlerweile besitzt das Land 23 streng nach UNESCO-Kriterien geschützte Nationalparks (zum Vergleich: Deutschland zählt 14), in deren Kernzonen die Natur vollständig sich selbst überlassen ist. Der Großvater aller polnischen Nationalparks ist der in seinem Gründungsjahr 1921 in die Liste des Weltkulturerbes aufgenommene Białowieża-Nationalpark südöstlich von Białystock. Als einer der jüngsten wurde

Der Wigry-See im gleichnamigen Nationalpark

1989 der Wigierski Park Narodowy (Wigry-Nationalpark) in der nördlichen Puszcza Augustowska aus der Taufe gehoben. Im Herzen des rund 15 000 Hektar umfassenden Nationalparks blitzen zwischen Torfmooren und bis zu 200 Jahre alten Kiefern und Fichten 42 Seen und sechs Flüsse unter einem klaren, beinahe baltischen Himmel. Über 750 geschützte Pflanzenarten werden gezählt - die Hälfte aller in Polen unter Naturschutz stehenden Pflanzen. In den Wäldern leben

Wölfe und Füchse, Rehe, Hirsche und Wildschweine, am Wasser Bisamratten, Flußotter und der typischste aller Wigry-Bewohner, der Biber, der überall seine Staudämme anlegt. Seeadler, Fischadler, Falken und Weihen, der bunte Eisvogel und auch der Auerhahn haben hier eine Heimat. An den Uferlinien der Seen leben in breiten Schilfgürteln Haubentaucher, Höckerschwäne und Kormorane. 20 Fischarten tummeln sich in den Gewässern, die insgesamt etwa ein Fünftel des Nationalpark-Geländes bedecken – mit der Perle im Herzen des bezaubernden Wasser-und-Land-Mosaiks: dem Wigry-See, der dem Nationalpark seinen Namen gab. Die UNESCO verzeichnet ihn in ihrer Liste zum Schutz weltweit einzigartiger Wasserökosysteme, AQUA.

Südlich von Augustów umfaßt der Biebrza-Nationalpark auf fast 60000 Hektar die Sümpfe, Torf- und Niedermoore im unberührten Tal des Biebrza-Flusses. In diesem größten Sumpfgebiet Mitteleuropas sind etwa 235 Wasser-, Sumpf- und Raubvogelarten und sogar Elche heimisch.

Neben den beiden Nationalparks verzeichnet der Nordosten Polens die stolze Zahl von rund hundert Naturreservaten sowie annähernd zwei Handvoll strenggeschützte Landschaftsparks. Im Dreiländereck Polen/Rußland/Litauen dehnt sich rund um den Hańcza-See der wildromantische Suwałski-Landschaftspark mit zahlreichen mächtigen Findlingen aus. Westlich des Jezioro Śniardwy (Spirdingsee) erstreckt sich der schönste und zugleich älteste, bereits 1977 gegründete Masurische Landschaftspark (Mazurski Park Krajobrazowy). Am Schnittpunkt der hügeligen Seenplatte und den ebenen Sanderflächen der Puszcza Piska (Johannisburger Heide) zieren ihn neben dem Jezioro Śniardwy weitere 59 Seen und eine überaus reiche Pflanzen- und Tierwelt. Nahebei wurde das Vogelschutzgebiet des Jezioro Łuknajno (Lucknainer See) 1977 in die UNESCO-Liste der Biosphärenreservate aufgenommen. Fast 170 verschiedene Vogelarten leben hier, wobei die Hauptattraktion eine Schwanenkolonie mit fast 2000 Exemplaren ist, unter ihnen auch einige hundert Singschwäne.

1993 wurde der Landschaftspark Iława-Seenplatte (früher Oberländische Seenplatte) nördlich von Iława ins Leben gerufen. 30 Seen mit zahlreichen Wasservogelreservaten, schöne Buchen- und Kiefernwälder laden zu ausgedehnten Wanderungen ein. Und nicht weit entfernt wartet im Landschaftspark Wzgóra Dylewskie zwischen Buchen und mit bunten Flechten bewachsenen Findlingsblökken der höchste Berg Masurens, der 312 Meter hohe Góra Dylewska (Kernsdorfer Höhe) auf seine Besteigung.

Im äußersten Nordwesten der Woiwodschaft Warmińsko-Mazurskie zieht sich auf einer Fläche von 13500 Hektar zwischen Elbląg (Elbing) und Frischem Haff im malerischen Hügelland der Landschaftspark Wysoczyzna Elbląska (Elbinger Höhe) hin. Auf der gegenüberliegenden Haffseite liegt auf der Frischen Nehrung der Landschaftspark ›Mierzeja Wiślana‹ (Weichselnehrung), der von Sztutowo

(Stutthof) bis Piaski (Neukrug) den gesamten polnischen Teil der zwischen 500 Meter und zwei Kilometer schmalen Nehrung einnimmt. Breite weiße Dünenhügel wechseln mit sumpfigen dunklen Mulden ab, dazwischen gedeihen vor allem Kiefern, aber auch Buchen und Eichen. Preiselbeeren und Heidekraut schmücken das sandige Land, als dessen Höhepunkt die Düne Wielbłądzi Grzbiet (Kamelrükken) 49 Meter über dem blauglitzernden Meeresspiegel aufragt.

Klima

Polen liegt in der gemäßigten Klimazone mit gegen Osten zunehmend kontinental beeinflußtem Klima. Als Folge ist das Wetter in Ermland-Masuren bei extremen Temperaturunterschieden zwischen Sommer und Winter in der Regel eher unbeständig. Kontinentale Luftmassen aus dem Osten treten am häufigsten auf, außerdem atlantische aus dem Westen sowie Lüfte polaren Ursprungs. Die Winde kommen im Herbst und im Frühjahr meistens aus Süden und sind dadurch relativ niederschlagsarm, während sie im Sommer wie Frühherbst vorherrschend aus westlichen oder nördlichen Richtungen blasen und niederschlagsreich sind. Entsprechend fällt im Juli und August zwischen Frischem Haff und Suwałki der meiste Regen, 12 bis 14 Tage im Monat sind keine Ausnahme.

Der Frühling hält wegen des größeren kontinentalen Einflusses relativ spät Einzug im Land, oft erst Ende April, Anfang Mai, und selbst dann können die Nächte noch frostig sein. Um so heißer wird es im Sommer, wenn die Lufttemperaturen fast immer über 25 Grad erreichen und das Thermometer öfter sogar über die 30-Grad-Marke

Auch im Herbst locken windige Tage die Segler auf das Wasser

klettert. Um die 20 Grad kühle Seen bieten in diesen Tagen eine willkommene Erfrischung. Insgesamt zeigen sich Juli und August meist sonnig und warm, doch kann es durchaus zu größeren Niederschlägen kommen. Besonders im August fällt der Regen meist in Form angenehm erfrischender Gewitter vom Himmel.

Trocken und mit strahlendem Sonnenschein zeigt sich der Herbst im allgemeinen von seiner schönsten Seite. Doch ziehen aus Haff und Seen schon wieder Nebel auf, und auch die Nächte sind bereits wieder kühl. Mit Fortschreiten des Jahres kündigt sich neblig und regnerisch, teilweise auch stürmisch, schließlich der Winter an. Bald regiert Väterchen Frost, das Thermometer zeigt eisige Minusgrade, und es fällt Schnee. Von klirrender Kälte umfangen, dauert insbesondere in Masuren und der Suwalczyzna der Winter relativ lange, mindestens bis Anfang April, wobei Januar, Februar am eisigsten und schneereichsten sind. Im Mittel werden 130 Frosttage gezählt, mit nächtlichen Temperaturen manchmal bis zu -30 Grad. Etwa hundert Tage liegt eine Schneedecke über dem Land, und von Ende Dezember bis Ende März sind die Seen gefroren.

Architektur

Ob der Kathedralhügel in Frombork oder die weltberühmte Marienburg, ob die Burg der ermländischen Bischöfe in Lidzbark Warmiński (Heilsberg) oder die Ordensritterfeste in Nidzica (Neidenburg): Das architektonische Gesicht des nordöstlichen Polens ist von den backsteinernen Kirchen und Burgen des Deutschen Ordens geprägt. Bereits im 12. Jahrhundert traten von Lübeck aus die roten Ziegelsteinbauwerke der norddeutschen Backsteingotik ihren Siegeszug im gesamten südlichen Ostseeraum an. Mit den Eroberungen des Deutschen Ordens im Prußenland gelangten sie im 13. Jahrhundert auch in die ›Große Wildnis‹, wie Masuren seinerzeit hieß, wo an der ›Wildnisgrenze‹ gegen die Prußen ein Gürtel wehrhafter Ordensburgen zum Schutz der jungen Kolonialsiedlungen entstand.

Eine der ersten gemauerten Wehranlagen des Deutschen Ordens war die Burg Thorn, die den meisten weiteren Gründungen als Vorbild diente. Der Grundriß entsprach dabei in der Regel folgendem Muster: Ein quadratisches Konventshaus wurde wie ein Würfel mehrere Stockwerke hoch hinaufgebaut. Gewissermaßen ein Klosterhochhaus, das unter den Dachkronen ein Wehrgang umlief und das mit den für Ordensritterburgen typischen zierlichen Ecktürmen und einem mächtigen Wachturm befestigt war. Im Verlauf der Jahrhunderte wurden die backsteinernen gotischen Burgen erweitert, umgebaut, beschädigt, abgerissen oder geschleift, später die Ruinen restauriert oder der Komplex insgesamt rekonstruiert, weshalb man heute kaum eine der mächtigen Burgen noch in ihrer ursprünglichen Gestalt erleben kann.

Der Glockenturm auf dem Kathedralhügel in Frombork

Ebenso wehrhaft präsentieren sich die Gotteshäuser, und auch hier dominiert mit wenigen Ausnahmen die norddeutsche Backsteingotik. Schlicht klassizistisch oder auch gründerzeitlich zeigen sich dagegen die alten Stadtkerne im ehemaligen ostpreußischen Land. Nach typisch preußischer Art sind sie um ein ausgedehntes Marktgeviert mit Rathaus und im Hintergrund der Hauptkirche konzipiert, auf das die Hauptstraßen mit meist zweigeschossigen Bürgerhäusern schnurgerade zulaufen.

Schlösser und große Herrenhäuser wird man, im Vergleich zu Pommern und dem ehemaligen nördlichen Ostpreußen, in Ermland-Masuren nicht viele finden. In dem traditionell von kleinbäuerlichen Strukturen geprägten Land mit mittleren bis teils sehr schlechten Böden gab es nur wenige hinlänglich vermögende Großbauern und Gutsherren. Darüber hinaus wurde vieles von dem, was an herrschaftlichen Bauwerken existierte, entweder im Krieg zerstört oder kam anschließend im Sozialismus derart zu Schanden, daß eine Restaurierung viele Millionen verschlingen würde und eine Zukunft deshalb oft immer noch ungewiß ist. Insgesamt brachte der Zweite Weltkrieg gewaltige Zerstörungen. Nach der Vertreibung der Deutschen fanden die polnischen neuen Siedler verbrannte Städte und Dörfer, die sie mühsam wieder aufbauten. Die Folgen des Mangels an Baumaterial zur Zeit der Volksrepublik läßt sich teils heute noch an vielen Häusern erkennen, ebenso die neue Armut seit der marktwirtschaftlichen Öffnung Polens. Hingegen wurden die Gotteshäuser, die die mächtige katholische Kirche übernahm, sofort nach der Wende 1989 hingebungsvoll wiederhergerichtet und ausstaffiert. Und mittlerweile erstrahlen auch die anderen architektonischen Zeugen der Vergangenheit wieder in neuem Glanz. Alte Marktplätze sind vorbildlich restauriert, zerstörte oder verfallene Ordensburgen detailgetreu rekonstruiert, die schönsten Altstadtfassaden renoviert und historische Friedhöfe, darunter sogar die deutschen Soldatenfriedhöfe, sorgfältig wiederhergestellt.

Das neue Masuren

Über viele Jahrhunderte hinweg litt man in Masuren unter der Randlage – und tut es, nun als EU-Außenposten, noch heute. Nach wie vor ist die überwiegend landwirtschaftlich geprägte, kleinbäuerliche Region ein ökonomisches Sorgenkind, sie zählt zu den ärmsten Landstrichen Polens. So herrlich auch die Natur – die Erde ist relativ unfruchtbar. Die Eiszeit bescherte Masuren im Süden Sand und im Norden Steine, eine bessere Bodenqualität findet man erst im Ermland. Erschwerend kommt für die in der Planwirtschaft einst privilegierten Bauern hinzu, daß unter marktwirtschaftlichen Bedingungen die Preise vieler Agrarprodukte nicht einmal mehr ihre Erzeugerkosten decken. Darüber hinaus setzte der Landwirtschaft im vergangenen Jahrzehnt die Billigkonkurrenz der von der Europäischen Union subventionierten Nahrungsmittelimporte zu, und selbst die EU-Mitgliedschaft Polens seit dem 1. Mai 2004 läßt die masurischen Kleinbauern eher bangen als hoffen. Denn in den kommenden Jahren werden die Agrarbeihilfen aus den Brüsseler Töpfen für die Beitrittsländer noch erheblich geringer ausfallen als in den die alten Unionsländern. So könnte die Lage vieler polnischer Bauern mittlerweile nicht dramatischer sein. Oft sind die Renten der Alten so klein, daß der Obst- und

Gemüseanbau im eigenen Garten zum Akt der Existenzsicherung wird. Und wer jung ist, wandert auf Suche nach Ausbildung und Arbeit in die Städte ab.

Um so größer ist die Chance, die der Tourismus bringt. Zwar ist die Saison nur zwei bis drei Monate kurz, doch dank der herben Schönheit des ›Lands der dunklen Wälder und kristallklaren Seen‹ ist der Fremdenverkehr längst zum entscheidenden Wirtschaftsfaktor geworden. Seit Generationen gelten die Seen und Wälder als beliebtes Ausflugsziel naturverbundener Erholungssuchender, und seit der Wende 1990 wurden nun auch die notwendigen Rahmenbedingungen für einen modernen Fremdenverkehr geschaffen. Man investiert große Summen in die touristische Infrastruktur, wobei der Trend weggeht von billigen Massen-

Durch private Tierhaltung wird die magere Rente aufgebessert

unterkünften im Stil sozialistischer betrieblicher Ferienheime, hin zu erlebnisorientierten Urlaubszentren mit allem zeitgenössischen Komfort. Es wird viel gebaut, neue Siedlungen und gelegentlich sogar ganze Ferienstädte entstehen, wie es im vielbesuchten Örtchen Mikołajki an den Großen Masurischen Seen der Fall ist. Dennoch wird das Naturerlebnis bei einer Reise in den Nordosten Polens stets im Vordergrund stehen. Und nicht mehr nur die ›Heimwehtouristen‹, sondern seit dem Fall des Eisernen Vorhangs auch mehr und mehr junge Menschen entdecken diesen herrlichen Teil Nordmitteleuropas für sich. Radfahren, Reiten und Wandern und natürlich Baden und Paddeln auf den unzähligen Gewässern gehören zu den beliebtesten Urlaubsvergnügen. Junge Deutsche reisen aus Gelsenkirchen, Dortmund oder Flensburg in das Land ihrer Großeltern, und junge Masuren, die heute polnisch, ukrainisch- oder litauischstämmig sind, entschlüsseln die viele Jahre verdrängte preußische und deutsche Vergangenheit ihrer Heimat. Deutsch-polnische Städtepartnerschaften, literarische Klubs, kulturelle und historische Gesellschaften und Vereinigungen knüpfen an das Erbe des alten südlichen Ostpreußens an – ein gemeinsames Erbe, das es neben der herrlichen Natur sorgsam zu pflegen und bewahren gilt.

Essen und Trinken

Eine große Zahl gastronomischer Einrichtungen, von eleganten Restaurants und urigen Speiselokalen verschiedenster Preislagen über Cafés und Bistros bis hin zu Räucherstuben und Imbißbuden, hat in den letzten Jahren eröffnet. Die Zeiten, als man in raren Valuta-Hotels stundenlang für ein bescheidenes Plätzchen am Resopaltisch anstand, sind lange vorbei. Zur Freude der polnischen Feinschmecker findet man seit neustem besonders viele internationale Restaurants: Chinesische, griechische und italienische Küche wird geboten, sogar Döner Kebab-Stände werden mittlerweile gesichtet. Da haben es ausländische Touristen, die einheimische Spezialitäten für sich entdecken möchten, manchmal gar nicht so leicht. Für sie gilt die Faustregel: Je größer die Ortschaft, um so eher findet sich ein Restaurant mit ausgewiesen polnischer Küche. Auch in Hotel-Restaurants werden polnische Köstlichkeiten neben internationalen Gerichten serviert.

Wer Lokale mit ›ostpreußischen‹ oder gar typisch ›masurischen‹ Delikatessen sucht, wird enttäuscht werden. Ostpreußen gibt es seit 1945 nicht mehr, und eine spezifisch masurische Küche gab es noch nie. So wie sich aber die Landschaft von Schleswig-Holstein bis Nordostpolen gleicht und die gleichen Früchte hervorbringt, so korrespondieren auch die Gerichte, die nordpolnische ähnelt also der norddeutschen Küche. Sie ist herzhaft, deftig, sauer, süß, salzig, in Nordpolen dazu um die altpolnische Tradition sowie Einflüsse der russischen Küche bereichert.

In der Speisenfolge gelangt am Anfang meist Suppe auf den Tisch, klassisch dabei entweder Barszcz (Rote-Rüben-Suppe) oder Żurek (Roggenmehlsuppe mit Wursteinlage). Es folgt die Vorspeise, am typischsten Zakąska, das ist Hering in Öl, Sahne, Majonnaise, Essig oder Aspik, gespießt, gerollt, geschnitten, gebraten, geräuchert, mit Gürkchen oder mit Zwiebeln. Bei den nachfolgenden Hauptgerichten dürfen zum allseits beliebten Fleisch frische oder getrocknete Pilze, eingelegtes Obst, Kartoffeln und Gemüse auf keinen Fall fehlen. An Fleisch wird Schwein am liebsten verspeist, zum Beispiel als Kotelett (Kotlet schabowy) mit gedünstetem Kohl, oder als Braten mit Backpflaumen. Weitere berühmte Hauptgerichte sind

Bigos (mit Weißkohl, Sauerkraut und Pflaumen gedämpftes Fleisch), Pierogi (herzhaft oder süß gefüllte Teigtaschen) und Gołąbki (Kohlrouladen). Sehr gerne gegessen werden auch Hähnchen oder Enten mit Äpfeln sowie als Beilage geröstete oder gebratene Buchweizengrütze (Kasza gryczana).

In Ermland-Masuren, zwischen Ostseehaff und den tausenden Seen, gehört natürlich auch Fisch auf die Speisekarte. Ob Aal, Hecht, Zander, Stör, Wels, Maräne, Forelle und vielerlei Köstlichkeiten mehr, stets kommt er fangfrisch auf den Tisch. Dabei wird sein Preis in der Regel nach dem Gewicht berechnet, egal ob im Restaurant oder an den allgegenwärtigen Imbißständen. Die zahlreichen Snackbars, Fischräuchereien und Imbißbuden sind vielleicht ohnehin das Typischste, mit dem die polnische Gastronomie aufwartet. Hat man eine gute Bude erwischt, kann

Pilze sind ein unverzichtbarer Bestandteil der polnischen Küche

es kaum etwas Schöneres geben, als in milder, würziger frischer Luft mit Blick auf den Sonnenuntergang über dem stillen See genüßlich einen frisch geräucherten Fisch im Brötchen zu verspeisen. Zum Essen wird normalerweise Piwo getrunken, ein kühles Bier, das in Polen vorzüglich ist. Wer es verträgt, trinkt außerdem Wodka, etwa ›Wyborawa‹, ›Polonaise‹ oder den mit Bison-Gras versetzten Wodka ›Żubrówka‹. Selbstverständlich sind auch überall Cola, Säfte und Woda mineralna (Mineralwasser) erhältlich.

Trinkgeld (Napiwek) ist im Preis inbegriffen. Andererseits zeigt es wie überall auf der Welt den Grad der Zufriedenheit an. Zehn Prozent sind die Regel, jede höhere Summe wird mit besonderer Freude entgegengenommen.

Eine typische Speisekarte

Suppen (zupa)
Barszcz (z pasztecikiem): Rote-Rüben-Suppe (mit Pastetchen)
Flaki: Kuttelsuppe
Kapuśniak: Deftige Weiß- und Sauerkohlsuppe
Krupnik: Graupensuppe mit Fleischeinlage
Zupa Szczawiowa: Sauerampfersuppe
Zupa Pomidorowa: Tomatensuppe
Źurek: Saure Roggenmehlsuppe mit Wursteinlage und hartgekochten Eierhälften

Vorspeisen (przekąska)
Golonka w galarecie: Eisbein in Aspik
Nadziewane rolmopsy: Gefüllte Rollmöpse
Śledzie w occie po polsku: Eingelegte Heringe nach polnischer Art
Śledzie w śmietanie: Hering in Sahne
Szynka w galarecie: Schinken in Aspik

Hauptgerichte (drugie danie)
Bigos: Sauerkraut, Weißkohl, Pflaumen und Fleisch zusammen gekocht
Dzik: Wildschwein
Golonka: Schweinshaxe, gekocht oder geschmort

Bigos, das polnische Nationalgericht

Gołąbki: Kohlrouladen
Jeleń: Hirsch
Kaczka: Ente
Kotlet schabowy: Schweinekotelett
Kurczę: Hähnchen
Pieczeń wieprzowa: Schweinebraten
Pieróģi: Piroggen (Teigtäschchen mit Gemüse-, Fleisch- oder süßer Füllung)
Rulada: Rindsroulade
Sarna: Reh
Szaszłyk: Fleischspieße
Szawarma: gegrilltes Hackfleisch

Fisch (ryba)
Dorsz: Dorsch
Gladzica: Scholle
Karp: Karpfen
Ledź: Hering
Łosoś: Lachs
Okon: Barsch
Ploc: Plötze
Pstrąg: Forelle
Sandacz: Zander
Sieja/Sielawa: Große/kleine Maräne
Szczupak: Hecht
Węgorz: Aal

Beilagen (dodatki)
Jarzyna: Gemüse
Kluski: Nudeln, Klöße
Ryż: Reis
Sałatka: Salat
Ziemniaki: Kartoffeln

Nachtisch (deser)
Makowiec: Mohnkuchen
Naleśniki: Pfannkuchen mit Obst oder Eis
Sernik: Käsekuchen
Szarlotka: Apfelkuchen

Getränke (napoje)
Herbata: Tee
Kawa: Kaffee
Piwo: Bier
Szampan: Sekt
Wino: Wein
Woda mineralna: Mineralwasser

Zwei Rezepte sollen einen kleinen Vorgeschmack auf die leckere Küche in Ermland-Masuren geben:

Hecht nach Hausfrauenart
1 Kilogramm Hecht,
40 Gramm getrocknete Pilze,
100 Gramm Zwiebeln,
150 Gramm saure Gurken,
150 Milliliter Sahne,
Salz, Pfeffer und Suppengewürze zum Abschmecken

Zubereitung:
Den gesäuberten, ausgenommenen Hecht waschen und in Längsrichtung halbieren. Dann das Rückgrat entfernen und das Fleisch in Portionen zerlegen, mit den Gewürzen bestreuen und eine halbe Stunde lang kaltstellen. Währenddessen die Pilze waschen, in Streifen schneiden und garen. Anschließend in der Pfanne die Hechtstücke braten. Zwiebeln und Gurken klein schneiden und mit den Pilzen in die Pfanne hinzugeben. Zum Schluß die Sahne dazugießen und einen Moment ziehen lassen.

Pflaumenknödel
Teig: 1 Kilogramm Kartoffeln,
300 Gramm Mehl, 1 Ei, Salz;
Füllung: 500 Gramm Pflaumen,
40 Gramm Butter, Semmelbrösel,
Salz und Zucker

Zubereitung:
Die Kartoffeln waschen, schälen, spülen, mit siedendem Wasser übergießen und zugedeckt kochen. Dann abgießen, abkühlen lassen, durch den Fleischwolf drehen, mit dem gesiebten Mehl und den Eiern mischen, salzen, den Teig durchkneten, auf-

teilen, eine Stange von 1,5 Zentimetern Durchmesser ausrollen, in Stücke schneiden, plattdrücken, Obst darauflegen und Kugeln formen. In siedendem Salzwasser kochen. Nach dem Kochen herausnehmen, mit Zucker bestäuben und mit den in Butter gebräunten Semmelbröseln übergießen.

Viel Spaß beim Nachkochen und smacznego! Guten Appetit!

Ein Blick in die bewegte Geschichte

Wann genau Masurens geschichtliche Aufzeichnung beginnt, läßt sich nicht mit Sicherheit sagen. Gegen Ende des 1. Jahrhunderts nach Christus berichtete zwar schon der römische Historiker Tacitus über die unbekannte nördliche Region, doch waren noch einmal weitere neun Jahrhunderte nötig, um auch die Namen ihrer Bewohner in Erfahrung zu bringen. Erst 965 tauchte in einem Schreiben des Reisenden Ibrahim ben Jakub die Bezeichnung ›Brus‹ (Prußen) für die Menschen auf, die damals Masuren bewohnten.

Die Prußen zählten zu den baltischen Stämmen, lebten in großen Familienverbänden und verehrten einen magischen Vielgötterhimmel. Noch bis ins 17. Jahrhundert war ihre mit dem Litauischen, Kurischen und Lettischen verwandte Sprache überliefert - obwohl das Volk zu jenem Zeitpunkt längst nicht mehr existierte. Bereits im 10. Jahrhundert traten für sein künftiges Schicksal folgenschwere Ereignisse ein: 919 wählten die deutschen Fürsten den Sachsen Heinrich zum ersten König eines ›Regnum Teutonicorum‹, 936 folgte auf dem Thron sein Sohn Otto I., den man 962 in Rom zum Kaiser des Heiligen Römischen Reichs krönte; und etwa zur gleichen Zeit schlossen sich zwischen mittlerer Oder und Weichsel unter Fürst Mieszko I. die Stämme der Polanen zusammen.

Ein Waffengang 963 gegen Otto I. endete mit der Niederlage des polanischen Fürsten, woraufhin das Land zwischen Oder und Warthe der deutschen Krone tributpflichtig wurde. Drei Jahre später nahm Mieszko I. den christlichen Glauben an, womit der Fürst, wie seinerzeit üblich mitsamt seinen Untertanen, in die Gemeinschaft des christlichen Abendlands eintrat. Noch 966 rief man das Missionsbistum Poznań ins Leben - das Jahr, das heute als Gründungsjahr Polens gefeiert wird.

Eine Heiden-Mission

Auf dem römischen Kaiserthron folgten auf Otto den Großen sein Sohn Otto II. und 983 dessen Sohn Otto III. 985 huldigte Mieszko diesem von glühender Frömmigkeit beseelten Herrscher über das Abendland und unterstellte Polen dem Schutz des Stuhls Petri in Rom. Sieben Jahre später verstarb der große Fürst hochbetagt, und den verwaisten Thron bestieg sein Sohn Bolesław. Bolesław Chrobry (der Tapfere), wie man ihn nannte, eroberte Krakau und die Wislanen-Stämme, die an der Weichsel siedelten, baute damit die Vormachtstellung Polens unter den Westslaven aus und wurde im Jahr 1000 von seinem Freund, Kaiser Otto III., zum ›römischen Patricius‹ ernannt. Womit das Land nicht länger der deutschen Krone unterstand, sondern gleichberechtigter Teil des mittelalterlichen Verbands im Imperium Romanum wurde.

In jenen Jahren war der spätere polnische Nationalheilige Wojciech (Adalbert), Bischof von Prag, bereits ums Leben gekommen. 997 hatten ihn auf einer Missionsreise im westlichen Prußenland die prußischen ›Heiden‹ erschlagen. 999 sprach der Papst den christlichen Märtyrer heilig, im nachfolgenden Jahr wurden seine Gebeine feierlich nach Gniezno (Gnesen) überführt, wo man sie in Anwesenheit Kaiser Ottos III. mit großem Prunk beisetzte, und noch im selben Jahr 1000 erfolgte Gnesens Erhebung zum Erzbistum - womit eine eigenständige polnische Kirchenhoheit geschaffen war. An seinem Lebensabend befand sich Fürst Bolesław Chrobry auf dem Höhepunkt seiner Macht. Das polnische Reich dehnte sich von der Odermündung und die Danziger Bucht über östlich den Bug bis südlich an die ungarische Grenze aus. In seinem Todesjahr erfüllte sich endlich Bolesławs größter Wunsch: 1025 wurde er mit päpstlichem Segen unter dem Namen Bolesław I. Chrobry zum ersten König von Polen gekrönt.

Bolesław Chrobry (der Tapfere)

Nur noch die Prußen widersetzten sich weiterhin allen Missionierungsbemühungen. Immer wieder fielen sie plündernd und mordend über ihre südlichen Nachbarn im polnischen Herzogtum Masowien her; während im Gegenzug die masowischen Herzöge vergeblich versuchten, sich das Prußenland kriegerisch einzuverleiben. Nach mancherlei vergeblichen Auseinandersetzungen rief 1226 Herzog Konrad von Masowien schließlich den Deutschen Orden zum militärischen Beistand ins Land.

Der Deutsche Orden

Die Anfänge des Deutschen Ordens liegen im heutigen Israel in der Stadt Akko (damals Akkon), wo seit dem Dritten Kreuzzug Ende des 12. Jahrhunderts verschiedene christliche Ordensbruderschaften kranke und verwundete Kreuzritter pflegten. So auch im Feldlazarett des ›Orden des Spitals St. Marien vom Deut-

Die Marienburg war ab 1309 Hochmeistersitz des Deutschen Ordens

schen Haus zu Jerusalem‹, aus dem bald darauf der Deutsche Orden hervorging. 1198 zum geistlichen Ritterorden umgewandelt, entwickelte er sich in kaum anderthalb Jahrhunderten zu einer der schlagkräftigsten Militärmächte Europas.

Nach dem Fall Akkons und einem gescheiterten Versuch der Deutschritter, sich nachfolgend im Burzenland (Siebenbürgen) niederzulassen, erschien dem Ordenshochmeister Hermann von Salza der Hilferuf Konrads 1226 umso willkommener. Seine Kriegs-Dienstleistung sollte dem Orden dabei mit dem Kulmer Land sowie allen künftigen Eroberungen im Prußenland entgolten werden, wie es die ›Goldene Bulle von Rimini‹ vertraglich besiegelte: »Daher haben wir dem Meister die Vollmacht erteilt, in das Preußenland ... einzudringen ... und überlassen und bestätigen dem Meister, seinen Nachfolgern und seinem Hause sowohl besagtes (Kulmer) Land ... wie auch alles Land, das er mit Gottes Zutun in Preußen erobern kann.« Unterzeichnet: Friedrich II., Kaiser des Heiligen Römischen Reichs.

1230 zog ein erster Ordens-Konvent an die untere Weichsel und gründete Thorn. 1232 folgten Kulm, 1237 Elbing und 1255 die Burg Königsberg sowie zahlreiche kleinere Ansiedlungen in der ›Großen Wildnis‹, dem späteren Masuren. Siedler aus Flandern, Westfalen, Sachsen und aus Masowien ließen sich nieder. So zügig kam die Landnahme der Deutschritter voran, daß die masowischen Teilfürsten und der polnische König bald erkannten, daß sie nicht einen Verbündeten, sondern eine konkurrierende Imperialmacht herbeigeholt hatten. Aufstände der Prußen 1260 bis 1274 schlug der Orden erwartungsgemäß blutig nieder, und bereits 1283 war die Unterwerfung Preußens vollzogen. Sämtliches bisher von

Prußen besiedelte Land befand sich in Ordenshand. Zur Zeit der größten Blüte des Deutschen Ordens wurde 1309 - das Staatsgebiet erstreckte sich zwischen Pommerellen und dem Rigaischen Meerbusen, im Süden zwischen Thorn und dem südlichsten Zipfel Ostpreußens - der Hochmeistersitz von Venedig in die Marienburg an der Nogat verlegt.

Die Schlacht von Tannenberg

Mit großer Sorge verfolgte man im benachbarten Polen die anwachsende Ordensmacht. Konflikte und Auseinandersetzungen nahmen zu und eskalierten unausweichlich, als sich 1386 der heidnische litauische Herrscher Jagiello und die gerade elf Jahre alte polnische Thronfolgerin Jadwiga vermählten. Hochzeit, Taufe und Krönung Jagiellos fanden in einem festlichen Aufzug statt, und der König wurde unter dem christlichen Namen Władysław II. Jagiełło zum Begründer der fast 200 Jahre herrschenden Jagiellonen-Dynastie. Polen und Litauen waren fortan in einem mächtigen Doppelreich vereint.

Die Schlacht von Tannenberg bedeutete für den Deutschen Orden den Anfang vom Ende

Dem Deutschen Orden stellte sich nun erstmals eine Großmacht entgegen. Im Mai 1409 begann der Krieg, und im Juli des darauffolgenden Jahres kam es im südlichen Zentrum des Ordenslands zur entscheidenden Schlacht. Am 15. Juli 1410 stießen bei Tannenberg (in Polen nach dem Nachbardorf ›Schlacht bei Grunwald‹ genannt) zwischen 12000 und 15000 Ritter und Söldner des Ordens auf rund 20000 Soldaten im vereinigten polnisch-litauischen Heer. Das Kräftemessen endete mit einer vernichtenden Niederlage für die Deutschherren. Hochmeister Ulrich von Jungingen fiel, darüber hinaus verloren sämtliche Großgebieter sowie 200 Ritter ihr Leben, und auch die Kriegskosten beliefen sich auf kaum zu verschmerzende Geldsummen - der Anfang vom Untergang des Deutschen Ordens im Preußenland.

Das Herzogtum Preußen

Auf 100000 Schock böhmische Kronen und den Verlust verschiedener Ländereien bezifferten sich die Reparationszahlungen, die die Deutschritter nach ihrer Niederlage zu entrichten hatten. So wurde es im ersten Thorner Frieden 1411 festgelegt, und der Orden war damit nicht nur seiner Finanzkraft, sondern auch der militärischen Schlagkraft beraubt. Söldner arbeiten bekanntlich nicht ohne Bezahlung.

1440 vereinigten sich zudem - durch den Geldhunger und autokratischen Habitus der Deutschherren empfindlich in ihren Handelswegen gestört - 19 Städte unter der Führung von Danzig sowie die preußischen Stände zum ›Preußischen Bund‹, der sich vierzehn Jahre darauf der polnischen Krone unterstellte. Der Dreizehnjährige Krieg begann (auch ›Städtekrieg‹ genannt), dessen Schlachten von 1454 bis 1466 nicht nur auf dem Feld, sondern auch in den Geldsäckeln stattfanden. Der unerschöpflichen Finanzkraft insbesondere der Hansestadt Danzig, die die polnische Krone unterstützte, hatte der Deutsche Orden wenig entgegenzusetzen. Bereits 1457 mußte er seinen Hauptsitz, die Marienburg, an seine Söldner verpfänden und nach Königsberg ausweichen. Die Söldner wiederum verkauften die Burg an den polnischen König, finanziert durch die Gelder des Preußischen Bunds.

Im Oktober 1466 schlossen die Kontrahenten den Zweiten Thorner Frieden, mit dem der Orden Pommerellen und Danzig, das Kulmer Land sowie die Gebiete von Marienburg, Elbing und das Bistum Ermland verlor, die als ›Preußen Königlich Polnischen Anteils‹ der polnischen Krone zugesprochen wurden.

Für Polen brachen währenddessen goldene Zeiten an. Das Polnisch-Litauische Doppelreich wuchs im 15./16. Jahrhundert während des ›Goldenen Zeitalters‹ zum größten Staat in Europa an, der sich vom Baltikum bis zum Schwarzen Meer und von der Danziger Bucht bis weit nach Rußland hinein ausdehnte. Vor allem unter den zwei jagiellonischen Herrschern Zygmunt I. Stary (der Ältere) (1506-1548) und Zygmunt II. August (1548-1572) blühte das Land.

Etwa zur selben Zeit schlug Martin Luther seine Thesen an der Schloßkirche im sachsen-anhaltinischen Wittenberg an, und schnell verbreitete sich der Protestantismus in Preußen. 1525 wurde der Ordensstaat unter dem Hochmeister Albrecht von Brandenburg-Ansbach in ein weltliches protestantisches Herzogtum im Lehnsverband der polnischen Krone überführt. Herzog Albrecht huldigte seinem Onkel, dem polnischen König Zygmunt I. Stary, welcher ihn offiziell mit dem Herzogtum Preußen belehnte. Der erste protestantische Staat der Welt war entstanden, kurioserweise unter einem katholischen Lehnsherren.

Im heutigen Kaliningrad erinnert ein Denkmal an Herzog Albrecht

Elend und Not

43 Jahre lang herrschte Herzog Albrecht von Brandenburg-Ansbach über Preußen mit glücklicher Hand. Da sein Sohn und Nachfolger Albrecht Friedrich jedoch geisteskrank war, wurden zur Absicherung der künftigen Regentschaft 1569 vorsichtshalber zusätzlich dessen Vetter Georg Friedrich von Ansbach sowie der Potsdamer Kurfürst Joachim II. von Brandenburg belehnt. Ersterer regierte das Herzogtum vormundschaftlich von 1578 bis zu seinem Tod 1603, anschließend übernahm der brandenburgische Kurfürst die Vormundschaft und wurde, als sein Mündel Albrecht Friedrich 1618 verstarb, erster erblicher Herzog in Preußen. Fortan leiteten also die Brandenburger die Geschicke des Lands, und damit auch die in seinem südöstlichsten Winkel Masuren.

Im 17. Jahrhundert verwandelten der Dreißigjährige Krieg 1618-1648 und seine Nachfolgekriege vor allem Mitteleuropa in ein riesiges Schlachtfeld. Polen büßte seine Großmachtstellung ein und hatte erhebliche Gebietsverluste zu beklagen, unter anderem gingen Pommern, Teile Litauens, Weißrußland und die Ukraine in blutigen Auseinandersetzungen verloren. Es war eine ›Sintflut‹, wie man jene Epoche in Polen bald nannte. Masuren blieb von den Kriegsverheerungen dagegen weitgehend verschont. Nichtsdestotrotz hatten die Bauern, Fischer und Köhler in der bitterarmen Region wenig zu lachen. Die Böden waren karg, die Ernten schlecht und die spärlichen Erträge mit exorbitanten Abgaben belastet, so daß Hunger und Elend ständige Begleiter der Menschen waren. Drückend lastete der Frondienst auf den Schultern der Bauern, die seit 1577 durch die in der preußischen Landordnung festgelegte Schollenbindung quasi Leibeigene ihrer feudalen Landherren waren.

Der Zweite Schwedisch-Polnische Krieg 1655–1660 wütete in Masuren dann umso schlimmer. Plünderungen und Brandschatzungen durchziehender Truppen waren an der Tagesordnung. Besonders grausam gingen dabei die im polnischen Heer kämpfenden Tataren vor, sie mordeten, verheerten die Dörfer und verschleppten die Bevölkerung in die Sklaverei. Jeder zweite Masure starb im Verlauf der ›Tatarenwut‹. Unmittelbar darauf folgten 1656/57 der Schwarze Tod und danach verzweifelte Hungersnöte.

In Preußen herrschte in jener Zeit bereits seit fast zwei Jahrzehnten der ›Große Kurfürst‹ Friedrich Wilhelm von Brandenburg. 1640 hatte er den Thron bestiegen, und es gelang ihm durch einen zweifachen Wechsel der Fronten im Zweiten Polnisch-Schwedischen Krieg die Lehnshoheit Polens über sein Fürstentum abzuschütteln: zunächst im Bündnis mit Schweden gegen Polen und anschließend zusammen mit Polen und Rußland gegen Schweden – was ihm zuguterletzt die Anerkennung der unbeschränkten Souveränität der brandenburgischen Kurfürsten im Herzogtum Preußen eintrug. Sie wurde 1660 im Frieden von Oliva bestätigt, womit der Aufstieg Brandenburg-Preußens zur europäischen Großmacht begann. 1701 krönte sich der Sohn des Großen Kurfürsten, Friedrich III., in Königsberg eigenhändig zum König in Preußen und bestieg als Friedrich I. den Thron.

Die drei Teilungen Polens

Währenddessen hatten Krieg, Pest, Fron und Mißwirtschaft Masuren entvölkert. 1709 und 1711 wütete abermals der Schwarze Tod, und wer überlebte, floh vor Armut und Knechtschaft aus der Region. Erst mit König Friedrich Wilhelm I., der das Erbe seines Vaters Friedrich I. antrat, kehrte ein Anflug von Hoffnung ein.

Zwar wurde der gestrenge Staatslenker gemeinhin ›Soldatenkönig‹ genannt, doch tatsächlich waren die Jahre seiner Regentschaft bis 1740 die einzigen ohne Krieg. Friedrich Wilhelm widmete sich vielmehr dem Aufbau eines effizienten Staats- und Verwaltungswesens sowie der Wiederbesiedlung der in den furchtbaren

Kriegen verödeten Landstriche. So gelangten im Rahmen der ›Repeuplierung‹ lutherische Bauern aus Salzburg, Litauer, reformierte Polen, Schweizer und Deutsche nach Ostpreußen, von denen sich ein Teil auch in Masuren ansiedelte, wobei die deutschsprachigen Kolonisten überwiegend die sogenannten ›litauischen Ämter‹ bevorzugten (etwa das Gebiet der heutigen russischen Enklave Kaliningrad), während die ›polnischen Ämter‹ (das eigentliche Masuren) durch polnische Einwanderer vorherrschend polnischsprachig blieben.

Nach Friedrich Wilhelms Tod 1740 setzte Friedrich II. der Große das Aufbauwerk seines Vaters fort. Gegen die unrentable archaische Dreifelderwirtschaft der masurischen Bauern vermochte er zwar nicht viel auszurichten. Doch führte er immerhin die Kartoffel ein, die in den 1780er Jahren in Masuren ihren Siegeszug feierte. Mithilfe ausgeklügelter Kanalsysteme wurden darüber hinaus die ersten Sümpfe und Moore entwässert. Wo die Bauern vorher noch schneeschuhartige Holzbretter an den Füßen trugen, um auf den übersäuerten Feldern nicht im Morast zu versinken, entstanden nun zahlreiche neue Äcker und insbesondere Futterwiesen, unabdingbar für die Erhöhung des Viehbestands. Andererseits fraßen die skandalösen Steuerforderung Friedrichs sowie die Versorgung seiner Soldaten, die die masurische Bevölkerung zu gewährleisten hatte, sämtliche kleinen Erfolge der Entwässerungsprojekte schnell wieder auf.

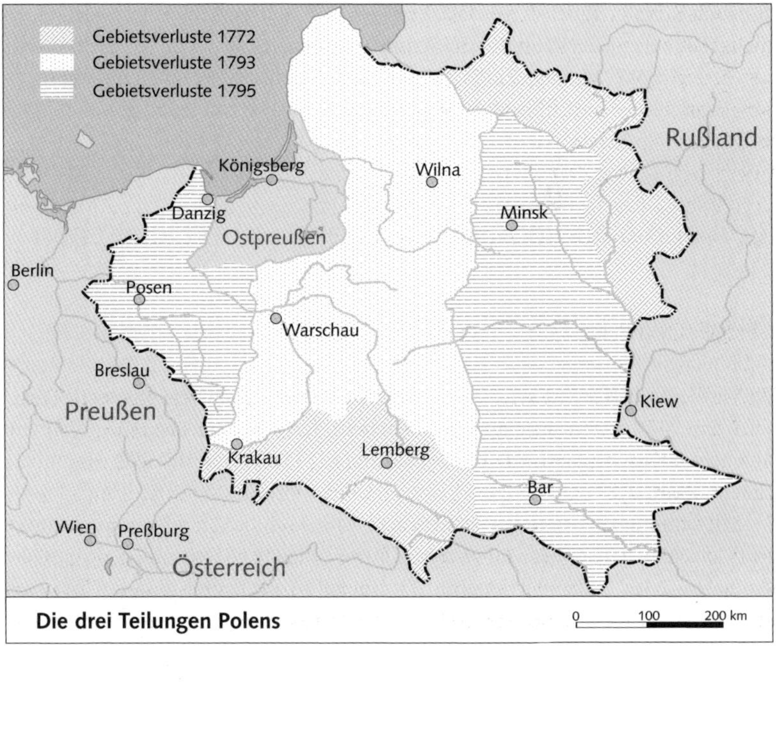

Die drei Teilungen Polens

Im Verlauf des Siebenjährigen Kriegs (1756–1763) zogen abermals feindliche Soldaten durchs Land, ab 1758 stand das gesamte Ostpreußen bis zum Kriegsende unter russischer Hoheit. Im Anschluß wurden in Masuren zur Sicherheit feste Garnisonen eingerichtet, und mit den Soldaten und Offizieren gelangte deutsche Kultur und Lebensart in die Region. Allmählich bildete sich eine kleinstädtische deutschsprachige bürgerliche Oberschicht heraus. Wogegen das Gros der ländlichen Bevölkerung weiterhin polnisch sprach, genauer: einen derben polnischen Dialekt, das sogenannte ›Masurische‹.

In der Adelsrepublik Polen herrschten zwischenzeitlich bürgerkriegsähnliche Zustände. Intrigen, Korruption und interne Auseinandersetzungen der polnischen Adelsparteien lähmten das morsch gewordene Staatsgebilde ebenso wie die fortgesetzten Interventionen der benachbarten Großmächte Rußland, Preußen und Österreich, die zu ihrem eigenen Nutzen überfällige Reformen in Polen zu verhindern versuchten. 1772 fiel ihnen die zerrüttete Adelsrepublik wie ein überreifer Apfel in den Schoß, es erfolgte die erste Teilung von Polen. Rußland verleibte sich die Gebiete östlich der Düna und Weißrußlands ein, Österreich schluckte im Süden Galizien, und Preußen okkupierte Westpreußen, das Ermland und Pommerellen, womit die deutsche Landverbindung von Pommern nach Ostpreußen hergestellt war.

1793 vollzogen die Großmächte die zweite Teilung Polens. Der legendäre Freiheitskämpfer Tadeusz Kościuszko (1746–1817) errang 1794 zwar noch einen glanzvollen Sieg über die russische Armee, doch war es der letzte vor der endgültigen Katastrophe. Mit der dritten Teilung 1795 dehnte sich Preußen bis Warschau aus, den Rest teilten Rußland und Österreich unter sich auf. Auf den Landkarten existierte Polen nicht mehr.

Von den Napoleonischen Kriegen zum Deutschen Reich

Für das rückständige Masuren änderte sich wenig, es blieb eine vergessene Region – die nichtsdestoweniger den verschiedensten Heeren als Auf- und Durchmarschgebiet diente. Während der Napoleonischen Kriege rückten im Winter 1806/07 französische Truppen ein, ein zweites Mal besetzten die Franzosen 1812 im Vorfeld von Napoleons Rußlandfeldzug das Land, und 1813 marschierten Zar Alexanders Soldaten ein.

Mit dem französischen Kaiser hatten zuvor jedoch nicht nur Besatzer, sondern auch revolutionäre Ideen in Preußen Einzug gehalten. Bereits 1810 erfolgte die Aufhebung der Gutsuntertänigkeit, fortan durfte der Bauer sich frei bewegen und ohne gutsherrliche Erlaubnis die Ehe eingehen. Demungeachtet regierten in

Im Freilichtmuseum von Olsztynek wird die masurische Vergangenheit des 19. und 20. Jahrhunderts lebendig

Masuren wieder einmal Hunger und Not, diesmal verschärft durch eingeschleppte Krankheiten, eine Teuerung und eine schwerwiegende Agrarkrise. Darüber hinaus hatten die freigesetzten Landleute ihre ehemaligen Gutsherren finanziell zu entschädigen, wofür sie die ihnen soeben überantworteten Höfe in der Regel gleich wieder verkaufen mußten. Meist an den alten Gutsbesitzer, der seine vormaligen Fronleistenden nun als Billigstlohnarbeiter beschäftigte. Damit nicht genug, rafften in den Jahren 1831, 1837 und 1852 Choleraepidemien mancherorts bis zu zehn Prozent der Bevölkerung hin, und zwischen 1840 und 1850 kam es wegen sintflutartiger Regenfälle immer wieder zu Mißernten. Masuren blieb, trotz weiterer umfangreicher Entwässerungsarbeiten und 1868 einer Eisenbahnanbindung bis Lyck (Ełk), die unterentwickeltste Region Ostpreußens.

Neben einem kleinen deutschsprachigen Provinzbürgertum in den Kleinstädten lebte die Mehrheit der polnischsprachigen Landbevölkerung meist in armen Verhältnissen. Doch etwas verband sie mit den bessergestellten ›Deutschen‹: Ob arm oder reich, polnisch oder deutsch, sie teilten miteinander das evangelische Glaubensbekenntnis sowie ihre unbedingte Liebe zum preußischen König. Diesen innigen Patriotismus pflegten alle Masuren, gleich welcher Herkunft und Zunge. Bis zur Gründung des Deutschen Kaiserreichs 1871 war das Land ein typisches Beispiel für das multiethnische Miteinander im vornationalen Königreich Preußen.

Mit der Reichsgründung 1871 wich der Patriotismus dann einem fiebrigen Nationalismus. Deutschgesinnte Kreise in Masuren entdeckten auf einmal die

›Slawen-‹ und ›Polengefahr‹, und das aufgeteilte Polen wiederum entdeckte Masuren. Wojciech Ketrzyński, 1838 in Lötzen (Giżycko) als Adalbert von Winkler geboren, wurde mit seiner 1872 erschienen Schrift ›Über Masuren‹ zum Begründer des polnischen Anspruchs auf die Region als ›urpolnisches‹ Land. Bereits im Jahr darauf bekam die polnische Sprache in Masuren den Todesstoß versetzt: Mit sofortiger Wirkung wurde in den Elementarschulen der deutschsprachige Unterricht angeordnet. Deutsche Räte, Beamte, Händler und Gutsbesitzer und vorneweg Pastoren und Lehrer fühlten sich fortan bemüßigt, ihren slawischstämmigen Landsleuten die vermeintlich höhere deutsche Kultur näher zu bringen.

Masuren bis zum Ende des Ersten Weltkriegs

1901 wurde das erste Automobil in Masuren gesichtet. Allerdings gehörte es einem Franzosen, der sich außerdem nur auf der Durchreise befand. Nach wie vor ging es den Menschen schlecht, und die Industrialisierung, die in weiten Teilen des Deutschen Reichs rasant voranschritt, streifte das südliche Ostpreußen allein insofern, als daß sie die bis dahin größte Auswanderungswelle in der masurischen Geschichte auslöste. Bis 1914 emigrierte schätzungsweise ein Drittel der Bevölkerung ins Ruhrgebiet - insgesamt etwa 180 000 Masuren.

Im Juli 1914 begann der Erste Weltkrieg. Schon am 20. August 1914 überschritt die russische Narew-Armee unter General Samsonow von Süden her die ungeschützte ostpreußische Grenze, und ein paar Tage später waren bereits zahlreiche masurische Ortschaften besetzt. Zur Rettung des bedrohten Ostpreußen wurde daraufhin Generalfeldmarschall Paul von Hindenburg aus dem Ruhestand in den aktiven Dienst zurückbeordert. Am 26. August 1914 kam es zu dem furchtbaren Blutvergießen, das die Propaganda später die ›Schlacht von Tannenberg‹ nannte. In einem Dreieck zwischen Olsztynek (Hohenstein), Nidzica (Neidenburg) und Pasym (Passenheim) umzingelten deutsche Truppen unter dem Oberbefehl Hindenburgs die Narew-Armee und schlugen sie in den folgenden vier Tagen vernichtend. Ein glorreicher Sieg für die Deutschen, bei dem zehntausende Soldaten ihr Leben verloren. Die unrühmliche Scharte aus dem Jahr 1410 schien mit dieser zweiten ›Schlacht von Tannenberg‹ wieder ausgewetzt. So schrieb es Generalstabschef Erich Ludendorff in seinen ›Kriegserinnerungen‹: »Die Schlacht wurde auf meinen Vorschlag die Schlacht von Tannenberg genannt, als Erinnerung an jenen Kampf, in dem der Deutsche Ritterorden den vereinigten polnischen und litauischen Heeren unterlag.«

Noch mehrere entsetzliche Kämpfe fanden auf masurischem Boden statt, bis Hindenburg im Februar 1915 die endgültige Befreiung von russischer Besatzung gelang. Fortan feierten ihn die Masuren als Retter von Ostpreußen. Derweil waren ihre Städte und Dörfer in Schutt und Asche gelegt und ungezählte Menschen auf der Flucht oder nach Sibirien verschleppt. Hunger zog ein, da das Militär die Nahrungsmittel beschlagnahmte, im schlimmen ›Rübenwinter‹ 1916/17 sogar mit Waffengewalt. 1918 hatte Deutschland den Krieg verloren. Das Reich kapitulierte, Kaiser Wilhelm II. setzte sich nach Holland ab, und in Berlin wurde die Republik ausgerufen. Das Schicksal Masurens war dagegen ungewiß.

Deutschland oder Polen?

Nach dem Ersten Weltkrieg stand die polnische Frage international wieder auf dem Plan. Polen sollte als ›Cordon Sanitaire‹, als östlicher Puffer gegen die gerade entstehende Sowjetunion neu gegründet werden. 1918 veröffentlichte US-Präsident Wilson ein 14-Punkte-Programm, unter dem man im vorletzten Punkt über den Aufbau eines polnischen Staates mit Zugang zur Ostsee nachdachte. Ende des Jahres, am 11. November 1918, übertrug man dem bei Wilna geborenen sozialistischen Politiker und Marschall Józef Piłsudski den Oberbefehl über die polnischen Streitkräfte - der Gründungstag der Zweiten Polnischen Republik.

Im Rahmen der Versailler Friedensverträge bestimmten die Alliierten die Abtretung Pommerellens an Polen, das so wieder bis zum Ostseestrand reichte, andererseits nun aber Ostpreußen vom übrigen Deutschland abtrennte. Danzig wurde zur ›Freien Stadt‹ unter Obhut des Völkerbunds, und in Masuren kam es laut Versailler Vertrag am 11. Juli 1920 zur Abstimmung über die weitere nationale Zugehörigkeit.

Verleumdungen und Rufmordkampagnen, Störungen politischer Versammlungen, rabiat auftretende Bürgerwehren und wüste Schlägertrupps begleiteten auf deutscher wie auf polnischer Seite die bevorstehende Wahl, in der sich der Verbleib Masurens entweder bei ›Polen‹ oder bei ›Ostpreußen‹ entscheiden sollte. Das Wahlergebnis zugunsten Ostpreußens war phänomenal, es schwankte zwischen 97,81 und 99,99 Prozent Zustimmung. Doch das Klima war fortan vergiftet.

Masuren bis zu Beginn des Zweiten Weltkriegs

Die Abtretung Pommerellens an Polen und damit die verlorene Landverbindung ins westliche Deutschland erwies sich für die Grenzregion Masuren als wirtschaftlich katastrophal. Armut und Not prägten die gesamte Weimarer Zeit, und umso wichtiger wurde die rechte Gesinnung. Im Verbund mit reaktionären Gutsbesitzern und Offizieren herrschte nach wie vor eine deutschnational-monarchistische Kleinstadtelite, während die einfachen Menschen noch immer den Abgang ihres geliebten Kaisers Wilhelm beweinten. Von Berlin aus stützte man moralisch und finanziell den masurischen ›Grenzlandgeist‹, das ›deutsche Bollwerk im Osten‹ gegen die Gebietsansprüche der Republik Polen und die gefährliche ›Slawenflut rings um‹, wie sie später, 1935, selbst ein Reiseführer beschwor.

Zur geistigen Festigung der Masuren dienten außerdem die 1914 geschlagene große ›Tannenbergschlacht‹ sowie der Ersatzkaiser und Retter Ostpreußens Paul von Hindenburg. Als das pompöse Tannenberg-Denkmal nahe dem gleichnamigen masurischen Ort im Andenken an die ›entscheidende Schlacht bei Tannenberg‹ am 18. September 1927 eingeweiht wurde, war der überwältigend populäre, steinalte Hindenburg bereits seit zwei Jahren Reichspräsident. Er ebnete Adolf Hitler den Weg, der am 30. Januar 1933 die Regierungsgeschäfte übernahm. Im Jahr nach der nationalsozialistischen Machtergreifung starb der ›Vater des Vaterlands‹ Hindenburg und wurde in Anwesenheit des Reichskanzlers Hitler im August 1934 zu Füßen des Reichs-Ehrenmals Tannenberg beigesetzt. Fortan würde der Mann aus Braunau die Rolle des Retters Masurens spielen.

Bereits im Frühjahr 1932 bereiste Hitler die Region und fand zahllose enthusiastische Anhänger, so daß das Ergebnis der letzten freien Reichstagswahl für die NSDAP in Masuren insgesamt höchst erfreulich ausfiel. Bis zu 70 Prozent Zustimmung konnten die Nazis für sich verbuchen.

Und Hitler feierte Erfolge. Nach der Gleichschaltung 1933 erlebte Masuren erstmals in seiner verbürgten Geschichte einen nachhaltigen ökonomischen Aufschwung. Entschuldungsprogramme und Billigkredite ermöglichten die Modernisierung der Landwirtschaft. Mit Hilfe des Reichsarbeitsdiensts wurden Straßen gebaut und die ›Masurische Arbeitsschlacht‹, die großangelegte Entwässerung der sauren Böden, in Angriff genommen. Handel und mittelständisches Gewerbe blühten auf, und die Bürgerhäuser erstrahlen in neuem Putz. Im Juli 1938 erfolgte die Umbenennung tausender Ortsnamen ins ›Germanische‹, im August auch die der Wälder und Seen. In der Nacht vom 9. auf den 10. November 1938 brannten die Synagogen.

Im Zweiten Weltkrieg

Am 1. September 1939 morgens um 4.45 Uhr begann mit dem Beschuß des deutschen Panzerkreuzers ›Schleswig-Holstein‹ auf die Danziger Westerplatte der Zweite Weltkrieg. Polen wurde in wenigen Tagen regelrecht überrollt, kein anderes Land erlitt im Verhältnis zu Größe und Einwohnerzahl ein schlimmeres Schicksal. Sechs Millionen Menschen verloren ihr Leben, mehr als ein Fünftel der Bevölkerung. Weitere sechs Millionen Menschen starben unter furchtbaren Qualen in den Massenvernichtungslagern Auschwitz (Owicim), Bełec, Sobibór,

Majdanek, Treblinka und Chełmno im berüchtigten ›Generalgouvernement‹ zwischen Warschau, Krakau, Lublin.

Masuren blieb von den Kriegsauswirkungen dagegen bis zum Sommer 1944 verschont, danach begann die Großoffensive der Roten Armee. Allenorten waren Endsiegparolen zu vernehmen, und wer nicht an der Front kämpfte, baute mit Schaufel und Spaten einen ›Ostwall‹ gegen die Angreifer. Eine planmäßige Evakuierung der Region wurde indes nicht vorbereitet. Ende Januar 1945 war Masuren das erste aller deutschen Territorien, das die Rote Armee besetzte. Und die

Denkmal auf der Westerplatte in Gdańsk

Rache des Lands, das zusammen mit Polen am entsetzlichsten unter dem Krieg Nazideutschlands gelitten hatte, war fürchterlich. Auf der Flucht vor den Siegern ließen die Masuren alles zurück, und zahllose Menschen verloren dabei ihr Leben.

1945 beschlossen die Siegermächte in Jalta auf der Krim die Westverschiebung Polens. Der alte polnische Osten ging an die Sowjetunion, dafür erhielt das Land im Westen die Neumark, Schlesien, Hinterpommern, das südliche Ostpreußen und Danzig. Man zwang hunderttausende Polen gegen Westen zu ziehen, um dort eine neue Heimat zu finden, aus der wiederum hunderttausende Deutsche vertrieben wurden. Das alte Masuren mit seiner typisch preußisch-deutsch-polnisch-evangelischen Bevölkerung gab es nicht mehr. Und Mazury entstand.

Die Volksrepublik

Bereits 1943 war der polnische Kommunist und Widerstandskämpfer Władiław Gumołka Generalsekretär der im Untergrund operierenden Arbeiterpartei (PPR) geworden. Am 1. Januar 1945 deklarierte er die Provisorische Regierung, zwölf Tage später brach in Westgalizien die deutsche Mittelfront auf, die Rote Armee überschritt die Weichsel und nahm nach fünftägigen schweren Kämpfen gegen die deutsche Wehrmacht Warschau ein. Am 18. Januar zog Gumołkas Provisorische Regierung in die polnische Hauptstadt um. Die schrittweise Machtübernahme durch die von Moskau protektionierten Kommunisten begann. Im Januar 1947 votierten bei den Wahlen zum verfassungsgebenden Sejm vermeintlich achtzig Prozent aller Polen für die im Demokratischen Block vereinigten Sozialisten und Kommunisten. Und was man jahrzehntelang nur hinter vorgehaltener Hand munkelte, ist heute bewiesen: Es handelte sich um eine Wahlfälschung, die den Grundstein für die kommenden mehr als vierzig Jahre sozialistische Volksrepublik Polen hinter dem Eisernen Vorhang legte.

In Masuren herrschten nach 1945 wieder Hunger und Not. Die aus ihrer nun sowjetischen Heimat vertriebenen Polen fanden ein völlig verheertes Land vor, etwa die Hälfte der Städte und ein Drittel aller Dörfer waren zerstört. Von 1945 bis 1948/49 schloß sich die ›Verifizierung‹ der verbliebenen angestammten Masuren an. Konnten sie keine polnischen Wurzeln nachweisen, wurden sie ausgewiesen oder wenigstens rigoros schikaniert. Dagegen wurden Masuren mit ›verifizierter‹ polnischer Abstammung als ›autochthon‹ eingestuft. Nach ›700 Jahren harter Knechtschaft‹ erlebten sie nun, so die offizielle Lesart, ihre ›Heimkehr ins Mutterland‹.

Nach der Etablierung des stalinistischen Regimes erfolgten landesweit Enteignungen, Verstaatlichungen und eine Bodenreform. Schon im Juni 1948 kam

Jagielski und Wałęsa bei der Unterzeichnung der ›Danziger Vereinbarung‹

der erste Dreijahresplan und 1949 die Kollektivierung, die auch in Masuren die althergebrachten Dorfstrukturen zerstörte. ›Autochtone‹ Masuren diffamierte man nun als ›Deutsche‹ und ›Kapitalisten‹, und als im Zuge der Familienzusammenführung 1956 die Ausreisebestimmungen gelockert wurden, verließen die Menschen in großer Anzahl die Volksrepublik Richtung BRD.

Im selben Jahr kam es infolge einer ›Erhöhung der Arbeitsnorm‹ landesweit zu Protesten und Streiks, die die Armee niederwarf. Nach offiziellen Angaben wurden dabei 53 Arbeiter getötet. Eine Erhöhung der Lebensmittelpreise 1970 löste eine zweite große Streikwelle aus, bei der 70 Menschen den Tod fanden, beinahe 1200 wurden verwundet. Und der Exodus der Masuren aus Masuren ging weiter. Eine anschwellende Ausreisewelle verzeichnete man, nachdem im Rahmen von Willy Brandts Ostpolitik die Volks- und die Bundesrepublik diplomatische Beziehungen aufgenommen hatten, und noch einmal 1975 im Anschluß an ein Treffen Helmut Schmidts mit dem damaligen polnischen Staatschef Edward Gierek.

Im Jahr 1976 wurden in Polen nach Arbeiteraufständen zahllose bis zu zehnjährige Haftstrafen verhängt. Zur Unterstützung der Gefangenen gründete sich unter den Bürgerrechtlern Adam Mischnik und Jacek Kuroń das ›Komitee für gesellschaftliche Selbstverteidigung‹ (KOR) – der intellektuelle Wegbereiter der

Solidarność-Bewegung. 1978 bestieg der Krakauer Kardinal Karol Wojtyła als Papst Johannes Paul II. in Rom den Stuhl Petri, im Jahr darauf unternahm er seine erste Pilgerreise nach Polen. Betend und religiöse Lieder anstimmend traten am 14. August 1980 die Arbeiter der Danziger Lenin-Werft in den Streik. Angeführt wurden sie von dem Elektriker Lech Wałęsa. Wenige Tage später befand sich ganz Polen im Ausstand, und schon am 31. August unterzeichneten der stellvertretende Ministerpräsident Jagielski und Lech Wałęsa die ›Danziger Vereinbarung‹, die die Zulassung freier Gewerkschaften zusicherte.

Als erste freie Gewerkschaft hinter dem Eisernen Vorhang nahm die Solidarność Ende Oktober 1980 ihre Arbeit auf, binnen kürzester Zeit gehörten ihr mehr als zehn Millionen Menschen an. Vierzehn Monate später wurde bis 1983 das Kriegsrecht verhängt. Tausende Solidarność-Mitglieder wurden verhaftet. Die Gewerkschaft selbst blieb bis zum Untergang des Ostblocks 1989 verboten.

Die ersten, noch halbfreien Wahlen im selben Jahr endeten mit einer verheerenden Niederlage für die Polnische Vereinigte Arbeiterpartei. Unabhängige Kandidaten, zumeist Solidarność-Vertreter, gewannen sämtliche Mandate, die ihnen überhaupt zugebilligt worden waren. Bei den Präsidentschaftswahlen am 9. Dezember 1990 errang dann der kleine Elektriker von der Danziger Werft, der Gewerkschaftsführer Wałęsa, einen überwältigenden Sieg. Erstmals in ihrer gesamten Geschichte besaßen die Polen einen demokratisch gewählten Staatspräsidenten.

Auf dem Weg nach Europa

Im Oktober 1991 fanden die ersten vollständig freien Parlamentswahlen statt: Stolze 29 Parteien hielten Einzug in den Sejm. Begleitet von gewaltigen Umbrüchen im Land, die drei Millionen Menschen in die Arbeitslosigkeit führten, begannen marktwirtschaftliche Liberalisierung und Polens Öffnung nach Westen. 1992 ratifizierte das Parlament das EU-Assoziierungsabkommen, 1993 wurde die junge Republik Mitglied der Europäischen Freihandelszone (EFTA) und beantragte die Aufnahme in die Europäische Union. 1995 trat das Land der Welthandelsorganisation (WTO) bei und 1996 der Organisation für Wirtschaftliche Zusammenarbeit und Entwicklung (OECD). Im Dezember 1997 wurde Polen offizieller Kandidat für die EU-Mitgliedschaft, im Frühjahr 1998 begannen die Beitrittsverhandlungen. Die neue Verfassung, die sich die demokratische Republik Polen gegeben hatte, trat nach einer Volksabstimmung Mitte Oktober 1997 in Kraft. Unmittelbar schob man ein umfassendes Reformpaket im Gesundheits-, Bildungs- und Rentenbereich an, und im Zuge einer Verwaltungsreform wurden mit Wirkung zum 1. Januar 1999 die unter Edward Gierek in 49 Bezirke zerlegten Woiwodschaften in 16 größeren

Verwaltungseinheiten zusammengefaßt. Zwei Monate darauf fanden im März 1999 die Feierlichkeiten zu Polens Beitritt zum Nordatlantik-Pakt (NATO) statt.

Anfang Oktober 2000 ging der Sozialdemokrat Kwaśniewski zum zweiten Mal in Folge als Sieger aus den Präsidentschaftswahlen hervor. Dem verdienten Solidarność-Helden, Expräsidenten und Friedensnobelpreisträger Lech Wałęsa schenkten dagegen nur noch 0,8 Prozent der Wähler ihre Stimme. Und es sollte noch schlimmer kommen für die Konservativen. Bei den Parlamentswahlen im September 2001 mußte die ›Wahlaktion Solidarność‹ ihre sämtlichen Sitze im Sejm räumen. Mit 5,6 Prozent scheiterte sie an der für Wahlvereinigungen obligatorischen Acht-Prozent-Klausel und machte Platz für ein Bündnis der Demokratischen Linken (SDL) und der Union der Arbeit (UP). Ebenfalls seitdem im Parlament vertreten sind das Wahlkomitee ›Deutsche Minderheit‹ sowie die ›Deutsche Minderheit aus Oberschlesien‹ mit je einem Sitz. Die Wahlbeteiligung betrug insgesamt kaum mehr als 46 Prozent.

So galt die Volksabstimmung im Juni 2003 über Polens Beitritt zur Europäischen Union denn auch lange als Zitterpartie. Würden die Bürgerinnen und Bürger des mit 38 Millionen Einwohnern immerhin größten der zehn Beitrittskandidaten überhaupt zu den Wahlurnen gehen? Tatsächlich gaben dann knapp 60 Prozent der Wahlberechtigten ihre Stimmen ab, von denen wiederum über zwei Drittel für die EU-Mitgliedschaft votierten. Die große Mehrheit der polnischen Wähler hatte ›Ja‹ zu Europa gesagt. »Wir kehren nach Europa zurück«, freute sich Staatspräsident Kwaśniewski über das historische Ereignis, das die EU-Anhänger im ganzen Land ausgelassen feierten.

Nach fünfzehn Jahren diplomatischen Bemühungen und komplizierten Verhandlungen ist die Republik Polen seit dem 1. Mai 2004 Vollmitglied in der Europäischen Union. Und damit nicht genug, ist für 2009 ihr Beitritt zur europäischen Währungsunion anvisiert. Wobei die Zeichen nicht schlecht stehen, daß man zwischen Oder und Bug vielleicht sogar schon ab 2008 mit dem Euro bezahlen kann.

Die Republik Polen heute

Seit ihrer Gründung 1989 schreibt die III. Republik also eine Erfolgsgeschichte. Mit einem kontinuierlichen Wirtschaftswachstum von jährlich vier bis fünf Prozent liegt sie im Europavergleich an der Spitze. Das Bruttoinlandsprodukt und die industrielle Produktion wachsen beständig, der polnische Aktienindex WIG setzt zu immer neuen Höhenflügen an, die Betriebe verbuchen von Jahr zu Jahr höhere Umsätze und halten, einer Umfrage der Brüsseler Behörden von 2005 zufolge, den europäischen Gute-Laune-Rekord. Nirgends wird die ökonomische

Zukunft so positiv eingeschätzt wie bei den polnischen Unternehmern.

Doch wo Licht, da auch Schatten: Polen ist heute ein tiefgespaltenes Land. Bei einer sich mit enormem Tempo ausbreitenden sozialen Ungleichheit zerfällt es hier in florierende städtische Zentren mit einer gutausgebildeten, betriebsamen Mittelschicht und dort in zunehmend abgeschriebene ländliche Regionen, in denen die Arbeitslosigkeit das Leben bestimmt. Vor allem das ländliche Ostpolen ist davon stark betroffen, in manchen Dörfern herrscht hundert Prozent Arbeitslosigkeit. Die Jungen gehen fort in die Städte, die Alten ernähren sich mehr schlecht als recht vom Gemüse- und Kartoffelanbau im eigenen Garten, und manche Orte sind mittlerweile nahezu ausgestorben. Die marktwirtschaftliche Roßkur der vergangenen Jahre hat dem Land zwar ein ordentliches Wachstum beschert, aber mit einer Quote von über 19 Prozent EU-weit auch die höchste Erwerbslosigkeit. Rund drei Millionen Menschen im erwerbsfähigen Alter waren 2005 ohne Job. Die Woiwodschaft Lubelskie an der Grenze zu Weißrußland und der Ukraine ist die ärmste Region in der EU überhaupt. In einigen Kreisen Westpommerns erreicht die Arbeitslosenzahl annähernd vierzig Prozent, und in Ermland-Masuren findet jeder Dritte kein Lohn und Brot.

Werbeplakat für den Radiosender ›Maryja‹

Konservative Werte wie Kirche, Familie und Vaterland geben da vielleicht Halt. Unterstützt und gefördert werden sie vom 1991 gegründeten katholischen Privatradio ›Maryja‹, das polenweit immerhin fünf Millionen Hörer erreicht. Von einer der Hochburgen des polnischen Katholizismus, Toruń, sendet ›Maryja‹ lebenspraktische Feindbilder: Linke, Homosexuelle, Juden und selbständige Frauen werden als schuldig an der Misere identifiziert; und viele, die in der neuen Gesellschaft keinen Platz mehr für sich finden, nehmen die Botschaft an. Seit Mitte der 90er Jahre unterstützt der Sender in seinen Wahlaufrufen rechtsradikale Parteien wie beispielsweise die ›Liga Polnischer Familien‹ (LPR), die kontinuierlich um die acht Prozent der Wählerstimmen erhalten, und schwenkte zu den Parlaments- und Präsidentschaftswahlen 2005 auf die aussichtsreiche rechtskonservative Partei ›Recht und Gerechtigkeit‹ (PiS) um.

Ihre Protagonisten, die Zwillingsbrüder Jarosław und Lech Kaczyński, stehen für Law-and-Order-Parolen, die Wiedereinführung der Todesstrafe und eine ›moralische Revolution‹, bei der vor allem bei Verbrechern und korrupten Exkommunisten die ›Köpfe rollen‹ sollen. PiS kämpft gegen Europa und seine Institutionen nach dem Motto ›Polen zuerst‹, gegen die Liberalisierung des Abtreibungsrechts, gegen gleiche Rechte für Homosexuelle und Frauen, und für die Stärkung der ›christlichen Elemente‹. Das Etikett ›Nationalist‹ wollte sich der Präsidentschaftsanwärter Lech Kaczyński trotzdem nicht anheften lassen. Er bezeichnete sich lieber – unterstützt von einer Reihe von Priestern, die sonntags von ihren Kanzeln herab wider den ›jüdischen Kapitalismus‹ wetterten – als ›polnischen Patrioten‹.

Am Abend der Parlamentswahlen am 25. September 2005 hatte die PiS 27 Prozent der Wählerstimmen gewonnen und war damit stärkste Partei. Insgesamt errangen Marktliberale, rechtskonservative und rechtsradikale Gruppierungen im Sejm 87 Prozent aller Mandate. Die in zahlreiche Regierungsaffären verstrickte, abgehalfterte ›Demokratische Linksallianz‹ (SLD) kam nur noch auf 11,4 Prozent (2001: 41 Prozent). Und die Mitte blieb leer.

Kurz danach siegte, mit der Devise ›hart und gerecht‹, auch der PiS-Kandidat für das Präsidentenamt, Lech Kaczyński. In einer Stichwahl hatte der polternde Nationalkatholik gegen den Vertreter der marktliberalen konservativen Steuersenkungspartei ›Bürgerplattform‹ (PO), Donald Tusk, den Kampf um das höchste Staatsamt für sich entschieden. Dabei wurde Kaczyński nur von der Mehrheit kaum der Hälfte aller wahlberechtigten Bürger zum neuen Präsidenten gewählt, überwiegend von schlecht ausgebildeten, benachteiligten Schichten, wie es die Wahlanalyse ermittelte. Die Wahlbeteiligung betrug nur vierzig Prozent. Die anderen sechzig Prozent haben sich an den Wahlen 2005 nicht mehr beteiligt.

Am 31. Oktober 2005 wurde die neue PiS-Minderheitsregierung unter Premierminister Kazimierz Marcinkiewicz vereidigt. Um parlamentarische Mehrheiten zu erringen, ist sie entweder auf die Stimmen der neoliberalen PO oder auf die reaktionäre ›Liga Polnischer Familien‹ zusammen mit der rechtspopulistischen Bauernpartei ›Samoobrona‹ (Selbstverteidigung) angewiesen. So darf man gespannt sein, welchen Kurs die künftige polnische Politik nehmen wird. Welche Antworten werden die Nationalpatrioten auf so komplexe Fragen wie Globalisierung und Arbeitslosigkeit finden, und werden die traditionellen drei ›Ks‹ (Kirche, Kinder, Küche) demnächst wieder eine größere Rolle spielen? In einer ihrer ersten Amtshandlungen hat die neue Regierung jedenfalls schon einmal die Stelle der Gleichstellungsbeauftragten abgeschafft.

Reizvolle Abstecher auf dem Weg nach Masuren sind die alte Stadt Toruń, das einstige Machtzentrum des Deutschen Ordens, die Marienburg und natürlich ein Besuch der ›Königin der Ostsee‹, Gdańsk.

Auf dem Weg nach Masuren

Die Weichselniederung

1047 Kilometer muß die Weichsel (Wisła) auf ihrem Weg aus den Westbeskiden herab bis zur Mündung in die Danziger Bucht zurücklegen. Dabei durchbricht sie auf der Höhe von Bydgoszcz (Bromberg) den Baltischen Höhenrücken, biegt nach Norden ab und nimmt ihren Weg durch die meilenweite Niederung, der sie ihren Namen schenkt.

Ab dem 16. Jahrhundert wurde der damals sumpfige untere Weichsellauf von mennonitischen Glaubensflüchtlingen aus Holland entwässert. Gegen die alljährlichen Überschwemmungen nach der Frühjahrsschneeschmelze bauten sie Dämme und Deiche, legten die Sümpfe trocken und gewannen dem Land durch ein ausgeklügeltes System von Schleusen, Kanälen und Entwässerungsgräben wertvollsten Boden ab. Gelegentlich erinnert noch eine – meist leider verfallene – alte Holländerwindmühle im Niederungsland an die fleißigen Kolonisten. Ebenfalls charakteristisch für die Region sind die hier und da noch erhaltenen traditionellen Vorlaubenhäuser der Bauern, deren Größe vom Wohlstand ihrer Bewohner sprach: Stützpfeiler tragen große, weit über das Erdgeschoß hervorragende Vorbauten, unter denen die hochbeladenen Erntewagen solcherart einfuhren, daß das Getreide durch eine Luke hindurch direkt in den Speichervorbau umgeladen werden konnte. Die fetten schwarzen Äcker der Żuławy Wiślane (Weichselniederung) zählen zu den fruchtbarsten Nordpolens.

Zahlreiche Burgen und historische Städte am Unterlauf des Stroms künden von einer reichen Vergangenheit, darunter die alte Stadt Toruń (Thorn), die seit 1997 zum Weltkulturerbe der Menschheit zählt, und Malbork im Kernland des einstigen Ordensritterstaats, wo sich die weltberühmte Marienburg erhebt: ehemals Hochmeistersitz des Deutschen Ordens und zugleich größte Backsteinburg Europas. Majestätisch thront die Feste über der Nogat, dem rechten Mündungsarm der Weichsel, die hier bereits ein beeindruckendes Delta ausbildet. An der Nogat verlief einst die Grenze zwischen West- und Ostpreußen. Darüber hinaus bildete ihr Verlauf von 1920 bis zum Ausbruch des Zweiten Weltkrieges die Grenze zwischen Deutschland und der Freien Stadt Danzig, während südlich davon die Weichsel als Grenze zwischen Deutschland und Polen fungierte. Heute trennt die Nogat die westliche Woiwodschaft Pomorze (Pommern) von der östlichen Woiwodschaft Warmia-Mazury (Ermland-Masuren).

Weite Äcker, Obst- und Gemüseplantagen, Getreide- und Rapsfelder, Kanäle, blühende Feuchtwiesen und schöne Alleen begleiten den mächtigen Hauptarm der Weichsel, der östlich von Gdańsk bei Mikoszewo in die Ostsee einfließt. 1895 wurde für die – künstliche – Einmündung das letzte Hindernis aus dem Weg gesprengt. Seitdem strömen die Wassermassen durch diesen kanalisierten Durchstich ins Meer, während der alte Flußarm, die Tote Weichsel (Martwa Wisła),

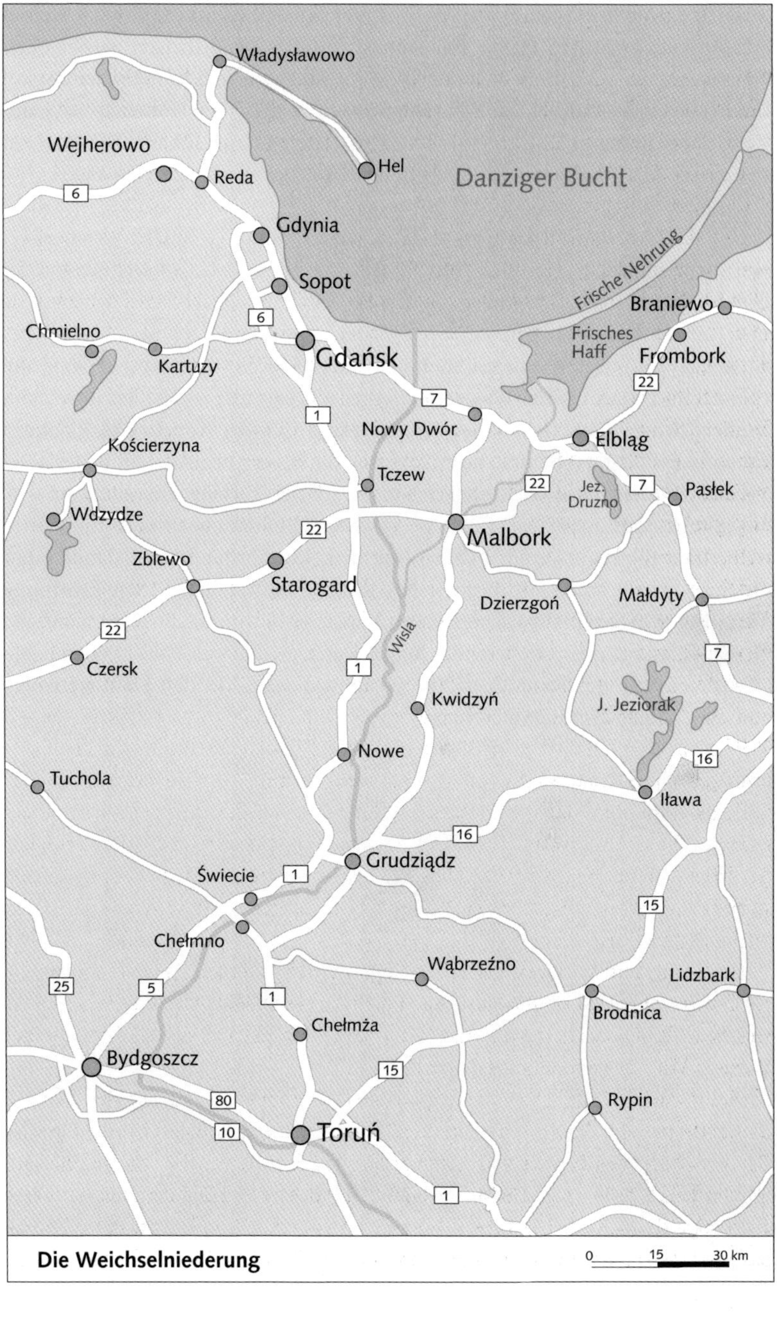

Die Weichselniederung

westlich davon ihrer Mündung entgegenstrebt. An den Ufern der Toten Weichsel erbaute man einst den Hafen von Danzig - der tausendjährigen prachtvollen Hansestadt, der wiederauferstandenen Architekturperle und Königin der Ostsee. Ein Besuch von Gdańsk (Danzig) zählt unzweifelhaft zu den Höhepunkten jeder Reise durch das nördliche Polen. Um mit den Worten Papst Johannes Pauls II. zu sprechen: »Mit Danzig gut anzufangen, heißt gut zum Ende zu kommen.«

Toruń

Anders als die meisten anderen Städte im Norden Polens hat die prachtvolle alte Hansestadt an der oberen Weichsel sämtliche Kriege, die im Verlauf ihrer achthundertjährigen Geschichte über sie hinwegzogen, einem Wunder gleich nahezu unbeschadet überstanden. So schmückt sich die historische Altstadt heute noch mit den majestätischen Backsteinkirchen, Speichern, Türmen, Toren und aufwendig gestalteten Bürgerhäusern, wie sie vorwiegend in der über vier Jahrhunderte währenden Blütezeit Toruńs (Thorn) seit dem 13. Jahrhundert entstanden und die Stadt in ein architekturhistorisches Kleinod verwandelten. Seit Eröffnung der Nikolaus-Kopernikus-Universität im Januar 1946 wurden die altehrwürdigen Gemäuer noch um ein pulsierendes junges Kunst-, Kultur- und Nachtleben bereichert, so daß in der heute über 200 000 Einwohner zählenden Stadt stets eine quicklebendige Atmosphäre herrscht.

Blick auf die berühmte Altstadt von Torún

Berühmtester Sohn der Stadt ist der Astronom Nikolaus Kopernikus, der am 19. Februar 1473 in der heute nach ihm benannten Straße im historischen Zentrum das Licht der Welt erblickte. Nicht nur berühmt, sondern auch äußerst wohlschmeckend sind die Thorner Lebkuchen, die man wahrscheinlich schon im 14. Jahrhundert als ›Katarzynka‹ am 25. November zum Tag der heiligen Katharina verputzte. Die Lebkuchen werden in vielen Geschäften in der Altstadt feilgeboten, entweder als Souvenirs in mannigfaltiger Gestalt, beispielsweise in Form historischer Kutschen oder biblischer Szenen, als Engel, polnische Könige oder bedeutende Persönlichkeiten der verschiedenen Jahrhunderte, darunter natürlich auch das Konterfei des Kopernikus, die jedoch nur zum Anschauen und besser nicht zum Essen gedacht sind. Oder als die kleineren Varianten, die als leckere Kuchen und Kekse in aller Munde sind.

Geschichte

Im Jahr 1231 errichteten die Ritter des Deutschen Ordens anstelle einer älteren Ansiedlung im oberen Weichseltal eine erste Befestigung. Bereits 1233 wurden dieser zusammen mit Kulm die Stadtrechte zuteil, drei Jahre später wurde die Niederlassung nach Überschwemmungen acht Kilometer stromaufwärts verlegt. Am Kreuzpunkt bedeutender Handelsstraßen und dank der strategisch günstigen Lage entwickelte sich Thorn schnell zum Sammelpunkt der Ordensritter für die Eroberungszüge im heidnischen Prußenland sowie darüber hinaus zum gewichtigen Handelszentrum. Von Thorn aus wurde die Handelsschiffahrt auf der Weichsel kontrolliert. 1280 trat die Stadt folgerichtig dem Hansebund bei und stieg bis zum 15. Jahrhundert zur höchsten Blüte auf.

In die Weltgeschichte eingegangen ist sie durch den Ersten Thorner Frieden 1411 zwischen dem Doppelkönigreich Polen-Litauen und dem Deutschordensstaat sowie dem Zweiten Thorner Frieden zwischen dem Preußischen Bund und den Deutschrittern, der 1466 im Artushof zu Thorn unterzeichnet wurde. Zusammen mit Danzig spielte die selbstbewußte, mächtige Stadt die wichtigste Rolle im Krieg des Preußischen Bunds gegen den Ordensstaat: Im März 1440 trat sie dem Preußischen Bund bei, im Februar 1454 schleiften Thorner Bürger die örtliche Ordensburg, und am Ende des Dreizehnjährigen Kriegs 1466, welcher den Niedergang der Deutschritter besiegelte, ließ sich die Stadt vom polnischen König zahlreiche Privilegien in Politik, Wirtschaft und Handel zusichern, wodurch sich ihr Wohlstand abermals mehrte. Erst die Besetzung durch schwedische Truppen im Zweiten Schwedisch-Polnischen Krieg von 1655 bis 1658 stoppte den ungebrochenen Aufschwung. Es folgten weitere Kriege dicht hintereinander, die den Niedergang einläuteten, und die endgültige Zäsur brachte die Zweite Polnische

Die Reste der Ordensburg in Toruń

Teilung 1793. Thorn wurde eine Stadt im Königreich Preußen, mit einem fortan abgeschnittenen, da russischen Hinterland. Bis auf die Jahre von 1807 bis 1815, als sie dem von Napoleon erschaffenen Herzogtum Warschau zugeschlagen wurde, blieb sie bis 1920 Teil Preußens. Danach kam sie getreu den Buchstaben des Versailler Friedensvertrags an Polen zurück.

Am 7. November 1939 marschierte die deutsche Wehrmacht in der alten Hansestadt ein, die bei ihrer Befreiung 1945 wie durch ein Wunder weitgehend unzerstört blieb. Seit Dezember 1997 steht die prächtige Altstadt von Toruń in der UNESCO-Liste des schützenswerten Weltkulturerbes der Menschheit.

Sehenswürdigkeiten

Ursprünglich bestand das heutige historische Zentrum von Toruń aus drei selbständigen Städten, die 1454 zusammengelegt wurden: die Altstadt (Stare Miasto), in der überwiegend die Handelsbürger und Kaufleute lebten, die Neustadt (Nowe Miasto), wo sich vor allem Handwerker niederließen, und die Deutschordensburg an der Grenze zwischen Altstadt und Neustadt, heute eine Ruine.

Einen reizvollen Blick auf die auf einer kleinen Anhöhe über der Weichsel gelegene Stare Miasto hat man vom jenseitigen Flußufer aus, von wo sich die Reste der alten Stadtmauern und die gotischen Kirchtürme, Tore und Bastionen sehr schön ausmachen lassen. Noch bis ins späte 19. Jahrhundert war die aus dem

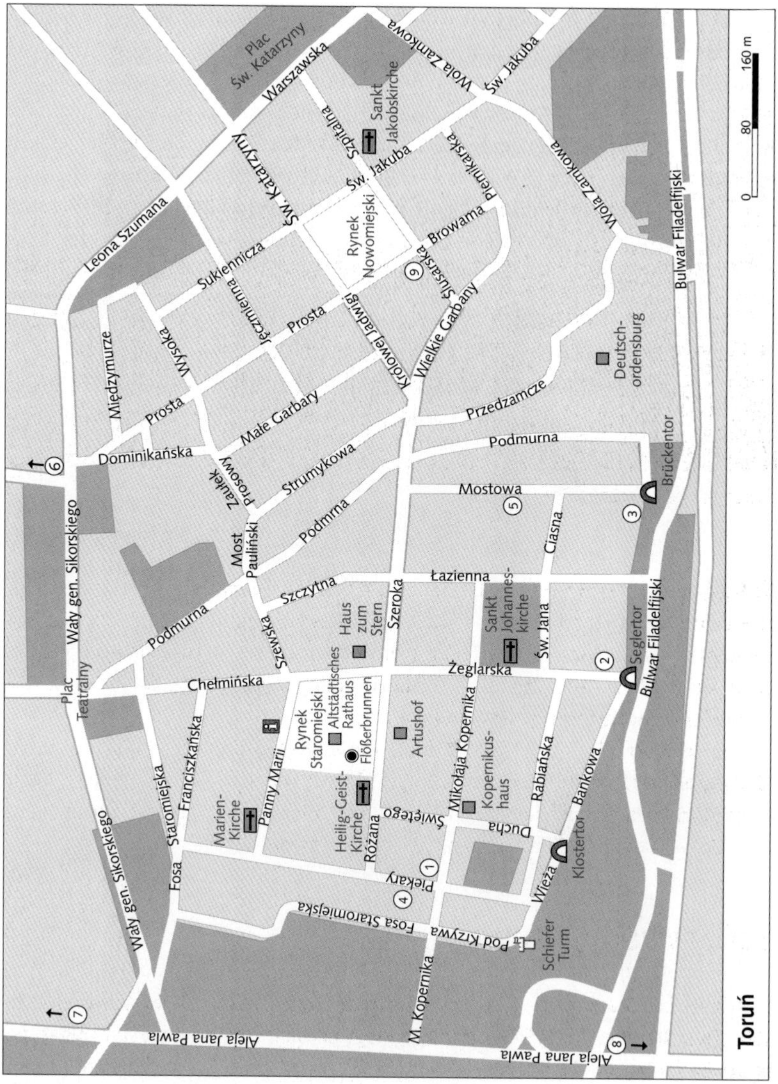

Legende

1 Hotel ›Gotyk‹
2 Hotel ›Gromada‹
3 Hotel ›Karczma Spichrz‹
4 Hotel ›Petit Fleur‹
5 Hotel ›Pod Orlem‹
6 PTTK-Hotel
7 Jugendherberge
8 Campingplatz
9 Wirtshaus ›Zur Blauen Schürze‹

13./14. Jahrhundert herrührende Thorner Stadtumwallung erhalten und fiel erst der modernen Anschauung der preußischen Städteplaner zum Opfer. Teile von ihr blieben dennoch erhalten, darunter als schönster und längster alter Mauerabschnitt der über dem Ufer der Weichsel verlaufende. An der südwestlichen Ecke beschließt ihn augenfällig der Schiefe Turm (Krzywa Wieża). Seinen Namen verdankt das aus der ersten Hälfte des 14. Jahrhunderts stammende kuriose Gebäude seiner 1,40 Meter aus dem Lot fallenden Neigung, die einst durch Verschiebungen im Untergrund entstand. Von dort aus östlich die schmale Gasse entlang, sind nach

Der ›Schiefe Turm‹ von Toruń macht seinem Namen alle Ehre

dem wuchtigen Klostertor (Brama Klasztorna) bald darauf das Seglertor (Brama Żeglarska) und, an der Einmündung der ulica Mostowa, das Brückentor (Brama Mostowa) erreicht. Auf den 1432 im Zuge einer Stadterweiterung von Johann Gotland erbauten, mit Backsteinzinnen gekrönten Torbogen folgt nur wenige Schritte entfernt der 1489 errichtete, später neugotisch umgestaltete Bürgerhof (Dwór Mieszczański). Seinen Eingang bildet eine bereits im 13. Jahrhundert entstandene Bastei, der man an der Wende vom 19. zum 20. Jahrhundert dann das modische Türmchen aufsetzte. Für den Bürgerhof-Bau bediente man sich vermutlich aus dem unerschöpflichen Backsteinreservoir der Burgruine des Deutschordens nahebei auf einer kleinen Anhöhe über dem Weichselufer. Eine erste hölzerne Feste legten die Deutschritter hier bereits vor Mitte des 13. Jahrhunderts an, ab 1260 entstand dann auf einer Fläche von 2300 Quadratmetern die erste in Backstein gemauerte Wehranlage des Deutschordens im Prußenland. Kaum endgültig fertiggestellt, wurde sie im Aufstand der Thorner Bürger 1454 schon wieder geschleift. Seitdem ist die einst mächtige Burg eine Ruine. Sie schlief ihren Dornröschenschlaf bis ins ritterromantische 19. Jahrhundert, in welchem man ihre Überreste sorgsam restaurierte. Einzig vollständig erhaltenes Bauwerk und deshalb ohne weiteres auszumachen ist heute der Austritt der Ritter aus dem 13. Jahrhundert, der Dansker. Unschwer zu erkennen sind auch die Reste des achteckigen Bergfrieds, und ansonsten gewinnt man bei einem Spaziergang durch die Reste der Mauern, Zinnen und Bastionen der alten Ordensburg immerhin eine Vorstellung vom Ausmaß der einst beeindruckenden Anlage.

Rund um den Altstädtischen Markt

Größter und zentraler Platz in der Altstadt ist der Altstädtische Markt (Rynek Staromiejski), in dessen Herz sich imposant das Altstädtische Rathaus (Ratusz Staromiejski) erhebt, einer der monumentalsten Rathausbauten des Mittelalters in Polen. 1247 begann seine Baugeschichte mit der Errichtung eines freistehenden Glockenturms, um 1250 folgten in unmittelbarer Nachbarschaft Brotbänke und Kräme, 1259 daneben die Markt- und Tuchhallen, 1279 eine öffentliche Waage und 1385 die Aufstockung des Glockenturms auf 40 Meter Höhe. Den Glockenturm kann man von Ende März bis Ende September (außer montags) besteigen und von oben eine schöne Aussicht auf die Dächer Toruńs genießen. Unter Einbeziehung aller dieser Gebäude entstand im Jahr 1393 auf 52,6 Meter mal 43,93 Meter eine backsteinerne Vierflügelanlage mit weitläufigem Innenhof, die der flämische Baumeister Anthon van Obbergen im 17. Jahrhundert erweiterte, aufstockte und um Dekorationen im niederländischen Manierismus bereicherte. Und so steht das Altstädtische Rathaus, das viele für eines der schönsten gotischen Bauwerke in Polen

In Toruń

halten, bis heute da: einst Zentrum von Handel, Verwaltung und städtischer Wirtschaft, gegenwärtig größtenteils Bezirksmuseum mit dem sehenswerten alten Gerichtssaal im Nordflügel und der Bürgerhalle im Westflügel, einer Galerie gotischer Kunst, Sammlungen mittelalterlicher Münzen, Sakralkunst der Stadt vom 16. bis 18. Jahrhundert und polnischer Malerei von Mitte des 18. bis Anfang des 20. Jahrhunderts, außerdem Ausstellungen zu Stadtgeschichte und Kunsthandwerk, die Präsentation eines kleinen Gold- und Silberschatzes, den man 1961 bei Ausgrabungen beim Örtchen Skrwilno fand, sowie in der Königshalle einer Porträtgalerie polnischer Könige und bedeutender Stadtbürger, darunter natürlich auch das Bildnis von Nikolaus Kopernikus.

An der Südostecke des Rathauses hat man dem Astronom und Weltenbeweger ein Denkmal gesetzt. Nach einem Entwurf des Bildhauers Christian Friedrich Tieck wurde das Bronzestandbild des Kopernikus geschaffen und 1853 aufgestellt. Es zeigt den Wissenschaftler mit Astrolabium in seiner linken Hand. Die lateinische Inschrift besagt: ›Nikolaus Kopernikus, ein Thorner, der die Erde in Bewegung und die Sonne und den Himmel zum Stillstand brachte.‹

Ein weiteres Toruńer Wahrzeichen ist der Flößerbrunnen (Pomnik Flisaka) im Herzen des Altstädter Markts. Die Statue auf dem Brunnen stellt den sagenhaften Thorner Flößer Iwo dar. Ähnlich dem Rattenfänger von Hameln konnte Iwo nach einer Überschwemmung 1570 die Stadt von einer Froschplage befreien, indem er seine Fiedel anstimmte und mit ihren süßen Gesängen die Frösche zu den Stadttoren hinaus bis in ein Sumpfgebiet lockte. Die vom Berliner Künstler Georg Wolf geschaffene Flößer-Skulptur wurde 1914 aufgestellt.

Den Altstädter Markt umgibt ein bunter Reigen von im Kern gotischen Bürgerhäusern, von denen manche später im Renaissance- oder Barockstil herrschaftlich umgestaltet wurden. Unter ihnen fällt an der Ostseite des Platzes das Haus zum Stern (Dom pod Gwiazdą) auf. Es wurde ursprünglich im 15. Jahrhundert erbaut und im 16. Jahrhundert umgebaut. 1697 erhielt es seine reiche Fassadenstuckdekoration aus Pflanzen- und Fruchtornamenten. Innen ist es von einer barocken Schnitzwendeltreppe von 1697 geschmückt, die eine Statue der römischen Göttin für Kunst und Gewerbe, Minerva, krönt. Als Dependance des Bezirksmuseums beherbergt das Haus zum Stern heute ein Museum für Kunst aus Fernost.

Nordwestlich am Rand des großen Marktgevierts erhebt sich in der ulica Panny Marii mit 27 Meter hohen Mauern der dreischiffige Baukörper der Marienkirche (Kościół Najświętszej Panny Marii). Als typisches Gotteshaus des franziskanischen Bettelordens, der bereits 1239 nach Thorn an die Weichsel kam, verzichtet es auf den sonst allgegenwärtigen Kirchturm - wäre er doch nur ein unbotmäßiges Zeichen von Macht. An seiner Stelle befindet sich stattdessen ein kleiner Dachreiter, der jedoch in keinem Verhältnis zur Monumentalität der dreischiffigen Hallenkirche steht. Anstelle eines bescheidenen Vorgängerbaus entstand der backsteinerne Sakralbau zwischen 1350 und 1370, wurde anschließend mehrfach umgebaut und erhielt seine heutige Gestalt bereits in der zweiten Hälfte des 14. Jahrhunderts. Gemäß den Ordensregeln der Franziskaner blieb das Äußere vergleichsweise schmucklos, während sich im Inneren im Lauf der Jahrhunderte mancherlei Reichtümer ansammelten. Das wertvollste Stück, ein gotischer Flügelaltar mit Szenen aus Christi Leben (entstanden zwischen 1380 und 1390), befindet sich seit dem Zweiten Weltkrieg im Nationalmuseum in Warschau. Kaum weniger schön ist indes der barocke Baldachinaltar von 1731, der heute an der Stelle des Flügelaltars steht. Aus demselben Jahr stammt auch der mit einer Kreuzigungsgruppe gekrönte Rokoko-Triumphbogen über dem Eingang zum Presbyterium. Zu den kostbarsten Maßwerkschnitzereien Polens zählt das aus dem 14./15. Jahrhundert stammende Eichenholzchorgestühl, und zu den ältesten Orgelprospekten in Polen gehört der mit reichem Schnitzdekor versehene Prospekt von 1609 auf der Empore über dem nördlichem Seitenschiff. Im südlichen Seitenschiff hat sich eine Gruppe gotischer Wandmalereien (aus den Jahren 1380 bis 1390) bewahrt. Eine weitere Sehenswürdigkeit in der Marienkirche ist die

Das Altstädtische Rathaus mit dem Kopernikus-Denkmal

mit schwarzem Marmor getäfelte Grabkapelle der schwedischen Prinzessin Anna Wasa, der Schwester des polnischen Königs Zygmunt III. Wasa.

Im Südwestwinkel des Rynek Staromiejski erhebt sich die zwischen 1753 und 1756 für die Thorner Protestanten errichtete barocke Heilig-Geist-Kirche (Kościół św. Ducha). Die Voraussetzung für die Baugenehmigung in jener Zeit war, daß ihr Äußeres in keinerlei Hinsicht an eine Kirche erinnere. Also ließ man den Turm weg, der dann erst in den Jahren 1897 bis 1899 hinzugefügt wurde.

Nahebei steht an der Südflanke des Altstädter Markts der legendäre Artushof (Dwór Artusa), wenn auch nicht mehr im Original. Das 1385 erbaute Gebäude fungierte zunächst als Korporationshaus der Sankt-Georgs-Zunft. In seinen Mauern wurde 1466 der Zweite Thorner Frieden beschlossen. So stand das mit schmuckreicher Fassade aus dem frühem 17. Jahrhundert gestaltete Gebäude bis 1802. Dann wurde es abgerissen, ein weiteres Bauwerk entstand, welches dasselbe Schicksal ereilte, bis an seiner Stelle 1890 ein schöner Neorenaissancebau emporwuchs, den man als Reminiszenz ebenfalls Artushof nannte. Er beherbergt heute ein Kulturzentrum, den Sitz des Toruńer Kammerorchesters und den Zuckerbäckerladen ›Kopernik‹, in dem man die typischen feinen Honigkuchen und Lebkuchen einkaufen kann.

Vom Kopernikushaus zum Esken-Palais

Hält man vom Rynek Staromiejski aus südwärts in Richtung Weichsel, kreuzt man als nächste Straße die ulica Mikołaja Kopernika, in der das Geburtshaus des weltberühmten Astronomen Nikolaus Kopernikus (Dom Kopernika) stand. Das Geburtshaus selbst ist nicht mehr vorhanden. Vermutlich wurde bereits in den 80er Jahren des 14. Jahrhunderts ein Neubau an seiner Stelle errichtet. Dieser trägt heute die Hausnummer 17, wurde im letzten Drittel des 20. Jahrhunderts mit dem Nachbarhaus Nr. 15 zusammengefaßt und 1972/73 dergestalt rekonstruiert, daß die Gebäude wieder dem Original ähneln. Haus Nr. 15 präsentiert sich mit seinen Räumlichkeiten und Mobiliar als typisches mittelalterliches Patrizierhaus; so wie Kopernikus bis zu seinem zehnten Lebensjahr womöglich aufgewachsen ist. Der andere Teil der Ausstellung befindet sich in Haus Nr. 17 unter dem Titel ›Nikolaus Kopernikus – Leben und Werk‹. Etwa 2000 kostbare Ausstellungsstücke werden dort gezeigt, darunter astronomische Instrumente und Kopernikus' Hauptwerk ›De revolutionibus orbium coelestium libri‹ sowie im Hinterhaus ein

Uferpromenade am Krantor in Gdańsk
Masurische Weite; Schiffstransport auf dem Oberländischen Kanal

OSTRÓDA

ZYWIEC

Thorner Stadtmodell, das die Stadt um das Jahr 1500 zeigt. Filmvorführungen ergänzen die Ausstellung.

Wenige Schritte trennen das Kopernikus-Haus von der Sankt Johanneskirche (Kościół św. Jana). Sie ist die älteste Kirche der Stadt und auch die erste Backsteinkirche überhaupt im Kulmer Land. 1260 begann man zunächst mit dem Bau des Presbyteriums, das über eines der frühesten bekannten Sternengewölbe verfügt. Gegen Ende des 13. Jahrhunderts setzten die Arbeiten am Langhaus und der Sakristei ein. Nach einem Brand 1351 fügte man während der Renovierung einen Kirchturm hinzu, und außerdem wurde das Langhaus verlängert. Aus unerfindlichen Gründen stürzte der Turm 1406 ein, sein Neubau erfolgte von 1407 bis 1433 in 52 luftige Höhenmeter hinauf. In den Jahren 1468 bis 1473 stockte man das Hallenlanghaus auf seine heutige Höhe von 28 Meter auf, indem man es mit einem schönen Sternengewölbe überwölbte. So wirkt der Kirchturm dank dieser späteren Baumaßnahme seitdem ein wenig gedrungen. Im Turm schlägt die Glocke ›Tuba Dei‹ (Trompete Gottes) aus dem 15. Jahrhundert. Vom Thorner Gießer Martin Schmidt gegossen, wiegt sie 7238 Kilogramm, mißt 2,14 Meter im Durchmesser und 2,76 Meter in der Höhe und ist heute nach der Glocke in Licheń und der Sigismund-Glocke in Krakau die drittgrößte Kirchenglocke in Polen.

Im Chor und in den Seitenschiffen der Johanneskirche sind frühgotische Wandmalereien aus den dreißiger Jahren des 14. Jahrhunderts erhalten. Sehenswert sind außerdem der spätgotische Hochaltar mit dem zwischen 1503 und 1506 entstandenen Tryptychon des heiligen Wolfgang und das davor angebrachte gotische Kruzifix aus der zweiten Hälfte des 14. Jahrhunderts auf dem Triumphbogen. In dem gotischen bronzenen Taufbecken in der südwestlichen Kopernikus-Kapelle wurde Nikolaus Kopernikus getauft. Dort steht auch eine weiße Marmorbüste des Astronomen aus dem Jahr 1766. Es ist das erste Denkmal von Kopernikus in seiner Heimatstadt.

Gegenüber der Ostfront der Johanniskirche erhebt sich ulica Łazienna Ecke ulica Ciasna ein weiteres interessantes Beispiel für ein Thorner Patrizierhaus, das Esken-Palais (Pałac Esjenów). Ursprünglich Ende des 14. Jahrhunderts erbaut, erhielt es im späten 16. Jahrhundert für die Familie Esken seine neue Gestalt, mit einem Eingangsportal um 1590, das von Hand des berühmten Baumeisters Danzigs, Willem van den Blocke, stammt. Im Inneren birgt das Esken-Palais heute Abteilungen des Bezirksmuseums, die die Archäologie der Region, Thorner Militärgeschichte sowie Militaria vom Mittelalter bis Anfang des 20. Jahrhunderts präsentieren.

Blick über die Wisła auf Toruń; In der Ordensburg von Lidzbark Warmiński
Ordensburg in Reszel

Die Neustadt

Vom Esken-Palais aus geht es, die ulica Łazienna kurz hinauf und in die ulica Szeroka eingebogen, über die quirlige Toruńer Shoppingmeile der nicht mehr ganz so prachtvollen, doch ebenfalls sehr sehenswerten Neustadt (Nowe Miasto) entgegen. Ihren Mittelpunkt bildet der Neustädter Markt (Rynek Nowomiejski), um den sich die schönsten Bürgerhäuser der Neustadt gruppieren. Unter ihnen Haus Nr. 8, das 1489 errichtete, um 1700 schlicht barock umgestaltete Wirtshaus ›Zur Blauen Schürze‹ (Pod Modrym Fartuchem), in dem sich bereits seit den Jahren seiner Erbauung eine Gaststätte befindet. Im Zentrum des Rynek Nowomiejski stand bis 1818 ein Rathaus, das in jenem Jahr abgerissen wurde und einer nach Plänen Karl Friedrich Schinkels neoromanischen (ehemals) evangelischen Kirche wich.

Im östlichen Eck des Neustädter Markts thront die einzige Thorner Basilika, die zwischen 1309 und 1340 errichtete Sankt Jakobskirche (Kościół św. Jakuba). In jener Zeit zwar in Westeuropa geläufig, aber für mitteleuropäische Bauten höchst ungewöhnlich sind ihre äußeren Mauerstreben. Im Jahr 1350 wurde der knapp 50 Meter hohe Turm angefügt, ansonsten ist das Gotteshaus bis auf die Kapellen entlang der Seitenschiffe aus der Wende zum 15. Jahrhundert im Originalzustand erhalten und deshalb einen besonderen Augenmerk wert.

Außerhalb der Altstadt wartet nördlich des verkehrsreichen Fahrdamms Gen. Sikorskiego, am ehemaligen Zeughaus von 1824, das Ethnographische Museum auf einen Besuch. Neben rund 50000 historischen Ausstellungsstücken aus allen Bereichen der Volkskultur umfaßt es ein schönes Freilichtgelände, auf dem originale Katen, Hütten und Bauernhäuser des 18. und 19. Jahrhunderts aus den Regionen Kaschubien, Kujawien und der Tucheler Heide aufgebaut sind. Südlich der Altstadtmauern liegen am Ufer der Weichsel in der schönen Jahreszeit Café-Schiffe vertäut, und Ausflugsboote laden zu gemütlichen Flußkreuzfahrten ein.

Vorwahl: 056.
Postleitzahl: 87-100.
www.um.torun.pl.
Touristeninformation, Rynek Staromiejski 25, Tel. 6210 93-1, Fax -0, www.it.torun.pl; Mo und Sa 9–16 Uhr, Di–Fr 9–18 Uhr, Mai–Aug. auch So 9–13 Uhr.

Hotel ›Gotyk‹ [1], ul. Piekary 16, Tel. 65 84 00-0, Fax -1, www.hotel-gotyk.com.pl; DZ 250–300 Złoty. Stilvoll mit höchstem Komfort in gotischen Gemäuern aus dem 14. Jahrhundert.
›Gromada‹ [2], ul. Żeglarska 10/14, Tel. 622 60 60, Fax 622 53 84, www.gromada.pl; DZ um 250 Złoty. Schönes Mittelklassehotel in drei historischen Gebäuden.
Hotel ›Karczma Spichrz‹ [3], ul. Mostowa 1, Tel. 65 71 14-0, Fax -4, www.spichrz.pl; DZ um 250 Złoty.

Im schön restaurierten ›Schwedischen Speicher‹ von 1719 am Brückentor.
›Petite Fleur‹ [4], ul. Piekary 25, Tel. 663 44 00, Fax 663 54 54, www.petitefleur.pl; DZ um 250 Złoty, am Wochenende um 200 Złoty. Reizendes kleines Hotel in zwei sorgfältig restaurierten Renaissancehäusern, die Zimmer sehr elegant.
›Pod Orłem‹ [5], ul. Mostowa 17, Tel. 622 10 96, Fax 622 50 25, www.hotel.torun.pl; DZ um 200 Złoty. Gründerzeitgebäude im Herzen der Altstadt, gediegenes Interieur.
PTTK-Hotel [6], ul. Legionów 24, Tel. 622 38 55; DZ um 90 Złoty. Zehn Minuten Fußweg zur Altstadt, wie alle PTTK-Herbergen einfach (Dusche/WC auf dem Gang) und unschlagbar preisgünstig.

Jugendherberge [7], ul. św. Józefa 22/24, Tel. 659 61 84, Fax 654 47 91, www.ssm.zsmeie.torun.pl. Etwa 3 km vom Zentrum.

Campingplatz [8], ul. Kujawska 14, Tel./Fax 654 71 87, www.tramp.mosir.torun.pl. Mit Hütten und angeschlossenem Motel.

Restaurant des Hotels ›Gromada‹, ul. Żeglarska 10/14. In gotischen Backsteingemäuern werden altpolnische Gerichte serviert.
›Ratusz‹, im Keller des Altstädter Rathauses, Rynek Staromiejski 1. Köstliche altpolnische Gerichte zu angemessenen Preisen, die Speisekarte ist dreisprachig.
›U Sołtysa‹ [5], ul. Mostowa 17. Urige, typisch polnische Wirtsstube, Kochrezepte aus Kujawien, Pommern, Kaschubien und Großpolen wie Pflaumenknödel, Żur und Sauerkrautsuppe.

Bezirksmuseum im Altstädter Rathaus, Rynek Staromiejski 1. Das Museum zeigt unter anderem eine Galerie gotischer Kunst, Thorner Geschichte und Kunsthandwerk sowie eine Porträtgalerie bedeutender Persönlichkeiten.
Kopernikus-Haus, ul. Kopernika 15/17. Im Haus sind Leben und Werk des bedeutenden Astronomen sowie historische Innenräume des Spätmittelalters ausgestellt.
Haus zum Stern (Dom pod Gwiazdą), Rynek Staromiejski 35. Eine Abteilung des Bezirksmuseums zeigt hier eine Sammlung fernöstlicher Kunst.
Esken-Palais (Dom Eskenów), ul. Łazienna 16. Historische und archäologische Abteilung des Bezirksmuseums, mit einer Galerie polnischer Gegenwartskunst, einer Ausstellung zur Geschichte Thorns als Grenzstadt zwischen 1793 und 1920, mittelalterlichem Kriegsgerät und Ausgrabungsfunden.
Das Ethnographische Museum zeigt umfangreiche historische Sammlungen polnischer Volkskultur und auf dem Freilichtgelände Bauernhäuser des 18. und 19. Jahrhunderts.
Planetarium, ul. Franciszkańska 15/17. In vierzigminütigen Projektionen werden himmlische Sphären, Sternwanderungen, die Apollo-Landestelle auf dem Mond und vieles mehr dargestellt.

Malbork

Den meisten Besuchern ist das 40 000 Einwohner kleine Städtchen am rechten Ufer der Nogat, das mit einem zierlichen gotische Rathaus und einer spätgotischen Pfarrkirche aufwartet, durch die berühmte Marienburg ein Begriff: die mächtigste Festung der alten Deutschritter und einstiger Sitz ihres Ordenshochmeisters.

Im 13. und 14. Jahrhundert errichtet, ist sie die größte Burg der norddeutschen Backsteingotik sowie die nach dem Prager Hradschin und Moskauer Kreml europaweit drittgrößte Burganlage überhaupt. Um einen ersten Eindruck von ihren gewaltigen Ausmaßen zu bekommen, die sich mit Vorburg, Hochschloß und Mittelschloß mit Hochmeisterpalast auf über 600 Meter Länge ausdehnen, läßt sich das mittelalterliche Backsteinensemble am schönsten vom Westufer der Nogat aus in Augenschein nehmen.

Der größte gotische Backsteinbau der Welt: die Marienburg

Nach dem Umzug des Deutschen Ordens ins Prußenland begannen um 1280 die Bauarbeiten. Zunächst nur als Sitz für die Ordensbruderschaft geplant, nahm im Lauf von fast dreißig Jahren als erstes Gebäude das Konventshaus der Mönche Gestalt an. Mit Kirche, Firmarie für die Kranken, Versammlungs-, Schlaf- und Speisesälen wurde es auf quadratischem Grundriß über mehrere Stockwerke hochgebaut, anschließend mit einem Wehrgang umzogen und ringsum mit kleinen Ecktürmen sowie vorneweg einem trutzigen Wachturm befestigt.

Das Konventshaus war noch nicht fertiggestellt, als 1309 der Ordenshochmeister seinen Sitz von Venedig an die Nogat verlegte und man mit der ersten großen Burgerweiterung begann. Über die folgenden neunzig Jahre verwandelte sich die Marienburg in eine der größten Baustellen nördlich der Alpen. Das prächtige Mittelschloß wuchs für den Troß von geistlichen Verwaltungsbeamten empor, repräsentative Wohnräume für den Großkomtur entstanden darin sowie fürstlich der Große Remter, der einer Ordenshauptburg würdige Rittersaal. Und da man schon einmal am Bauen war, nahm man auch gleich noch die Erweiterung des Konventshauses zum Hochschloß in Angriff. Die letzten beiden Jahrzehnte des 14. Jahrhunderts widmete man sich schließlich der Errichtung des schönsten und elegantesten Bauwerks der Marienburg: dem an das Mittelschloß angefügten Hochmeisterpalast. Parallel dazu wurde die weitläufige Vorburg errichtet, in die man den Großteil der Wirtschaftstätigkeiten auslagerte.

Dem Deutschen Orden waren indes keine sechs Jahrzehnte vergönnt, in seinem großen Bauwerk zu wohnen. Durch den Krieg gegen Polen-Litauen sowie den just auszufechtenden Städtekrieg finanziell ruiniert, mußten die Ordensritter die Marienburg 1457 an ihre Söldner verpfänden. Diese wiederum verkauften die majestätische Feste an die polnische Krone, wo sie bis zur Ersten Teilung Polens verblieb. Danach unter preußische Herrschaft gelangt, wurde sie zur Kaserne umfunktioniert und verkam; ein Übriges taten die Napoleonischen Kriege und die Befreiungskriege, die den alten Mauern schwer zusetzten. Mitte des 19. Jahrhunderts stand die Marienburg vor dem Verfall.

Ende des 19. Jahrhunderts erkannte man endlich ihre überragende kulturhistorische Bedeutung und begann mit dem Wiederaufbau. Abermalige Beschädigungen im Zweiten Weltkrieg und zudem zwei Feuersbrünste 1959 und 1960 bedeuteten zwar Rückschläge, hielten aber die Restauratoren nicht ab. Und so zeigt sich der weltgrößte gotische Backsteinbau nach umfassenden Rekonstruktions- und Instandsetzungsarbeiten heute wieder in all seiner Pracht. 1997 wurde die Marienburg zum Weltkulturerbe der Menschheit erklärt. Die Restaurierungsarbeiten halten noch an.

Ein Rundgang

Aufgrund ihrer Ausmaße sollte man mit der Burgbesichtigung zeitig beginnen, den gesamten Tag einplanen und auch ein wenig Geduld mitbringen. Die Marienburg ist eines der bedeutendsten historischen Bauwerke Polens, man wird gewiß niemals allein durch ihre altehrwürdigen Mauern streifen. Es empfiehlt sich darüber hinaus, sich einer der Führungen anzuschließen, die in zahlreichen Sprachen stattfinden und die, mit vielen Anekdoten aus dem mittelalterlichen Ordensritterleben

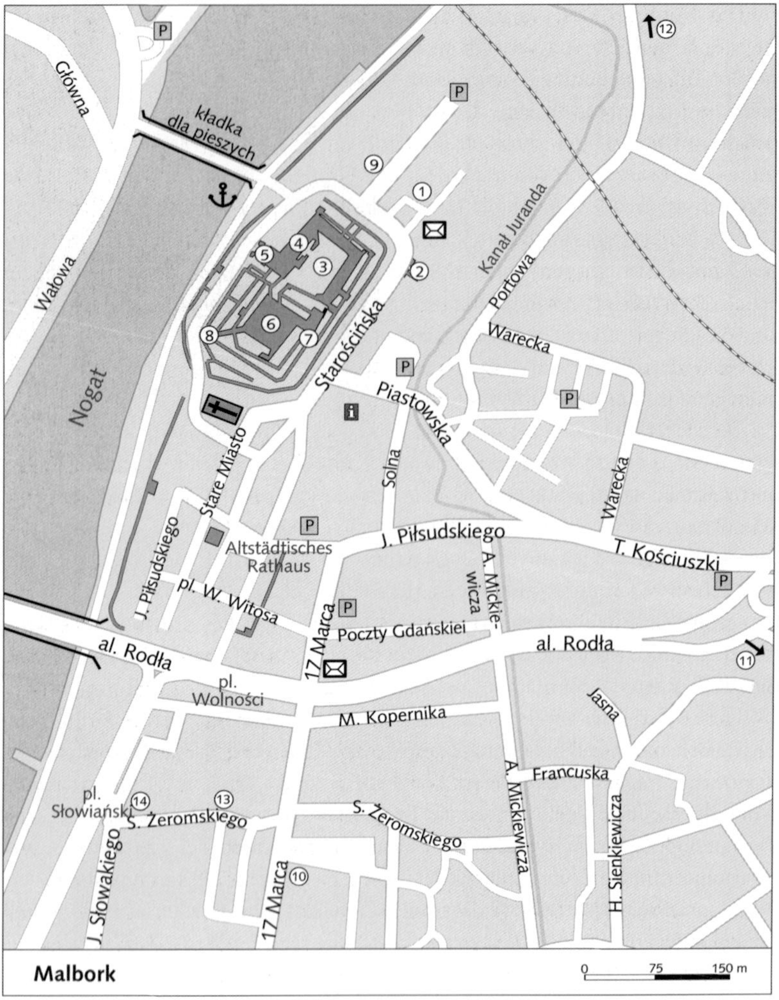

Legende

1 Vorburg
2 Kasse
3 Mittelschloß
4 Großer Remter
5 Hochmeisterpalast
6 Hochschloß
7 Marienkirche mit Goldener Pforte
8 Dansker-Turm
9 Hotel ›Zamek‹
10 Hotel ›Stary Malbork‹
11 Hotel ›Dedal‹
12 Hotel ›Parkowy‹, Campingplatz
13 Jugendherberge
14 Restaurant ›Nad Nogatem‹

gewürzt, in ihrer Detailliertheit kein Reiseführer ersetzen kann. Treffpunkt für die Führungen ist der Platz an der Vorburg im Norden der Anlage, wo sich neben Kiosken, Erfrischungsbuden und Parkplätzen auch der Ticketverkauf befindet.

Der Kreuzgang im Hochschloß war Treffpunkt der Mönche

Von dort aus geht es über die Vorburg mit ihren ausgedehnten Wirtschaftsgebäuden, Bollwerken, Bastionen und Schanzen zum von Festungsgräben und dicken Mauern umgebenen Mittelschloß, mit einem Zugang über Zugbrücke, Torturm und einen mit Fallgittern ausgestatteten Zwinger. Architektonischer Höhepunkt im Mittelschloß-Erdgeschoß ist der Große Remter, der prachtvolle Rittersaal, der sich unter einem von drei Säulen gestützten Sternengewölbe auf dreißig mal fünfzehn Meter erstreckt. Nahebei führt eine Wendeltreppe vom Großen Remter aus in die mit herrlichen floralen Wandgemälden ausgeschmückten Wohnräume des Hochmeisters im Hochmeisterpalast, in dem sich ferner zwei weitere Prunksäle, der Sommerremter und der Winterremter, befinden. In der schönen Jahreszeit diente der Sommerremter als Empfangs- und Repräsentationssaal sowie für festliche Bankette, die unter dem von nur einem einzigen schmalen Pfeiler gestützten, filigranen Rippengewölbe stattfanden. In Frostperioden wich man in den zwar kleineren, aber nicht weniger schönen und dank eines ausgeklügelten Luftschachtsystems beheizbaren Winterremter aus.

Durch eine Brücke über den Wehrgraben ist das Mittelschloß mit dem Hochschloß verbunden. Zu den ältesten Teilen im Hochschloß und den Festungsanlagen der Marienburg überhaupt zählt der Dansker, der vorgelagerte Turm, von dem aus man die westlichen Stadttore kontrollierte und ihn außerdem, mit einem Austritt über dem Wassergraben zur Nogat versehen, für die täglichen Ordensrittergeschäfte benutzte. Zu den sehenswertesten Räumlichkeiten im Hochschloß gehören der Kapitelsaal, der wichtigste Versammlungsort in der Marienburg, wo das Ordenskapitel Beschlüsse faßte und den Ordenshochmeister wählte, sowie die Schloßkirche St. Marien mit ihrem reichverzierten Portal, der ›Goldenen Pforte‹, und der darunter liegenden Kapelle St. Annen. Im Hochschloß außerdem sehenswert sind die Kreuzgänge und Mönchs-Dormitorien (Schlafsäle), die Konventsküche, das Konventsrefektorium (Speisesaal) und die Wohnstuben der Würdenträger.

Zahlreiche feste und wechselnde thematische Ausstellungen runden den Gang durch die Wohn- und Wirtschaftsgebäude, Repräsentations- und Befestigungsanlagen des Deutschordens ab, darunter im Zweikaminsaal im Hochschloß die Ausstellung zur Geschichte des Wiederaufbaus der Marienburg seit Ende des 19. Jahrhunderts, die dem Besucher mit einem Burgmodell und vielen Originaldokumenten die Bedeutung der größten mitteleuropäischen Festungsanlage noch einmal anschaulich macht.

Vorwahl: 055.
Postleitzahl: 82-200.
www.malbork.pl.
Touristeninformation, ul. Piastowska 15 (im Haus der Galerie ›ARS‹ kurz vor der Burg), Tel. 237 49 90; Mai–Sept. tägl. Sobald der Neubau der Touristinformation fertiggestellt ist, zieht sie, entweder noch 2006 oder auch erst 2007, nahebei in die Ortsmitte, ul. Kościuszki, um.

Hotel ›Zamek‹ [9], ul. Staro-ścińska 14, Tel. 272 33 67, Fax 272 83 99, www.zlotehotele.pl/zamek; DZ um 340 Złoty. Bestes, schönstes und elegantestes Haus am Ort, im ehemaligen Ordensritter-hospital für Knechte in der Vorburg der Marienburg untergebracht.
›Stary Malbork‹ [10], ul. 17 Marca 26/27, Tel. 647 24-00, Fax -12, www.hotelstarymalbork.com.pl; DZ um 250 Złoty. Mittelklasse-Hotel im Zentrum von Malbork, zehn Minuten von der Festung entfernt.
›Dedal‹ [11], ul. Gen. de Gaulle'a 5, Tel. 272 68 50, Fax 272 31 37, www.dedal.malbork.msi.pl, hotel.dedal@wam.net.pl; DZ um 180 Złoty. Außerhalb an der Straße nach Iława gelegene Platte mit gemütlichem Ostcharme, preisgünstig.
›Parkowy‹ [12], ul. Parkowa 3, Tel. 272 24 13; DZ um 120 Złoty. Einfache Zimmer im Grünen, mit angeschlossenen Tennisplätzen und Campingplatz.

Sommer-Jugendherberge [13], ul. Żeromskiego 45, Tel. 272 24 08.

Campingplatz [12], beim Hotel ›Parkowy‹, ul. Portowa 3, Tel. 272 24 13; Mai–Mitte Sept. Es werden auch kleine Ferienbungalows vermietet.

Die besten Restaurants in Malbork sind die des Hotels ›Zamek‹, des Schloßhotels in der Marienburg. Gleich drei bieten im Ordensritterambiente eine erlesene Auswahl an Gaumenfreuden.
Restaurant ›Nad Nogatem‹ [14], Plac Słowiański 5. Grundsolide polnische Küche.

Schloß und Museum Marienburg; 1. Mai–30. Sept. Di–So 9–19 Uhr (Kartenkasse 8.30–18 Uhr), 1. Okt.–30. April Di–So 10–17 Uhr (Kartenkasse 9.30–16 Uhr), montags können nur die Höfe und Außenanlagen besichtigt werden.

Der Deutsche Orden

Auf eine über achthundertjährige Geschichte blickt der Deutsche Orden zurück. Gegründet wurde er während der christlichen Kreuzzüge in der Stadt Akkon (heute Akko) im Heiligen Land. Zur Zeit des Dritten Kreuzzugs 1189–1192 gegen die muslimische Welt entstanden dort verschiedene Hospitalorden, deren Aufgabe in der Betreuung verletzter Ritter bestand – darunter der Templer- und der Johanniterorden sowie der von Bremer und Lübecker Hansekaufleuten finanzierte ›Orden des Spitals St. Marien vom Deutschen Haus zu Jerusalem‹. Acht Jahre später, 1198, wurde er bereits in einen geistlichen Ritterorden umgewandelt und unmittelbar dem Papst unterstellt. Das Fundament für den Aufstieg der Deutschritter, wie man die Bruderschaft mit schwarzen Kreuz auf weißem Mantel als Ordenszeichen bald nannte, zu einer der größten Militär- und Finanzmächte Europas im Mittelalter war damit gelegt.

In seiner Blütezeit gehörten dem Orden etwa 3000 Ritter an, und nur Edelleuten war es vergönnt beizutreten. Ein Novize legte dazu nach sechs Monaten Prüfung entweder als Ritter-Bruder oder als Priester-Bruder sein Gelübde ab, welches ihn anschließend als Mönch oder Ritter zu Keuschheit und Gehorsam verpflichtete. Als Statthalter des Ordenshochmeisters führten sogenannte Landmeister die einzelnen Landesprovinzen an. An der Spitze der Hierarchie stand der Hochmeister mit fünf Großgebietern an seiner Seite: dem Treßler als Finanzverwalter, dem Marschall als Oberbefehlshaber des Heeres, Spittler und Trappier für Gesundheit und Bekleidung sowie dem Komtur als Stellvertreter des Hochmeisters. Die anfallenden alltäglichen Arbeiten verrichteten ›Halbbrüder‹ (Laienbrüder) aus nicht blaublütigen niederen Ständen.

1211 rief König Andreas II. von Ungarn die militärisch schlagkräftigen Deutschherren zur Sicherung seiner östlichen Reichsgrenze ins Burzenland (Siebenbürgen). Nach der Gründung von Kronstadt und dem Versuch, dort einen eigenen, souveränen Ordensstaat einzurichten, verwies sie der König 1225 wieder des Landes – worauf im Anschluß an diesen Mißerfolg einer der bedeutendsten Abschnitte in der Geschichte des Deutschordens begann.

Der christliche polnische Herzog Konrad von Masowien wandte sich an den Ordenshochmeister Hermann von Salza mit der Bitte, ihn in seinem Kampf gegen die heidnischen Prußen zu unterstützen, die immer wieder in seine Ländereien einfielen, mordeten, plünderten, Kirchen und Klöster verheerten. Als Belohnung für einen erfolgreichen militärischen Beistand übertrug Herzog Konrad dem Deutschorden die Gebietsrechte am Kulmer Land und darüber hinaus ›alles Land, das er mit Gottes Zutun in Preußen erobern kann.‹ So wurde

es 1226 in der ›Goldenen Bulle von Rimini‹ vom Kaiser des Heiligen Römischen Reichs, Friedrich II., schriftlich niedergelegt.
Darauf folgten rasch die Gründungen von Thorn (1231), Kulm (1232), Elbing (1237) und Königsberg (1255). Bereits 1283 waren die Prußen vollständig unterworfen und der Deutsche Orden zu einem mächtigen, souveränen Staatswesen geworden. Sein Deutschritter befanden sich auf dem Höhepunkt ihrer Macht.
Doch nachdem die Prußen-Mission so erfolgreich zu Ende gebracht war, geriet der ehrgeizige Ordensstaat zunehmend in Gegensatz zum benachbarten Königreich Polen. Dieses war seit der Heirat Jagiellos von Litauen mit Jadwiga von Polen 1386 zu dem mächtigen Doppelreich Polen-Litauen vereint. 1409 kam es zum

Statuen von Ordensrittern in der Marienburg

Territorium umfaßte ein Gebiet von Pommerellen bis zum Finnischen Meerbusen und im Süden von Thorn bis nach Lyck. Kolonisten aus vieler Herren Länder ließen sich im Schatten der Ordensburgen nieder, und 1309 wurde schließlich der Hochmeistersitz von Venedig in die Marienburg am östlichen Ufer der Nogat verlegt, deren gewaltiger Ausbau damit begann. Die Krieg und am 15. Juli 1410 zur berühmten Schlacht bei Tannenberg in Masuren (in Polen nach dem Nachbardorf Grunwald benannt), die mit einer vernichtenden Niederlage für die Deutschherren endete. Im Frieden von Thorn 1411 mußten sie beträchtliche Gebietsverluste hinnehmen sowie eine schmerzliche Geldstrafe entrichten. Weitere Löcher ins Geldsäckel riß der Dreizehnjährige Krieg, den die preußischen Stände mit 19 Städten unter Führung Danzigs 1454 bis 1466 gegen die Deutschritter führten. Schon im dritten Kriegsjahr sah sich der Orden genötigt, die Marienburg an seine Söldnerheere zu verpfänden, welche die Burg dann an die polnische Krone weiterverkauften. Der Hochmeister mit seinem Troß zog nach Königsberg um. Der Zweite Thorner Frieden 1466 besiegelte endgültig den Untergang des Ordensstaats. Pommerellen mit Danzig, das Kulmer Land sowie die Gebiete von Marienburg, Elbing und das gesamte Bistum Ermland gingen verloren, die als ›Preußen Königlich Polnischen Anteils‹ der polnischen Krone zugesprochen wurden. Unter dem letzten in den Annalen verzeichneten Hochmeister im Preußenland, Albrecht von Brandenburg-Ansbach, wurde der Ordensstaat 1525 in ein weltliches protestantisches Herzogtum unter polnischer Lehnshoheit umgewandelt.

Mächtige Wehrtürme sind typisch für die Ordensburgen der Deutschritter

Vollends wurde der Deutsche Orden 1809 von Napoleon aufgelöst, 1839 vom österreichischen Kaiser Franz I. unter dem Namen ›Deutscher Ritterorden‹ jedoch wieder in Stand und Würde gesetzt, mit der Machtergreifung der Nationalsozialisten verboten und 1945 in Österreich und der Bundesrepublik abermals wiederbelebt. Heute betreibt der Deutsche Orden in Deutschland sowie ostmitteleuropäischen Ländern Senioren- und Pflegeheime. Bei über 5000 Angestellten beträgt die Anzahl der Ordensmitglieder – Brüder, Klosterschwestern und Familiare – rund 1000 Personen. Das Amt des Hochmeisters mit Sitz in Wien bekleidet derzeit Abt Dr. Bruno Platter, den man im August 2000 zum 65. Hochmeister in der Geschichte des Deutschordens wählte.

Gdańsk

1997 feierte die alte Hansestadt Danzig ihren eintausendsten Geburtstag. Als ›Gyddanzyc‹ wurde die ›Königin der Ostsee‹ erstmals im Jahr 997 schriftlich erwähnt, während der Missionsfahrt Bischof Adalberts zu den Prußen. Bereits damals war Danzig eine Stadt im Schnittpunkt von Handel, Kunst und Kultur in alle vier Himmelsrichtungen. Im Verlauf der Jahrhunderte wechselten Zeiten höchster Blüte mit Stunden größter Hoffnungslosigkeit und dann wieder dramatischen gesellschaftlichen Umbrüchen ab.

Im 11. Jahrhundert war ›Gyddanzyc‹ wahrscheinlich bereits eine befestigte Siedlung mit einer Burg, von der es heißt, daß sie womöglich auf den ersten polnischen Herrscher Mieszko I. zurückgeht. Historisch belegt ist eine Danziger Burg indes erst 1148 als Sitz der Fürsten von Danzig und Pommerellen. Dank der günstigen

Die wiederaufgebaute Gdańsker Altstadt aus der Vogelperspektive

Lage am Kreuzpunkt wichtiger Handelswege wuchs die Ansiedlung schnell und erlebte unter der Herrschaft des Pommerellen-Herzogs Swantopolk (1220–1266) eine erste große Blüte.

1271 rückten nach dem Tod Swantopolks und anschließenden Auseinandersetzungen um die Thronfolge auf Wunsch Mestwins II. brandenburgische Truppen in Danzig ein - und wollten nicht wieder abziehen. Gemeinsam mit Herzog Przemysław II. von Großpolen, der 1295 polnischer König wurde, eroberte Mestwin Pommerellen mit Danzig von den Brandenburgern zurück. Fürderhin verstand sich Polen als rechtmäßiger Erbe der Region.

1307 nutzte Herzog Władisław Łokietek (›Ellenlang‹, ab 1320 König von Polen) das Machtvakuum nach Erlöschen der Przemysław-Dynastie und marschierte mit seinen Soldaten in die Stadt ein. Und zum zweitenmal ereilte den brandenburgischen Markgrafen ein Hilferuf von der Weichsel - nun von den selbstbewußten Danziger Stadtbürgern. 1308 besetzten brandenburgische Truppen abermals die Stadt. Und gegen diese wiederum zog im Auftrag Herzog Władisław Łokieteks der Deutsche Orden ins Feld. Für eine gebührende finanzielle Entlohnung okkupierten 1309 die Deutschritter das Land und gliederten es, nachdem Herzog ›Ellenlang‹ die hohe Geldsumme nicht aufbringen konnte, in den Ordensstaat ein. Die Klage des übervorteilten Władisław Łokietek vor dem Papst in Rom blieb erfolglos.

Unter den Deutschrittern entstanden in den Jahren 1310 bis 1340 im kriegszerstörten Danzig eine Ziegelburg und der Radaune-Kanal, ab 1343 wurden die Stadtmauern, das Rathaus und die Marienkirche errichtet. Im selben Jahr erhielt die ›Rechtstadt‹, der Stadtteil am Ufer der Mottlau mit überwiegend wohlhabenden deutschsprachigen Kaufleuten, vom Orden nach Kulmer Recht die Stadtrechte verliehen. 1375 folgte die hauptsächlich slawisch bewohnte Altstadt rund um den Radaune-Kanal, ebenfalls nach Kulmer Recht, und 1380 die Jungstadt. Handel und Gewerbe blühten auf, Zünfte entstanden. 1361 trat die Rechtstadt der Hanse bei. Einschränkungen der Handelsrechte, die der Orden durchzusetzen versuchte, entgingen die Danziger Bürger, indem sie sich unter die Schutzherrschaft Kazimierz IV. von Polen begaben, der ihnen weitaus mehr Freiheiten einräumte. 1440 schloß sich Danzig mit 18 weiteren Städten zum ›Preußischen Bund‹ zusammen. Im Dreizehnjährigen Krieg zwischen 1454 und 1466 zwischen dem Deutschorden und der polnischen Krone ergriffen die Danziger die Gelegenheit, sich von dem nach der Niederlage bei Tannenberg 1410 bereits sehr geschwächten Orden endgültig loszureißen. Den Löwenanteil der Kriegskosten Polens finanzierten die Danziger. Ab Mai 1457 war Danzig eine mit vergleichslosen Freiheiten versehene, unabhängige Stadtrepublik im Königreich Polen - und sollte es für die kommenden mehr als 300 Jahre bleiben, bis zur Zweiten Teilung Polens 1793.

An Privilegien erhielt die Hansestadt unter anderem das polnische Monopol für den Seehandel mit Holz und Getreide. Den Wohlstand mehrten ferner bedeutende Schiffswerften und Tuchmanufakturen. Prachtvolle Bauwerke entstanden und zeugten von Reichtum und Macht der Bevölkerung. Unter der Regierung Stephan Bathorys und Sigismund III. entwickelte sich Danzig zur größten Stadt im gesamten Ostseeraum und wurde darüber hinaus ein bedeutendes europäisches Wirtschafts-, Kunst- und Kulturzentrum. Herausragende Künstler und Baumeister aus Flandern, Holland, Deutschland und Italien wirkten am Ufer der Mottlau.

1793 besetzten im Zuge der Zweiten Polnischen Teilung preußische Truppen die Stadt. Nach den Freiheitskriegen gegen Napoleon gehörte Danzig ab 1815 zum Königreich Preußen und ab 1871 zum Deutschen Reich, das keine fünf Jahrzehnte später am Ende des Ersten Weltkriegs bereits wieder unterging.

Laut den Buchstaben des Versailler Vertrags wurde Danzig im Sommer 1919 ein unabhängiger Stadtstaat: die Freie Stadt Danzig. Ebenfalls nach den Versailler Bestimmungen bildete sie fortan eine Zollunion mit Polen, und Polen vertrat die Hansestadt auch auf diplomatischem Parkett. Der Danziger Hafen unterstand einer gemeinsamen Verwaltung von Polen und Danzig, wobei dem polnischen Staat das Recht eingeräumt wurde, den Hafen für Ein- und Ausfuhren in vollem Umfang zu nutzen, eigene Post-, Telefon- und Telegraphenanlagen auf dem Danziger Territorium zu betreiben sowie den Eisenbahnverkehr zu verwalten.

Die Spannungen zwischen Deutschen und Polen nahmen zu und verkomplizierten sich zusehends durch Inflation, Arbeitslosigkeit und Weltwirtschaftskrise. Die nationalsozialistischen Parolen fanden bei der deutschen Bevölkerung regen Zuspruch, 1933 errang die NSDAP mit absoluter Mehrheit einen überwältigenden Sieg. Mit den Schüssen des deutschen Schlachtkreuzers ›Schleswig-Holstein‹ auf das polnische Munitionsdepot auf der Danziger Westerplatte begann am 1. September 1939 der Zweite Weltkrieg. Die auf der Westerplatte stationierten polnischen Soldaten wurden nach schwerem Kampf hingerichtet, ebenso wie die Angestellten der Polnischen Post am Heveliusplatz, die ihr Gebäude todesmutig verteidigt hatten, und Danzig wurde sofort in das ›Dritte Reich‹ eingegliedert.

Zwischen 1942 und 1944 bombardierten die Alliierten mehrmals die Stadt. Im März 1945 rückten gemeinsame Verbände der Roten und der Polnischen Armee in die von den Deutschen erbittert verteidigte Hansestadt ein. 95 Prozent der historischen Innenstadt wurden dabei zerstört. Zählte man vor Ausbruch des Zweiten Weltkriegs in Danzig knapp 400 000 Einwohner, war die Zahl 1946 auf 118 000 Einwohner gesunken. Vor allem Zwangsumgesiedelte zumeist aus den ehemals östlichen polnischen, nun sowjetrussischen Gebieten fanden eine neue Heimat in den Ruinen, außerdem Kaschuben und Pommern.

Mit dem originalgetreuen Wiederaufbau lieferten die polnischen Handwerker, Restaurateure und Denkmalpfleger nach Kriegsende ein Meisterwerk ab. Ihre Kunst trug ihnen zu Recht weltweiten Ruhm ein. Daneben wurden in Plattenbauweise zehntausende neuer Wohnungen errichtet und die Stadt zum wichtigsten

Wirtschaftszentrum der sozialistischen Volksrepublik Polen ausgebaut. Doch wirtschaftliche Fehlplanungen führten immer wieder zu Streiks und Demonstrationen: erstmals im Dezember 1970, als nach einem Aufstand zahlreiche Tote und Verletzte gezählt wurden, und abermals im Jahr 1976.

Am 14. August 1980 schließlich legten die Werktätigen der Danziger Lenin-Werft ihre Arbeit nieder, und am 31. August 1980 unterzeichneten der Elektriker Lech Wałęsa und der stellvertretende Ministerpräsident Jagielski die ›Danziger Vereinbarung‹, die die Gründung der ersten freien Gewerkschaft hinter dem Eisernen Vorhang beschloß - der ›Solidarność‹. Von da an dauerte es kein Jahrzehnt mehr bis zur Gründung der dritten, demokratischen Republik Polen.

Heute ist Gdańsk mit über 465 000 Einwohnern die größte Stadt der sogenannten ›Trójmiasto‹ Gdynia/Sopot/Gdańsk (Dreistadt Gdingen/Zoppot/Danzig). Auf 35 Kilometer Länge ballen sich die drei Städte am Westufer der Danziger Bucht (Zatoka Gdańska). Hier und da nur von kleinen Grünanlagen unterbrochen, sind sie im Grunde zusammengewachsen und bilden darüber hinaus eine Verwaltungseinheit.

Gdańsk ist die Hauptstadt der Woiwodschaft Pommern, mit Flughafen und Seehafen ein wichtiger Verkehrsknotenpunkt, mit sechs Hochschulen Wissenschaftszentrum und mit zahlreichen Theatern, Museen und Galerien sowie einem quirligen Nachtleben kultureller Mittelpunkt der Region. Nicht zu vergessen die vielen einzigartigen Sehenswürdigkeiten der altehrwürdigen Hansestadt, die sich besonders in der historischen Rechtstadt, der Główne Miasto, am Ufer der Motława (Mottlau) finden.

Berühmte Danziger

Weltberühmte Namen verbinden sich mit Danzigs tausendjähriger Geschichte:

Fürst Mieszko I. (um 960-992)
Der glorreiche Gründer der Piasten-Dynastie nahm als Herzog von Polen 966 das Christentum an und errichtete 968 das Bistum Gnesen.

Kazimierz IV. (1447-1492)
Der beliebte König führte den Sieg über den Deutschen Orden im Städtekrieg 1454 bis 1466 herbei und schloß den Zweiten Thorner Frieden ab.

Johannes Hevelius (1611-1687)
Der Astronom entwarf als erster eine Mondkarte und erbaute in Danzig eine Sternwarte.

Gabriel Daniel Fahrenheit (1686-1736)
Der Physiker stellte das erste gebrauchsfähige Thermometer her.

Arthur Schopenhauer (1788-1860)
Der schwermütige Philosoph war geborener Danziger und lebte später in Berlin und Frankfurt am Main.

Günther Grass (geboren 1927)
Der gebürtige Danziger, Schriftsteller und Literatur-Nobelpreisträger ist seit 1999 Ehrenbürger der Stadt.

Mit Danzig eng verbunden ist auch die seinerzeit den gesamten Ostblock in ihren Grundfesten erschütternde ›Solidarność‹, deren Gründer Lech Wałęsa (geboren 1943) der erste frei gewählte Staatspräsident Polens wurde.

Ein Stadtrundgang

Dank der großartigen Aufbauleistung der polnischen Restauratoren ist die historische Innenstadt wiedererstanden. Die bedeutendsten Viertel bilden dabei die aus der ältesten Danziger Siedlung hervorgegangene Stare Miasto (Altstadt) am Radaune- (Radunia-)Kanal und ganz besonders die Rechtstadt, die Główne Miasto am Ufer der Motława, welche die herausragendsten Prachtbauten des alten Danzig umfaßt.

Vor der Rechtstadt erstreckt sich der Kohlenmarkt (Targ Węglowy), von dem aus sich der erste und zugleich schönste Rundgang durch Gdańsk anbietet. Dort im nordöstlichen Eck fällt der Blick zunächst auf den trutzigen Strohturm (Brama Słomiana) aus dem 14. Jahrhundert sowie die schönen Renaissance-Giebel an der Rückseite des benachbarten Großen Zeughauses (Wielka Zbrojownia). Eine Einkaufspassage führt durch den eindrucksvollen Ziegelbau in die ul. Piwna (Jopengasse). In den Jahren 1601 bis 1609 wurde das Zeughaus vom flämischen Baumeister Anthon van Obbergen als Waffenarsenal errichtet. Heute beherbergt dieses hervorragende Beispiel für den niederländischen Manierismus in Danzig die Hochschule der Künste.

Legende

1 Hotel ›Hanza‹
2 Hotel ›Królewski‹
3 Hotel ›Dom Aktora‹
4 Hotel ›Dom Muzyka‹
5 Hostel ›Przy Targu Rybnym‹
6 Restaurant ›Pod Łososiem‹
7 Restaurant ›Gdańska‹
8 Restaurant ›Tawerna‹

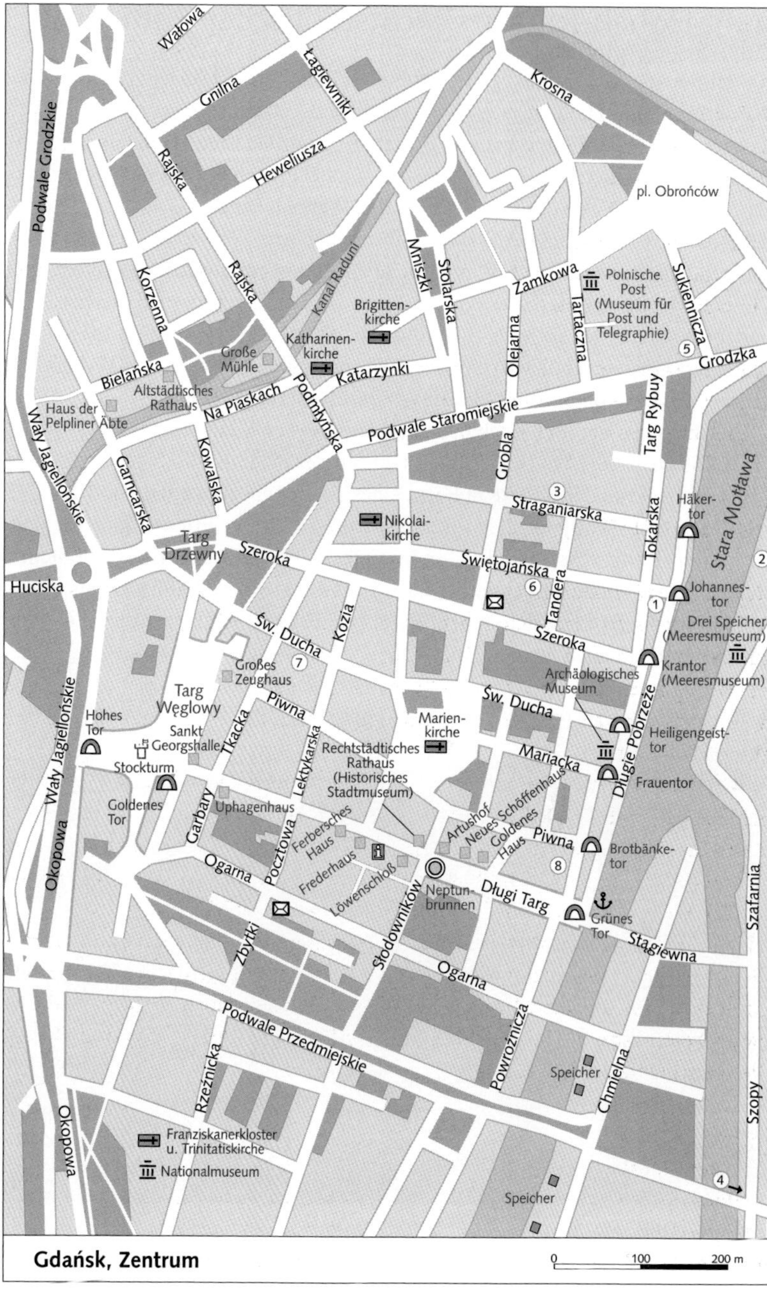
Wałowa
Gnilna
Łagiewniki
Krosna
Podwale Grodzkie
Heweliusza
Rajska
pl. Obrońców
Kanał Raduni
Mniszki
Stolarska
Zamkowa
Polnische Post (Museum für Post und Telegraphie)
Sukiennicza
Korzenna
Brigittenkirche
Tartaczna
Olejarna
Katharinenkirche
Große Mühle
Bielańska
Katarzynki
Grodzka
Altstädtisches Rathaus
Na Piaskach
Podmłyńska
Haus der Pelpliner Äbte
Podwale Staromiejskie
Targ Rybny
Wały Jagiellońskie
Garncarska
Kowalska
Grobla
Stara Motława
Straganiarska
Nikolaikirche
Häkertor
Tokarska
Targ Drzewny
Szeroka
Świętojańska
Huciska
Johannestor
Tandera
Drei Speicher (Meeresmuseum)
Św. Ducha
Kozia
Großes Zeughaus
Krantor (Meeresmuseum)
Archäologisches Museum
Targ Węglowy
Piwna
Hohes Tor
Marienkirche
Heiligengeisttor
Sankt Georgshalle
Tkacka
Rechtstädtisches Rathaus (Historisches Stadtmuseum)
Mariacka
Długie Pobrzeże
Stockturm
Lektykarska
Frauentor
Goldenes Tor
Uphagenhaus
Artushof
Neues Schöffenhaus
Goldenes Haus
Garbary
Ferbersches Haus
Brotbänketor
Ogarna
Pocztowa
Frederhaus
Löwenschloß
Neptunbrunnen
Długi Targ
Okopowa
Grünes Tor
Szafarnia
Stągiewna
Zbytki
Słodowników
Podwale Przedmiejskie
Powroźnicza
Speicher
Rzeźnicka
Chmielna
Szopy
Franziskanerkloster u. Trinitatiskirche
Nationalmuseum
Gdańsk, Zentrum
0
100
200 m

Vom Hohen Tor zum Rechtstädtischen Rathaus

An der Südseite des Targ Węglowy beginnt die Via Regina Danzigs, der berühmte ›Königsweg‹ und Hauptzugang in die Rechtstadt, über den einst die polnischen Könige in Danzig Einzug hielten. Seinen Anfang bildet das Hohe Tor (Brama Wyżynna), das man zwischen 1574 und 1576 nach Plänen Willem van den Blockes errichtete. An der Westfassade ist es mit den Wappen Danzigs, Polens und Königlich Preußens geschmückt. An seine Ostfront mit einem Wappen der Hohenzollern schließt sich das wehrhafte Ensemble von Peinkammer (Katownia) und Stockturm (Wieża Więzienna) aus der ersten Hälfte des 14. Jahrhunderts an. Zwischen 1604 und 1858 diente der gotische Stockturm als Stadtgefängnis; nach umfassenden Renovierungs- und Restaurierungsarbeiten zogen in seine Zellen und Verließe vor kurzem die wertvollen Sammlungen des Bernsteinmuseums ein.

Auf Peinkammer und Stockturm folgt mit drei Durchfahrten das Goldene Tor (Złota Brama). 1612 bis 1614 wurde es im Stil der niederländischen Renaissance von Abraham van den Blocke in Form eines Triumphbogens erbaut und 1647/48 von Peter Ringering mit allegorischen Figuren gekrönt: Frieden und Freiheit, Reichtum, Ruhm, Gerechtigkeit, Frömmigkeit, Weisheit und Eintracht stellen sie dar. Seine Ostfassade schmückt ein Ausschnitt aus dem Psalm 122: ›Es müsse wohlgehen denen, die Dich lieben. Es müsse Frieden sein inwendig in Deinen Mauern und Glück in Deinen Palästen.‹

Der prunkvolle ›rote Saal‹ im Rechtstädtischen Rathaus entstand Ende des 16. Jahrhunderts und ist vollständig erhalten

An die Nordseite des Złota Brama fügt sich die zwischen 1487 und 1494 errichtete spätgotische Sankt Georgshalle (Dwór Bractwa św. Jezergo), in der einst Danzigs Patrizier zu gesellschaftlichen Vergnügen zusammenkamen.

Geradewegs durch das Goldene Tor hindurch eröffnet sich eine der schönsten Danziger Veduten: die ulica Długa, die berühmte Langgasse mit ihren prachtvollen Häusern. Bereits seit dem 14. Jahrhundert bildet sie gemeinsam mit dem Langen Markt (Długi Targ) das Herz der Rechtstadt. Eine stolze Zahl schmuckreicher alter Patrizierhäuser säumt die Fußgängerzone, in der Einheimische wie Touristen die zahlreichen Restaurants und Cafés bevölkern. Unter den Gebäuden verdient besondere Aufmerksamkeit das Uphagenhaus (Kamienica Uphagena, ul. Duga 12). Das 1776 von Johann Benjamin Dreyer im späten Barockstil erbaute Patrizierhaus ist ein besonders schönes Beispiel dieser Epoche, dessen historische Räumlichkeiten mit ihrer prunkvollen großbürgerlichen Innenausstattung besichtigt und bewundert werden können. Nahebei ist auch das Ferbersche Haus (Dom Ferberów, ul. Długa 28) aus dem Jahr 1560 einen Augenblick wert. Durch Holzhandel reich geworden, zählten die Ferbers viele Jahrhunderte zu den wichtigsten Danziger Familien. ›Pro invidia‹, ›Zum Neid‹, lautet die Inschrift auf dem frühbarocken Frederhaus (Dom Frederów, ul. Długa 29), das Abraham van den Blocke 1620 verwirklichte. Etwas weiter gilt das Löwenschloß (Lwi Zamek, ul. Długa 35) von 1569 als ein herrliches Werk der Renaissance-Architektur.

An der Einmündung der Langgasse in den Langen Markt (Długi Targ) erhebt sich mit einem 82 Meter hohen schlanken Turm das Rechtstädtische Rathaus (Ratusz Głównego Miasta). Die Statue des Jagiellonenkönigs Zygmunt II. August krönt in luftiger Höhe den Turm. Der ursprünglich gotische Backsteinbau entstand 1378 bis 1492, wurde in den Jahren 1486 bis 1492 nach flämischem Vorbild ausgebaut und nach einem Brand bis 1556 abermals erweitert. Das barocke Eingangsportal zieren zwei Löwen und das Stadtwappen. Mit der prunkvollen Ausgestaltung der Innenräume begann man gegen Ende des 16. Jahrhunderts. Nach einem Entwurf Anthon van Obbergens entstand das künstlerische Kleinod des Rathauses, der ›Rote Saal‹. 25 Gemälde der holländischen Meister Hans Vredemann de Vries und Isaac van den Blocke schmücken die aufwendig stuckierte, vergoldete Decke, darunter im Zentrum van den Blockes ›Apotheose Danzigs‹. Der reichverzierte Kachelofen stammt von dem Bildhauer Willem van der Meer. Als äußerste Seltenheit in der Stadt wurde der ›Rote Saal‹ nicht rekonstruiert, sondern ist vollständig im Original erhalten. 1943 demontierte der Konservator Erich Volmar die Pracht und lagerte sie außerhalb Danzigs sicher ein, weshalb der Saal den Zweiten Weltkrieg nahezu unbeschadet überdauerte. In weiteren Räumen des Rechtstädtischen Rathauses ist mit zahlreichen Bildern und Exponaten zur Geschichte Danzigs das Historische Stadtmuseum untergebracht.

Der Lange Markt

Hinter dem Rathaus eröffnet sich der Lange Markt (Długi Targ), wohl einer der schönsten Plätze Europas. Hier präsentiert sich in strahlendem Weiß die Renaissance-Fassade des Artushofs (Dwór Artusa) mit seinen über zwei Etagen reichenden Fenstern. Ursprünglich Mitte des 14. Jahrhunderts erbaut, wurde er nach einem Brand zwischen 1467 und 1478 wiedererrichtet und erhielt seine abschließende Gestalt 1616/17 durch Abraham van den Blocke. Das nach dem sagenhaften König Artus und seiner Tafelrunde benannte Gebäude diente einst als Versammlungsort der reichen Patrizier, die in seinem repräsentativen Saal ihre Gilde-Zusammenkünfte abhielten. Im 16. und 17. Jahrhundert stand der Artushof darüber hinaus mit Banketten und Festessen im Mittelpunkt des gesellschaftlichen Lebens in Danzig. Sein prachtvolles Inneres schmückt neben zahlreichen Gemälden und Ritterrüstungen der mit zwölf Metern höchste Renaissance-Kachelofen der Welt, und eine Ausstellung erzählt von der Geschichte des Artushofs.

Der Neptunbrunnen vor dem Artushof

In unmittelbarer Nachbarschaft schließt sich das nicht weniger reich ausgestattete, mit einer schönen Fassade aus dem 17. und 18. Jahrhundert verzierte Neue Schöffenhaus (Nowy Dom Ławy, Długi Targ 43) an. Direkt vor dem Artushof plätschert der Neptunbrunnen (Fontanna Neptuna) aus dem Jahr 1633. Mit seinem Bau wurde Abraham van den Blocke beauftragt, der jedoch wenig später verstarb. Sein Schüler Wilhelm Richter vollendete den schönen Brunnen mit der Bronze des Meeresgottes Neptun. Ebenfalls von Abraham van den Blocke stammt das mit zahlreichen allegorischen Figuren bestückte und goldstuckgeschmückte Goldene Haus (Złota Kamienica, Długi Targ 41). 1609 bis 1617 wurde das für seine prunkvolle Fassade gerühmte Bauwerk für den Patrizier Speymann errichtet und später von der Familie Steffen bewohnt, weshalb man es auch ›Steffensches Haus‹ (Dom Steffensów) nennt.

An der Motława

Ostwärts wird der Lange Markt vom Grünen Tor (Zielona Brama) zum Fluß hin abgeschlossen. In den Jahren 1564 bis 1568 als städtische Residenz für den König entstanden, war es ursprünglich in grünem Farbton gehalten. Nach seinem Wiederaufbau nach Ende des Zweiten Weltkriegs entschied man sich jedoch gegen die Farbe. Durch das Grüne Tor hindurch hat man schließlich den Uferkai an der Motława, einem Nebenfluß der Weichsel, erreicht. Am Fluß entlang erstreckt sich der alte Danziger Hafen, den heute die Ausflugsschiffe der Weißen Flotte nutzen. Von einer der Brücken über die Motława aus läßt sich diese wohl berühmteste aller Danziger Postkartenansichten am besten bewundern: das Panorama mit dem Grünen Tor und dem Brotbänketor (Brama Chlenicka), dann dem Frauentor (Brama Mariacka), dem Heiligengeisttor (Brama św. Ducha) und schließlich dem wuchtigen Krantor (Żuraw). Sämtliche Tore tragen die Namen der Gassen, die sie zur Motława hin begrenzen.

Das Brotbänketor von 1454 ist das älteste Danzigs. Es bildet den Abschluß der Brotbänkegasse (ul. Chlebnicka), die in die ul. Piwna (Jopengasse) mit dem Großen Zeughaus übergeht. In der Nähe des Brotbänketors steht das sehenswerte Englische Haus (Dom Angielski, ul. Chlebnicka 16). Mit acht Stockwerken war das mit reichem Reliefschmuck versehene Gebäude zur Zeit seiner Errichtung 1570 das höchste Haus in der Stadt.

Zwischen Großem Zeughaus und Brotbänketor thront unübersehbar im Herzen der Rechtstadt die in vier Etappen zwischen 1343 und 1502 erbaute Marienkirche (Kościół św. Mariacki). Über eine Fläche von 105 mal 66 Meter erstreckt sich bei einer Gewölbehöhe von 29 Metern das weltweit fünftgrößte christliche Gotteshaus. 25 000 Gläubige nimmt der gotische dreischiffige Sakralbau auf. Seinen imposanten Innenraum dekorieren zahlreiche kostbare Ausstattungsstücke, unter ihnen der spätgotische Hochaltar (1511 bis 1517) von Meister Michael von Augsburg und Meister Pauls Kreuzigungsgruppe (1517) hoch oben in der Öffnung des Presbyteriums. Eine Reproduktion von Hans Memlings berühmtem Gemälde ›Jüngstes Gericht‹ findet sich in der Sankt Reinholdkapelle. Das Original – einst in päpstlichem Auftrag geschaffen und während der Verschiffung von Brügge nach Italien 1473 für die Stadt Danzig vom Piraten Paul Benecke geraubt – hängt im Danziger Nationalmuseum. Nicht weniger prominent sind das 1410 entstandene, lebensgroße gotische Standbild der ›Schönen Madonna‹ in der Sankt Annenkapelle sowie im Nordschiff der Kirche die 14 Meter hohe Astronomische Uhr. Von 1464 bis 1470 entwickelte der Thorner Uhrmacher Hans Düringer das riesige Chronometer. Nachdem er seine Arbeit beendet hatte – so erzählt es die Sage – stachen ihm seine Danziger Auftraggeber beide Augen aus, um zu verhindern, daß er noch ein weiteres Mal eine solche Kostbarkeit anfertigen könne. Neben Stunden,

Die astronomische Uhr in der Marienkirche

Tagen und Monaten zeigt sie Kalenderheilige, Mondphasen, Tierkreiszeichen und ferner jeweils um 12 Uhr die Verkündigung Marias sowie die Anbetung der Heiligen Drei Könige an. Der Aufstieg auf den 78 Meter hohen Turm der Marienkirche lohnt sich wegen der herrlichen Aussicht über die Dächer der Rechtstadt bis zum Hafen.

Unweit des Gotteshauses führt die Frauengasse (ul. Mariacka) wieder zum Uferkai mit dem spätgotischen Frauentor (Brama Mariacka) zurück und dem 1599 von Anthon van Obbergen erbauten Haus der Naturforschenden Gesellschaft (Dom Przyrodników). Die von stolzen Patrizierhäusern umrahmte, vergleichsweise kurze Frauengasse ist ein schönes Beispiel für eine Danziger Eigenart: kleine Steinterrassen mit breiten Treppen vor den mindestens einen Meter über dem Straßenniveau liegenden Hauseingängen - sogenannte ›Beischläge‹. Ab Ende des 16. Jahrhunderts baute man die Terrassen gegen mögliche Überschwemmungen. Mit Stuck versehen und reich geschmückt dienten die Beischläge zugleich als erste Visitenkarte des Hausbesitzers. Unterhalb befinden sich Werkstätten und kleine Geschäfte, die heute Kunsthandwerkliches sowie Gold- und Bernsteinschmuck anbieten.

Als nächstes Tor folgt an der Motława das Heiligengeisttor, durch das man in die Heiligengeiststraße zu den Geburtshäusern Johannas und Arthur Schopenhauers gelangt (ul. św. Ducha 81 und 114). Wenige Schritte später schließt sich am Uferkai das mächtige gotische Krantor an. Von 1442 bis 1444 wurde das bekannteste Wahrzeichen Danzigs mit bis zu vier Meter dicken Rundmauern erbaut. Mit Hilfe des damals größten Lastenzugs der Welt wurden nicht nur schwere Schiffsladungen gelöscht, sondern auch Schiffsmasten aufgestellt. Gegenwärtig ist das

Straßenmusikanten in der ul. Mariacka

Krantor Dependance des Zentralen Meeresmuseums, dessen Hauptausstellungen sich in den ›Drei Speichern‹ am gegenüberliegenden Flußufer befinden. Vor den Speichern liegt das Museumsschiff ›Sołdek‹ vor Anker, das erste polnische Schiff, das nach dem Zweiten Weltkrieg erbaut wurde. Eine kleine Fußgängerfähre setzt alle fünfzehn Minuten im Pendelverkehr über.

Nördlich des Krantors stehen noch das Johannestor und das Häkertor, die beide Ende des 15. Jahrhunderts Gestalt annahmen und die alte Rechtstadt abschließen. Der Fischmarkt (Targ Rybny) nahebei verwandelt sich alljährlich in den ersten beiden Augustwochen während dem traditionellen ›Dominikanermarkt‹ in einen riesigen Festplatz. Kaufleute in historischen Kostümen, Eß- und Verkaufsbuden, Musikanten, Blasorchester und Ritterspiele beherrschen dann das Bild in der Rechtstadt.

Am Radaune-Kanal

Über den Altstädtischen Graben (Podwale Staromiejskie), an dem spärliche Reste der gotischen Rechtstadt-Befestigung verlaufen, gelangt man zur Polnischen Post am plac Obrońców Poczty Polskiej in der östlichen Altstadt (Stare Miasto). Am 1. September 1939 streckten hier nach vierzehnstündiger verzweifelter Verteidigung die polnischen Postangestellten vor den Soldaten der deutschen Wehrmacht die Waffen. Die nach dem Zweiten Weltkrieg wiedererrichtete Post ist seitdem Sinnbild des polnischen Widerstands gegen die nazistische Tyrannei. Eine Ausstellung im heutigen Postmuseum erinnert an die Ereignisse, wie sie auch Günther Grass in der ›Blechtrommel‹ beschreibt.

Die Brigittenkirche (Kościół św. Brygidy), nur wenige Straßen von der Polnischen Post entfernt, erinnert wie kein anderes Bauwerk Polens an Ereignisse der jüngsten polnischen Geschichte und symbolisiert den polnischen Widerstand gegen das kommunistische Regime. Im 14./15. Jahrhundert als Klosterkirche erbaut, wurde das dreischiffige Gotteshaus Anfang des 16. Jahrhunderts erweitert, im Zweiten Weltkrieg zerstört und auf Initiative des Pfarrers der Lenin-Werft, Henryk Jankowski, zwischen 1971 und 1975 wieder aufgebaut. Nachdem mit der Verhängung des Kriegsrechts 1981 die Gewerkschaft Solidarność zur illegalen Opposition geworden war, hielt man in św. Brygidy die größten, bedeutendsten ›Messen für das Vaterland‹ ab. Eine Gedenktafel würdigt die Opfer von Katyń, eine Nachbildung der Schwarzen Madonna trägt in ihrem Haarkranz die Anzahl der Toten des Aufstands 1970 als Rubine, ein Denkmal erinnert an den 1984 vom polnischen Sicherheitsdienst ermordeten Pater Jerzy Popiełuszko, und auch eine Miniatur des Danziger Werftarbeiter-Denkmals ist in der ehemaligen Solidarność-Kirche zu finden. Als jüngstes Prunkstück entsteht zur Zeit in der Brigittenkirche ein ausschließlich aus Spenden finanzierter, monumentaler Bernsteinaltar. Elf Meter hoch und sechs Meter breit, werden ihn ein Kleid aus milchweißem Bernstein und eine Krone aus gelbleuchtendem Bernstein zieren, mit einem Altarbildnis der Heiligen Mutter Gottes der Arbeitswelt inmitten, das an Arbeiteraufstand von 1970 erinnert.

In der Nachbarschaft reckt am Radaune-Kanal die Katharinenkirche (Kościół św. Katarzyny) die Spitze ihres markanten Barockturms in den Himmel. Sankt Katharina ist das älteste Gotteshaus der Stadt, womöglich wurde der dreischiffige Baukörper bereits 1185 errichtet. Die 37 Kirchturmglocken schmolz man im Zweiten Weltkrieg zu Rüstungszwecken ein. Dank der Spenden auch vieler Deutscher erklingt das Glockenspiel seit 1989 wieder. An kostbarer Innenausstattung birgt Sankt Katharinen neben Fragmenten einer aus dem 15. Jahrhundert stammenden Ausmalung das Grabmal des Astronomen Johannes Hevelius aus dem Jahr 1659, einen spätgotischen Flügelschnitzaltar (16. Jahrhundert) und ein Kreuzigungsgemälde von Anton Moeller (17. Jahrhundert). Im angeschlossenen Museum ist eine Sammlung von Turmuhren vom 15. bis zum 20. Jahrhundert ausgestellt.

Sechs Stockwerke hoch und von einem imposanten Satteldach überbaut, ragt gegenüber auf der Radaune-Insel die Große Mühle (Wielki Młyn) empor. 1350 wurde sie mit 1,2 Meter dicken Mauern errichtet. Die Wasser des Radaune-Kanals setzten erst 12 und später 18 gewaltige Mühlräder in Gang, so daß täglich bis zu 200 Tonnen Mehl gemahlen werden konnten. Von der Großen Mühle sind es nur wenige Minuten in westliche Richtung zum Altstädtischen Rathaus (Ratusz Staromiejski). Das zierliche Backsteingebäude wurde zwischen 1587 und 1595 von Anthon van Obbergen geschaffen und ist eines der wenigen im polnischen Königreich in der Renaissance errichteten Rathäuser. Den Platz am Rathaus schmückt ein Granitdenkmal des Danziger Astronomen Johannes Hevelius.

Abermals wenige Schritte westlich steht am Radaune-Kanal das 1612 im flämischen Stil erstandene Haus der Pelpiner Äbte (Dom Opatów Pelplińskich), das ein Danziger Woiwode den Zisterziensermönchen von Pelplin zum Geschenk machte. Und nur einen Steinwurf von dort entfernt erheben sich die Sankt Josephkirche (Kościół św. Józefa) aus dem 15. Jahrhundert sowie die kleine, um 1400 erbaute einschiffige Elisabethkirche (Kościół św. Elżbiety) mit dem barocken Hospital der heiligen Elisabeth (Szpital św Elżbiety) von 1753.

Den ausgedehnten Rundgang durch die Rechtstadt und die Altstadt beschließend, gelangt man über den Holzmarkt (Targ Drzewny) mit einem 1897 geschaffenen Reiterstandbild des Königs Jan III. Sobieski zum Ausgangspunkt am Kohlenmarkt (Targ Węglowy) zurück. Alternativ bietet sich ab der Katharinenkirche die ul. Węglarska Pańska an, die an der sehenswerten Nikolaikirche vorbei auf den Kohlenmarkt zuhält. Teile der alten Rechtstadt-Befestigung säumen diesen Weg, unter ihnen der Turm ›Kiek in de Kök‹ (Baszta Jacek), der den lustigen Namen erhielt, da man von seinen Schießscharten aus den Mönchen im ehemaligen Dominikanerkloster direkt in die Küche gucken konnte. Gegenüber dem alten Turm werden in der Großen Markthalle mittlerweile seit 1894 Lebensmittel und Gebrauchswaren feilgeboten, und eben an jenem Ort stand die Dominikanerabtei. Während der Napoleonischen Kriege wurde sie beinahe vollständig zerstört, nur die Ordenskirche Sankt Nikolai (Kościół św Mikołaja) blieb erhalten. Das von der zweiten Hälfte des 14. Jahrhundert bis Ende des 15. Jahrhundert errichtete Gotteshaus überstand den Zweiten Weltkrieg nahezu unversehrt; keinem anderen Sakralbau der Stadt war dies vergönnt. Die wertvolle Innenausstattung stammt außer einer gotischen Pietà (1430) und einem Triumphkruzifix (um 1520) vorwiegend aus dem Barock. Bei archäologischen Ausgrabungen wurden unter Sankt Nikolai Spuren einer älteren romanischen Kirche entdeckt.

Das Franziskanerkloster

Ein zweiter, kürzerer Streifzug durch das historische Danzig führt vom Kohlenmarkt (Targ Węglowy) aus südwärts über den verkehrsreichen Podwale Przedmiejskie (Vorstädtischer Graben) in die Alte Vorstadt (Stare Przedmieście) zum ehemaligen Franziskanerkloster mit der Sankt Trinitatiskirche (Klasztor

Franciszkanów und Kościół św. Trójcy). Der 1422 begonnene kleine Bau wurde am Ende des 15. Jahrhunderts zu einer dreischiffigen Halle erweitert. Heute ist die reichausgestattete Sankt Trinitatiskirche der zweitgrößte Sakralbau Danzigs. Der an sie anschließende Klosterkomplex wurde 1555 säkularisiert und diente danach als Gymnasium. Seit 1872 ist unter den Dächern das Nationalmuseum untergebracht. Gemälde französischer, polnischer und flämischer Meister sind hier ausgestellt; den Mittelpunkt bildet das ›Jüngste Gericht‹, dessen Kopie in der Sankt Marienkirche zu sehen ist. Auch kostbare Silberschmiedearbeiten, Mobiliar, Textilien und Stickereien sind im Nationalmuseum zu bewundern.

Außerhalb der Altstadt

Außerhalb des historischen Zentrums erhebt sich nördlich in Richtung Danziger Werft am plac Solidarności Robotniczej (Platz der Arbeitersolidarität) das Werftarbeiter-Denkmal. Seit Mitte Dezember 1980 erinnern die drei 40 Meter hochaufragenden Kreuze an die Opfer der Streiks und Demonstrationen aus den Jahren 1956, 1970 und 1976.

Im nördlichen Danziger Stadtteil Oliwa (Oliva) streben die beiden schlanken Türme des Doms von Oliwa dem Himmel entgegen. 1186 gründeten Zisterziensermönche hier eine Abtei und erbauten im 13. und 14. Jahrhundert das dreischiffige, 107 Meter lange Gotteshaus. Seit 1926 ist die mit barocken Kunstschätzen überschwenglich eingerichtete Kathedrale Sitz des Bischofs von Danzig. Zu ihrer wertvollen Ausstattung zählen der ehemalige Hauptaltar sowie der neue Hauptaltar, beide aus dem 17. Jahrhundert, und das prachtvoll geschnitzte Chorgestühl aus dem späten 16. Jahrhundert. Das Diözesanmuseum behütet ein Reliquiarkreuz von 1405 und eine kostbare Handschriftensammlung. Weltberühmt ist die zwischen 1763 und 1788 von Friedrich Dalitz und Johann Wulf gefertigte Orgel, deren berauschender Klang von 7876 Pfeifen, verstärkt durch die hervorragende Akustik des Gotteshauses, den Besuchern mehrmals täglich zur vollen Stunde zwischen 10 und 17 Uhr vorgeführt wird. Darüber hinaus konzertieren hier alljährlich an Dienstag- und Freitagabenden im Juli und August Organisten aus aller Welt während des ›Internationalen Festivals der Orgelmusik‹.

Den Dom umgibt ein schöner Park, an den sich ein botanischer Garten mit Palmenhaus und Aquarium anschließt. Der dortige Rokoko-Palast der Äbte (1754 bis 1756 erbaut) beherbergt die ethnographische Abteilung des Nationalmuseums sowie die Abteilung für moderne Kunst.

Zu einer Besichtigung von Gdańsk gehört unbedingt auch der Besuch der Westerplatte an der Mündung der Toten Weichsel (Martwa Wisła) in die Danziger Bucht. Wurde die dem Hafen vorgelagerten Halbinsel Anfang des 20. Jahrhunderts

Schiffe der Weißen Flotte fahren vom Uferkai an der Motława zur Westerplatte

noch als Badestrand genutzt, diente sie nach 1920 als ›Militärisches Transitdepot‹ der Zweiten Polnischen Republik, für dessen Bewachung eine Einheit polnischer Soldaten stationiert war. Mit der Beschießung des Munitionsdepots am 1. September 1939 um 4.45 Uhr durch den deutschen Schlachtkreuzer ›Schleswig-Holstein‹ begann der Zweite Weltkrieg. Auf der Westerplatte kämpfte die nur 182 Männer umfassende polnische Wachmannschaft sieben Tage lang gegen die deutsche Übermacht. Zwischen Betonbunkern und Kasernenruinen befindet sich auf dem ausgedehnten Gelände heute ein die gesamte Anlage überragendes Beton-Mahnmal, das der Verteidiger der Westerplatte wie der anderen Opfer des Zweiten Weltkriegs gedenkt. Schiffe der Weißen Flotte fahren von der Langen Brücke zur Westerplatte.

Vorwahl: 058.
Die Postleitzahlen wechseln nach Stadtteilen.
www.gdansk.pl (auch dt.).
PTTK-Touristeninformation, ul. Długa 45, Tel. 301 91 51, Fax 301 37 52, www.pttk-gdansk.pl; im Sommer tägl. 10–20, im Winter 10–18 Uhr.

In Gdańsk herrscht kein Mangel an Unterkunftsmöglichkeiten. Dennoch empfiehlt

es sich, in der vielbesuchten Stadt rechtzeitig zu reservieren.
Hotel ›Hanza‹ [1], ul. Tokarska 6, 80-888 Gdańsk, Tel. 305 34 27, Fax 305 33 86, www.hanza-hotel.com.pl; DZ um 600 Złoty. Erstklassiges Hotel in bester Lage nahe dem Krantor, elegantes Interieur, die Preise haben es ebenfalls in sich.
›Królewski‹ [2], ul. Ołowianka 1, 80-751 Gdańsk, Tel. 32 61 11-1, Fax -0, www.hotelkrolewski.pl; DZ um 400 Złoty. Neben Schifffahrtsmuseum und Baltischer Philharmonie auf der Motława-Insel Ołowianka im sorgfältig restaurierten ›Königlichen Speicher‹ untergebracht, die Zimmer sind von ausgesuchter Eleganz.
›Dom Aktora‹ [3], ul. Straganiarska 55/56, 80-837 Gdańsk, Tel. 301 59 01, Fax 301 61 93, www.domaktora.pl; DZ um 250 Złoty. Klein und gemütlich, bietet das freundliche ›Schauspielerhaus‹ wahlweise Zimmer oder auch Apartments mit Kochgelegenheit an.
›Dom Muzyka‹ [4], ul. Łąkowa 1/2, 80-743 Gdańsk, Tel. 32 60 60-0, Fax -1, www.dom-muzyka.pl; DZ um 250 Złoty. Wenige Schritte östlich der Speicherinsel in einem schön renovierten Altbau der Danziger Musikakademie, an der Kreuzung zum verkehrsreichen Podwale Przedmiejski zwar nicht die attraktivste Lage, dafür aber nur 5 Minunten Fußweg zur Rechtstadt und für Danziger Innenstadthotels vergleichsweise preiswert.
Hostel ›Przy Targu Rybym‹ [5], ul. Grodzka 21, 80-841 Gdańsk, Tel. 301 56 27, www.gdanskhostel.com, gdanskhostel@hotmail.com; Doppel- bis Fünfbettzimmer 60 Złoty/Pers., Schlafsäle mit 10 Betten 40 Złoty/Person. Unschlagbar preisgünstig für die zentrale Lage am nördlichen Rechtstadtrand, mit Gemeinschaftsküche, Paddelboot- und Fahrradverleih.
Hostel ›Baltic Gdańsk‹, ul. 3 Maja 25, 80-802 Gdańsk, Tel. 721 96 57, www.baltichostel.com, baltichostel@hotmail.com; DZ bis Vierbettzimmer 45–50 Złoty/Pers., Fünf- und Sechsbettzimmer 35–40 Złoty/Person. 3 Minuten vom Hauptbahnhof entfernt, 10 Spazierminuten zur Altstadt.

Drei ganzjährig geöffnete Jugendherbergen bieten Besuchern ihre Betten an:
ul. Wałowa 21, 80-858 Gdańsk, Tel./Fax 3012313, www.mokf.com.pl. Zentrale Lage nahe dem Hauptbahnhof.
ul. Kartuska 245b, 80-125 Gdańsk, Tel./Fax 302 05 81, www.mokf.com.pl.
ul. Grunwaldzka 244, 80-226 Gdańsk, Tel. 341 16 60, Fax 341 33 06, www.mokf.com.pl.

Camping ›Stogi‹, ul. Wydmy 9, 80-656 Gdańsk, Tel. 307 39 15, Fax 304 22 59, www.kemping-gdansk.pl; Ende

April–Anfang Okt. Im Ortsteil Stogi an der Danziger Bucht (zwischen Westerplatte und Sobieszewo), im Kiefernwald 150 m vom Strand, mit der Straßenbahn 20 Minuten ins Danziger Zentrum.

Camping ›Sobieszewo Orle‹, ul. Lazurowa 5, 80-680 Gdańsk Sobieszewo Orle, Tel. 308 07 39, Fax 301 17 44; Mitte April–Mitte Okt. Gut 8 km vom Stadtzentrum entfernt beim Örtchen Sobieszewo (an der Straße 501 Richtung Frische Nehrung, zwischen Pontonbrücke und Weichselfähre links in den Dünen).

Restaurant ›Pod Łososiem‹ (Zum Lachs) [6], ul. Szeroka 52/54. Eine in ganz Europa bekannte Adresse: In dem 1598 gegründeten Speiselokal tranken die reichen Patrizier einen typisch Danziger Kräuterlikör mit gelöstem Blattgold. Noch heute genießt man im gediegen vornehmen ›Pod Łososiem‹ das ›Danziger Goldwasser‹. Dazu werden köstliche Spezialitäten der alten Danziger Küche serviert (unbedingt vorbestellen).

›Gdańska‹ [7], ul. św. Ducha, im Zentrum der Rechtstadt. Das Restaurant steht dem ›Pod Łososiem‹ nicht nach. In behaglicher Alt-Danziger Atmosphäre werden traditionelle Delikatessen der alten Hansestadt aufgetragen.

›Tawerna‹ [8], ul. Powroznica19/20. Das Restaurant bereitet köstliche Fischspezialitäten zu, z.B. gebratenen Zander in Käseschnee, gegrillten Stör auf Steinpilzen, mit Krabben gefüllte Flunder, überbackene Seezunge an Krevetten.

Nationalmuseum, im ehemaligen Franziskanerkloster, ul. Toruńska 1; Di–So. Präsentiert werden flämische und holländische Malerei des 16. und 17. Jahrhundert, polnische Malerei aus dem 19. Jahrhundert und Danziger Malerei (16. bis frühes 20. Jahrhundert), Möbel, Keramik- und Goldschmiedearbeiten vom Mittelalter bis heute, berühmtestes Exponat: Hans Memlings ›Jüngstes Gericht‹.

Historisches Stadtmuseum, ul. Długa 47 (im Rechtstädtischen Rathaus); Di–So. 1000 Jahre Stadtgeschichte.

Zentrales Meeresmuseum; Di–So. Gezeigt wird alles rund um die Seefahrt in den ›Drei Speichern‹ auf der Speicherinsel, einem Museumsschiff auf der Motława sowie gegenüber im Krantor.

Archäologisches Museum, ul. Mariacka 25/26; Di–So. Prähistorie Pommerns und Danzigs.

Polnisches Postmuseum, pl. Obrońców Poczty Polskiej; Mi–Mo. Die Geschichte des polnischen Widerstands gegen die Nazi-Okkupation läßt das Museum noch einmal aufleben, darüber hinaus erfährt man Wissenswertes über das Pommersche Post- und Kommunikationswesen.

Rund um das Frische Haff

Kilometerlanger Strand, weiße Dünen und Kiefernwälder: Die Frische Nehrung, die das Frische Haff (Zalew Wiślany) von der Ostsee trennt, ist ein Teil der sogenannten ›Bernsteinküste‹ (Bursztynowe Wybrzeże), die sich von Gdańsk bis Kaliningrad (Königsberg) erstreckt. Besonders nach einer sturmdurchtosten Nacht kann ein geübter Sammler am Strand wahre Schätze des dunkelgelb funkelnden Ostseegoldes bergen. Kleine Fischerdörfer auf der Nehrung haben sich zu beliebten Urlaubsorten entwickelt.

Elbląg, nur durch den hügeligen Landschaftspark Wysoczyzna Elbląska (Elbinger Höhe) vom frischen Haff getrennt, war einst nach Königsberg die zweitgrößte Stadt Ostpreußens. Die kleine Stadt ist nicht nur wegen seines nach alten Plänen wiederaufgebauten Stadtzentrums sehenswert, Elbląg ist auch Ausgangspunkt für Schiffsausflüge nach Kaliningrad und auf die Frische Nehrung. Eine ungewöhnliche Schiffahrt führt auf dem Elbląg-Ostróda-Kanal (Oberländischer Kanal) über die berühmten ›Geneigten Ebenen‹.

Eine weitere sehenswerte Stadt am Frischen Haff ist Frombork (Frauenburg), wo der Astronom Nikolaus Kopernikus wirkte. Die im 14. Jahrhundert errichtete Kathedrale zählt zu den beeindruckendsten Backsteinkirchen im ehemaligen Ostpreußen.

Die Frische Nehrung

Östlich von Gdańsk mündet bei Mikoszewo die Wisła (Weichsel) in die Ostsee. Eine Fähre befördert im Pendeltakt Autos und Menschen von einem Ufer zum anderen, und davon, daß es sich bei dem hier breit und mächtig dahinziehenden Strom um einen 1895 fertiggestellten künstlichen Durchstich handelt, ist nichts mehr zu sehen. Die Natur hat sich längst wieder ins Recht gesetzt. An der Flußmündung nisten hinter undurchdringlichem Dickicht auf Schwemmkegeln im Naturreservat Mewia Łacha Möwen, Seeschwalben und Kormorane, und zehntausende Zugvögel machen hier alljährlich auf ihrem langen Weg Richtung Süden Zwischenstation.

Hinter dem Strand, Dünenwällen und Kiefernwäldchen ducken sich kleine Badeorte, die im Sommer von Mikoszewo über Jantar und Stegna bis Sztutowo täglich die Schmalspur-Eisenbahn ›Jantar-Ekspress‹ miteinander verbindet. Das Örtchen Sztutowo (Stutthof) unmittelbar vor Beginn der Frischen Nehrung ist durch das Konzentrationslager Stutthof zu trauriger Berühmtheit gelangt. Nach dem Einmarsch der Deutschen 1939 wurde es errichtet, rund 100 000 Menschen erlitten unvorstellbare Qualen, mindestens 65 000 Menschen starben. Sie wurden hingerichtet oder verloren durch Hunger, Auszehrung und Krankheit ihr Leben. Das Gelände der Gedenkstätte Sztutowo umfaßt heute nur noch einen Teil der gesamten ehemaligen Todesanlage, unter anderem sind die Häftlingsbaracken, die Gaskammer und das Krematorium sowie Wachtürme und SS-Lagerbereiche zu besichtigen. Kindern unter 13 Jahren ist der Eintritt nicht gestattet.

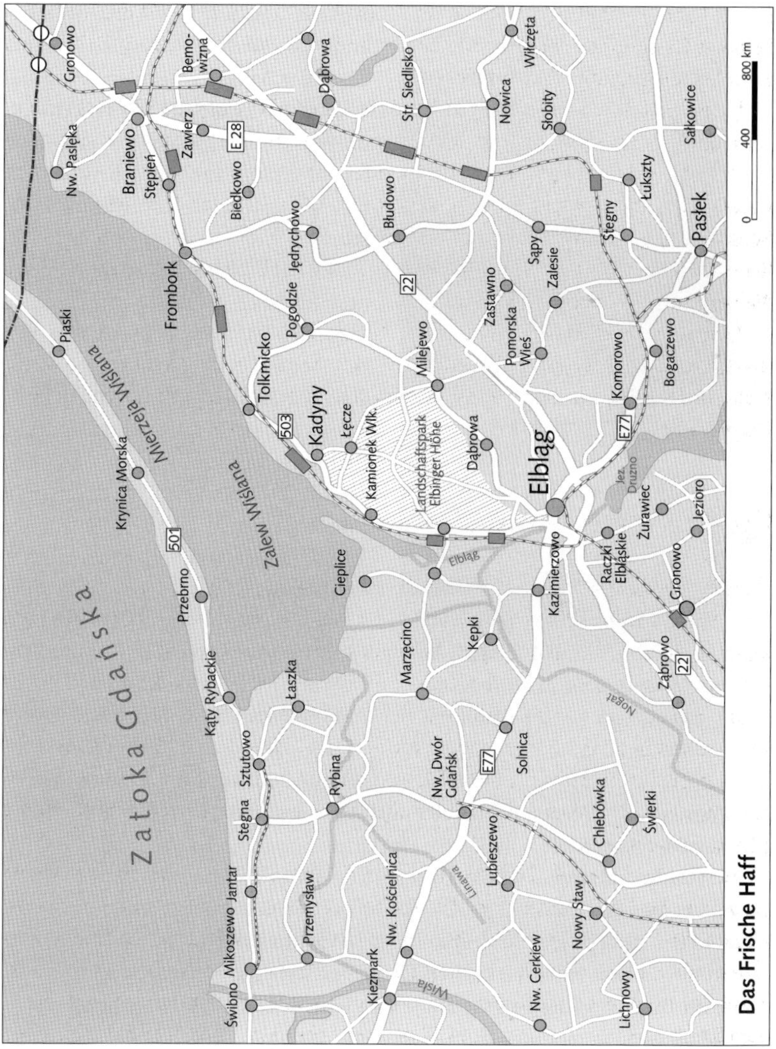

Das Frische Haff

Der fast 30 Meter hohe Leuchtturm in Krynica Morska ist nicht zu übersehen

Über 90 Kilometer Länge, davon 35 Kilometer auf der polnischen Seite, zieht sich ab Sztutowo die Frische Nehrung (Mierzeja Wiślana). Wegen seiner gebogenen Form wird der malerische, zwischen 500 Meter und zwei Kilometer schmale Landstreifen auch ›Sichel‹ genannt. Die mit Kiefern und Heidekraut geschmückten weißen Dünenhügel der Nehrung – unter denen der Wielbłądzi Grzbiet (Kamelrücken) mit stolzen 49 Metern der höchste ist – sind bis zur Grenze zur russischen Enklave Kaliningrad insgesamt Naturschutzgebiet.

Mit der Eroberung durch die Ordensritter im Jahr 1308 begann die Erschließung des Landstreifens. Anfangs verlief über ihn ein Verschickungsweg für Geisteskranke, der sich jedoch bald darauf in eine wichtige Handelsstraße Richtung Livland verwandelte. Die zahlreich vorhandenen Wirtshäuser an der Straße kamen auch dem Anfang des 19. Jahrhunderts einsetzenden Tourismus zugute.

Das Fischerdörfchen Kąty Rybackie (Bodenwinkel) gleich am Eingang der Nehrung ist heute ein beliebter Urlaubsort, und auch im sich anschließenden Krynica Morska (Kahlberg-Liep) werden die 900 ständigen Einwohnern im Sommer um ein Tausendfaches von Gästen verstärkt. Nicht nur die schöne Lage, sondern auch die Solequellen des Ortes ziehen die Urlauber an, die unter 9500 Übernachtungsplätzen ihr Quartier auswählen können. Seit der Eröffnung des Kurhauses im Jahr 1843 ist Krynica Morska einer der beliebtesten Bade- und Kurorte der Region. Der 1895 erbaute und 1951 umgebaute, fast 30 Meter hohe Leuchtturm bietet einen herrlichen Rundblick über die Weichselniederung, die Danziger Bucht und das Frische Haff. Vom Fähranleger am schilfwogenden Haff legen Ausflugsdampfer nach Elbląg und Frombork ab.

Blick auf das Frische Haff und die Nehrung

Kurz vor der 1945 gezogenen Grenze in die russische Oblast Kaliningrad liegt das Fischerdorf Piaski (Neukrug), dessen Ursprünge auf ein Gasthaus zurückgehen, das im 14. Jahrhundert hier an dem Handelsweg Richtung Livland stand. Im Wald hinter Piaski endet die Republik Polen, und Rußland beginnt. Ein Überschreiten der Grenze ist derzeit noch nicht möglich.

Vorwahl: 055.
Auf der Homepage des Verbands der Gemeinden des Frischen Haffs (Komunalny Związek Gmin Nadzalewowych), www.zalew.org.pl sowie unter www.frisches-haff.de findet man ausführliche Informationen über die Ortschaften sowie ein Verzeichnis der Hotels, Pensionen und Privatquartiere mit vielen Links dorthin.
Touristeninformation, ul. Żeromskiego 6, 82-120 Krynica Morska, Tel. 247 64 44, Fax 239 60 55; Juli und August Mo–Sa 9–20, So 10–20 Uhr, Juni und Sept. Mo–Fr 9–18, Sa 9–15 Uhr, sonst Mo–Fr 9–17 Uhr.

Es gibt zahlreiche Unterkunftsmöglichkeiten auf der Nehrung, doch ist in der Hochsaison eine rechtzeitige Reservierung ratsam.
Hotel ›Kahlberg‹, ul. Bosmańska 1, 82-120 Krynica Morska, Tel./Fax 2476017, www.kahlberg.mierzeja.pl; DZ um 280 Złoty, ab siebentägigem Aufenthalt 130 Złoty. Liebevoll restaurierte Villa mit angeschlossenem Neubau, unmittelbar

am Haff am kleinen Fischerhafen, 600 m zum Ostseestrand, mit Fahrradverleih und Tennisplatz.
Pension ›Willa Victoria‹, ul. Gdańska 77, 82-120 Krynica Morska, Tel. 2476848, www.pensjonatvictoria.info1.pl, victoria87@interia.pl; DZ um 160 Złoty. Freundliche große Neubauvilla, an der Hauptstraße zurückversetzt auf einem Waldgrundstück, 500 m zum Strand.

Camping ›Camp‹, ul. Morska 26, 82-103 Stegna, Tel. 247 83 03, Fax 247 80 34, www.camp.pl; Anfang Mai–Ende Sept. Im Kiefernwäldchen, 400 m zum Strand.
›180‹, ul. Morska 15, 82-103 Stegna, Tel./Fax 247 82 94; Anfang Mai–Ende Sept. Gegenüber von Camping ›Camp‹, etwas näher zum Strand.
›Gallus‹, ul. Marynarzy 2, 82-120 Krynica Morska, Tel./Fax 247 61 26, www.camp71.mierzeja.pl; Anfang Mai–Ende Sept. Schönes Waldgelände, zu Dünen und Strand hin schräg abfallend, für größere Wohnwagen und Wohnmobile deshalb weniger gut geeignet.
›182‹, ul. Sloneczna 4, 82-120 Krynica Morska, Tel. 247 61 13; Juni–Aug. Einfacher Platz in schöner Lage vor der russischen Grenze, wenige Schritte zum Strand.

Museum Konzentrationslager Stutthof, ul. Muzealna 6, 82-110 Sztutowo; Mai–Sept. tägl. 8–18, Okt.–April 8–15 Uhr.
Der Eintritt ist frei, Kinder unter 13 Jahren haben keinen Zutritt.
Im Sommerhalbjahr legen die Schiffe der Weißen Flotte Danzig von der Mole in Krynica Morska aus zu Ausflugsfahrten nach Frombork und Elbląg sowie zu Kreuzfahrten über das Frische Haff ab.

Elbląg

Am südlichen Haff-Ende in Elbląg (Elbing) an den Westhängen des Naturparks Wysoczyzna Elbląska (Elbinger Höhe) angelangt, hat man die Woiwodschaftsgrenze von Pomorze (Pommern) nach Warmia-Mazury (Ermland-Masuren) überschritten. Anders als die meisten Städte im alten Prußenland ist die heute 130 000 Einwohner zählende Stadt keine Gründung des Deutschen Ordens, sondern geht auf die bereits im 9. Jahrhundert bekannte Siedlung Truso zurück. Lange Zeit hielt man Berichte über diesen sagenhaften prußischen Handelsplatz für eine Legende, bis man 1982 südöstlich von Elbląg beim Dörfchen Janów Pomorski am Jezioro Druzno (Drausensee) Spuren des alten Truso freilegte.

Im 13. Jahrhundert, als sich nicht nur das kleine Flüßchen Elbląg (Elbing), sondern auch noch die Weichsel mit breiter Mündung ins Frische Haff ergoß, erkannte der Deutsche Ritterorden die verkehrsgünstige Lage und errichtete über dem Flußufer eine Burg. 1237 fertiggestellt, zog sie Bauern und Handwerker

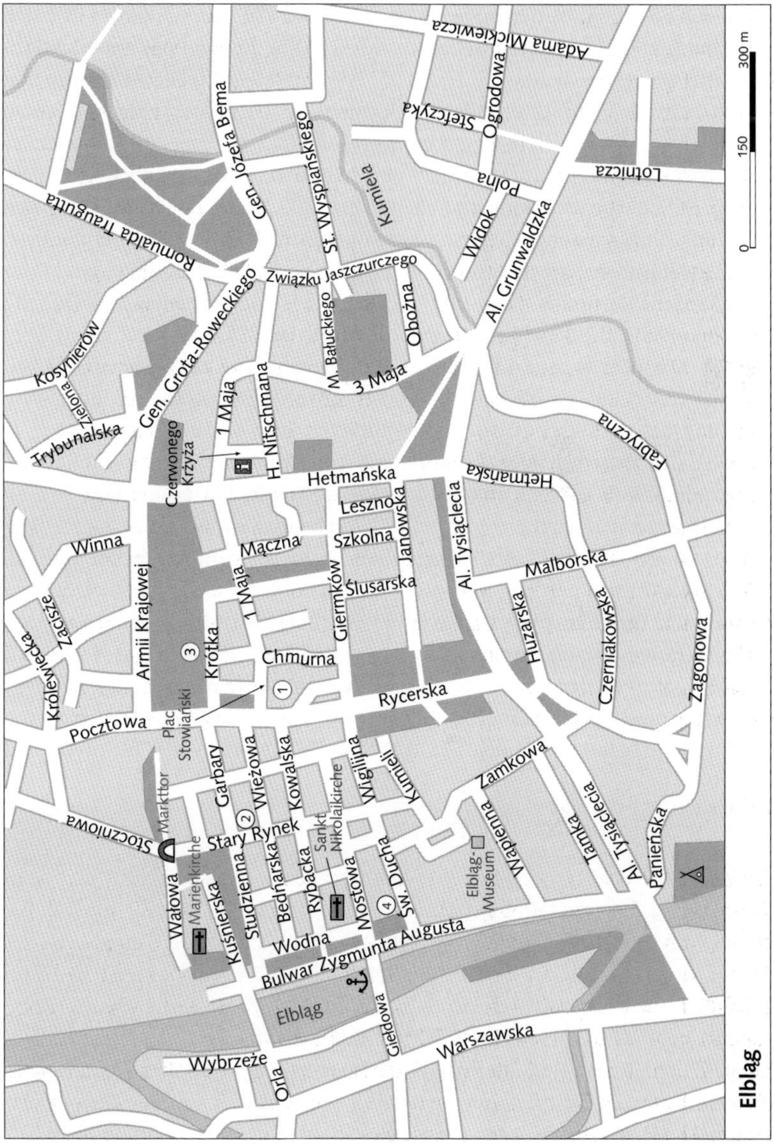

Legende

1 Hotel ›Gromada‹

2 Hotel ›Viwaldi‹

3 Pension ›Galeona‹

4 Pensjonat ›MF‹

meist aus elbnahen deutschen Gebieten an – daher der Name Elbing –, die sich im Schutz der Ordensburg niederließen. Schnell stieg die Siedlung zum wichtigen Seehafen auf, wurde bereits Mitte des 13. Jahrhunderts Mitglied der Hanse und erhielt 1246 die Stadtrechte verliehen. Doch wenige Jahrzehnte später suchte sich die Weichsel ein neues Bett, womit Elbings große Tage der Seefahrt schon wieder zu Ende gingen. 1457 wurde die Stadt eine selbständige Stadtrepublik unter dem Schutz der polnischen Krone und blieb es bis 1703, als sie der König von Polen und zugleich sächsische Kurfürst, August der Starke, an Preußen verpfändete. Unter preußischer Herrschaft wurde im 19. Jahrhundert der Schiffbau zum Motor der Elbinger Industrialisierung. 1837 eröffnete Ferdinand Schichau die berühmte Schichau-Werft, die schon bald darauf über Filialen in Danzig und Königsberg verfügte. Ab 1889 trug darüber hinaus der Lokomotivbau zum Aufschwung bei, und auch die bekannte Tabakfabrik ›Loeser & Wolff‹ produzierte ihr Rauchwerk in Elbing, das nach Königsberg zur zweitgrößten Stadt Ostpreußens aufstieg.

Nach den katastrophalen Zerstörungen gegen Ende des Zweiten Weltkriegs, denen beinahe die gesamte alte Bausubstanz zum Opfer fiel, erfolgte der Wiederaufbau mit breiten Straßenzügen und Plattenbausiedlungen im sozialistischen Zeitgeschmack. Schnell hatte Elbląg seinen Status als wirtschaftliches und kulturelles Zentrum in der Region zurückerlangt. Nur das historische Stadtzentrum rund um die Sankt Nikolaikirche am Ufer der Elbląg lag noch in Trümmern, mit dessen Rekonstruktion man dann Anfang der 1980er Jahre begann. Nach alten Plänen wurden auf den freigelegten Originalfundamenten neue Gebäude errichtet, entweder originalgetreu oder im historisierenden Stil. Mittlerweile sind die meisten kopfsteingepflasterten Straßenzüge fertiggestellt. Zwischen den fachwerk- und

Neue Gebäude im alten Gewand im Zentrum von Elbląg

backsteingeschmückten Giebelhäusern gibt es nur noch wenige unbebaute Flächen und Baugruben. Der alte Stadtkern ist wiedererstanden und lädt heute mit hübschen Cafés, Restaurants und Boutiquen zum Bummeln ein.

Eines der wenigen dort original erhaltenen Bauwerke ist die kleine Marienkirche (Kościół N.P. Marii), einst das Gotteshaus eines Dominikanerklosters und heute Sitz einer Kunstgalerie. In unmittelbarer Nähe ist das hohe Markttor, ehemals Teil der Stadtbefestigung, einen Augenblick wert. Im unteren Teil stammt es aus dem Jahr 1319, die höheren Partien datieren auf 1420.

Am Elbląg-Ufer überragt der 95 Meter hohe Turm der wiederaufgebauten gotischen Sankt Nikolaikirche (Kościół św. Mikołaja) aus dem 13./14. Jahrhundert die Stadt. Sie birgt an wertvollen Stücken eine Renaissance-Kanzel und ein Triptychon von 1510, das Taufbecken stammt aus dem 14. Jahrhundert. Ausgrabungen der prußischen Siedlung Truso sind im Elbląg-Museum (Muzeum Elbląskie) ausgestellt. Auch über die spätere Stadtgeschichte und die Traditionen des Handwerks informiert das Museum, das im ehemaligen Gymnasium untergebracht ist. Eine gotische Säule im Hof ist das einzige Überbleibsel der bereits Mitte des 15. Jahrhunderts zerstörten Ordensburg.

Selbstverständlich stehen in Elbląg Bootspartien auf dem Ausflugsprogramm, zum Beispiel Tagesausflüge nach Kaliningrad, die das Hotel ›Elzam‹ sowie Unternehmen über die städtische Touristeninformation anbieten. Die Stadt ist außerdem Anlegestelle der Żegluga Gdańska (Weiße Flotte Danzig), deren Schiffe über das Haff nach Krynica Morska kreuzen, sowie der Ostróda-Elbląg-Reederei, deren Boote die vergnüglichen Fahrten über die kuriosen ›Geneigten Ebenen‹ des Elbląg-Ostróda-Kanals (Oberländischer Kanal) unternehmen.

Blick auf die wiedererrichtete Sankt Nikolaikirche

Vorwahl: 055.
Postleitzahl: 82-300.
www.elblag.pl (auch dt.).
Touristeninformation (Centrum Informacji Turystycznej), ul. Czerwonego Krzyża 2, 82-300 Elbląg, Tel./Fax 232 42 34, www.it.elblag.com.pl; Mo–Fr 7.30–15.30 Uhr.

Hotel ›Gromada‹ [1], pl. Słowiański 2, Tel. 230 61 91, Fax 232 40 83, www.gromada.pl; DZ um 300 Złoty. Das legendäre Hotel ›Elzam‹ mit neuem Namen, nichtsdestotrotz weiterhin größtes Hotel am Ort, in zentraler Lage zwischen Altstadt und Neustadt, mit vorzüglichem Restaurant.
›Viwaldi‹ [2], ul. Stary Rynek 16, Tel./Fax 236 25 41, www.viwaldi.m.walentynowicz.pl; DZ um 300 Złoty. Im Herzen der neuen Altstadt, zwar nicht das größte, aber eines der elegantesten und komfortabelsten Hotels in Elbląg.
›Galeona‹ [3], ul. Krótka 5, Tel. 235 22 88; DZ mit Bad um 100 Złoty; DZ ohne Bad um 75 Złoty. Selbst nach umfassender Renovierung 2005 immer noch die preisgünstige Variante vor Ort, zentral zwischen Altstadt und Neustadt gelegen, für den schmalen Geldbeutel ein Hotelerlebnis mit schönem Komfort.
Pensjonat ›MF‹ [4], ul. Św. Ducha 26, Tel. 641 26 10, Fax 642 31 44, www.pensjonatmf.pl; DZ um 190 Złoty. 2005 eröffnetes, reizendes kleines Hotel wenige Schritte von der Nikolaikirche entfernt, ausgesprochen freundlicher Service, die Räumlichkeiten stilsicher und geschmackvoll, das kleine Restaurant exquisit.

Campingplatz, ul. Panieńska 14, Tel. 641 86 66, Fax 641 86 66, www.camping61.com.pl; Anfang Mai–Ende Sept. Kleiner Platz am Flußufer, an der Rezeption befindet sich auch ein Büro der Ostróda- Elbląg-Reederei.

Zu empfehlen sind die Restaurants des Hotels ›Elzam‹, plac Słowiański 2, und ›Viwaldi‹, Stary Rynek 16.

Elbląg-Museum (Regionalmuseum), Bulwar Zygmunta Augusta 11; Di–So. Das Museum informiert über die Stadtgeschichte und zeigt Kunsthandwerk aus verschiedenen Jahrhunderten und Modelle und Ausgrabungsexponate der Siedlung Truso.
Galerie ›El‹, in der Marienkirche. Ausstellungen zeitgenössischer Kunst.

Schiffahrten auf dem Elbląg-Ostróda-Kanal: Informationen, Reservierung und Ticketverkauf an der Rezeption auf dem Campingplatz in der ul. Panieńska 14 und unter Tel. 232 43 07, www.zegluga.com.pl. Nur Ticketverkauf außerdem am Bootsanleger am Bulwar Zygmunta Augusta. Die Schiffe fahren vom 1. Mai bis zum 30. September. Abfahrt ist morgens 8 Uhr.
Tagesausflüge nach Kaliningrad kann man über das Hotel ›Gromada‹ sowie zahlreiche weitere Anbieter buchen, über die die Touristeninformation Auskunft gibt.

Elbląg-Ostróda-Kanal

Auf 82 Kilometer verbindet der Elbląg-Ostróda-Kanal (Oberländischer Kanal) seit seiner Eröffnung 1860 Elbląg mit dem südlich gelegenen Ostróda (Osterode). Dabei müssen die Schiffe insgesamt 99,2 Höhenmeter überwinden, und zwar nicht via Schleusen, sondern über die grüne Wiese, mittels einer Rutschpartie über Land!

Die Idee zum Kanalbau stammte bereits aus dem 18. Jahrhundert. Über eine Schiffsverbindung Elbing-Osterode hätte man den Transportweg für Holz aus den masurischen Wäldern an die Ostsee erheblich abzukürzen können. Die üblichen Schleusensysteme oder eine Absenkung der sieben Seen um insgesamt gut 100 Meter wären jedoch viel zu teuer geworden. Also kam der Königsberger Inge-

Der Elbląg-Ostróda-Kanal

0 5 10 km

nieur Steenke 1825 auf die Idee, die Boote auf Rutschen, sogenannten ›Geneigten Ebenen‹, über trockenes Land gleiten zu lassen. So entstanden auf einer Länge von 9,6 Kilometern die fünf kuriosen Rutschen, die heute Schiffstouristen in Begeisterung versetzen.

Von Mai bis September startet täglich ein Schiff um 8 Uhr morgens in Elbląg. Bevor die Boote in den Kanal einbiegen, passieren sie im Süden der Stadt zunächst den Jezioro Druzno (Drausensee). Die Ufer des naturgeschützten, nur zwei Meter tiefen Gewässers, das aus einer verlandeten Ostseebucht entstand, sind ein Vogelparadies: Fischreiher, Fischadler und die raren Schwarzen Störche leben hier. Im Kanal dann ziehen die Boote durch grüne Tunnel und an wild bewachsenen Ufern vorüber. Wasser ist kaum zu sehen, da die Schiffe mit einer oberen Breite von etwa drei Meter fast das gesamte Ausmaß der Wasserstraße erreichen.

Zwischen Elbląg und Ostróda sollten sich Wanderer über entgegenkommende Schiffe nicht wundern

Die erste Schiffsrutsche, ›Całuny‹ genannt, ist bald nach dem Jezioro Druzno erreicht. Vor den Augen hebt sich plötzlich das Land, und der Kapitän manövriert das Schiff in eine unter der Wasseroberfläche liegende Transportlore. Auf ein Signal hin setzt sich ein wassergetriebenes Schaufelrad in Bewegung, das auf der Anhöhe eine zweite Lore an einem Stahlseil antreibt. Während diese Lore nun, ebenfalls huckepack mit einem Schiff obenauf, über Schienen den Berg hinunterrutscht, zieht sie mit ihrer Kraft gleichzeitig den anderen Plattformwagen die Steigung hinauf. Stolze 13 Meter Fallhöhe werden auf diese Art auf der 450 Meter langen Rampe überwunden.

Gegen 13 Uhr ist die letzte der fünf ›Geneigten Ebenen‹ bei Buszyniec (Buchwald) erklommen. Ein kleines Museum zeigt dort Wissenswertes rund um den Kanal, und ein im Buschwerk versteckter Gedenkstein erinnert an den ›königlichen Baurath Steenke‹, der die Rutschpartien erfand. Von Buszyniec aus hat man die Wahl, entweder mit dem Boot nach Elbląg zurückzukehren oder südlichen Kurs auf die westmasurische Seenplatte zu nehmen. Über die Seenkette und durch zwei Schleusen hindurch hat man über Małdyty (Maldeuten) und Miłomłyn (Liebemühl) abends um 19 Uhr Ostróda (Osterode) erreicht.

Es empfiehlt sich, eigenen Proviant auf die Schiffstour mitnehmen, da die Bordverpflegung hauptsächlich aus Alkoholika besteht. Wer selbst nicht mit dem Boot reisen und die technische Attraktion dennoch auf keinen Fall auslassen möchte, kann jede der fünf Rutschen auch mit dem Auto anfahren. Auch per Paddelboot lassen sich die Rutschen erkunden.

Information, Reservierung und Ticketverkauf an der Rezeption auf dem Campingplatz Elbląg, ul. Panieńska 14, und unter Tel. 232 43 07, www.zegluga.com.pl. Ticketverkauf am Bootsanleger Bulwar Zygmunta Augusta in Elbląg. Abfahrt dort 1. Mai–30. Sept. 8 Uhr.

Landschaftspark Elbinger Höhe

Auf 13500 Hektar zwischen Elbląg und Frischem Haff zieht sich mit herrlichem Buchenwald das Hügelland des Landschaftspark Wysoczyzna Elbląska (Elbinger Höhe) hin. Die Hügel - der höchste mißt 192 Meter über der Ostsee - wechseln sich mit von Bächen und Flüßchen durchzogenen Talgründen ab. Gleich am östlichen Stadtausgang Elblągs auf der Straße Richtung Frombork lädt der Stadtwald Bażantarnia (Vogelsang) als Teil des Parks auf 30 Kilometer markierten Wanderwegen zu ausgedehnten Spaziergängen ein.

Quer durch die Elbinger Höhe hindurch führen teils noch kopfsteingepflasterte, von uralten Bäumen überwölbte Sträßlein via Tolkmicko/Kadyny. Nicht weniger schön ist die Fahrt dorthin von Elbląg aus auf der Straße am Haffufer entlang. Immer wieder eröffnen sich malerische Ausblicke auf das Wasser hinab, bis man ein paar Kurven später in Kadyny (Cadinen) angelangt ist, dem ehemaligen Gut von Kaiser Wilhelm II. Prinz Louis Ferdinand (seit 1951 Chef des Hauses Hohenzollern) bewohnte das fachwerkverzierte, großzügig angelegte Herrenhaus bis 1945. Heute befindet sich in den stilvoll der Zeit angepaßten Räumlichkeiten des Schlosses Kadyny ein luxuriöses Hotel. In dem in den ehemaligen Wirtschaftsgebäuden untergebrachten staatlichen Gestüt werden seit 1951 Pferde der ›großpolnischen Rasse‹ gezüchtet. Das Gestüt bietet Ausritte und Kutschfahrten an.

›Kadyny Country Club‹, 82-340 Tolkmicko (Kadyny), Tel. 055/231 61 20, Fax 231 62 00, www.polhotels.com/Elblag/Kadyny; DZ um 400 Złoty, am Wochenende um 300 Złoty.

Frombork

Frombork (Frauenburg) am Frischen Haff ist ein beschaulicher Ort. Zweieinhalbtausend Einwohner zählt er heute, verfügt über eine kleine Mole, von der Schiffe nach Krynica Morska auf die Frische Nehrung ablegen, sowie eine sehr überschaubare Gastronomiezone mit Cafés und Imbißständen kurz vor der Mole. Darüber thront weithin sichtbar mit mächtigen Mauern und Festungstürmen der Fromborker Kathedralkomplex - der Ort, an dem der berühmte Astronom Nikolaus Kopernikus lebte und arbeitete. Ab 1278 war das Städtchen Hauptresidenz des Ermländischen Domkapitels, und bereits zehn Jahre später war auf dem Hügel über dem Haff eine erste Kirche fertiggestellt. 1329 bis 1388 errichtete man dann die Kathedrale ›Unserer allerheiligsten Jungfrau Maria Himmelfahrt und Apostel Andreas‹, so wie sie heute noch steht - eines der eindrucksvollsten sakralen Bauwerke der Backsteingotik im ehemaligen Ostpreußen.

Zur wertvollen Inneneinrichtung des dreischiffigen Hallenbaus zählen Kunstwerke von der Gotik bis zum späten Barock, darunter der prächtige Hauptaltar aus der ersten Hälfte des 18. Jahrhunderts, der spätgotische Flügelaltar von 1504 im nördlichen Seitenschiff und allen voran die berühmte Barockorgel aus dem Jahr 1683. Auf ihr erklingen im Sommer im Rahmen der Fromborker Orgelwochen von den weltbesten Organisten klassische und zeitgenössische Werke. Neben diesen Preziosen sind in der Kirche außerdem zahlreiche verschwenderisch ausgestaltete Grabmale zu bewundern, unter denen sich auch das Epitaph des Kopernikus befindet. Irgendwo unter dem Boden des Gotteshauses soll der Leichnam des Weltenbewegers bestattet sein. Wo aber genau, weiß man bis heute nicht.

Ende des 14. Jahrhunderts zog man um die Kirche herum einen mit dicken Mauern und Türmen bewehrten Befestigungsring. Zu seinen Füßen wuchs eine Fischersiedlung heran, und innerhalb der Befestigung entstanden die Wohnhäuser der Domherren sowie der Bischofspalast.

Vom 70 Meter hohen Glockenturm im Südwesten des Kathedralkomplexes, der zwischen dem 14. und 17. Jahrhundert erbaut und immer weiter aufgestockt wurde, bietet sich eine herrliche Aussicht über das Haff. Im Erdgeschoß zeigt ein Museums-Planetarium den Besuchern den kopernikanischen Sternenhimmel, und von der Turmspitze bis auf den Plafond herab schwingt ein Foucaultsches Pendel, eine Erfindung des französischen Physikers Jean Foucault, das präzise den Tagesumlauf der Erde um die Sonne nachvollzieht. Auch der Kopernikus-Turm, ein Wehrturm aus dem 14. Jahrhundert, lohnt den Aufstieg. Allerdings hatte der Astronom in dem Turm nie gewohnt, er lebte und forschte in einem der Häuser an den Burgmauern. Über Kopernikus' Werk und die Geschichte der Astronomie können sich Besucher im Nikolaus-Kopernikus-Museum informieren, das im barock umgestalteten Bischofspalast aus dem 16. Jahrhundert untergebracht ist.

Die Kathedrale ›Unserer allerheiligsten Jungfrau Maria Himmelfahrt und Apostel Andreas‹

Vorwahl: 055.
Postleitzahl: 14-530.
www.frombork.pl (auch dt.).
Touristeninformation, ul. Portowa 4, Tel. 2437052; Mai–Sept. tägl. 9–19 Uhr Kleine Information in einer Bude am Hafen.

Hotel ›Kopernik‹, ul. Kościelna 2, Tel. 2437285, Fax 2437300, www.hotelkopernik.pl; DZ um 170 Złoty. 2005 umfangreich modernisiert, ist aus der alten Valuta-Herberge dank neuen Betreibern ein mit allem Komfort ausgestattetes schönes Hotel mit freundlichem Service geworden. Die Spezialität im angeschlossenen Restaurant: Zander in Sahnesoße und deftige Königsberge Klopse.
Familienhaus (Dom Familijny) ›Rheticus‹, ul. Kopernika 10, Tel./Fax 2437800; DZ um 120 Złoty; DZ für 4 Personen um 200 Złoty, Zimmer für 5 Personen um 240 Złoty. Familienfreundliche Unterkunft im Herzen von Frombork, neben Duschbad/WC verfügen die Zimmer auch über eine abgetrennte Kochgelegenheit.

Campingplatz, ul. Braniewska 14, am östlichen Stadtrand, Tel. 2437368; Mitte Mai–Ende Sept.

Im Sommerhalbjahr legt die Weiße Flotte von der Mole aus zu Ausflugsfahrten nach Krynica Morska auf die Frische Nehrung ab. Verschiedene Veranstalter bieten darüber hinaus Tagesausflüge nach Kaliningrad an (Informationen und Kontakte bei der Touristeninformation).

Nikolaus Kopernikus

Kein Umstürzler, kein Reformator, aber dennoch ein Weltenbeweger und zweifelsohne einer der größten Denker seiner Zeit – als der Mann, der den Blick der Menschen auf die Planeten revolutionierte, ging Nikolaus Kopernikus in die Geschichte ein.
Am 19. Februar 1473 in Thorn an der Weichsel geboren, wurde er nach dem Tod seines Vaters bereits als Zehnjähriger Vollwaise, und sein Onkel Lukas Watzenrode, Domherr zu Frauenburg und ab 1488 Fürstbischof von Ermland, nahm ihn an Kindesstatt an. Seinem Mündel ermöglichte Watzenrode die beste aller Ausbildungen, die seinerzeit denkbar war, sollte es doch einmal die Nachfolge des Onkels antreten. So studierte Kopernikus Philosophie, Astronomie, Mathematik, lateinische Literatur und Medizin in Krakau, Bologna und Padua, promovierte 1503 in Ferrara in Rechtswissenschaften und wurde 1506 Leibarzt und Privatsekretär seines Onkels in Heilsberg.
Doch Kopernikus' wahre Leidenschaft galt der Astronomie. Wann immer es seine zahlreichen Aufgaben zuließen, richtete er von der Sternwarte auf dem Domhügel in Frauenburg aus seinen Blick in den Himmel über dem Haff. Bereits 1497 beobachtete er dort ein erstaunliches Phänomen: die Verdeckung des Sterns Aldebaran durch den Mond. Es folgte ein Studium der antiken Schriften des Aristoteles, die seit ihrer Wiederentdeckung im 11. Jahrhundert den verbindlichen Kanon abendländisch-christlicher Auffassung prägten und nach denen jeder Himmelskörper auf einer ewig gleichförmigen Bahn um die Erde kreiste. Wie also konnte der Mond in Bezug auf Stern Aldebaran plötzlich so aus der Rolle fallen?
Um die aristotelischen Texte im Original lesen zu können, lernte Kopernikus eigens Griechisch und erschloß sich damit die antike Vorstellung vom Weltall als einer Kugel, in deren innerem Zentrum sich die Erde befand, von sphärischen Hüllen aus Wasser, Luft, Feuer und Kristall umgeben.
Mit zunehmendem Abstand zur Erde umliefen demnach den blauen Planeten in jeweils einer eigenen Kristallsphäre die damals bekannten Planeten Mond, Merkur, Venus, Sonne, Mars, Jupiter und Saturn, wobei der Mond die Trennlinie zwischen himmlischer und irdischer Sphäre darstellte. Ein jeder Himmelskörper hatte seinen festen Platz in der Kugel und vollzog seine regelmäßige, gleichförmige Bewegung im Kreis. Eine reine, logische Form ewiger Sphärenharmonie, auf immer unwandelbar in Raum und Zeit.
Auf der aristotelischen, geozentrischen Anschauung von der Erde als Fixpunkt und Zentrum im Weltall fußte auch die Arbeit des alexandrinischen Astronom Ptolemäus (um 85–150 nach Christus), der als erster eine systematische Ausarbeitung der mathematischen Astronomie vorlegte. Unter dem Begriff ›ptolemäisches Weltbild‹ wurde

Nikolaus Kopernikus

sie maßgeblich für die nächsten knapp anderthalb Jahrtausende – bis zur berühmten ›kopernikanischen Wende‹. Bereits Ptolemäus hatte zur Erklärung des Planetenumlaufs entgegen der reinen Lehre auch ungleichförmige Kreisbewegungen zulassen müssen, und zwischenzeitlich mußte man sogar zugestehen, daß manche Gestirne nicht nur nicht regelmäßig verliefen, sondern von ihrer üblichen ostwärtigen Bahn sogar sporadisch nach Westen abwichen. So waren immer komplexere Berechnungen notwendig, um die Kreisbewegung der Himmelskörper mathematisch wieder in Ordnung zu bringen. Und diese mathematischen Ungereimtheiten veranlaßten Nikolaus Kopernikus schließlich, »eine Bewegung der Erde und eine andere Ableitungsart anzunehmen, bei welcher die Gleichmäßigkeit und die Grundlage der Wissenschaft und die Ursache der Unregelmäßigkeit in der Erscheinung zuverlässiger gestaltet wird.« Kurz, er behauptete, daß sich nicht das Weltall um die Erde, sondern sich die Erde um ihre eigenen Pole sowie um die Sonne drehe. Dem geozentrischen setzte er ein heliozentrisches Weltbild entgegen.

1510 ließ sich Kopernikus endgültig auf dem Frauenburger Domhügel nieder, 1512 trat er nach dem Tod von Onkel Watzenrode dessen Nachfolge als Domherr an. Wahrscheinlich fiel in jene Periode die Niederlegung der Frühfassung seiner heliozentrischen Theorie: der in der damaligen Gelehrtenwelt viel beachtete und diskutierte ›Commentariolus‹. Vermutlich 1516 begann er dann mit der Arbeit an seinem Hauptwerk ›De revolutionibus orbium coelestium‹ (Über die Kreisbewegung der Himmelskörper), mit dem er die geltende Anschauung vom Weltall aus den Angeln hob. In seinem Todesjahr 1543 erfolgte die Drucklegung der ›Revolutiones‹ – wegen ihrer Brisanz allerdings mit einem Vorwort des lutherischen Theologen Osiander versehen, der die in der Schrift vertretene, an allen Grundfesten rüttelnde Weltensicht als ›Hypothese‹ vorstellte. Für die Durchsetzung der kopernikanischen Wende mußte im Jahr 1600 Giordano Bruno auf dem Scheiterhaufen verbrennen, und 1632 wurde Galileo Galilei vor ein Inquisitionsgericht gestellt und verurteilt.

Einen andere, gänzlich unerquickliche Auseinandersetzung löste Kopernikus Jahrhunderte später aus. Jahrzehntelang stritten die deutsche und die polnische Geschichtswissenschaft, ob er nun deutscher oder polnischer Landsmann sei, ob es sich bei dem Weltenbeweger um Nikolaus Kopernikus oder Mikołaj Kopernik handele. Inzwischen ist der Zank zum Glück beigelegt. Als herausragende Persönlichkeit der Wissenschaft seiner Zeit wurde sein Name bereits zu Lebzeiten auf 36 unterschiedliche Arten geschrieben, er selbst zeichnete unter anderem mit ›Copernik‹, ›Copperning‹ und ›Coppernic‹ und natürlich in der lateinischen Lesart ›Copernicus‹, wie es in der Renaissance unter Gelehrten europaweit Gepflogenheit war. Geboren im polnisch-litauischen Doppelreich, Student in polnischen und italienischen Städten, im deutschsprachigen Ermland als Domherr tätig, Verfasser von Schriften in Latein, der Wissenschaftssprache jener Epoche, hätte sich Kopernikus angesichts solch kleinlicher Streitigkeiten wahrscheinlich höchst befremdet gezeigt – als Wissenschaftler und Weltbürger, der über alle Grenzen hinaus am liebsten weit in die Ferne blickte.

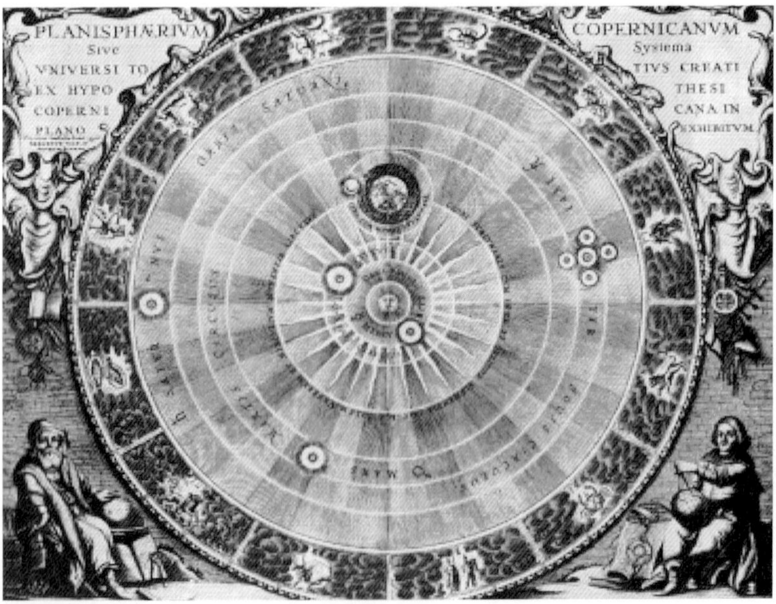

Die Welt, wie Kopernikus sie sah, auf einem Kupferstich von 1708

Braniewo

Noch bis 1997 war sechs Kilometer nördlich von Braniewo (Braunsberg) gewissermaßen die Welt zu Ende. Am Grenzübergang Gronowo in den Oblast Kaliningrad war kein Durchkommen. Im endlosen Auf und Ab der Äcker und Felder endeten die Straßen in Richtung der hermetisch abgeriegelten Grenze im Nirgendwo, und Fuchs und Hase sagten sich gute Nacht. Seit der Eröffnung des Übergangs auf der Straße 504 (heute E 28) von Braniewo nach Kaliningrad (Königsberg) 1997 hat sich das Bild gewandelt. Güter und Personen mit Visum dürfen seitdem uneingeschränkt passieren, stundenlange Staus vor dem Schlagbaum sind jedoch leider die Regel.

Im Jahr 1240 wurde Braunsberg vom Deutschen Orden gegründet und stieg schnell zur Hauptstadt und zum Bischofssitz des Ermlands auf. In ihrer Blütezeit im 15. und 16. Jahrhundert war die Stadt Meereshafen, Handels- und Handwerkszentrum, Wissenschafts- und Kulturstätte. 1565 eröffnete hier das erste Jesuitenkolleg Polens.

Heute hat das 17 000 Einwohner zählende Braniewo an Sehenswürdigkeiten nicht mehr viel zu bieten, es ging bis auf wenige Reste im Feuersturm Ende des Zweiten Weltkriegs unter. Ein Blick lohnt sich jedoch auf das nach Plänen Karl Friedrich Schinkels von 1830 bis 1837 entstandene frühere evangelische Gotteshaus (Kościół św. Trójcy) sowie auf die zwischen 1346 und 1381 errichtete Katharinenkirche. Das Wahrzeichen der Stadt wurde 1945 von der SS auf ihrem Rückzug gesprengt und ist heute wiederaufgebaut. In der Nachbarschaft dehnt sich auf drei Hektar der kleinste Zoo Polens aus, in dem einige Löwen, Esel, Hunde und ein Dingo zu Hause sind.

Vorwahl: 055.
Postleitzahl: 14-500.
www.braniewo.wm.pl.
Touristeninformation, ul. Katedralna 7 (am Platz vor der Katharinenkirche), Tel./Fax 644 33 03; Mo–Fr 10–18, Sa 10–14 Uhr.

Hotel ›Warmia‹, ul. Gdańska 18, Tel. 24 39 35-3, Fax -4, www.hotel-warmia.pl; DZ 180–200 Złoty. Im Ortszentrum an der Hauptstraße nahe dem Kathedral platz, mit empfehlenswerten Restaurant, das internationale und regionale Küche serviert. Nahebei liegt in der ul. Kościuszki 100 die Dependence, Hotel ›Warmia II‹.

Sanftes Hügelland mit Buchenwäldern ist charakteristisch für das alte Oberland. Viele Kanäle, Flüßchen und Seen machen die Region zu einem reizvollen Ziel für Wassersportler.

In der Region Warmia ist ein Besuch der mächtigen Kirchen, Schlösser und der berühmten Wallfahrtsorte Gietrzwałd und Święta Lipka nicht nur für Gläubige lohnend.

Das alte Oberland und die Region Warmia

Das alte Oberland

Von Elbląg (Elbing) am Frischen Haff bis Ostróda (Osterode) im Süden erstreckt sich die historische Region Oberland. Ihren Namen erhielt sie wahrscheinlich nach dem Chronisten Peter von Dusburg, der 1326 die Landschaft in ›partes inferiores‹ und ›partes superiores‹ (untere und obere Teile) gliederte, deren Grenze die Linie des Flusses Passarge (Pasłęka) war. Im Mittelalter wurde das sanfte Hügelland als ›Hockerland‹ bezeichnet und erhielt später den Spitznamen ›Ostpreußens gute Stube‹.

In Form eines Dreiecks erstreckt es sich mit seiner Spitze vom Haff aus in südliche Richtung. Westlich verläuft die Grenze des Oberlandes bei Zalewo (Saalfeld) und östlich bei Morąg (Mohrungen). Iława (Deutsch Eylau) und Ostróda (Osterode) beschließen das alte Oberland im Süden. In der West-Ost-Ausdehnung beschreiben in etwa die Flüsse Wisła (Weichsel) und Pasłeka (Passarge) die Grenzen des stillen Hügellands, das sich mit Buchenwäldern und einem Flickenteppich von Seen schmückt. Seit 1860 sind die Gewässer durch den Ebląg-Ostróda-Kanal (Oberländischer Kanal) miteinander verbunden, der mit seinem Schiffsverkehr über die ›Geneigten Ebenen‹ eine einmalige frühe technische Leistung und eine Touristenattraktion darstellt (siehe Seite 107).

Den südlichen Teil des alten Oberlands umfaßt die Oberländische beziehungsweise Iława-Seenplatte (Pojezierze Iławskie). Sie wird auch ›Westmasurische Seenplatte‹ genannt, so wie man die gesamte Region gerne als ›Westmasuren‹ bezeichnet. Im Herzen funkelt der längste See Polens, der Jezioro Jeziorak (Geserichsee), den kleine Kanäle und Flüßchen kreuz und quer mit den anderen Seen verknüpfen und auf diese Art die Region zu einem Paradies für Paddler, Kanuten und Segler machen. Zwischen Wiesen und Feldern grünen rund um die Seeufer prächtige Laubmischwälder, die erst im Südosten allmählich in Kiefernwald übergehen.

Über Pasłęk und Morąg in den Süden

Obwohl Pasłęk (Preußisch Holland) mit inzwischen über 10 000 Einwohnern den Status einer Kleinstadt erreicht hat, wirkt diese doch recht verschlafen und wird von den meisten Touristen nur im Rahmen eines Tagesausflugs besucht. Wegen der günstigen Lage des Ortes an einer gut ausgebauten Straße legen viele Besucher auf dem Weg von Elbląg zu den Gewässern der Iława-Seenplatte einen Zwischenstop in Pasłęk ein.

Der alte deutsche Name des Städtchens erinnert an die holländischen Siedler, die sich im 14. Jahrhundert hier am Ostrand des Weichseldeltas niederließen.

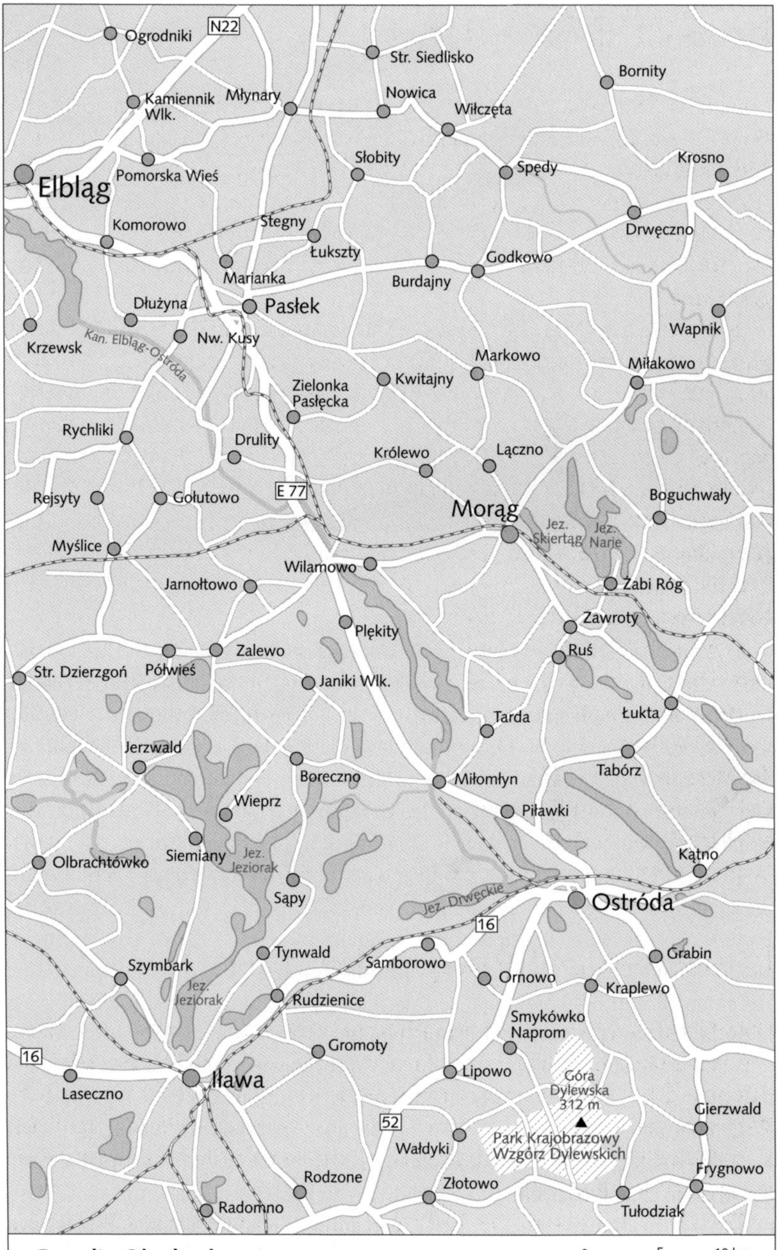

Das alte Oberland

Die Ordensburg in Pasłęk

Vom Deutschen Orden ins Land geholt, entwässerten die erfahrenen Dammbauer die in der Umgebung teils bis zu zwei Meter unter dem Meeresspiegel liegenden feuchten Böden und machten sie urbar. Auf der einzigen Anhöhe der Gegend wurden die backsteinerne Ordensburg und die Siedlung errichtet. Ebenfalls im 14./15. Jahrhundert entstanden das gotische Rathaus und die gotische Pfarrkirche. Das Gotteshaus mit einem vergoldeten Hauptaltar aus dem 17. Jahrhundert, Kanzel und Taufbecken aus dem 16. Jahrhundert lohnt einen Blick.

Etwa 15 Kilometer nordöstlich liegen bei dem Flecken Słobity (Schlobitten) die Überreste von Schloß Schlobitten. Von 1525 bis 1945 war es Stammsitz der Familie Dohna, einer der bedeutenden Adelsfamilien Preußens. Graf Heinrich zu Dohna-Schlobitten (1882–1944) wurde als Beteiligter des Attentates auf Adolf Hitler am 20. Juli 1944 hingerichtet. Das Schloß ging Ende des Zweiten Weltkriegs in Flammen auf und trotzt der Natur seitdem als imposante Ruine.

Von Pasłęk aus südwärts nach Morąg (Mohrungen) sollte, wer keine Eile hat und die schöne Landschaft genießen möchte, nicht den direkten Weg über die E 77 nehmen, sondern die Nebenstrecke über das reizende kleine Gutsdorf Kwitajny wählen. Hügel hinauf und hinab schlängelt sich das schmale Asphaltband durch das romantische Bauernland, in dem sich Felder mit Buchenmischwäldern und Weilern abwechseln, bis man, 30 Kilometer südöstlich von Pasłęk, das 15 000-Einwohner-Städtchen Morąg erreicht.

Morągs Hauptattraktion, das Dohna-Schlößchen (Pałać Dohnow), teilte das Schicksal so vieler herrschaftlicher Häuser im alten Ostpreußenland, 1945 wurde es restlos zerstört. Doch anders als beispielsweise Schlobitten baute man das Barockschlößchen in den Jahren 1976 bis 1985 wieder auf. Eine Abteilung des Museums ›Ermland und Masuren‹ (in Olsztyn) im Schloß widmet sich dem berühmtesten Sohn der Stadt: 1744 erblickte in Mohrungen Johann Gottfried Herder (1744-1803) das Licht der Welt. Die Ausstellung erläutert anhand zahlreicher Exponate Leben und Werk des großen Dichters, Weltbürgers, Humanisten und Philosophen. Außerdem werden holländische Malerei des 16. und 17. Jahrhunderts, höfische Kunst der Neuzeit sowie die Geschichte und Kultur der Region präsentiert.

Herder Geburtshaus wurde - wie viele andere Gebäude in der 1280 vom Deutschen Orden gegründeten Stadt - ein Opfer der Verheerungen im Zweiten Weltkrieg. Herders Elternhaus dagegen steht heute noch, in der ul. Herdera, wenige Schritte von der gotischen Pfarrkirche Peter und Paul entfernt. Ebenso blieb das gotische Backsteinrathaus aus dem 14. Jahrhundert erhalten, und nahebei trotzt über dem Ufer des Morąskie-Sees, umgeben von alten Mauern und Fundamenten, auch ein Teil der 1280 errichteten Ordenritterburg den Zeiten. Im 15. Jahrhundert Sitz des Großmeisters Heinrich von Plauen und im 19. Jahrhundert als Verwaltungsgebäude bis zur Unkenntlichkeit umgebaut, befindet sich die Restburg heute in Privatbesitz und wird von den Eigentümern liebevoll restauriert. Das Innere zieren zwischen den Deckenbalken originale Renaissancemalereien, und die Räume, die den neuen Burgherren zugleich als Wohnräume dienen, sind mit zahllosen Antiquitäten eingerichtet, vom schweren Barockbett bis hin zum uralten, noch funktionstüchtigen Telefonapparat.

Nicht weit östlich von Morąg lädt der Jezioro Narie (Nariensee) zum Baden oder Angeln ein. Das 45 Meter tiefe, klare Gewässer ist eines der saubersten im ganzen Land. In den kleinen Buchten oder auf einer der vielen Inseln findet jeder ein Plätzchen, Spaziergänger können die Wälder rund um die Ufer des Sees erkunden.

Vorwahl: 089.
Postleitzahl Pasłęk: 14-400, Morąg: 14-300.
www.paslek.pl, www.morag.pl (auch dt.).
Touristeninformation Morąg, im Rathaus, plac Jana Pawła II 1, Tel. 757 38 26; Mo–Fr 8–16, Sa 10–14 Uhr.

Morąg: Hotel ›Herder‹, ul. Sierakowskiego 9, Tel./Fax 757 46 10, www.gosciniec-herder.pl; DZ um 120 Złoty; klein, fein und hübsch eingerichtet, wenige Schritte um die Ecke vom Rathaus.
›Irena‹, ul. Wróblewskiego 4, Tel. 757 54 30, Fax 757 48 55, www.wim.pl/irena;

DZ um 100 Złoty. Schöner großzügiger Neubau, etwa 1 km östlich vom Ortskern, kurz hinter dem Kreisverkehr.

Campingplatz 14-331 Żabi Róg, Kretowiny, Tel. 7571618, Fax 7578093; Mai–Sept. Der Platz erstreckt sich auf einer Landzunge am Südufer des malerischen Narie-Sees.

Morąg: Pałać Dohnow, ul. Dabrowskiego 54; Di–So. Die Filiale des Olsztyner Museums ›Ermland und Masuren‹ zeigt eine Herder-Ausstellung, holländische Malerei des 16. und 17. Jahrhunderts, höfische Kunst der Neuzeit sowie die Geschichte und Kultur der Region, Räume mit Einrichtungen aus verschiedenen Epochen und zeitgenössische Wechselausstellungen.

Ostróda

Kann man die kunst- und kulturhistorischen Sehenswürdigkeiten Ostródas auch an zwei Fingern abzählen, wird die von zwölf Seen umringte Stadt dafür um ein Vielfaches mit herrlicher Natur entschädigt und ist darüber hinaus ein beliebter Treffpunkt von Wassersportlern. Der berühmte Elbląg-Ostróda-Kanal (Oberländischer Kanal, siehe Seite 107) endet in der Kleinstadt am Ufer des Jezioro Drwęckie (Drewenzsee) ebenso wie der Iława-Kanal und der Ostróda-Stare Jabłonski-Kanal. Sämtliche Gewässer sind miteinander verknüpft, so daß Ostróda Ausgangspunkt zahlreicher Paddel- und Schiffsausflüge ist: zum Beispiel der knapp 50 Kilometer langen, dreitägigen Paddeltour Ostróda–Miłomłyn–Iława, die ab Miłomłyn durch den Ostróda-Iława-Kanal und den wunderschönen Jezioro Jeziorak (Geserichsee) nach Iława führt, dem größten Wassersportzentrum der westmasurischen Seenplatte (siehe S. 124). Mit den Dampfern der Ostróda-Elbląg-Reederei lassen sich schöne Ausflugsfahrten über den Drwęckie-See und den Elbląg-Ostróda-Kanal zur Schleuse Miłomłyn (Liebemühl) unternehmen, oder noch weiter, über die berühmten ›Geneigten Ebenen‹, auf denen die Schiffe per ›Schlitten‹ über Land gezogen werden, bis Elbląg. Abfahrt in Ostróda ist in der Sommersaison täglich morgens 8 Uhr im Hafen.

Die sehenswerte Architektur Ostródas beschränkt sich auf eine kleine Burg, die im 14. Jahrhundert vom Deutschen Orden errichtet wurde. Heute ist hier das städtische Kulturhaus untergebracht, in dem wechselnde Ausstellungen gezeigt werden.

Etwa zehn Kilometer südlich erhebt sich im Landschaftspark Wzgóra Dylewskie 312 Meter über dem Meeresspiegel der Góra Dylewska (Kernsdorfer Höhe). Es ist der höchste Berg ganz Nordostpolens und markiert als Landmarke zugleich

Die Gelegenheit, per Schiff über die Berge zu fahren, sollte sich kein Besucher entgehen lassen

den Beginn von Masuren, das sich von hier nordostwärts über die Großen Masurischen Seen bis zum Góra Szeska (Seesker Höhe) bei Gołdap erstreckt. Zwischen Buchen und mit bunten Flechten bewachsenen Findlingsblöcken wartet der Berg auf seine Besteigung. Im Winter bietet ein Skilift bei Wygoda (Ruhwalde) ein bescheidenes Brettlvergnügen.

Vorwahl: 089.
Postleitzahl: 14-100.
www.ostroda.pl.
Touristeninformation, im Kassenhäuschen der Weißen Flotte vor dem Schiffsanleger am Seeufer, ul. Mickiewicza 9a, Tel./Fax 646 38 71; Mai–Sept. tägl. 8–20 Uhr, außerhalb der Saison ul. Mickiewicza 22, Tel. 646 32 31; Mo–Fr 8–15 Uhr.

Schloßhotel ›Karnity‹, Karnity 10, 14-140 Miłomłyn, Tel. 64 73 46-5, Fax -4, www.karnity.pl; DZ 220 Złoty. 10 km nordwestlich von Ostróda liegt das 1855 erbaute neugotische Backsteinschloß und heutige Schloßhotel beim Örtchen Miłomłyn. In den sorgfältig restaurierten, denkmalgeschützten Gemäuern werden Komfortzimmer sowie im Park Sommerhäuschen angeboten, mit angeschlossenem vorzüglichem Restaurant.

›Park‹, ul. 3 Maja 21, Tel. 646 22 27, Fax 646 38 49; DZ um 180 Złoty. Vornehmstes Hotel in Ostróda, ruhig gelegen, mit Blick über den Jezioro Drwęckie auf die Stadtsilhouette.

›Promenada‹, ul. Mickiewicza 3, Tel. 64 28 10-0, Fax -1, www.hotelpromenada.com.pl; DZ um 180 Złoty. Schönes neues Hotel, allerdings an der Hauptstraße kurz vor den

Bahnschranken, weshalb es sich empfiehlt, ein Zimmer nach hinten hinaus zum See zu nehmen.
›Hindenburg‹, ul. Mickiewicza 7, Tel./Fax 646 30 35, www.hotel-hindenburg.webpark.pl; DZ mit Bad um 120 Złoty, ohne Bad um 80 Złoty. Frisch renoviert im Gründerzeitbau, wenige Schritte vom Hotel ›Promenada‹ entfernt an der Hauptstraße, freundliche Leitung und guter Service.
Gutshaus ›Kraplau‹, Dwór Kraplewo, Tel. 647 68-60, Fax -76, kraplewo@acusconsulting.pl; DZ um 140 Złoty. Umgeben von einem schönen Park exquisit logieren wie Gutsherren in früheren Zeiten, 8 km südlich von Ostróda am Fuße der Kernsdorfer Höhen.

Campingplatz bei Piławki, 4 km nördlich von Ostróda, Tel. 647 34 51; Mitte Mai–Ende Sept. Unter den zahlreichen Campingplätzen in und um Ostróda zeichnet sich dieser Platz am Nordufer des Jezioro Drwęckie durch seine atemberaubend schöne Lage aus.

Restaurant im Hotel ›Park‹. Spezialitäten sind Wildbret und Süßwasserfische.
Hotelrestaurant ›Karnity‹, Miłomłyn. Polnische und internationale Gerichte.

Segelclub (Klub Żeglarskie Ostróda), ul. Sowińskiego 12.
Wassersporthafen LOK (Przystań Ósrodoka Sportów Wodnych LOK), ul. Słowackiego 38a.

Schiffsanleger an der Seepromenade, ul. Mickiewicza 9a, Tel./Fax 646 38 71, www.zegluga.com.pl. Kreuzfahrten über die Seen und den Elbląg-Ostróda-Kanal unternimmt die Weiße Flotte Elbląg-Ostróda; Abfahrt Mai–Sept. tägl. morgens 8 Uhr.

Iława

Wegen ihrer ebenso schönen wie für Wassersportler günstigen Lage am Südufer des Jezioro Jeziorak (Geserichsee) ist die 33 000 Einwohner zählende Stadt heute das wichtigste Ferienzentrum an der westmasurischen Seenplatte. Mit 27 Kilometern Länge bietet der Jezioro Jeziorak als längster Rinnensee Polens Paddlern, Seglern und Kanuten zahlreiche Freizeitaktivitäten. Der See sowie dreißig weitere kleinere Gewässer und die sie umgebenden lichten Buchen- und Kiefernwälder wurden 1993 im Landschaftspark Iława-Seenplatte unter Naturschutz gestellt.

Iława (Deutsch Eylau) wurde 1305 vom Deutschen Orden an der Stelle einer prußischen Siedlung gegründet. Über viele Jahrhunderte lang blieb es ein abgeschiedener Flecken – bis 1860 der Elbląg-Ostróda-Kanal eröffnete und dank dem neuen Transportweg auch in Deutsch Eylau ein kleiner Aufschwung Einzug hielt. Von 1860 an ging es bergauf. Bereits Anfang des 20. Jahrhunderts wurde die ›Perle im Oberland‹ touristisch entdeckt, ab den 1920er Jahren kreuzten Ausflugsdampfer auf dem Geserichsee - und im Jahr 2005 feierte der Ort stolz sein 700jähriges Jubiläum.

An ein dunkles Kapitel der Stadtgeschichte erinnern die Massengräber der polnischen Ulanen auf dem kommunalen Friedhof. 1939 wurden die Soldaten in einem nahegelegenen Kriegsgefangenenlager von den Nazis ermordet.

Wegen der großen Zerstörungen im Zweiten Weltkrieg ist nur noch wenig von Iławas historischer Bausubstanz erhalten. Einziges Schmuckstückchen ist die gotische Ordenskirche aus der ersten Hälfte des 14. Jahrhunderts mit einem Rokokoaltar und einer Turmglocke von 1740. Dafür verfügt die Stadt über um so mehr großzügig angelegte Freizeit- und Erholungsanlagen. Selbstverständlich ist Iława auch Anlegestelle der Weißen Flotte, deren Dampfer über den malerischen Jeziorak-See bis nach Ostróda fahren, und, sofern man noch weiter möchte, von dort aus über den Elbląg-Ostróda-Kanal bis nach Elbląg. Anlegestelle und Kartenverkauf sind im Hafen.

Rund um Iława

An den kleinen Buchten und Halbinseln des Jezioro Jeziorak entlang führt ein blau markierter Wanderweg von Iława durch die Wälder bis nach Siemiany (Schwalgendorf). Auf einem Weg mit grüner Markierung wandert man bis nach Kwidzyn (Marienwerder) in der Weichselniederung, und ein gelb gekennzeichneter Pfad erreicht sogar Toruń. Eine Wanderung wert ist sicher auch die romantische Schloßruine von Szymbark (Schönberg), gut neun Kilometer nordwestlich von Iława in einem Park am Jezioro Szymbarskie. Im 14. Jahrhundert als Residenz für den pomesanischen Domprobst errichtet, wechselte das Gebäude 1699 in den

Hervorragende Wassersportmöglichkeiten bieten die Seen und Kanäle rund um Iława

Besitz der Familie Finck von Finckenstein über, die es zu einem schönen Backsteinschloß ausbaute. 1945 fiel es größtenteils dem Feuer zum Opfer. Zahlreiche Mauern, Türme und Bastionen sind jedoch bis heute erhalten und vermitteln eine beeindruckende Vorstellung von der einst größten Burg in der Region.

Ein gutes Dutzend Fahrradrundwanderwege zwischen 20 und 90 Kilometer Länge sind von Iława ausgewiesen, außerdem eine Vielzahl an Segel- und Paddeltouren unterschiedlichster Anforderungen. Die mutigsten unter den Paddlern brechen zur ›Pętla Toruńska‹ (Thorner Schleife) auf. Von Iława aus führt sie über den Drwęca-Fluß nach Toruń, dann die Weichsel und anschließend die Nogat stromabwärts nach Elbląg. Von dort geht es über den Elbląg-Ostróda-Kanal und Ostróda nach Iława zurück. Für eine solche Tour sollte man sich allerdings rund zwei Wochen Zeit nehmen.

Vorwahl: 089. Postleitzahl: 14-200. www.ilawa.pl.
Touristeninformation, ul. Niepodległośi 13, Tel. 648 58 00, Fax 648 82 48, www.it.ilawa.com.pl; Juni–Aug. Mo–Fr 9–19, Sa/So 10–14, außerhalb der Saison Mo–Fr 8–16 Uhr. Im Rathaus, mit Zimmernachweis und zahlreichen Tips und Vorschlägen für Rad-, Paddel- und Wanderausflüge sowie Adressen der Wassersportgeräteverleiher.

Hotel ›Kormoran‹, ul. Chodkiewicza 3, Tel. 648 26 77, Fax 648 59 63, www.hotelewpolsce.com.pl/kormoril.htm, hotelkormoran@wp.pl; DZ um 170 Złoty. Schönes Mittelklassehotel, auf einer Halbinsel direkt am See, mit Bootsanleger, kleinem Badestrand und empfehlenswertem Restaurant.
›Wielka Żuława‹, ul. Ostródzka 3, Tel. 648 50 01, Fax 648 71 21, www.zajazd.net; DZ um 140 Złoty. An der Ausfallstraße Richtung Ostróda, nichts für Dauerferiengäste, aber für Leute auf Durchfahrt ein angenehmer Übernachtungsplatz.
Seglerhotel ›Pod Omegą‹, ul. Sienkiewicza 24, Tel. 648 40 93, Fax 648 63 62, www.podomega.com.pl; DZ um 90 Złoty; nur Anfang Juni–Ende Aug. Knuffige kleine Herberge mit Seglerhafen, die Zimmer funktional, Gaststätte und Gartenwirtschaft urig, mit Boots- und Wassersportgeräteverleih, sehr beliebt, rechtzeitig reservieren.

Jugendherberge, ul. Mierosławskiego 10a, Tel. 648 64 64; ganzjährig.

Camping ›Leśna‹, ul. Sienkiewicza 9, Tel./Fax 648 81 88, www.lesna.ilawa.prv.pl; Mitte Juni–Ende Sept. Gegenüber vom Hotel ›Kormoran‹ in einem leicht ansteigenden Waldgelände, mit angeschlossenem einfachem Hotel.

Seglerhotel ›Pod Omegą‹.
Erholungszentrum ›Perkoz‹, ul. Konstytucji Maja 7, Tel. 677 33 17.

Die Region Warmia

Von Frombork am Frischen Haff dehnt sich die historische Region Ermland (Warmia) in Form eines Dreiecks nach Südosten aus. Im Westen bildet der Fluß Pasłęka (Passarge) die Grenze des sanft gewellten Wiesen- und Ackerlandes, im Osten erstreckt es sich bis auf die Höhe von Reszel und im Süden bis Olsztyn (Allenstein), der historischen Hauptstadt des Ermlands und heutigen Hauptstadt der Woiwodschaft Warmia-Mazury (Ermland-Masuren).

Bevor der Deutsche Orden die Region eroberte, war dort der prußische Stamm der Warmier beheimatet, von dem das Land seinen Namen erhielt. Von den Prußen blutig erstrittenen, teilten die Deutschherren 1243 den Ordensstaat in vier Bistümer ein: Kulm, Pomesanien, Samland und Ermland, wobei der Diözese Ermland eine besondere Rolle zukam. Als Territorium der ermländischen Bischöfe genoß sie völlige Autonomie. Der Bischof in Frombork regierte zugleich als Fürst über das Land und war damit geistlicher und weltlicher Herrscher. Die Fürstbischöfe ließen zahlreiche Burgen und Schlösser erbauen: in Braunsberg (Braniewo), Heilsberg (Lidzbark Warmiński), Wormditt (Orneta), Bischofsburg (Biskupiec), Rößel (Reszel), Allenstein (Olsztyn) und vielen anderen Orten. Von 1284 bis 1945 war Frauenburg (Frombork) Kathedralsitz und Heilsberg mit dem Palast der Bischöfe von Ermland die Residenz.

Bereits ab Mitte des 13. Jahrhunderts rief der Orden Kolonisten ins Land, und es siedelten sich besonders schlesische und aus dem benachbarten Masowien stammende Einwanderer an. Im Dreizehnjährigen Krieg 1454 bis 1466 gegen den Ordensstaat schloß sich das Fürstbistum den Städten des Preußischen Bunds an und unterstellte sich wie diese dem Schutz der polnischen Krone. Nach Abschluß des Zweiten Thorner Friedens 1466 blieb es über 300 Jahre unter der Oberhoheit Polens, und - eine Besonderheit im 1525 in ein protestantisches Herzogtum umgewandelten Ordensland - es blieb katholisch.

Mit dem 1504 in Krakau geborenen Stanislaus Hosius bekleidete ab 1551 erstmals ein Pole das Bischofsamt, und so blieb es bis zur Einverleibung des Ermlands in das Königreich Preußen im Zuge der Ersten Teilung Polens 1772. Obwohl die Region nun ein Teil des evangelischen Ostpreußens war, hielten die Ermländer in unverbrüchlicher Treue am römisch-katholischen Glaubensbekenntnis fest.

Dieser konfessionelle Sonderweg über lange Zeiten hinweg spiegelt sich noch heute in der Region. Bestechen Masuren und das alte Oberland vor allem mit ihrer schönen Natur, herrschen in Warmia die architekturhistorischen Sehenswürdigkeiten vor, wie sie sich besonders in den mächtigen Kirchen und Backsteinschlössern des ermländischen Domkapitels darstellen.

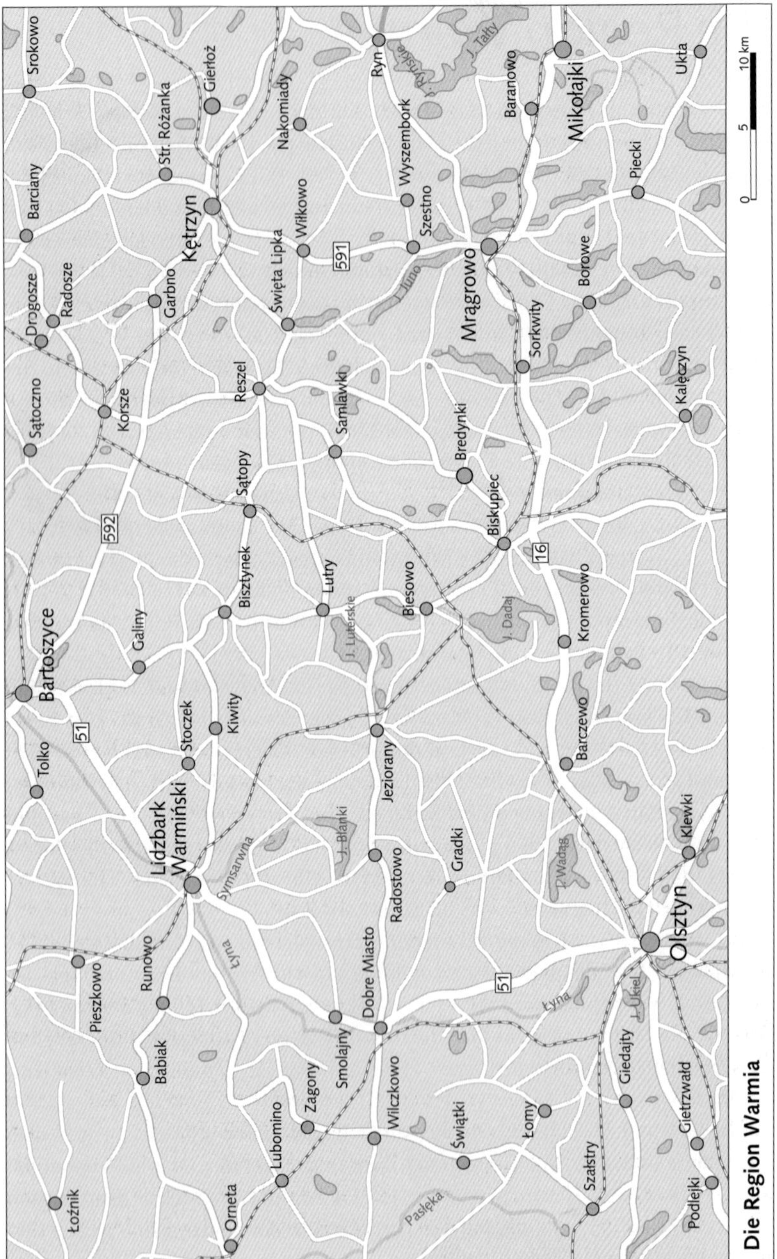

Die Region Warmia

Olsztyn

Im Süden Warmias liegt die historische Hauptstadt des Ermlands und heutige Woiwodschaftshauptstadt von Warmia-Mazury: Olsztyn (Allenstein). Die 170 000 Einwohner zählende Metropole mit dem wald- und seenreichen Umland ist wirtschaftlicher und kultureller Mittelpunkt Nordostpolens. Sie verfügt über ein Theater und eine Philharmonie, ist außerdem Sitz eines Priesterseminars und verschiedener Akademien sowie der 1999 gegründeten Universität Ermland-Masuren mit über 33 000 Studenten. Darüber hinaus dient sie vielen Besuchern als Ausgangspunkt für Ausflüge und Besichtigungstouren in die Region und zieht vor allem in den Sommermonaten zahlreiche Kanuten und Segelfreunde an. In den Gassen der rekonstruierten Altstadt drängen sich fast das ganze Jahr über Besucher. Im Zweiten Weltkrieg war fast die Hälfte der historischen Bauten zerstört worden, weitere Teile wurden in den 60er Jahren abgerissen, um Platz für Plattenbausiedlungen und Gewerbegebiete zu schaffen.

Zur Touristenattraktion Nummer eins in der 1348 erstmals erwähnten Stadt avancierte das auf einem Hügel über der Łyna (Alle) thronende backsteinerne Burgschloß des Ermländischen Domkapitels. In der ersten Bauphase zwischen 1348 und 1353 entstand zunächst nur ein einziger Schloßflügel, im 15. Jahrhundert folgte ein zweiter, und im 16. Jahrhundert war die wehrhafte vierflügelige Anlage mit wuchtigen Türmen und Bastionen schließlich fertiggestellt. In ihren Mauern wirkte von 1516 bis 1519 und von 1521 bis 1522 der große Astronom Nikolaus Kopernikus, der in Allenstein die Ländereien des Domkapitels verwaltete. Über dem Eingang der Stube des Schloßverwalters, die Kopernikus während seiner Aufenthalte bewohnte, ist ein Fragment der von ihm eigenhändig angefertigten Astronomietafel erhalten. Im Zweiten Weltkrieg wurde das Schloß glücklicherweise nur leicht beschädigt und zeigt sich deshalb, nach allen notwendigen Reparatur- und Renovierungsarbeiten, bis heute noch nahezu im Originalzustand. Bereits seit 1921 fungieren die Räumlichkeiten als Museum und beherbergen heute das Museum von Ermland und Masuren, das die Geschichte, Kunst und Kultur der Region sowie eine Kopernikus-Ausstellung präsentiert. Im Schloßhof wartet das uralte ›Steinweib‹ auf einen kleinen Moment der Bewunderung: ein steinernes Standbild noch aus prußischer Zeit, das man bei dem Örtchen Barciany fand.

Auch im modernen Olsztyn begegnet der Besucher Nikolaus Kopernikus auf Schritt und Tritt, sei es durch die zahlreichen Gedenktafeln, sei es durch die Hinweisschilder zum Kopernikus-Planetarium östlich der Altstadt in der al. Piłsudskiego. 1973 wurde es zum 500. Geburtstag des großen Astronomen erbaut und entführt seitdem den Betrachter anhand beeindruckender Projektionen in künstliche Himmelsregionen.

Wenige Schritte nur trennen das Burgschloß von der nach dem Krieg überwiegend wiedererbauten Altstadt. An der zwischen 1876 und 1887 errichteten, ehemals evangelischen Kirche vorbei, ist man schnell am Markt angelangt. Seine Nordseite zieren Häuser mit hübschen Giebeln und Laubengängen, in denen im Sommer Cafés zum Verweilen einladen. Im Mittelpunkt des Markts steht das Alte

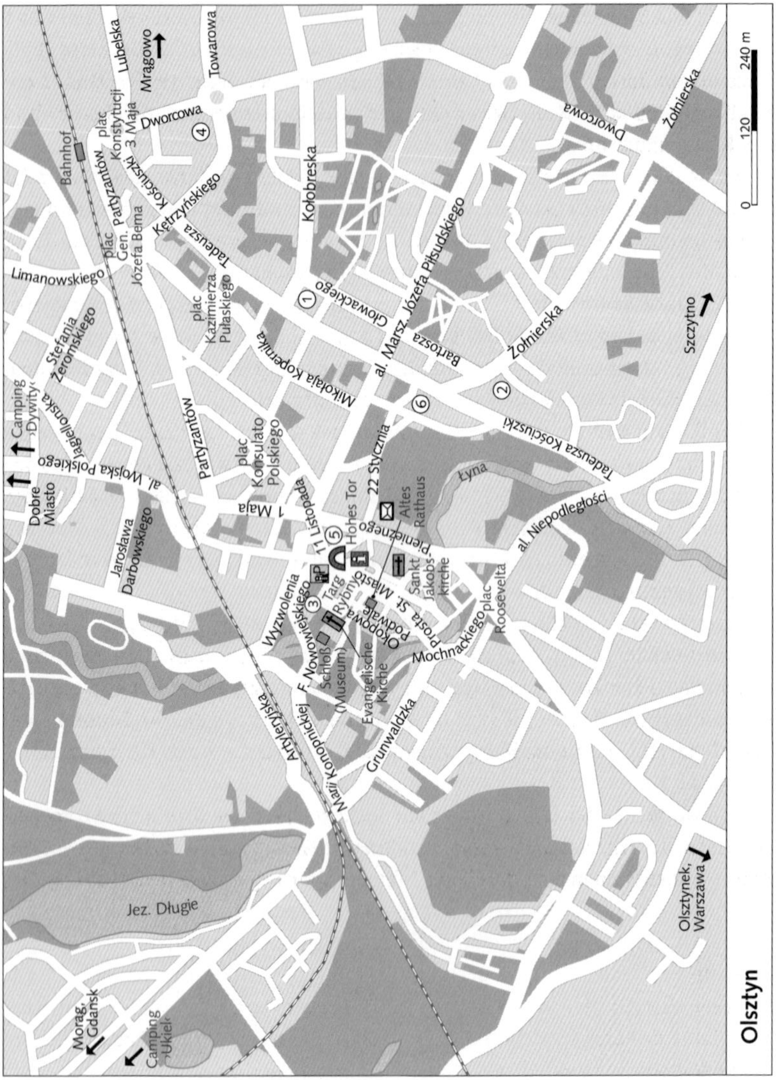

Rathaus, ursprünglich im 14. Jahrhundert errichtet und nach einem Stadtbrand auf den alten Fundamenten 1623/24 neu aufgebaut. Schöne Gebäude mit Laubengängen schmücken auch die für Fußgänger reservierte Paradestraße der Altstadt, die Staromiejska Prosta. Meist sind sie jedoch nicht originalgetreu rekonstruiert, sondern wurden nach dem Krieg barock wiederaufgebaut. Bei dieser Gelegenheit stockte man häufig eine Etage auf und versah die Gebäude mit Sgraffito-Medaillons, die Persönlichkeiten der polnischen Geschichte aus Wissenschaft, Kunst und Kirche zeigen, unter ihnen natürlich auch Kopernikus. Im Haus Staromiejska Nr. 1, Ecke ul. św. Barbara kam 1887 Erich Mendelsohn zur Welt. 1997 enthüllte die Stadt eine Gedenktafel am Geburtshaus des Meisterarchitekten und Theoretikers des Konstruktivismus.

Einen Abstecher wert ist die dreischiffige Hallenkirche Sankt Jakob (Kościół św. Jakuba) mit einem schönen Netzgewölbe im Hauptschiff und Zellengewölben in den Seitenschiffen. Erbaut wurde sie in der zweiten Hälfte des 14. Jahrhunderts, zwischen 1866 und 1868 wurde sie neugotisch modernisiert. Seit 1973 ist die Kirche Bischofssitz. Bedeutende Persönlichkeiten wirkten hier: Der in Barczewo geborene Komponist Feliks Nowowiejski war von 1898 bis 1900 Organist, und das heutige Oberhaupt der katholischen Kirche in Polen, Primas Józef Kardinal Glemp, bekleidete von 1979 bis 1981 das Bischofsamt.

Nördlich beschließt das Hohe Tor (Brama Wysoka) die Altstadt. Das gotische Backsteintor aus der zweiten Hälfte des 14. Jahrhunderts diente ab 1788 als Waffenkammer und wurde 1858 zum Gefängnis umgebaut. 1863 war hier der streitbare Kämpfer für das Polentum Wojciech Ketrzyński inhaftiert, der des Waffenschmuggels bezichtigt wurde (siehe auch S. 149). Nebenan befindet sich die Touristeninformation.

Westlich vom Tor öffnet sich der großzügig angelegte Targ Rybny (Fischmarkt). Hier läßt sich im wiedererrichteten Haus der ›Gazeta Olsztyńska‹ die wechselvolle Geschichte dieser Zeitung verfolgen, die ab 1886 als Organ der polnischsprachigen Bevölkerung im südlichen Ostpreußen erschien. 1939 wurde das Gebäude von Nazi-Schergen dem Erdboden gleichgemacht, die Redakteure in Konzentrationslager deportiert.

Am westlichen Stadtrand wartet am Jezioro Ukiel (Okullsee) ein Strandbad auf einen Besuch. Bei den Wasserwanderern beliebt sind Paddeltouren auf der Łyna und den Seen in der Umgebung. Weniger sportbegeisterte Besucher begeben

Legende

1 Hotel ›Warmiński‹
2 Hotel ›Villa Pallas‹
3 Hotel ›Pod Zankiem‹
4 Hotel ›Jantar‹
5 PTTK-Hotel ›Wysuka Brama‹
6 Jugendherberge

sich am besten auf einen der Ausflugsdampfer, die auf dem Jezioro Ukiel ihre Runden drehen. Auf Schusters Rappen hat man die Möglichkeit, auf markierten Wegen durch den Olsztyner Stadtwald zu wandern, oder, wer weiter möchte, auf der ›Kopernikus-Route‹ 170 Kilometer bis Frombork. Ausführliches Informationsmaterial dazu hält die Touristeninformation am Hohen Tor bereit.

Vorwahl: 089.
Die Postleitzahlen wechseln nach Stadtteilen.
www.um.olsztyn.pl, www.miasto.olsztyn.pl.
Touristeninformation, ul. Staromiejska 1, Tel. 53 53 56-5, Fax -6, www.warmia.mazury.pl; Sommerhalbjahr tägl. 8–18, Winterhalbjahr Mo–Fr 8–16 Uhr.

Hotel ›Warmiński‹ [1], ul. Kołobrzeska 1, 10-442 Olsztyn, Tel. 522 14 57, Fax 533 67 63, www.hotel-warminski.com.pl; DZ im Sommerhalbjahr um 250 Złoty, im Winterhalbjahr um 220 Złoty. Elegantes modernes Komforthotel mit großzügig bemessenen Zimmern, das alle Bedürfnisse der gehobenen Klasse erfüllt, mit Fitnessstudio, Massage und gutem Restaurant.
›Villa Pallas‹ [2], ul. Żołnierska 4, 10-557 Olsztyn, Tel./Fax 535 01 15, www.villapallas.pl; DZ um 230 Złoty, an den Wochenenden um 180 Złoty. Sorgfältig restauriertes Stadtpalais von Anfang des 20. Jahrhundert inmitten einer schönen Gartenanlage, vornehme Räumlichkeiten, bester Service, das vorzügliche Hotel-Restaurant bietet neben internationalen Gerichten polnische und regionale Spezialitäten.
›Pod Zamkiem‹ [3], ul. Nowowiejskiego 10, 10-162 Olsztyn, Tel. 535 12 87, Fax 534 09 40, www.hotel.olsztyn.com.pl; DZ um 190 Złoty. Geschmackvoll und distinguiert, in einer denkmalgeschützten Jugendstilvilla im Park in unmittelbarer Nähe zum Schloß.
›Jantar‹ [4], ul Kętrzyńskiego 5, 10-506 Olsztyn, Tel. 533 54 52, Fax 539 13 62, jantarhotel@wp.pl; DZ um 100 Złoty. Alter Kasten aus sozialistischen Zeiten, um die Ecke vom Bahnhof an einer Hauptverkehrsstraße gelegen, dafür aber sehr preiswert (ca. 1 km zur Altstadt).
PTTK-Hotel ›Wysoka Brama‹ [5], ul. Staromiejska 1, 10-950 Olsztyn, Tel./Fax 527 36 75; DZ mit Bad um 100 Złoty, ohne Bad um 60 Złoty. Direkt neben dem Hohen Tor, könnte eine so preisgünstige Herberge in Olsztyn nicht zentraler gelegen sein, die Zimmer wurden

Aus masurischen Seen frisch auf den Tisch
Treideln auf den Sandbänken des Białe-Sees bei Augustów; Ferien in Masuren

ESTAURACJA
Kafeteria
AGFA

USC

2005 frisch renoviert und sind seitdem allesamt Nichtraucherzimmer.

Jugendherberge [6], ul. Kościuszka 72/74, 10-555 Olsztyn, Tel. 527 66 50, Fax 527 67 70, www.ptsm.pl/olsztyn; ganzjährig.

Camping ›Ukiel‹, ul. Poranna 6, 11-041 Olsztyn, Tel. 523 82 45, www.ukiel.prv.pl, zbyszekmalag@wp.pl; Anfang Mai–Ende Sept. Schön am Jezioro Ukiel gelegen, ca. 7 km vom Stadtzentrum entfernt (ul. Bałtycka in nordwestliche Richtung bis zum Örtchen Gutkowo, dort noch vor der Kirche zum Campingplatz abbiegen).

Camping ›Dywity‹, ul. Barczewskiego 47, 11-001 Dywity Olsztyn, Tel. 512 06 46; Anfang Mai–Ende Sept. Großer Platz 11 km nördlich von Olsztyn (Straße Richtung Dobre Miasto) an einer Flußschleife der Łyna beim Dorf Dywity.

An Restaurants, Pizzerien, Bistros und Cafés besteht im Zentrum von Olsztyn kein Mangel. Ein kulinarisches Vergnügen der besonderen Art findet man darüber hinaus im ›Karczma Warmińska‹ (Ermländisches Wirtshaus) 19 km außerhalb in Gietzrwałd (siehe Seite 138).

Museum Ermland und Masuren, im Schloß der Bischöfe von Ermland; Di–So. Das Museum zeigt Fauna und Flora, Geschichte, Kunst und Kultur der Region, außerdem eine Kopernikus-Ausstellung. In der Dependance im Haus der ›Gazeta Olsztyński‹ wird die Geschichte der gleichnamigen Olsztyner Tageszeitung präsentiert; Di–So. Kopernikus-Planetarium, al. Piłsudskiego 38; Di–So. Lädt zu Vorführungen des nächtlichen Sternenhimmels ein.

Eine Wallfahrt nach Gietrzwałd

19 Kilometer südwestlich von Olsztyn schaut im Dorf Giertrzwałd (Dietrichswalde) die schlichte Turmspitze der Kirche Heilige Jungfrau Maria (Kośiół św. Maryi Panny) in den Himmel über dem Ort - eine der bedeutendsten Marienwallfahrten in Polen, die jährlich über eine Million Pilger aufsuchen. Bereits 1500 wurde dort ein aus Feldsteinen gemauertes Gotteshaus eingeweiht, das, später mehrfach umgebaut und erweitert, im für seine Geschichte entscheidenden Jahr 1877 seine heutige neugotische Gestalt erhielt. 1877 erschien zwei Mädchen im Dorf die Heilige Mutter

Neue Schiffsanlegestelle der Weißen Flotte in Mikolajki; Radlerin bei Pisz
In der Doppelschleuse bei Paniewo

Gottes, nicht nur einmal, sondern wiederkehrend fast drei Monate lang. Von da an strömten die Pilger herbei, und die Wallfahrt in Dietrichswalde entstand.

Im Gotteshaus richten die Gläubigen ihre Gebete an das wundertätige Marienbildnis im Zentrum des prachtvollen Hochaltars: eine silbergewandete Madonna mit Jesuskind, über deren Krone zwei Engel ein Band mit der Inschrift entfalten: ›Ave Regina Cælorum, ave Domina Angelorum‹ (Sei gegrüßt, Königin des Himmels, sei gegrüßt, Herrin der Engel). Der Meister des heiligen Gnadenbildnisses ist unbekannt, ebenso seine genaue Datierung, doch wurde es bereits 1568 erstmals erwähnt. Oder man betet ganz in der Nähe an der von der Jungfrau Maria gesegneten Quelle, deren Wasser dem Glauben nach Leidenden Linderung oder gar Heilung verspricht.

Anfang der 1990er Jahre legte man hinter der Kirche einen provisorischen Kalvarienberg an. Ende der 1990er Jahre begann man dann mit der Errichtung der kleinen Kapellen, die die Szenen aus dem Kreuzigungsweg Jesu Christi darstellen. Vier Kapellen sind mittlerweile fertiggestellt, drei weitere werden bald folgen, und für die restlichen bittet das Marien-Sanktuarium in Giertzwałd um Spenden.

Bereits 1989 erbaut ist das neue Pilgerhaus ›Johannes Paul II.‹, das den Wallfahrern über hundert Übernachtungsmöglichkeiten anbietet, sowie ein Café, das für die leibliche Stärkung sorgt.

Vorwahl: 089.
Informationen erteilt das Marien-Sanktuarium (Sanktuarium Maryjne w Giertzwałdzie), Zakon Księży Kanoników Regularnych Laterańskich, 11-036 Gietrzwałd, Tel. 512 31 02, Fax 512 34 06, www.gietrzwald.3c.pl.

Das angeschlossene Pilgerhaus ›Johannes Paul II.‹ bietet für 30 Złoty pro Nacht und Person (ab der 3. Nacht 25 Złoty) eine einfache Unterkunftsmöglichkeit.

›Karczma Warmińska‹ (Ermländisches Wirtshaus), Gietrzwałd 32 (gegenüber der Wallfahrtskirche Heilige Jungfrau Maria), Tel. 512 34-57, -23. Besonders zu empfehlen ist das Wirtshaus mit Weinstube, Kaminraum, großem Restaurant und einem noch größerem Sommerwirtshaus mit Grill und Feuerstelle. In uriger Atmosphäre werden deftige Gerichte der Region wie Rindfleischpiroggen, Sauerkrautsuppe, Gänseklein, herzhafte Teller vom Rind und Schwein sowie Fisch- und Wildzubereitungen serviert. Im Sommer wird immer Mi, Fr, Sa ab 18 Uhr zum ›Ermländischen Schmaus‹ eingeladen, zu dem auf dem mittelalterlich gestalteten Hof Veranstaltungen mit traditionellen Liedern und Tänzen stattfinden und gleich neben dem Gasthof Töpfer, Schmiede, Bäcker, Holzschnitzer und Spinnerinnen ihre Produkte nach überlieferten Methoden anfertigen.

Marienwallfahrt in Polen

Unbestritten ist eine Pilgerreise an die obere Warthe zum Bildnis der wundertätigen Schwarzen Mutter Gottes von Częstochowa (Tschenstochau) die berühmteste und populärste Marienwallfahrt ganz Polens. Bereits im 14. Jahrhundert wurde Częstochowa nach einer Marienerscheinung zum Pilgerort, doch seit der wundersamen Errettung des dortigen Paulinerklosters auf dem Jasna Góra, dem Leuchtenden Berg, vor schwedischen Truppen 1655 durch die Jungfrau Maria stellt die Klosteranlage sowohl ein polnisches Nationalheiligtum als auch das wichtigste Pilgerziel der polnischen Christenheit dar. Alljährlich wandern über eine Viertelmillion Wallfahrer aus allen Landesteilen auf den Leuchtenden Berg, um dort in der Wallfahrtskirche vor dem von Kerzenruß schwarz gefärbten Gnadenbild der Muttergottes niederzuknien.

Die Sanktuarien im nordöstlichen Polen stehen dem an Bedeutung kaum nach. Das Örtchen Gietrzwałd (Dietrichswalde) bei Olsztyn in der Diözese Warmia wird sogar das ›ermländische Lourdes‹ genannt. Im Jahr 1877 erschien dort auf einem Feld die Jungfrau Maria den Mädchen Justina Schaffrinski und Barbara Samulowski, und zwar über einen Zeitraum von fast drei Monaten hinweg. 19 Jahre zuvor hatte sich die Heilige Mutter solch einfachen Dorfkindern über längere Zeit bereits im französischen Lourdes gezeigt, nun kam sie zwischen dem 27. Juni und 16. September 1877 mehrmals am Tag zu den beiden Mädchen in Dietrichswalde.

Schnell schlossen sich ihnen viele Menschen an, um ihre Gebete, Bitten und Fragen an die Mutter Gottes zu richten: unter der Woche täglich rund 2000 Gläubige, sonntags um die 10 000 und rund 50 000 am 16. September, dem letzten Tag Mariä Erscheinung, als ein Schrein und ihr Standbild in einer kleinen Kapelle gesegnet wurden. Und die Antwort der Unbefleckten auf die zahllosen Fragen war stets dieselbe: Der besondere Weg zur Gnade liege im Rosenkranz, man solle nur immer mit Eifer den Rosenkranz beten.

Erst 1977, nach unaufhörlichen Untersuchungen durch Mediziner wie Theologen, wurden die Marien-Erscheinungen von Gietrzwałd durch den örtlichen Bischof für authentisch erklärt, in Übereinstimmung mit dem Erlaß des Erzbischofs sowie mit päpstlicher Bewilligung. Umso mehr Menschen strömen seitdem zum Marienbild in der neugotischen Wallfahrtskirche Heilige Jungfrau Maria (Kościół św. Maryi Panny), deren Anlage seit Ende des 20. Jahrhunderts um einen neuen Kalvarienberg, ein Gästehaus sowie einen Restaurationsbetrieb bereichert worden ist. Denn selbstverständlich stellt sich auch die römisch-katholische Kirche den Anforderungen eines modernen Dienstleistungsbetriebs.

Erheblich älter als Gietrzwałd ist die

Marien-Erscheinung von Heilige Linde (Święta Lipka, siehe S. 145) nahe den Großen Masurischen Seen, eine weitere vielbesuchte Wallfahrtsstätte und einer der wichtigsten Orte der Marienverehrung in Polen. Zehntausende Gläubige pilgern alljährlich zur barocken Marienheimsuchungskirche mit der Madonna im Lindenbaum, die hier seit über siebenhundert Jahren Wunder vollbringt. Um das Jahr 1300 erschien die Heilige Jungfrau einem zum Tode Verurteilten, der im Verlies des Rastenburger Schlosses angstvoll der Vollstreckung seines Richterspruchs entgegensah und die barmherzige Mutter inständig um Gnade anflehte. Sie erhörte ihn, unter einer Bedingung: Der Gottverdammte sollte ein Abbild Mariens erschaffen und es am ersten Lindenbaum aufrichten, den er zwischen Rastenburg (Kętrzyn) und Rößel (Reszel) ausmachen würde. Dazu reichte sie ihm Speitel und Holzscheit, der Mann schnitzte daraus ihr Ebenbild, wurde am folgenden Tag begnadigt und ging fort, sein Versprechen in die Tat umzusetzen. Bald darauf ereigneten sich an der Stelle, wo er das Standbild Mariens unter einer Linde plaziert hatte, unerklärliche Wunder und Heilungen, und schnell war die Heilige Linde ein bekannter Wallfahrtsort. Sie ist es bis heute geblieben, wobei man angesichts der Besucherscharen mittlerweile nicht mehr genau ausmachen kann, ob es nun Wallfahrer oder Touristen sind, die zu Tausenden ehrfurchtsvoll in das Barockjuwel Święta Lipka strömen. Allemal zu den Marienfesten als Höhepunkte im katholischen Pilgerjahr wird man auf unzählige Gläubige treffen, die die polnischen Wallfahrtsorte in kunterbunte Menschen- und Fahnenmeere mit vielstimmigen Gesängen und Gebeten verwandeln. Darunter als Hauptablaß Marias Heimsuchung am 31. Mai beziehungsweise 2. Juli, Mariä Geburt am 8. September, und schließlich das größte und innigste aller Feste der Heiligen Jungfrau: Mariä Himmelfahrt am 15. August.

Madonnenstatue im Schaufenster

Barczewo

20 Kilometer östlich von Olsztyn ist Wartenburg, später Barczewo, zu trauriger Berühmtheit gelangt. In den Gemäuern des 1380 eröffneten Franziskanerklosters wurde im 19. Jahrhundert ein Gefängnis eingerichtet. In den 1980er Jahren erlitt dort der Dissident, Solidarność-Berater, Politiker und Publizist Adam Michnik eine mehrjährige Gefangenschaft - in direkter Nachbarschaft zu dem NS-Gauleiter Erich Koch, der nach lebenslanger Haftstrafe 1986 im Gefängnis von Barczewo verstarb. Als Reichsstatthalter und Gauleiter Ostpreußens zeichnet Koch verantwortlich für den Tod hunderttausender Menschen. Zahllose Polen wurden auf sein Geheiß als Zwangsarbeiter verschleppt oder kamen in Konzentrationslagern um, die jüdischen Mitbürger wurden unter seiner Schreckensherrschaft in die Massenvernichtungslager im ›Generalgouvernement‹ deportiert. Im letzten Kriegswinter 1944/45 starben die Deutschen während der Flucht vor der Roten Armee, da Koch bis zum letzten Moment ihre Ausreise verweigerte.

Befremdlich mutet es da an, in der backsteingotischen Franziskanerkirche das kunstgeschichtlich wertvolle Renaissancegrabmal des ermländischen Bischofs Andrzej Bathory zu besichtigen. Der Neffe des polnischen Königs Stephan Bathory liegt dort mit seinem Bruder Baltazar begraben. Das Grabmal schuf 1598 der für seine Bauwerke in Danzig gerühmte Architekt Willem van den Blocke.

Im Geburtshaus des romantischen Komponisten Feliks Nowowiejski (1877–1946) ist heute ein kleines Museum untergebracht, das sich seinem Werk und seiner Geschichte widmet. 1910 vertonte der Musiker die Verse der zwei Jahre vorher von der großen polnischen Lyrikerin Maria Konopnicka (1842–1910) geschriebenen ›Rota‹. Zum 500. Geburtstag der siegreichen Schlacht des polnisch-litauischen Heers bei Grunwald (Schlacht von Tannenberg) trat die ›Rota‹ als heimliche Widerstandshymne im damals nicht existierenden Polen ihren Siegeszug an. »Wir werden nicht das Land unserer Väter verlassen, wir werden nicht unsere Sprache begraben ... Deutsche werden uns nicht ins Gesicht spucken, und sie werden unsere Kinder nicht germanisieren«, lautet frei übersetzt der Text.

Über Dobre Miasto nach Lidzbark Warmiński

Keine 30 Kilometer nördlich von Olsztyn liegt auf einem Hügelchen über der Łyna (Alle) die kleine Stadt Dobre Miasto (Guttstadt), wörtlich übersetzt ›Gute Stadt‹. Doch der Name kommt nicht von der schönen Lage, sondern leitet sich von dem prußischen Wort ›gudde‹ (Gebüsch) ab. Einen Zwischenstop in Dobre Miasto wert ist vor allem das Kollegiatsstift mit der katholischen Pfarrkirche, dem nach dem Fromborker Dom zweitgrößten Sakralbau in Warmia. Weithin sichtbar ragt der knapp 50 Meter hohe Kirchturm über den Dächern von Dobre Miasto auf. 60 Meter lang und fast 30 Meter breit ist der 1376–1389 errichtete dreischiffige Hallenbau, dessen chorloses Inneres ein schönes Sternengewölbe und reich mit Gold verzierte Altäre schmücken. Im benachbarten ehemaligen Kollegiatsstift, das heute als Priesterseminar dient, sind im Kreuzgang alte Fresken erhalten. Von den mittelalterlichen Wehrmauern der Stadt haben dagegen nur zwei Türme die Zeiten überdauert. Einer von ihnen - das Wahrzeichen von Dobre Miasto - trägt auf seinem Dach ein Storchennest von solch beeindruckenden Ausmaßen, daß man es, reichlich bestaunt und fotografiert, ohne zu zögern das wohl berühmteste Storchennest Polens nennen kann.

Fünf Kilometer nördlich auf der Straße nach Lidzbark Warmiński kann man im Örtchen Smolajny (Schmolainen) einen kurzen Blick auf das Mitte des 18. Jahrhunderts erbaute Barockschlößchen der Bischöfe von Ermland werfen, in dem mittlerweile eine Landwirtschaftsschule untergebracht ist.

Wenig später hat man Lidzbark Warmiński (Heilsberg) erreicht, die historische Residenzstadt der Fürstbischöfe von Ermland und Standort des nach der Marienburg bedeutendsten Bauwerks der Deutschritter im alten Ordensland: dem mächtigen backsteinernen Bischofsschloß, das an der Mündung des Flüßchens Simsarna (Simer) in die Łyna (Alle) thront.

An seiner Stelle hatten schon die Prußen eine erste Feste errichtet. 1241 wurde sie von den Rittern des Deutschen Ordens niedergebrannt, und bereits zwei Jahre später gründete man den Heilsberger Bischofssitz, von dem aus die Fürstbischöfe über ein schließlich mehr als 4200 Quadratkilometer großes Dominium herrschten. Nachdem Heilsberg 1308 die Stadtrechte verliehen bekommen hatte, begannen die Kirchenfürsten 1350 mit der Errichtung ihres imposanten Domizils. Wehrhaft, ganz im Stil der kriegserprobten Ordensritterburgen, entstand auf quadratischem Grundriß ein von Wassergräben und Zwingmauern umgebenes, vierflügliges Kastell mit mächtigem Bergfried und drei zierlichen Ecktürmchen. 1401 war es weitgehend fertiggestellt, doch dauerten die Ausbau- und Umbauarbeiten viele weitere Jahre an. 1380 folgte im Innenhof der über zwei Stockwerke reichende Kreuzgang mit eleganten Säulen und schönen Wandmalereien. Anschließend widmete man sich der Gestaltung der Wohn- und Repräsentationsräume, darunter der prachtvolle Gerichtssaal und der Kapitelsaal sowie die ursprünglich gotische, später im überbordenden Rokoko ausgeschmückte Schloßkapelle und, großartig ausgemalt, der Sommerremter und Große Remter. Erst in der Amtszeit des Bischofs Lukas Watzenrode 1489–1512 war das Bauwerk vollendet.

Nach Watzenrode und nachfolgend seinem Neffen Kopernikus residierten im Heilsberger Schloß zahlreiche weitere bedeutende Bischöfe, unter ihnen der Dichter, Humanist und Politiker Johannes Dantisgus (Jan Dantyszek, 1485–1548), der Geschichtsschreiber und energische Gegner der Reformation Marcin Cromer

(1512–1589) und als letzter berühmter Bewohner der polnische Aufklärer, Philosoph und Satiriker Ignacy Krasicki (1735–1801). Mit der Eingliederung des ermländischen Fürstbistums in das Königreich Preußen 1772 endete die Herrschaft der Fürstbischöfe.

Die Bischofsburg wurde nach den Zerstörungen im Zweiten Weltkrieg sorgfältig restauriert und ist heute ein Museum, in dessen sehenswerten Innenräumen reiche Sammlungen weltlicher und geistlicher Kunst sowie die wertvollen Ikonen aus dem Altgläubigenkloster in Wojnowo einen würdigen Platz gefunden haben.

Bei einem Bummel durch das 15 000-Einwohner-Städtchen Lidzbark Warmiński sollte man sich die Pfarrkirche Sankt Peter und Paul (Kościół św. Piotra i Pawła) nicht entgehen lassen, ein um 1400 fertiggestellter gotischer Hallenbau mit drei Kirchenschiffen und einem 70 Meter hohen Turm. Die nach Bränden mehrfach veränderte Kirche ist vor allem durch eine aus dem frühen 15. Jahrhundert stammende Skulpturengruppe bekannt, welche die Ereignisse um Christus am Ölberg darstellt. Einige wenige alte Fachwerkhäuser, die Fragmente der mittelalterlichen Stadtmauer und das spätgotische Hohe Tor vermitteln noch einen Eindruck des historischen Lidzbark Warmiński.

Das Mitte des 17. Jahrhunderts eröffnete Bernhardiner-Franziskanerkloster Stoczek (Springborn) wenige Kilometer östlich von Lidzbark Warmiński erhielt seine heutige Gestalt zwischen 1708 und 1817. Schon 1635 wurde die barocke Wallfahrtskirche gestiftet, die einen zu Beginn des 18. Jahrhunderts von Christoph Peukker geschaffenen Hochaltar birgt. Nach dem ›Anschluß‹ Österreichs an das Dritte Reich 1938 diente das Kloster als Gefängnis, in dem die Nazis österreichische Kleriker inhaftierten. Berühmtester Häftling in sozialistischer Zeit war 1953/54 der damalige Primas der polnischen Kirche, Kardinal Stefan Wyszyński.

Landschaft bei Lidzbark Warmiński

Vorwahl: 089.
Postleitzahl: 11-100 Lidzbark Warmiński.
www.lidzbark.com.

Hotel ›Pod Kłobukiem‹, ul. Olsztyńska 4, Tel. 76 73 29-2, Fax -1, www.klobuk-hotel.republika.pl; DZ im Sommer um 160 Złoty, im Winter um 140 Złoty. Großzügiger postmoderner Bau kurz hinter der Ortsgrenze an der Straße nach Olsztyn gelegen, mit angeschlossenem Restaurant und Freiluft-Swimmingpool.
›Gościniec Myśliwski‹, ul. Spółdzilców 2b, Tel. 767 52 59; DZ um 90 Złoty. Urige kleine Herberge im Ortszentrum, 10 Minuten Fußweg vom Schloß entfernt, der Pub mit Speisewirtschaft und alten Plüschsofas dient zugleich als Hotelrezeption.

Jugendherberge Kłębowo, Lidzbarka Warmińskiego ›Świteź‹, 11-107 Kłębowo 50, Tel. 76 62 38-2, Fax -1; ganzjährig.

Museum im Schloß der Bischöfe von Ermland; Di–So. Das Museum präsentiert Werke der mittelalterlichen Holzschnittkunst Ermlands und Masurens, Zinngießerei vom 15. bis 20. Jahrhundert, Militaria und gußeiserne Kanonen, sakrale und profane Kunst.

Reszel

Die größte Sehenswürdigkeit des verschlafenen, keine 4000 Einwohner zählenden Landstädtchens Reszel (Rößel) ist die Bischofsburg, die nach etwa 50 Jahren Bauzeit 1371 fertiggestellt war. Die Prußen, die die Ortschaft ›Resel‹ gegründet

In der Ordensburg von Reszel können heute auch Nichtadlige übernachten

hatten, kämpften vergeblich gegen die Deutschritter, die den Ort an der Grenze zur ›Großen Wildnis‹ Masuren schließlich um 1300 einnahmen und zum nordöstlichen Eckpfeiler des Fürstbistums Ermland machten. Die Ordensritterburg, ein quadratischer Backsteinbau, beherbergt heute eine Galerie für zeitgenössische Kunst und dient außerdem als Kunst- und Kulturzentrum in der Region. Darüber hinaus wurde das geschichtsträchtige Gemäuer vom Bildhauer und Burgherrn Bolesław Marschall mit feinem Gespür für die historische Architektur in ein attraktives Hotel mit angeschlossenem Restaurant und uriger Künstlerbar umgewandelt. Von der am Ortsrand sich erhebenden Feste lohnt sich ein Spaziergang durch das von Ackerland umgebene, idyllische Städtchen, das vom Zweiten Weltkrieg weitgehend verschont wurde. Der alte Ortskern rund um den Marktplatz ist bis heute so erhalten, wie er 1807 nach einem Stadtbrand wiederaufgebaut wurde.

Vorwahl: 089.
Postleitzahl: 11-440.

›Zamek Reszel Kreativ Hotel‹, ul. Podzamcze 3, 11-440 Reszel, Tel. 755 01 09, Fax 755 15 97, www.zamek-reszel.com; DZ um 240 Złoty. Wohnen wie früher die Rittersleut', dabei in ausgewählter Möblierung und, vom Telefon bis zum Internetanschluß, jedem nur denkbaren zeitgenössischen Komfort, im Gewölbe des Burgrestaurants werden köstliche polnische und regionale Delikatessen serviert.

Święta Lipka

Sechs Kilometer Landstraße, von Kapellen und Wegekreuzen gesäumt, trennen das beschauliche Städtchen Reszel von Święta Lipka (Heilige Linde), einer der wichtigsten und am häufigsten frequentierten Wallfahrtsstätten und bedeutendsten Orte der Marienverehrung in Polen. Neben den gewöhnlichen Touristenströmen, die der prunkvollen Basilika ihre Aufwartung machen, pilgern alljährlich hunderttausende Gläubige zur Marienheimsuchungskirche mit der wundertätigen Madonna im Lindenbaum. Höhepunkte im katholischen Wallfahrtsjahr sind dabei Marias Heimsuchung am letzten Sonntag im Mai, das Fest der Heiligen Linde am 11. August und vier Tage später Maria Himmelfahrt.

Seit über sieben Jahrhunderten werden hier im Talgrund südöstlich von Reszel von der Gottesmutter Wunder vollbracht. So erzählt es zumindest die Sage: Um 1300 flehte im Verlies des Rastenburger Schlosses ein zum Tode Verurteilter Maria um Hilfe an, die ihm darauf Werkzeug und Holz reichte, aus dem er ihr Abbild schaffen und es an der ersten Linde aufstellen sollte, die er zwischen Rastenburg

(Kętrzyn) und Rößel (Reszel) finden würde. So geschah es, der Mann wurde begnadigt, löste sein Versprechen ein - und das Standbild Mariens unter der Linde entfaltete seine Heilkraft. Blinde erhielten ihr Augenlicht zurück, Taube ihr Gehör, und Lahme konnten wieder gehen, sogar »eine in der Nähe weidende Schafherde (sei) vor dem Bilde in der Linde auf die Knie gefallen«, so steht es im Büchlein des Jesuitensuperiors Thomas Clagius, der die Chronik der Wunder bis 1659 notierte.

Die nachfolgenden Mysterien lassen sich anhand der zahllosen Votivmalereien an den Wänden, Pfeilern und Bögen im Gotteshaus nachlesen: »Gregorius Scurbowski wurde gesund von Schwellungen an den Füßen und am Unterleib und von Asthma 1654«; »M.D. Johannes Gaulowik, Konsul von Wien und Sekretär seiner Römischen Majestät, verlor nach langer Schlaflosigkeit den Schwindel im

Die beeindruckende Basilika von Święta Lipka zieht Wallfahrer und Touristen gleichermaßen an

Kopf und wurde wieder gesund 1700«; »Die Herrin Johanna Grikowski gesundete nach einer schweren Geburt 1655«; »Ein Kaufmann Andreas Kosakowski erlitt bei Thorn Schiffbruch, er lag drei Stunden im Wasser und tauchte mit Hilfe der Gottesmutter wieder glücklich auf 1688«.

Darüber hinaus ist verbürgt, daß die katholische Heilige Linde von der Reformation 1525 bis zur Westverschiebung Polens 1945 knapp hinter der Konfessionsgrenze auf protestantischem Boden stand. Und so sehr die ›Lutherischen‹ sich auch bemühten, die Heilige Linde fortzuschaffen, sie vermochten es nicht, selbst dann nicht, als sie die erste, gegen Ende des 15. Jahrhunderts errichtete Kapelle niederrissen und an ihrer Stelle einen Galgen aufstellten. Diese Kapelle wurde zum ersten Mal 1473 schriftlich erwähnt, als der Domherr von Płock monierte, daß das Bildnis der ›Madonna in Lipki‹ zwar von überall Pilger anzöge, jedoch keine Ablaßrechte besäße, ergo der Stuhl Petri in Rom keinen Heller für Marias Wunder kassiere. Nachdem die Kapelle zerstört worden war, begann man nach der Gewährung der Religionsfreiheit für eine neue Kapelle zu sammeln, die 1619 eingeweiht wurde und 1631 unter jesuitische Seelsorge gelangte. 1681 begannen die Bauarbeiten zur heutigen dreischiffigen Basilika, 1690 hielt man die erste Messe ab. Bis weit ins 18. Jahrhundert wurde noch an den Ausbauten und an der prächtigen Innenausstattung gearbeitet. Zu den ersten Erweiterungsbauten gehören die in den Jahren 1694 bis 1708 entstandenen, das Gotteshaus umziehenden Kreuzgänge und Kapellen, die dem zu dieser Zeit stetig anwachsenden Pilgerstrom Rechnung trugen. Und so zeigt sich das Juwel barocker Sakralarchitektur Święta Lipka bis heute. 1983 erhob Papst Johannes Paul II. die Wallfahrtskirche in den Rang einer Basilika Minore.

Um das Sanktuarium herum gruppieren sich verschiedene Dienstleistungsbetriebe, gleichermaßen für Touristen wie Pilger: eine kleine Touristeninformation, Devotionalienhandlungen, Imbißstuben und Cafés. In Nachbarschaft zur Marienheimsuchungskirche unterhält der Jesuitenorden ein Pilgerhaus.

Besichtigung der Basilika

Bis auf wenige Ausnahmen stammen die einzigartigen Fresken, die die Wände und Gewölbe des dreischiffigen Gotteshauses sowie den westlichen und nördlichen Kreuzgang zieren, von Hand des Meisters Matthias Meyer aus Heilsberg (Lidzbark Warmiński). Noch mit der Ausmalung des Nordkreuzgangs beschäftigt, verstarb der große Künstler 1737, ohne sein Werk vollendet zu haben. Matthias Meyer, der auch durch seine Arbeiten an der Szembeckschen Kapelle in Frombork (Frauenburg) bekannt ist, wurde mit drei Pinseln in der Hand in der Krypta unter dem Hauptschiff von Święta Lipka beigesetzt. Unter seinen wundervollen Freskomalereien verdienen die Deckengemälde im Chor und im Hauptschiff, welche die Verherrlichung Marias darstellen, besondere Aufmerksamkeit.

Unzählige Votivtafeln bekleiden Pfeiler, Bögen und Wände, die in Bildunterschriften Auskunft über die Person, die Art ihrer Krankheit und das Datum ihrer Heilung nach der Fürbitte in Heilige Linde geben. Das wundertätige Bildnis der Madonna mit Jesuskind im Lindenbaum befindet sich gegenüber der Kanzel am zweiten linken Pfeiler im Mittelschiff. Der holzgeschnitzte Lindenstamm mit schmiedeeisernem Blattwerk und einer silbernen Statue Marias mit Kind stammt aus dem Jahr 1645. Der Name des Künstlers ist unbekannt.

Deckenfresken in der Basilika von Święta Lipka

Die Kanzel und den kostbaren barocken Hochalter schuf der Königsberger Meister Christoph Peucker zwischen 1712 und 1714. Im Mittelpunkt strahlt im unteren Teil des Altars das Gnadenbild der Gottesmutter von Heilige Linde. Bartholomäus Pens malte es 1640. Das silberne Kleid trug 1719 der Königsberger Künstler Samuel Grew der himmlischen Königin an. 1720 stellte Goldschmied Grew das Tabernakel für den Hochaltar her. Als Szenen zeigt es ›Das letzte Abendmahl‹ und ›Jesus mit den Jüngern in Emmaus‹. Die beiden oberen Altarbilder sind der Heimsuchung und der Himmelfahrt Mariens gewidmet und stammen aus der Hand des ermländischen Malers Peter Kolberg.

Berühmtester Schatz in Heilige Linde ist die überbordend verzierte Barockorgel, 1719 bis 1721 in der Werkstatt Johann Josua Mosengels in Königsberg geschaffen. Sie verfügt über 40 Register und 4965 Orgelpfeifen, von denen jedoch nur 200 sichtbar sind und die in ihrer Größe von bleistiftlang bis zu vier Meter variieren. Auf dem Orgelprospekt heben bewegliche Engelsfiguren, je nach gezogenem Register, zum Musizieren an, so daß die Orgelvorführungen in Święta Lipka nicht nur ein Ohrenschmaus, sondern auch eine Augenweide sind. Bei den Kirchenkonzerten, die verteilt über den Sommer stattfinden, erklingen unter anderem die päpstliche Hymne ›Christus vincit‹, das ›Ave Maria‹ und natürlich die ›Toccata d-moll‹ von Johann Sebastian Bach.

Vorwahl: 089.
Postleitzahl: 11-440 Reszel.
Vor dem Sanktuarium befindet sich eine kleine Informationsstelle in einem Kiosk. Die nächste Touristeninformation ist in Kętrzyn.

Hotel ›500 Heiligelinde‹, Święta Lipka 16, Tel. 75 53 73-7, Fax -3, www.heiligelinde.pl, sw.lipka@hotel500.com; DZ 190–220 Złoty. Ansprechender Fachwerkneubau in schöner Garten-

anlage mit Blick auf die Wallfahrtskirche, das Restaurant serviert Fischspezialitäten.
Pilgerhaus, Parafia Rzym.-Kat. p.w. Nawiedzenia NMP, Święta Lipka 29, Tel. 755 35 44, www.jezuici.pl/swlipka, swlipka@jezuici.pl; um 30 Złoty/Pers. Einfache Unterkunft im Pilgerhaus des Jesuitenordens neben der Kirche.

Die Marienheimsuchungsbasilika kann außerhalb der Gottesdienste in der Regel zwischen 8 und 18 Uhr besichtigt werden; Die heilige Messe wird unter der Woche um 7, 9.50, 12 und 18 Uhr gefeiert sowie sonn- und feiertags um 7, 9, 11, 14 und 17 Uhr.

Orgelvorführungen; Anfang Mai–Ende Sept. Mo–Fr stündl. von 9.30 bis 17.30 Uhr (außer 12.30 Uhr), an Sonn- und Feiertagen stündl. von 10.30 bis 16.30 Uhr (außer 14.30 Uhr); Okt. Mo–Fr 10, 12 und 14 Uhr, So um 10.30, 12.30, 13.30, 15.30 Uhr; Nov.–April wird sie nach einer Spende von mindestens 100 Złoty zu den Uhrzeiten wie im Oktober zum Erklingen gebracht.

Kętrzyn

Wie die meisten Ortschaften Nordostpolens ist auch das fast 30 000 Einwohner zählende Kętrzyn (Rastenburg) eine Gründung des Deutschen Ordens. 1329 erbauten die Ritter hier im Süden des historischen Bartener Lands eine Burg, die 1345 von den prußischen Barten jedoch wieder zerstört wurde. Wie Warmia wurde auch das Bartener Land, dessen größter Teil heute auf dem Gebiet des russischen Bezirks Kaliningrad liegt, nach dem dort ursprünglich beheimateten prußischen Stamm benannt. An den Namen der von den Barten gegründeten Siedlung ›Rast‹ (deutsch: ›Pfahl‹) hatten die Deutschritter nach ihrem Einzug ins Land das Wort ›Burg‹ gehängt; so entstand der Ortsname. Zwischen 1360 und 1370 wurde die verwüstete Ordensburg mit wehrhaften Ziegelsteinmauern wiedererrichtet, und bereits 1357 wurden Rastenburg die Stadtrechte verliehen. Schnell siedelten sich Kolonisten auf den tonigen Böden an, die zu den fruchtbarsten weit und breit zählen.

Bis zum Horizont prägen heute großflächige Äcker die Landschaft rund um Kętrzyn, das seinen neuen Namen 1946 nach dem Nestor der polnischen Masurenforschung, Wojciech Ketrzyński, erhielt. 1838 erblickte der entschlossene Streiter für die polnische Sache als Adalbert von Winkler in Lötzen (Giżycko) das Licht der Welt. Nachdem er seine kaschubisch-polnischen Wurzeln wiederentdeckt hatte, vollzog er 1861 den Namenswechsel. Elf Jahre später erschien seine Schrift ›O Mazurach‹ (Über Masuren), in der Ketrzyński den slawischen Stamm der Masuren ausmachte und damit den polnischen Anspruch auf die Region begründete.

Das kleine historische Zentrum von Kętrzyn - die Stadt wurde 1945 weitgehend zerstört -, wird vom 48 Meter hohen Turm der Wehrkirche Sankt Georg (Kościół św. Jerzego) überragt. Der wuchtige, von einer Mauer umzogene gotische Backsteinbau wurde in der zweiten Hälfte des 14. Jahrhundert als Teil der Stadtbefestigung angelegt und die Kirche von 1470 bis 1480 ausgebaut. Die eigenartige leichte Linksneigung ihres Altarraums erklären die Gläubigen als eine Entsprechnung des auf die Schulter gesenkten Hauptes Jesu am Kreuz. In der kleinen Ordensburg Kętrzyns ist eine öffentliche Bücherei sowie ein Museum untergebracht, das über Stadtgeschichte wie Fauna und Flora der Region informiert und an Wojciech Ketrzyński erinnert.

Die Wehrkirche Sankt Georg war einst Teil der Stadtbefestigung

Schloß Dönhoffstädt

15 Kilometer nordwestlich von Kętrzyn sieht Schloß Dönhoffstädt bei Drogosze einer ungewissen Zukunft entgegen. 1710 veranlaßte Boguslaw Friedrich Dönhoff den Bau des imposanten, 100 Meter langen Barockschlosses nach Plänen von Jean de Bodt und Jan van Collas, das mit seiner Vollendung 1716 Ostpreußens größte und vornehmste Adelsresidenz war. In seinen fürstlichen Gemäuern brachte man nach dem Zweiten Weltkrieg ein Mähdrescher- und Traktoristen-Schulungszentrum unter, heute steht es leer und verfällt. Die einstige Pracht läßt sich jedoch noch immer erahnen, und vielleicht zieht einmal, wie in so viele der alten ostpreußischen Herrenhäuser, ein Fünf-Sterne-Hotel ein?

Vorwahl: 089.
Postleitzahl: 11-400.
www.ketrzyn.com.pl (auch dt.).
Touristeninformation, im Rathaus, plac Piłsudskiego 1, Tel. 751 47 65, it@ketrzyn.com.pl; Juni–Sept. Mo–Sa 8–20, So 10–14, Okt.–Mai Mo–Fr 9–17 Uhr.

Hotel ›Koch‹, ul. Traugutta 3, Tel. 752 20 58, www.masuren2.de; DZ um 250 Złoty. Zentral gelegenes, gepflegtes Hotel der gehobenen Mittelklasse und erste Adresse am Ort.
Hotel ›Agros‹, ul. Kasztanowa 1, Tel. 75 15 24-0, Fax -1, www.agros.hotelinpolen.de; DZ um 180 Złoty. Großzügige Anlage am nördlichen Stadtausgang Richtung Bartoszyce in ruhiger Lage am Waldrand, 2005 grundlegend umgebaut und frisch renoviert.
Hotel ›Zajazd pod Zamkiem‹, ul. Struga 3a, Tel. 752 31 17, Fax 752 41 20, www.zajazd.ketrzyn.pl, zajazd@wp.pl; DZ um 140 Złoty. Kleines freundliches Hotel direkt neben der Ordensburg, mit lauschigem Biergarten und empfehlenswertem Restaurant.

Die Wolfsschanze

Sieben Kilometer östlich von Kętrzyn liegt im Wald nahe dem Dorf Gierłoż (Görlitz) das ehemalige ›Führerhauptquartier Wolfsschanze‹ (Wilczy Szaniec) im Wald versteckt. Hitlers Pläne für den Überfall auf die Sowjetunion 1940 erforderten ein strategisch günstig gelegenes Quartier, von wo aus er und sein Stab die sogenannte ›Operation Barbarossa‹ im Detail ausarbeiten und anleiten konnten. Der Rastenburger Forst mit seinen Sümpfen und Mooren, nicht weit von den Großen Masurischen Seen entfernt, bot sich als idealer Standort an. Für die Zivilbevölkerung wurde er hermetisch abgeriegelt, anschließend legte die 3000 Arbeiter umfassende ›Organisation Todt‹ auf 1000 Hektar einen Komplex mit annähernd 200 Objekten an. Betonbunker, ein Bahnhof und zwei Flugplätze sollten dem Obersten Heereskommando als Ausgangspunkt für seinen Eroberungskrieg dienen. Zusätzlich wurden um die Wolfsschanze zahlreiche Minenfelder gelegt. Bis zum Ende der Entminung im Oktober 1955 entschärfte man in dem Waldgebiet fast 55 000 Sprengkörper.

Trotz acht Tonnen TNT sind einige Bunker nahezu unzerstört

Ihren Namen erhielt die Bunkeranlage nach dem ›Herrn Wolf‹, wie sich Hitler in den 1920er Jahren selbst nannte. Sie gliederte sich in drei Sperrzonen. Im Sperrkreis I nördlich der Eisenbahnschienen wurden die Bunker für Hitler, Göring, Bormann, Jodl und Keitel sowie Kasino, Verwaltungs- und Wohnbaracken errichtet. In Zone II südlich der Schienen befanden sich unter anderem die Gebäude der Kommandantur des Führerhauptquartiers und des Führungsstabs der Wehrmacht, Versorgungsanlagen, Fernsprech- und Telegraphenzentrale, Krankenrevier und Mannschaftsunterkünfte. Beide Sperrkreise umgab Zone III, in welcher sich Sicherungs- und Verteidigungsstellungen und die Mannschaftsunterkünfte der Bewachungseinheiten befanden.

Über die gesamte Anlage waren riesige Tarnnetze ausgebreitet, so daß sie im Wald von feindlichen Piloten nicht ausgemacht werden konnte. Zusätzlich wurden auf den Bunkerdächern Gräser und Sträucher gepflanzt und die Wände mit Bäumen getarnt. 1944 wurden Luftschutzbunker gebaut.

Mehr als drei Jahre verbrachte Adolf Hitler hinter den meterdicken Bunkerwänden des ›Führerhauptquartiers‹; hier befand sich von Juni 1941 bis November 1944 die Kommandostelle des Zweiten Weltkriegs. Von hier aus wurde die Vernichtung der halben Welt geplant. In einer der Lagerbaracken verübten am 20. Juli 1944 Oberst Klaus Graf Schenk von Stauffenberg und sein Adjutant Haeften das mißglückte Attentat auf Hitler. Vier Monate später verließ dieser auf der Flucht vor der Roten Armee die Wolfsschanze und ordnete die Sprengung der geheimen Festung an. Acht Tonnen TNT waren dazu nötig, und trotzdem gelang das Zerstörungswerk nur unvollkommen.

Heute ist das ehemalige Führerhauptquartier ein vielbesuchtes Touristenziel. Über 300 000 Besucher aus aller Welt kommen jährlich in den Wald bei Gierłoż, und wenig erinnert noch daran, daß von diesem Ort aus der Mord an Millionen

Menschen geplant und durchgeführt wurde. Folgt man den markierten Pfaden durch das Gelände, begegnen einem betongraue Ruinen, deren moosüberwachsene Wände von Birkenstämmen abgestützt werden. Wegen der bis heute nicht vollständig geborgenen Minen warnen Hinweistafeln davor, die ausgeschilderten Wege zu verlassen. In den Bunkerruinen besteht Einsturzgefahr.

Mit dem Auto fährt man ab Kętrzyn auf der Straße 592 Richtung Giżycko/ Ełk und biegt nach der Stadtgrenze hinter den Bahngleisen links via Gierłoż ab. Ab hier ist der Weg mit ›Wolfsschanze, Wilczy Szaniec‹ beschildert (etwa sechs Kilometer).

Je nachdem, wie intensiv man diesen geschichtsträchtigen Ort erkunden möchte, hat man die Wahl zwischen zwei Rundwegen. Der kürzere mit roter Markierung führt durch die ehemalige Sperrzone I mit den Bunkern Hitlers, Görings, Bormanns sowie der Lagerbaracke, in der am 20. Juli 1944 das Attentat auf den Völkermörder verübt wurde. Für diesen 1,3 Kilometer langen Rundgang benötigt man gut eine Stunde. Wer gerne sämtliche erhalten gebliebenen Objekte in den Zonen I und II besichtigen möchte, kann zusätzlich den blau gekennzeichneten Weg nehmen und die etwa 2,5 Kilometer lange Strecke in anderthalb bis zwei Stunden bewältigen.

Die Rundgänge beginnen am großen Parkplatz am ehemaligen Hotel der SS- und Reichssicherheitsoffiziere, in dem heute ein einfaches Hotelrestaurant und ein Imbiß untergebracht ist [1]. An der Ruine des SS-Begleitkommandos vorbei [2], gelangt man zur Lagerbaracke, in der das Hitler-Attentat verübt wurde [3].

Es schließen sich Dienstleistungsbaracken [4, 5, 7, 8] an, wobei in Baracke 4 neben einer kleinen Ausstellung ein Modell der Wolfsschanze einen Überblick über das Gelände gibt. Nahebei steht auf der rechten Wegseite der mächtige Gästebunker [6], den Hitler bis zum Abschluß der Verstärkungsarbeiten an

Denkmal für die Hitler-Attentäter vom 20. Juli 1944

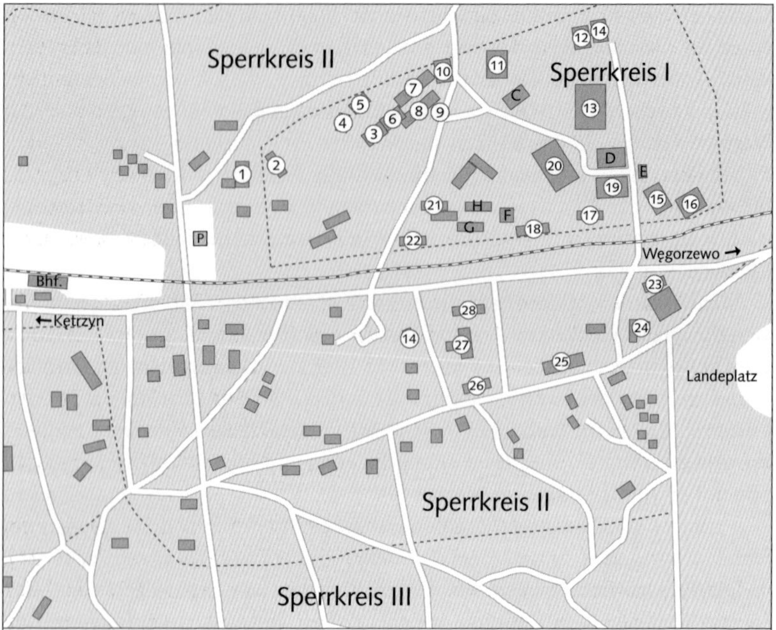

Wolfsschanze

Legende

1 Restaurant, Hotel
2 SS-Begleitkommando
3 Lagerbaracke, in der das Attentat auf Hitler am 20. Juli 1944 verübt wurde
4 Ausstellung
5 SS-Begleitkommando
6 Gästebunker
7 Stenographendienst
8 Reichssicherheitsdienst
9 Klärbecken
10 Vorratsraum
11 Bormann-Bunker
12 Flakbunker
13 Hitler-Bunker
14 Löschwasserbecken
15 Reichsmarschallhaus
16 Göring-Bunker
17 Bunker des Wehrmachtführungsstabs
18 Oberkommando der Wehrmacht
19 Chef des Oberkommandos
20 Adjutantur des Oberkommandos
21 Nachrichtenbunker
22 Garagen
23 Verbindungsstab des Oberkommandos Luftwaffe
24 Verbindungsstab des Oberkommandos Marine
25 Allgemeiner Luftschutzbunker
26 Führerbegleitbataillon
27 Todt-Bunker
28 Verbindungsstab Reichsaußenminister

seinem Privatbunker von Juli bis Oktober 1944 bewohnte. Als Nummer 9 ist weiter unten auf der linken Seite des Weges ein Klärbecken gekennzeichnet, als [10] der Abstieg zu einem Vorratsraum. Die gesamte Anlage war mit Kanalisation, fließend Wasser, Zentralheizung und Strom ausgestattet. Gegenüber sind vom Bunker [11] und Haus (c) des ›Sekretärs Hitlers‹, Martin Bormann, nur noch Reste vorhanden. [12] markiert einen Flakbunker und [13] den Hitler-Bunker, dessen Vorderseite der Sprengung 1945 standhielt. Der Bau hatte eine Deckenstärke von acht und eine Wandstärke von fünf Metern, die Fundamente reichten mindestens sechs Meter tief in die Erde.

Wer hinter dem Hitler-Bunker rechts abbiegt, gelangt auf dem kürzesten Weg zum Parkplatz zurück. Geradeaus geht es am Reichsmarschallhaus [15] und dem Bunker des Reichmarschalls Göring [16] vorbei. Im Anschluß passiert man den Bunker des Chef des Wehrmachtführungsstabs Jodl [17], den Bunker des Chef des Oberkommandos der Wehrmacht (OKW) Keitl [18] und die Adjudantur des OKW [20], einen Nachrichtenbunker [21] sowie Kasino [d], Teehaus [e], Heizhaus [f], Fahrerhaus [g], Kino [h] und Garagen [22].

In Sperrkreis II südlich der Straße und Schienen befinden sich Betonbauten der Verbindungsstäbe [23 und 24], der allgemeine Luftschutzbunker des OKW [25], die Kaserne des Führerbegleitbatallions [26], der Bunker, den zunächst der Minister für Rüstung und Kriegsproduktion Fritz Todt bezog, der dort bis zu seinem Tod 1942 lebte, und nachfolgend ›Reichsarchitekt‹ Albert Speer [27] sowie der Bau des Verbindungsstabs Reichsaußenminister [28]. Von dort geht es ein Stück an der Straße entlang zum Parkplatz zurück.

Vorwahl: 089.

Hotel ›Księżycowy Dowrek‹, Gierłoż koło Kętrzyna, 11-400 Kętrzyn, Tel. 752 42-77, Fax -32, www.ksiezycowydworek.pl; DZ um 240 Złoty. Die vornehme Villa der Freundin Hitlers, Eva Braun, im Wald an der Wolfsschanze ist heute ein Hotel, sehr elegant eingerichtet, direkt am See, mit vorzüglichem Restaurant und Sommergarten; es empfiehlt sich, für die Sommermonate zwei bis drei Monate im voraus zu buchen (von Kętrzyn kommend an der Straße zur Wolfsschanze kurz nach dem Waldanfang abbiegen).

›Wilcze Gniazdo‹, 11-400 Kętrzyn, Tel. 752 44-29, Fax -32, www.wolfsschanze.home.pl; DZ mit Dusche/WC 90 Złoty, ohne 80 Złoty. Einfache Unterkunftsmöglichkeit im Gebäude des ehemaligen Restaurants der SS- und RDS-Offiziere direkt an der Wolfsschanze.

Das Gelände der Wolfsschanze ist ganzjährig täglich von Tagesanbruch bis zur Dämmerung geöffnet.

»Wild fluten die Wellen
auf Vaterlands Seen,
Wie schön!
O tragt mich auf
Spiegeln zu Hügeln,
Masovias Seen.
O Heimatland,
Masovias Strand,
Masovia, lebe mein
Vaterland.«

Friedrich August Dewischeit

Das Land der tausend Seen

Im südwestlichen Masuren

Im Süden von Allenstein (Olsztyn), in den kargen Sandergebieten, von Mooren, Sümpfen und Gewässern durchzogen und großen Kiefernwäldern geschmückt, sagt man, da beginne Masuren. Da die Region insgesamt nie durch politische Grenzen gekennzeichnet war, einigte man sich irgendwann einmal auf die Kernsdorfer Höhe (Góra Dylewska) südlich von Ostróda als Masurens Landmarke im Westen. Von dort zieht sich der traumhafte Flickenteppich aus Wasser und Land nordostwärts, wobei eine Linie in etwa Nidzica–südliche Puszcza Piska (Johannesburger Heide)–Ełk das Land im Süden begrenzt und nördlich eine Linie Olsztynek–Mrągowo–Gołdap seinen Abschluß bildet, mit den Großen Masurischen Seen im Zentrum.

Die genaue Anzahl der Seen in der mit Wasser so gesegneten Region hat bisher noch niemand ermittelt. Um die 2000 mit einer Fläche von über einem Hektar sollen es sein, und, rechnet man die kleineren mit ein, 3000, oder vielleicht sogar 6000, wie manche gezählt haben wollen. Wenigstens so viel ist sicher: Masuren ist das Land, über dem der Sage nach der Liebe Gott seine Wassereimer ausschüttete. Ein altes masurisches Sprichwort beschreibt ebenso kurz wie selbstironisch die geographische und auch kulturelle Abgeschiedenheit der Region: »Wo sich aufhört der Kultur, da sich anfängt der Masur«.

Olsztynek

An dem 1351 vom Deutschen Orden in der ›Großen Wildnis‹ gegründeten, eher unscheinbaren Örtchen würde man wahrscheinlich vorüberziehen, wäre es nicht von einer märchenhaften Landschaft von Wäldern und Seen umgeben. Östlich erstreckt sich rund um den Jezioro Łańskie (Lansker See) und den Jezioro Pluszne (Plautziger See) in Richtung Olsztyn der Ermländische Forst (Las Warmiński). Überall glitzern im grünen Durchbruchstal der Łyna (Alle) zwischen urwüchsigen Kiefern- und Laubmischwäldern tiefblau die Gewässer auf und laden zu ausgedehnten Paddeltouren und Wanderungen ein.

Größte Attraktion in Olsztynek (Hohenstein) ist das Masurische Freilichtmuseum. Auf einem sanft gewellten Gelände am östlichen Ortsausgang sind unter freiem Himmel zahlreiche historische Gebäude des alten Ostpreußens, des Samlands und des Weichsellands originalgetreu kopiert oder von ihrem ursprünglichen Standort ins Museum überführt und wiedererrichtet worden. Traditionelle masurische Bauernhöfe und Fischerkaten, weichselländische Windmühlen und Vorlaubenhäuser, Kirchen, Holzhäuschen, Ständer- und Fachwerkbauten, histo-

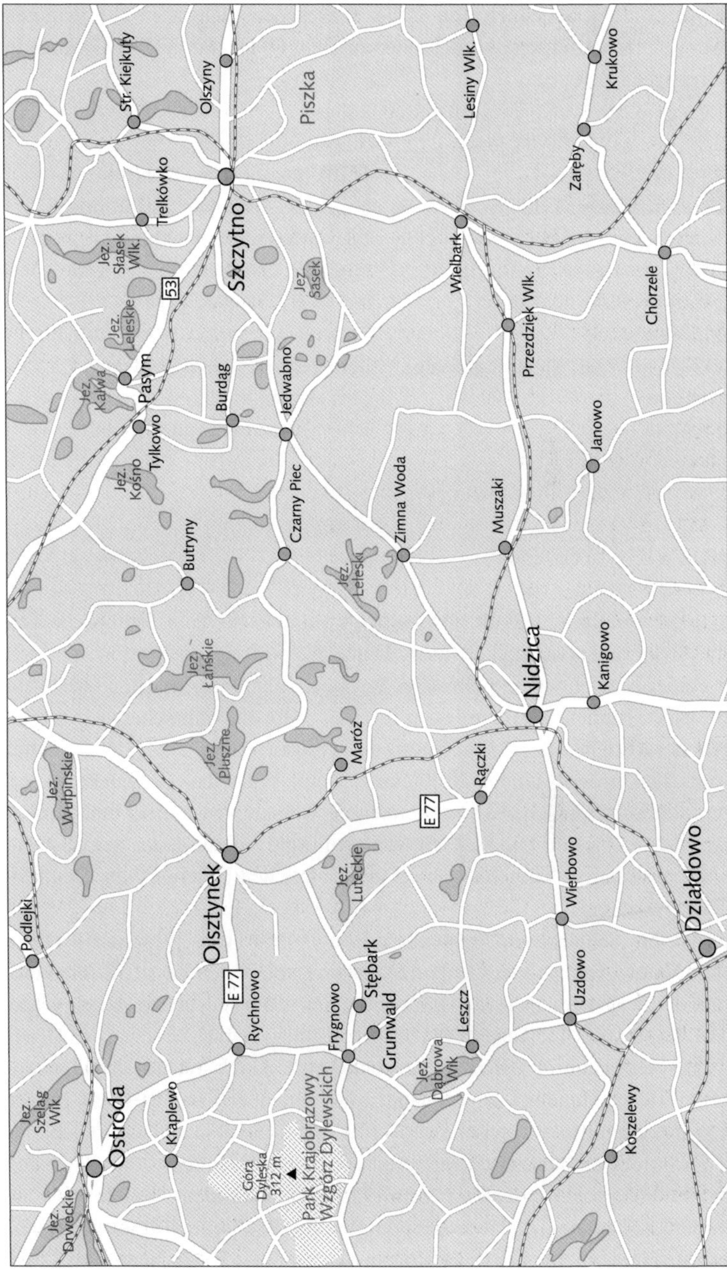

Das südwestliche Masuren

rische Werkstätten, Scheunen und Ställe, dazwischen Viehgatter, alte Brunnen und Wegekreuze entführen den Besucher auf dem 60 Hektar großen Gelände in eine vergangene Zeit.

Vorwahl: 089.
Postleitzahl: 11-015.
www.olsztynek.com.pl.
Touristeninformation, im Rathaus am zentralen Platz, ul. Ratusz 1, 11-015 Olsztynek, Tel. 089/5192756. Kleine saisonale Information.

Masurisches Freilichtmuseum, ul. Sportowa 21 (nordöstlicher Ortseingang Richtung Olsztyn); April und Okt. Di–So 9–15, Mai tägl. 9–17, Juni–Aug. Mo–Fr 9–17, Sa/So 9–18, Sept. Di–So 9–16 Uhr. Der Weg zum Eingang ist mit dem Hinweisschild ›Skansen‹ (Freilichtmuseum) gekennzeichnet.

Grunwald/Stębark

In fast jeder polnischen Stadt gibt es heute mindestens eine Straße, die den Namen ›Grunwald‹ (Grünfelde) trägt. Denn das winzige Bauerndorf inmitten weiter Felder bezeichnet ein polnisches Nationalheiligtum. Zwischen Grunwald und Stębark (Tannenberg) wurde am 15. Juli 1410 die wahrscheinlich größte Schlacht des Mittelalters in Mitteleuropa ausgetragen. 12000 bis 15000 Soldaten des Deutschen Ordens standen 20000 unter König Władisław II. Jagiełło im vereinigten polnisch-litauischen Heer kämpfenden Soldaten gegenüber und wurden vernichtend geschlagen. Die Schlacht von Grunwald (in der deutschen Historie nach dem Nachbarort Tannenberg benannt) läutete den Untergang der Deutschritter in Preußen ein.

Zur zweiten Schlacht von Tannenberg kam es im August 1914, nachdem die russische Narew-Armee unter General Samsonow von Süden her in Masuren einmarschiert war. General Paul von Hindenburg führte die 8. deutsche Armee gegen sie in den Kampf. Am 26. August 1914 begann in einem Gebiet zwischen den Orten Olsztynek, Nidzica und Pasym das, was später nach dem Vorschlag von Generalstabschef Erich Ludendorff die ›Schlacht von Tannenberg‹ heißen sollte. In vier Tagen kostete sie 120000 russische und 13000 deutsche Soldaten das Leben.

Zu Ehren des enthusiastisch gefeierten ›Retter Ostpreußens‹ und ›Vater des Vaterlands‹ Paul von Hindenburg (seit 1925 Reichspräsident) weihte man im September 1927 auf dem Gelände das pompöse Reichsehrenmal Tannenberg ein. 1934 wurde Hindenburgs Leichnam dort in Anwesenheit Hitlers beigesetzt – und

1945 wieder ausgegraben und vor der anrückenden Roten Armee in Sicherheit gebracht. Das Tannenbergdenkmal selbst wurde zerstört.

Auf dem Gelände der legendären Schlacht 1410 prangen seit 1960 im Zentrum der Freilicht-Museumsanlage der Schlacht von Grunwald (Muzeum Bitwy pod Grunwaldem) ein realsozialistischer Granitobelisk mit den Konterfeis zweier geharnischter Wächter und nahebei 30 Meter hoch ein Lanzenmast, der die Banner des siegreichen polnisch-litauischen Heeres symbolisiert. Von dort führen Stufen hinab zu einem unterhalb des Ensembles gelegenen kleinen Museumsgebäude, das zwischen einer Reihe von Ritterrüstungen mithilfe von Schautafeln (leider nur in polnischer Sprache) über die historischen Kampfhandlungen informiert.

Ein Denkmal erinnert an die Schlacht von Tannenberg

Rundum zeichnen auf dem Terrain der vielbesuchten Freilichtanlage und polnischen Nationalpilgerstätte betonierte Wege, Treppen und gepflasterte Inseln in etwa die Schlachtordnung von 1410 nach - die man einmal im Jahr sogar leibhaftig in Augenschein nehmen kann! Immer Mitte Juli finden sich zum Grunwald-Fest Hobbyritter aus ganz Europa ein und lassen vor Zehntausenden begeisterten Zuschauern, begleitet von kunterbuntem Treiben ringsum, die historischen Ereignisse noch einmal auferstehen.

Museum der Schlacht von Grunwald (Muzeum Pole Bity Grunwaldem), Stębark 1, 14-108 Grunwald; das Freilichtgelände ist das ganze Jahr über geöffnet, das Museumsgebäude Anfang Mai–Mitte Okt. tägl. 8–18 Uhr.

Alljährlich Mitte Juli finden auf dem Freilichtgelände die ›Tage von Grunwald‹ statt, ein fröhliches Volksfest mit Ritterfeldlagern und Ritterturnieren und als Höhepunkt einer Inszenierung der Schlacht von 1410, an der meist weit über 1000 Hobbyritter aus ganz Europa teilnehmen.

Von Nidzica nach Szcztyno

Im Südwesten Masurens liegt die rund 15 000 Einwohner zählende Kleinstadt Nidzica (Neidenburg), die gleich auf zwei berühmte Söhne verweist. 1821 wurde an den Ufern der Neide (Nida) der Historiker Ferdinand Gregorovius geboren, der unter anderem 1848 ›Die Idee des Polenthums. Zwei Bücher polnischer Leidensgeschichte‹ und zwischen 1859 und 1872 eine achtbändige ›Geschichte der Stadt Rom im Mittelalter; vom V. bis zum XVI. Jahrhundert‹ verfaßte. 1823 kam in Neidenburg der im 19. Jahrhundert wohl weltweit bekannteste Masure zur Welt: Baruch Hirsch, beziehungsweise Barthel Heinrich Strausberg. Sechzehnjährig wanderte er nach London aus und stieg unter dem Namen Bethel Henry Strousberg zum europäischen Eisenbahnkönig mit zeitweilig über 100 000 Arbeitern auf.

Seit dem letzten Drittel des 14. Jahrhunderts thront auf einer Anhöhe über den Dächern der Stadt die backsteinerne gotische Ordensburg, in der sich heute ein schönes Hotel, ein Café und kommunale Kultureinrichtungen befinden. Ansonsten hat das Städtchen an Sehenswürdigkeiten wenig zu bieten. Während des Einmarschs der Russen 1914 wurde das alte Neidenburg bereits zu großen Teilen zerstört, und was verblieb, ging im Januar 1945 in Flammen auf. So glänzt Nidzica eher mit seiner schönen Natur. Im Norden der Gemeinde dehnt sich ein herrlicher Wald mit dem malerisch gelegenen Omulew-See aus. Gegen Osten in Richtung Szczytno lichtet sich dann das Land. »Es ist echtes Masuren«, beschreibt Marion Gräfin Dönhoff ihren ›Ritt durch Masuren‹ im September 1941, »und wohl der ärmste Teil von Masuren. Hinter Dembenofen nach Ortelsburg (Szczytno) zu, wird der Boden immer leichter, Heidekraut und Sand, dann und wann eine krüppelige Kiefer und endlose flache Hügel mit grauem Steppengras. Es hat fast etwas Asiatisches, dieses Land – übrigens nennt auch unser Meßtischblatt einen der breiten Wege,

Von der einst stolzen Ordensburg in Szcztyno sind nur noch Reste erhalten

auf dem wir ein langes Stück galoppieren, ›Tatarenstraße‹.« Der Name erinnert an die sogenannte ›Tatarenwut‹ während des Zweiten Schwedisch-Polnischen Kriegs Mitte des 17. Jahrhunderts, als die im polnischen Heer kämpfenden, besonders grausam agierenden Tataren die Bevölkerung ermordeten oder verschleppten und ihre Dörfer brandschatzten.

›Tatarische Wanderroute‹ nennt sich heute ein 28 Kilometer langer markierter Wanderweg, der von Szcztyno am Rand der Puszcza Piska (Johannisburger Heide) nach Babięta (Babenten) (siehe Seite 171) am romantischen Flüßchen Krutynia (Kruttinna) führt.

Im 26 000 Einwohner kleinen Szczytno (Ortelsburg), das durch seine Polizeihochschule und den Flugplatz für Ermland-Masuren bekannt ist, gibt es neben den Ruinen einer Deutschordensburg im Rathaus ein kleines Heimatmuseum zu besichtigen. Über weitere Sehenswürdigkeiten verfügt Szczytno nicht, bietet sich aber dank seiner Lage in unmittelbarer Nähe zu den herrlichen Waldgebieten der Puszcza Piska (Johannisburger Heide) als Ausgangspunkt für schöne Wanderungen oder auch Fahrradausflüge an; beispielsweise zum Dörfchen Klon, rund 30 Kilometer südöstlich, das die Pedalritter nach schöner Fahrt mit noch erhaltenen, typisch masurischen Holzhäuschen aus dem 19. Jahrhundert belohnt.

Vorwahl: 089.
www.szczytno.com.pl.
Touristeninformation Nidzica, im Rathaus, pl. Wolnośi 1,
Tel. 625 54 68, Fax 625 52 64,
nidzica-it@o2.pl; Mo–Do 8–18,
Fr/Sa 8–20 Uhr.
Touristeninformation Szcztyno,
ul. Polska 18, Tel./Fax 624 97 14,
www.szczytno.pl; Juli/August tägl. 10–18, sonst Mo–Fr 8–16 Uhr.

Hotel ›Gregorovius‹, ul. Zamkowa 2, 13-100 Nidzica,
Tel. 625 51 93, Fax 625 57 58;
DZ um 130 Złoty. Schönes Hotel in der alten Ordensburg.
Hotel ›Krystyna‹, ul. Żwirki i Wigury 10, 12-000 Szczytno, Tel./Fax 624 21 69, www.hotelkrystyna.pl;
DZ um 160 Złoty, am Wochenende um 120 Złoty. Große Villa am Rand vom Stadtpark direkt am Seeufer, gediegen möbliert und vor kurzem renoviert, mit Bar und Restaurant.
›Leśna‹, ul. Ostrołęcka 6,
Tel. 624 32 46, Fax 624 67 67,
www.lesna.net.pl; DZ um 130 Złoty.
Gepflegter Bau im Fachwerkstil in idyllischer Lage am Waldesrand, mit Restaurant und Diskothek.

Jugendherberge Szczytno,
ul. Pasymska 7,
Tel. 624 39 92; ganzjährig.

Campingplatz, ul. Wypoczynkowa 3, Tel./Fax 621 21 52;
Anfang Mai–Ende Sept. Der schönste Campingplatz weit und breit liegt 18 km nordwestlich von Szczytno bei Pasym auf einer Halbinsel am Jezioro Kalwa.

Die Masuren

Bis zur Eroberung der ›Großen Wildnis‹ durch den Deutschen Orden im 13. Jahrhundert war das Gebiet des heutigen Masuren mit prußischen Stämmen besiedelt: im Westen von den Sassen und im Osten von den Galindern, deren Gesamtzahl schätzungsweise 150 000 Menschen betrug. Tausende von ihnen starben im Zuge der Landnahme durch die Deutschritter und den sich anschließenden, blutig niedergeschlagenen Aufständen. Andere paßten sich an und integrierten sich in den jungen Ordensstaat, in dem um 1400 noch geschätzte 140 000 Prußen lebten und daneben bereits etwa 103 000 deutsch- und 27 000 polnischsprachige Siedler.
Für die Kolonisierung der Wildnis bestand jedoch ein vielfach höherer Menschenbedarf. So rief der Orden Einwanderer aus Flandern, Westfalen, Sachsen, Schlesien und dem südlich benachbarten Herzogtum Masowien ins Land. Wobei sich der Hauptstrom der deutschsprachigen Siedler besonders in die Weichselniederung und die nördlichen Regionen bis Königsberg ergoß, während sich die polnischsprachigen Masowier vor allem nördlich ihrer alten Heimat im heutigen Masuren niederließen.
Im Schutz der Ziegelsteinburgen des Ordens errichteten sie ihre Hütten, rodeten das Land und machten es urbar.
Als mit dem Ende des Dreizehnjährigen Kriegs (1454–1466) der Untergang der deutschritterlichen Macht seinen Anfang nahm, verstärkte sich der Zustrom masowischer Immigranten in die südlichen Gebiete des Ordensstaats. Auf rund 40 000 wird ihre Zahl im Reformationsjahr 1525 geschätzt. Nachdem in diesem Jahr der Deutsche Orden aufgelöst und Masuren Teil des protestantischen Herzogtums Preußen unter polnischer Lehnshoheit geworden war, verwandelte sich die ›Große Wildnis‹ endgültig in ein Einwanderungsland. Protestantische Glaubensflüchtlinge von überall her fanden hier eine neue Heimat: aus Litauen, Frankreich, Flandern, Österreich und der Schweiz, und natürlich weiterhin aus dem katholischen Masowien. Man sprach überwiegend polnisch beziehungsweise einen polnischen Dialekt: die masowische Mundart, und Alteingesessene wie Zugewanderte nannten sich selbst Masowier oder Masauren.
Ab Anfang des 18. Jahrhunderts wurden sie noch durch die im russischen Zarenreich verfolgten Altgläubigen verstärkt, so daß schließlich eine ethnisch bunt gemischte Einwohnerschaft entstanden war. Leicht hatten es die Menschen in Masuren nicht. Nicht nur die kargen Böden waren es, die ihnen das Leben schwer machten, auch in politische Geschehnisse wurden sie immer wieder unfreiwillig verstrickt: Die Lage zwischen Moskau und Berlin machte Masuren zum Durchmarschgebiet verschiedener großer Heere. Krieg, Pest und die ›Tatarenwut‹ kosteten im 17. Jahrhun-

Begegnung auf der Landstraße

dert über 100 000 Menschen das Leben. Ganze Landstriche waren entvölkert, Dörfer und Felder zerstört. Die Industrialisierung ab der zweiten Hälfte des 19. Jahrhunderts zog dagegen an dem armen, unterentwickelten Ländchen vorüber, ohne große Spuren zu hinterlassen. Stattdessen machte sich in der deutschsprachigen kleinstädtischen Bürgerschicht, bei den Landräten und Beamten, Kaufleuten und Pastoren, ein nationalstaatliches Denken breit. Man ging in Stellung gegen das ›Polentum‹; dabei war weit über die Hälfte der Einwohner Masurens polnischer Zunge. Nach der Gründung des Deutschen Reichs 1871 setzte dann die institutionelle Germanisierung ein. Bis 1888 wurde Polnisch in Schulen, Amtsstuben und schließlich auch im Gottesdienst verboten. Bereits in den 1920er Jahren sprach die Mehrheit der Bevölkerung deutsch. Und so entstand schließlich die kuriose Mischung, die den typischen Bewohner Masurens kennzeichnete: »Seine polnische Abstammung, seine deutsche Schulung, seine slawischen Sitten und Gewohnheiten, seine deutsche Tradition, sein polnischer Familien- und sein deutscher Vorname, seine polnische Sprache und seine deutsche Schrift, das polnische Sprichwort, das deutsche Lied, die slawische Religiosität, die evangelische Konfession«. (Andreas Kossert: ›Masuren‹, Siedler Verlag Berlin 2001, S. 202).

Parallel zur Germanisierung erfolgte die Umbenennung polnisch klingender Ortschaften: Dziudziau wurde zu Thalheim, Krzywonoggen zu Krummfuß, Groß Przedzienk zu Großdankheim, Napiwodda zu Grünfließ, Trzianken zu Rohrdorf, und viele Ortsnamen mehr. Dennoch blieben in der Sprache zahlreiche slawische Elemente erhalten, ebenso wie die für die deutsche Hochsprache recht ungewöhnliche Syntax, das breite ›r‹ und der vielgebrauchte Diminutiv ›-chen‹ – so wie die deutsche Minderheit in Masuren diesen lustig klingenden Dialekt heute noch pflegt.

Zwischen fünf- und zehntausend deutsche ›Leutchen‹, so schätzt man, leben gegenwärtig noch in Mazury, wo nach Krieg und Vertreibung 1945 vor allem Menschen aus den sowjetisch gewordenen polnischen Gebieten östlich des Bug eine neue Heimat fanden. Zusammen mit einer litauischen, ukrainischen, alt- und weißrussischen sowie der deutschen Minderheit leben sie heute in der vierten und fünften Generation im ehemaligen südlichen Ostpreußen, wobei die Minderheiten seit dem Fall des Eisernen Vorhangs 1989 wieder ohne Gefahr ihre kulturelle Identität pflegen dürfen. Mit besonderem Akzent hinsichtlich eines regionalen masurischen Charakters haben sich im vergangenen Jahrzehnt zahlreiche polnisch-deutsche Vereine in Warmia und Mazury gegründet. Und auch die jüngere polnische Generation hinterfragt zunehmend die noch bis 1989 geltende Ideologie, Masuren sei nach sechshundertjähriger Fremdherrschaft endlich in den Mutterschoß Polens heimgekehrt, und begibt sich auf die Suche nach der verlorenen Geschichte der Heimat.

Deutsch-polnische Vereine begeben sich heute auf die Suche nach der masurischen Identität

Allen voran steht dabei die bereits 1990 von jungen polnischen Intellektuellen in Olsztyn gegründete Gemeinschaft ›Borussia‹ mit ihrem Namen für die Integration des kulturellen und historischen Erbes der Region in die polnische Demokratie – jenseits aller nationalen und politischen Vereinnahmung. Man ist auf der »Suche nach einer eigenen Identität, nach Wegen zu einem authentischen, menschlichen Miteinander sowie nach der Möglichkeit, unsere sich verändernde regionale und überregionale Umwelt selbst mitzuschaffen«, wie die Gründer der ›Borussia‹, Robert Traba und Kazimierz Brakoniecki, schreiben, und weiter: »Die bewußte Beziehung zu dem Ort, an dem wir leben, bildet einen der Hauptpfeiler der borussischen Weltauffassung: So weit sie durch ihre Universalität auch gefaßt ist, umso näher ist sie uns durch ihren einmaligen genius loci. Unsere Familiengeschichten führen überwiegend zurück in die ehemaligen polnischen Ostgebiete und nach Zentralpolen. Die Generation der 50er und 60er Jahre ist schon fest verbunden mit unserer Heimat, die seit 1945 Ermland und Masuren heißt.«

Die Großen Masurischen Seen

Wo die Seen am größten sind, liegt das Herz von Masuren. Nirgends im Land der kristallenen Seen und dunklen Wälder ist es schöner als hier, und so wundert es nicht, daß die Region rund um den Jezioro Mamry und Jezioro Śniardwy (Mauer- und Spirdingsee) zu den beliebtesten Sommerurlaubszielen Polens zählt. Giżycko (Lötzen) zwischen Jezioro Kisajno (Kissainsee) und Jezioro Niegocin (Löwentinsee) sowie Mikołajki (Nikolaiken) am Übergang vom Jezioro Tałty (Talter Gewässer) in den Jezioro Mikołajki (Nikolaiken-See) haben sich zu bedeutenden Ferien- und Wassersportzentren entwickelt. Andere Ortschaften wie das am nördlichen Ufer des Mauersees gelegene Węgorzewo (Angerburg) oder ganz im Süden Ruciane-Nida (Rudschanny) stehen ihnen kaum nach. Über ein Netz von Seen, Flüssen und Kanälen sind die ungezählten Gewässer miteinander verbunden und bieten Seglern, Paddlern und Kanuten paradiesische Wassersportmöglichkeiten. In Naturschutzgebieten an den schilfwogenden Seeufern haben bedrohte Wasservögel eine Heimstatt gefunden, und die Wälder rundum sind Rückzugsgebiete einer Reihe von Raubvogelarten, darunter der sehr seltenen Seeadler. Im Masurischen Landschaftspark werden bei Popielno Tarpanpferde rückgezüchtet, und in der Puszcza Borecka (Borkener Forst) grast in einem Reservat eine Rotte der fast ausgestorbenen Wisente.

Westlich der Großen Seen schlängelt sich das malerische Flüßchen Krutynia (Kruttinna) durch die Seen der Mrągowo-Seenplatte. Die über 100 Kilometer lange Paddelbootroute von Sorkwity (Sorquitten) im Westen von Mrągowo (Sensburg) bis Ruciane-Nida gehört zu den berühmtesten Wasserwanderwegen in Polen.

Mrągowo

Zentrum der Mrągowo-Seenplatte ist die 23 000 Einwohner kleine Kreisstadt und muntere Sommerfrische Mrągowo (Sensburg) an den Ufern von Juno- und Czos-See (Schoßsee). Wie die meisten Orte in der Region geht sie auf eine Gründung des Deutschen Ordens zurück, der 1348 auf einem ringsum von Seen und Sümpfen umgebenen Platz eine hölzerne Wehranlage errichtete. Um sie herum entstand auf Veranlassung des Hochmeisters Konrad von Jungingen 1393 eine Siedlung, der Anfang des 15. Jahrhunderts bereits die Stadtrechte verliehen wurden. Zahlreiche Feuersbrünste zogen im Lauf der Jahrhunderte über ihre Dächer hinweg: ein erstes Mal 1520 im sogenannten ›Reiterkrieg‹, dem letzten Versuch der Ordensritter, die polnische Lehnshoheit über Ostpreußen abzuschütteln; 1568 und 1693 wüteten Stadtbrände, 1806/07 schließlich die napoleonische und russisch-preußische

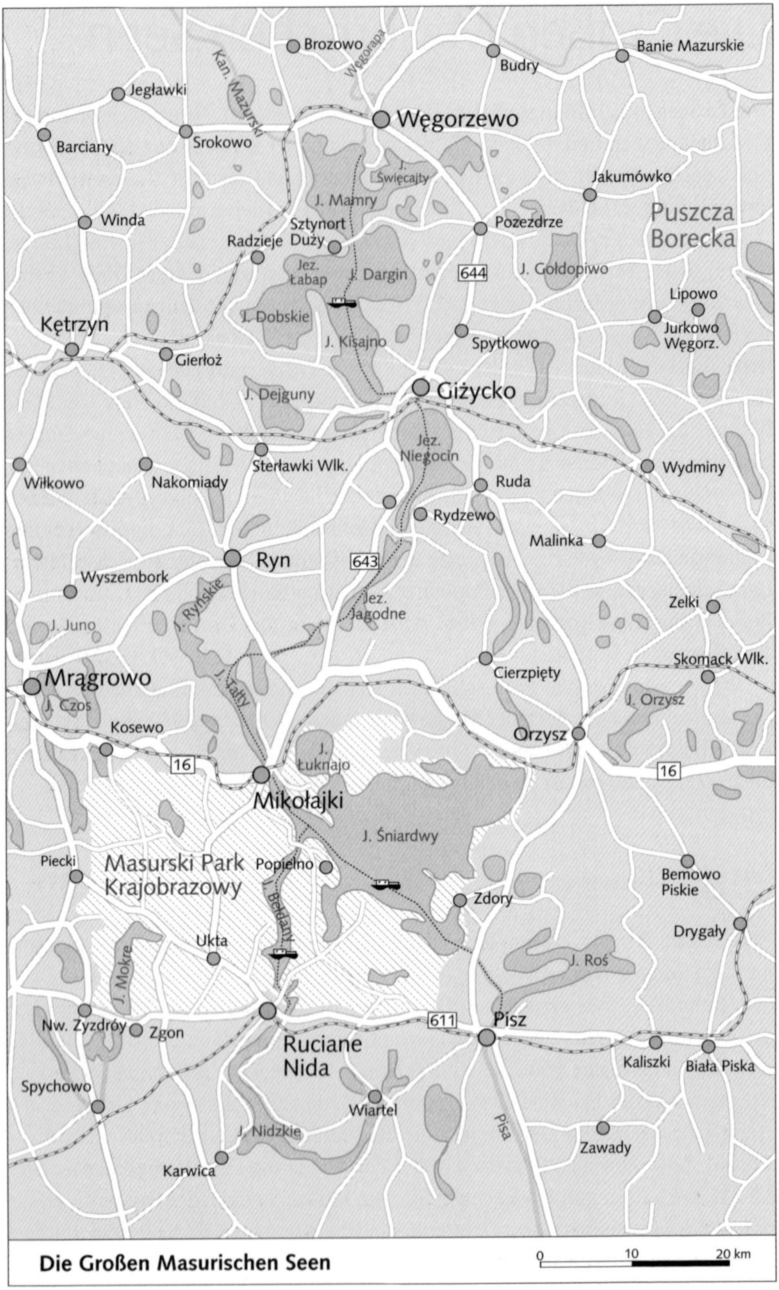
Brozowo
Węgorapa
Kan. Mazurski
Budry
Banie Mazurskie
Jegławki
Węgorzewo
Barciany
Srokowo
J. Święcajty
Jakumówko
J. Mamry
Winda
Sztynort Duży
Radzieje
Pozezdrze
Puszcza Borecka
Jez. Łabap
J. Dargin
644
J. Gołdopiwo
Lipowo
J. Dobskie
Jurkowo Węgorz.
Kętrzyn
J. Kisajno
Spytkowo
Gierłoż
Giżycko
J. Dejguny
Jez. Niegocin
Sterławki Wlk.
Wydminy
Wilkowo
Nakomiady
Ruda
Rydzewo
Malinka
Ryn
643
Wyszembork
Jez. Jagodne
Zelki
J. Juno
J. Ryńskie
Cierzpięty
Skomack Wlk.
Mrągrowo
J. Tałty
J. Czos
J. Orzysz
Kosewo
Orzysz
J. Łuknajo
16
Mikołajki
J. Śniardwy
Piecki
Masurski Park Krajobrazowy
Popielno
J. Bełdany
Bemowo Piskie
Zdory
Drygały
Ukta
J. Mokre
J. Roś
Pisz
611
Nw. Zyzdrój
Zgon
Ruciane Nida
Kaliszki
Biała Piska
Spychowo
Wiartel
Pisa
J. Nidzkie
Zawady
Karwica
Die Großen Masurischen Seen
0
10
20 km

Armee, und unermüdlich bauten die Sensburger ihren Ort wieder auf. Zuletzt nach einem Großfeuer 1822, so wie er im Kern heute noch steht. Heute ist Mrągowo eine quirlige kleinstädtische Sommeridylle, die neben zahlreichen Wassersportlern und Feriengästen außerdem jedes Jahr Ende Juli/Anfang August von überall her Countrymusic-Fans zum internationalen ›Picknick Country‹ ins Amphitheater am Stadtstrand zieht. Es ist das größte Country-Festival in ganz Mittel- und Osteuropa, weshalb sich manch einer sicher die Augen reibt, wenn ihm im Hochsommer mitten in Masuren plötzlich Cowboys begegnen.

Aus der Chronik der Stadt mit der Bärentatze im Wappen sei noch vermerkt, daß wenig südlich von ihr 1804 der letzte masurische Bär erschlagen wurde. Nach dem Zweiten Weltkrieg erhielt Sensburg den Namen Mrągowo nach dem masurischen Pastor und Lehrer Christoph Coelestin Mrongovius (1764–1855), der sich im Sprachenkonflikt ab Mitte des 19. Jahrhunderts gegen das ›Germanisiren mit so unangemessenem Eifer‹ und für die Beibehaltung des Polnischen als Schulsprache einsetzte.

Das Heimatmuseum in der ul. Ratuszowa 5 informiert über die Geschichte und Natur der Stadt und Umgebung und erinnert an den großen Schriftsteller Masurens, Ernst Wiechert. 1887 in der Nähe von Sensburg im Forsthaus Kleinort (Piersławek) geboren, schrieb Wiechert – wie kein anderer durch die einsamen Wälder, kargen Sandergebiete und weiten Seen seiner Heimat geprägt – so bedeutende Romane wie ›Die Jerominkinder‹ oder ›Wälder und Menschen‹. Zu seinem hundertsten Geburtstag brachte man an seinem Geburtshaus eine Gedenktafel an, die ihn als ›rechtschaffenen Menschen, Antifaschisten und Häftling in Buchenwald‹ würdigt. Heute beherbergt das Forsthaus ein kleines Museum für den 1950 in der Schweiz verstorbenen Dichter.

Vorwahl: 089.
Postleitzahl: 11-700.
www.mragowo.um.gov.pl (auch dt.).
Touristeninformation, (im Haus für Kultur und Tourismus), ul. Warszawska 26, Tel./Fax 741 80 39, www.it.mragowo.pl; Juni–Aug. tägl. 8–17, Sept.–Mai Mo–Fr 8–17 Uhr.

Hotel ›Mercure Mrongovia‹ [1], ul. Giżycka 6, Tel. 74 13 22-1, Fax -0, www.mercure.com; DZ um 400 Złoty. Weitläufige Anlage über dem Nordufer des Czos-Sees und bestes Hotel am Ort, mit schickem Restaurant sowie einer kleinen Fischbraterei direkt am See.

Hotel ›Zielony Domek‹ [2], ul. Młodkowskiego 24, Tel. 742 56 68, www.zielonydomek.com.pl; DZ um 120 Złoty. 2003 in einem liebevoll restaurierten Fischerholzhaus eröffnetes kleines Hotel in traumhafter Lage unmittelbar am Juno-See, mit Zeltmöglichkeit auf dem ausgedehnten Gartengrundstück, Kinderspielplatz und Badestrand (Boote, Kanus und Fahrräder stehen zur Verfügung), im gemütlichen Restaurant werden neben Grillgerichten und mediterranen Delikatessen vor allem – wie es sich für eine Fischerhütte gehört – ausgezeichnete masurische Fischspezialitäten serviert.

Pension ›Edyta‹ [3], ul. Laskowa 10, Tel./Fax 741 43 66, www.pensjonatedyta.w.pl, pensjonatedyta@poczta.fm; DZ um 180 Złoty. Schönes gepflegtes Haus unter freundlicher Leitung auf dem Hügel oberhalb vom Nordufer des Czos-Sees, mit Swimmingpool, Dampfsauna und

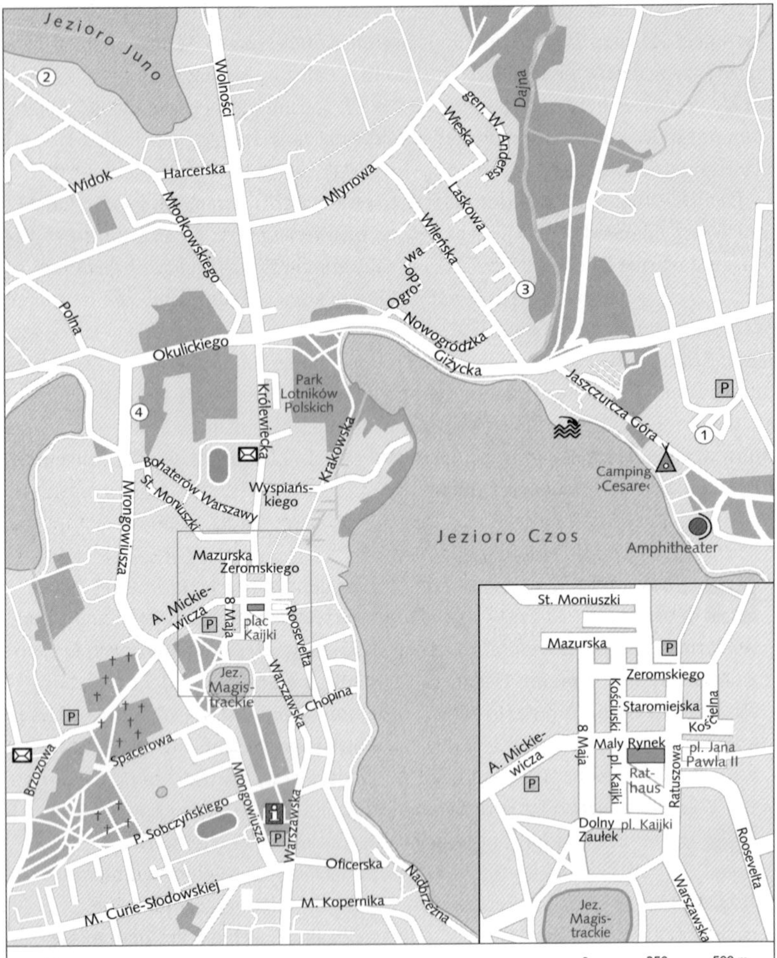

Mrągowo

Fischteich im großen Garten, Fahrräder und Paddelboote werden den Gästen zur Verfügung gestellt.

Jugendherberge [4], ul. Mrongowiusza 65b, Tel. 741 20 43; Juli und August.

Camping ›Cezar‹, ul. Jaszczurcza Góra 1, Tel./Fax 741 25 33; Mitte Mai–Anfang Sept. Am Stadtstrand am Nordufer des Czos-Sees.

Wiechert-Museum, Forsthaus Piersławek; Mo–Sa 9–17 Uhr, So 11–14 Uhr. Anfahrt: Von Mrągowo die Landstraße etwa zehn Kilometer südlich in Richtung Szczytno; kurz nach dem nördlichen Ortseingang von Piecki (Peitschendorf) zweigt östlich der Weg zum Forsthaus Piersławek (Kleinort) ab, das man nach einem Spaziergang von gut 2 km erreicht.

›Picknick Country‹, größtes Countrymusic-Festival in Mittel- und Osteuropa, jährlich Ende Juli/Anfang Aug. im Amphitheater am Czos-See, mit lustigen Begleitveranstaltungen wie z.B. Wettbewerben um die besten Reiter, originellsten Cowboy-Kostüme und stärksten Männer sowie einer ›Miss Wet-T-Shirt‹-Wahl.

Stadtstrand (ul. Jaszczurcza Góra), am Nordufer des Czos-Sees. Verleih von Wassersportgeräten vom Kanu bis zum Segelboot.

An der Krutynia

Südwestlich von Mrągowo schlängelt sich das Flüßchen Krutynia (Krutinna) durch romantisches Seen- und Auenland. Still und sanft zieht es seine Bahnen durch die schöne Natur, verbindet dabei die Gewässer der Mrągowskie-Seenplatte miteinander, zieht bei Babięta in die Waldgebiete der Puszcza Piska (Johannisburger Heide) ein, schwenkt dann ganz im Süden bei Spychowo wieder nach Norden um über die Seen Zdrużno, Uplik und Mokre, um mit zahlreichen weiteren Volten, vorbei an den malerischen Dörfern Krutyń und Ukta, nach über hundert Kilometern Wasserweg schließlich in den Jezioro Bełdany (Beldahnsee) einzuziehen.

Unterwegs laden Wasserstationen in den Weilern Sorkwity, Bieńki, Babięta, Spychowo, Zgon, Krutyń, Nowy Most, Ukta und Kamień und einfache Plätze zum Zelten ein, und so wundert es nicht, daß die Krutynia die bei den Wasserwanderern beliebteste masurische Paddelroute ist.

Legende

1 Hotel ›Mercure Mrongovia‹
2 Hotel ›Zielony Domek‹
3 Pension ›Edyta‹
4 Jugendherberge

Über die von dichtem Röhricht gesäumten Seen gleiten die Paddler dahin oder lassen sich von der schwachen Strömung der Krutynia treiben, durch grüne Auen, dichte Baumtunnel und an blumengeschmückten Ufern vorbei. An engen Stellen versperren umgestürzte Gehölze den Weg, und im seichten Wasser huschen die Fische wie silberne Pfeile vorüber. Neun bis zehn Tage lang dauert die Paddelroute, bis man über den Bełdany-See zu ihrem Endpunkt in Ruciane-Nida gelangt.

Radler und Autofahrer können von der Tour, die wie kaum eine andere die landschaftlichen Schönheiten Masurens vorstellt, einen immerhin annähernd herrlichen Eindruck gewinnen. Schmale Asphaltbänder führen an die Wasser-

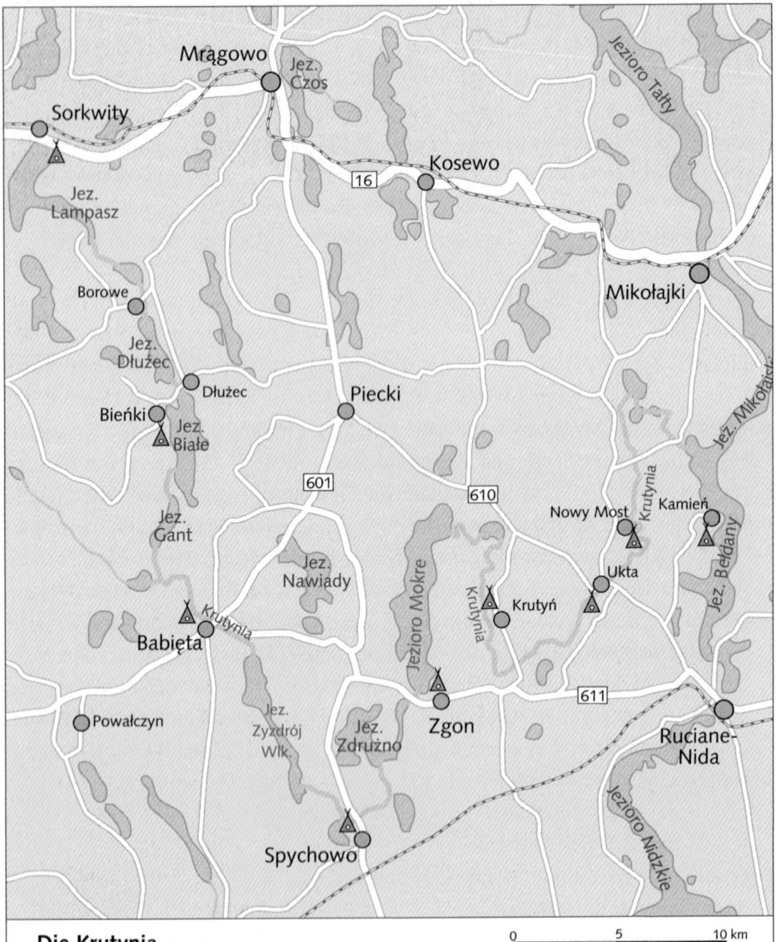

Die Krutynia

Wer nicht selbst paddeln möchte, kann sich auch über die Krutynia staken lassen

stationen heran, wo man sein Vehikel abstellen und sich für einen Paddelausflug ein Boot leihen kann. Wo die Krutynia mit nur noch 0,5 Meter Tiefe am allerseichtesten ist, hat man darüber hinaus die Möglichkeit, sich ein kleines Stück über den romantischen Fluß staken zu lassen. Bootsstaken und geführte Paddeltagestouren kann man sehr schön von Krutyń aus unternehmen.

Wasserstationen mit Unterkunft und Bootsverleih:

▶ Stanica Wodna (Wasserstation) in Sorkwity, ul. Zamkowa 13, 11-731 Sorkwity, Tel./Fax 089/742 81 24, www.sorkwity.pttk.pl, sorkwity@pttkmazury.pl; 1. Mai–30. Sept.

▶ Stanica Wodna bei Bieńki, 11-710 Piecki Bieńcki, Tel. 089/742 10 59, www.bienki.pttk.pl, bozena.bienki@poczta.neostrada.pl; 1. Mai–31. Okt.

▶ Stanica Wodna in Babięta, 11-711 Nawiady Babięta 43, Tel./Fax 089/742 00 17, www.mazury.cso.pl/babieta, stanica@optikom.pl; 1. Mai–30. Sept.

▶ Stanica Wodna in Spychowo, ul. Juranda 28a, 12-150 Spychowo, Tel. 089/622 52 78, Fax 622 53 30, www.stanica.net, spychowo@post.pl; 1. Mai–30. Sept.

▶ Stanica Wodna in Zgon, 11-710 Piecki Zgon 46, Tel. 089/742 01 14, www.mulik.w.pl, gmulik@tlen.pl; 1. Mai–30. Sept.

- Stanica Wodna in Krutyń, 11-710 Piecki Krutyń 15, Tel./Fax 089/742 12 93, www.kajaki-krutynia.pl; 1. April–31. Okt.
- Stanica Wodna in Nowy Most, 12-210 Ukta Nowy Most, Tel. 087/423 60 45, www.nowymost.pl; 1. Mai–30. Sept.
- Stanica Wodna bei Ukta, 12-210 Ukta, Tel. 087/425 70 46; 1. Mai–30. Sept.
- Stanica Wodna in Kamień, 12-210 Ukta, Tel 087/423 60 22, www.kamien.pttkmazury.pl, 1. Mai–30. Sept.
- ›Perkun‹, Krutyń 4, Tel 089/742 15 56. Spezialität des Veranstalters sind anderthalbstündige Stakfahrten mit Bootsführern.
- ›AS-Tour‹, Biuro Turystyki Kajakowej, Krutyń 4, Tel. 089/742 14 30, www.splywy.pl. Im Programm sind z. B. ganztägige Paddelausflüge bis Ukta, Nowy Most oder Spychowo mit anschließendem Rücktransport.

Sorkwity

Startpunkt der Krutynia-Paddeltour ist die PTTK-Wasserstation am Lampackie-See beim Örtchen Sorkwity (Sorquitten), wenige Kilometer westlich von Mrągowo, die neben einem Zelt- und Caravan-Platz einfache Unterkunft bietet und außerdem Boote verleiht. Dank der großen Beliebtheit der Krutynia-Tour ist sie in der Hochsaison jedoch meistens ausgebucht, und auch alle Boote sind ausgeliehen, weshalb es sich empfiehlt, rechtzeitig zu reservieren. Gleich nebenan blickt das

Lauschiges Plätzchen an der Krutynia

zinnenbewehrte Backsteinschloß der Grafen von Mirbach, 1850–56 im englischen Tudorstil erbaut, einer ungewissen Zukunft entgegen. Ab 1957 Ferienheim der Traktorenfabrik ›Ursus‹ bei Warschau, wurde das Schloß 1998 privatisiert und zum Hotel umgebaut. Das Hotel ist aber bereits wieder geschlossen, und es ist noch nicht klar, was mit dem Gebäude weiter passiert. Schönste Sehenswürdigkeit in Sorkwity ist die kleine Dorfkirche im Ortszentrum nördlich der Landstraße. Von außen wirkt sie zwar unscheinbar, doch ihr Inneres stellt eines der hübschesten Beispiele des masurischen Bauernbarocks dar. Besonderes Augenmerk verdienen der Holzaltar, in dessen Zentrum die Golgatha-Szene steht, umgeben von masurischen Fischern, Bauern und Schloß Sorkwity im Hintergrund, sowie der reich verzierte hölzerne Taufengel, der an einem Seil von der Decke herabschwebt und mit seiner silbernen Schale als Taufbecken dient.

Vorwahl Sorkwity: 089. Postleitzahl: 11-731.

›Hotel im Park‹, Jędrychowo 15, Tel. 742 80 84, Fax 742 86 09, www.hotelimpark.com.pl; DZ im Hauptgebäude um 200 Złoty, in der Dependance um 140 Złoty. Romantisches altes Gutshaus, idyllisch im Park am Lampackie-See gelegen, vornehm und elegant, sehr guter Service, vorzügliches Restaurant, in dem der Gast zwischen regionalen und altpolnischen Spezialitäten wählen kann.

PTTK-Wasserstation (Stanica Wodna PTTK), ul. Zamkowa 13, Tel./Fax 742 81 24, www.sorkwity.pttk.pl, sorkwity@pttkmazury.pl; 1. Mai–30. Sept.

Jezioro Mamry

Unweit von Kętrzyn (Rastenburg) und der Grenze zum Ermland bildet der Jezioro Mamry (Mauersee) das nördliche Herz von Masuren. 104 Quadratkilometer ist er groß und besteht im Grunde aus einer Vielzahl miteinander verbundener Binnengewässer: im Norden dem eigentlichen Mamry-See mit dem Urlauberzentrum Węgorzewo (Angerburg) an seinen Ufern und im Süden am Jezioro Kisajno (Kissainsee) dem größten Wassersportzentrum Masurens, Giżycko (Lötzen). Dazwischen erstrecken sich die Seen Święcajty, Dargin, Labap und Dobskie (Schwenzait-, Dargainen-, Labap- und Dobensee), um nur die wichtigsten zu nennen. Alle diese Gewässer machen zusammengenommen mit gut 20 Kilometern Länge und bis zu 12 Kilometern Breite den Jezioro Mamry aus, den zweitgrößten See in ganz Polen. Ein Paradies für Wassersportler ebenso wie für Vogelliebhaber.

Am Jezioro Mamry

Auf seinen über 30 Inseln haben zahlreiche seltene Wasser- und Raubvogelarten in Naturschutzgebieten eine Heimat gefunden.

Um ihn an den noch größeren, südlichen Jezioro Śniardwy (Spirdingsee) anzubinden, hob man bereits in den Jahren 1765 bis 1772 die ersten Kanäle zwischen Mauersee, Löwentinsee (Jezioro Niegocin) und Talter Gewässer (Jezioro Tałty) aus. Allmählich entstand so ein über 200 Kilometer langes Wasserwegenetz, das südlich über die Pisa (Pissek) zudem noch an die Weichsel anknüpft. Dagegen wurde im Norden der Masurische Kanal, der Angerburg vom Mauersee aus mit dem Pregel und damit der Ostsee verbinden sollte, nie vollständig fertiggestellt.

1911 wurde der Bau der künstlichen Wasserstraße in Angriff genommen, doch zwei Weltkriege und die nachfolgenden Gebietsveränderungen verhinderten seine Vollendung. So dient der Kanal heute, wie die meisten masurischen Gewässer, ausschließlich den Freunden des Wassersports.

Für historisch Interessierte bieten sich rund um den Jezioro Mamry Ausflüge zum verfallenen Schloß Steinort in Stynort und zu den Bunkeranlagen des Generalstabs der deutschen Wehrmacht in Mamerki (Mauerwald) an. Und auch die quirligen Urlaubsorte Węgorzewo und Giżycko sollte man nicht verpassen.

Węgorzewo

Keine 20 Kilometer unterhalb der Grenze zum russischen Bezirk Kaliningrad liegt am Nordufer des Jezioro Mamry am Flüßchen Węgorapa (Angerapp) die 13000 Einwohner zählende Kleinstadt Węgorzewo (Angerburg). Einst wurde sie ›das nördliche Tor nach Masuren‹ genannt, denn bevor Stalin das alte Ostpreußen 1945 mit dem Lineal in zwei Teile zerschnitt, war sie das beliebteste Ausflugsziel der Königsberger ins Land der tausend Wälder und Seen. Selbst die Węgorapa orientiert sich nach Norden, mündet bei Węgorzewo nicht etwa in den Mamry-See ein, sondern strömt aus ihm hinaus, um schließlich bei Insterburg, dem heutigen Černjachovsk, am Zusammenfluß mit der Inster den Pregel zu bilden.

Węgorzewo ist eine relativ späte Gründung des Deutschen Ordens. 1335 errichteten die Ritter am Seeufer eine erste hölzerne Wehrburg, die jedoch noch im selben Jahr von den Litauern schon wieder zerstört wurde. Im späten 14. Jahrhundert wenig landeinwärts aus Stein wieder aufgebaut, entwickelte sich im Schatten der Ordensburg eine Siedlung, der Herzog Albrecht Friedrich von Preußen 1571 die Stadtrechte verlieh. 1945 gingen die meisten historischen Bauwerke in Flammen auf. Anschließend durch die hermetisch abgeriegelte Grenze nach Königsberg des angestammten Einzugsgebiets beraubt, wirkte sich nunmehr die Randlage Węgorzewos ungünstig für seine weitere wirtschaftliche Entwicklung aus. So liegt der Reiz des Städtchens heute besonders in seiner herrlichen Lage am nördlichen Gestade des Mamry-Sees, weshalb es sich als idealer Ausgangspunkt für Wasserwanderungen durch die Masurische Seenkette anbietet. Und dies nicht nur in der schönen Jahreszeit. Im Winter ist der Mamry-See ein Dorado der Eissegler.

Die Bewohner Węgorzewos sind es von alters her gewohnt, den Verkehr auf dem Wasserweg abzuwickeln. Bereits 1856 wurde eine Dampfschiffahrtslinie nach Lötzen (Giżycko) eingerichtet - lange bevor die Stadt an das Bahnnetz angeschlossen wurde. Und noch immer verbindet von Mitte Juni bis Mitte September die Żegluga Mazurska (Weiße Flotte Masuren) Węgorzewo kreuz und quer über die Großen Seen mit den Wassersporthochburgen Giżycko und Mikołajki im Süden.

Landschaft bei Węgorzewo

Im Ort selbst lohnt ein Blick in die ursprünglich aus dem 17. Jahrhundert stammende, rekonstruierte Kirche Peter und Paul (Kościół św. Piotra i Pawła) mit einem barocken Hochaltar von 1652 und der ältesten Orgel Masurens, deren Anfertigung auf 1647/48 datiert. In der ebenfalls wiedererbauten, eher unscheinbaren kleinen Ordensburg am Młyński-Kanal sind kommunale Einrichtungen untergebracht, und von dort nur wenige Schritte entfernt befindet sich in der ul. Portowa kurz vor dem Seglerhafen Węgorzewos schönste Attraktion: das Museum der Volkskultur (Muzeum Kultury Ludowej), das in seinen Räumen wie auf dem Freilichtgelände von historischen Haushaltsgegenständen und Handwerksgeräten über Keramik, Tücher und Trachten bis hin zur Volkskunst das Alltagsleben im alten Masuren noch einmal aufleben läßt.

Ein schöner Ausflug führt von Węgorzewo in die Puszcza Borecka und das dortige Wisent-Reservat (siehe Seite 189).

Mamerki und Sztynort Duży

Etwa zehn Kilometer südwestlich von Węgorzewo verbirgt sich im Wald am Seeufer in der Nähe des Forsthauses Mamerki der Bunkerkomplex des deutschen Oberkommandos des Heeres (OHK). Von 1941 bis 1944 war die gespenstische Anlage, die unter dem Decknamen ›Mauerwald‹ entstand, inneres OHK-Hauptquartier sowie Sitz des Heereshauptversorgungsdienstes. Auf sechs Quadratkilometern dehnte sie sich aus, gut getarnt im Schutz des Waldes, mit damals über 220 Objekten – Stahlbetonbunkern, Wach- und Versorgungseinrichtungen sowie Unterkünften, die Platz für gut 1500 Offiziere und Wehrmachtsoldaten boten.

30 Betonbunker und eine Reihe anderer Bauten sind bis heute komplett erhalten. Denn anders als im keine 25 Kilometer Vogelfluglinie entfernten Führerhauptquartier ›Wolfsschanze‹ wurden die Bunker beim Rückzug der deutschen Wehrmacht im Januar 1945 nicht gesprengt. Im dramatischen Gegensatz zu ihnen steht ihre idyllische Lage, die die Besichtigung von Mamerki (Mauerwald) zu einem ambivalenten Erlebnis zwischen schönem Waldspaziergang und Gruselschau macht.

Anfahrt: Etwa sechs Kilometer westlich von Węgorzewo nach Süden in das schmale Landsträßchen Richtung Sztynort abbiegen. Kurz nach dem Kanal Mazurskie (Masurischer Kanal) folgt ein großer Waldparkplatz mit dem Einlaß zum Bunkergelände.

Nicht weit südlich davon ist auch der Name der alten Besitzer von Schloß Steinort (Sztynort) mit den Schrecken des Nationalsozialismus verbunden. Letzter Schloßherr auf dem einst prachtvollen, auf einer Halbinsel zwischen Jezioro Mamry und Jezioro Dargin (Dargainensee) gelegenen Anwesen war Heinrich Graf Lehndorff (1909–1944). Als Mitverschwörer des mißglückten Attentats in der Wolfsschanze auf Adolf Hitler am 20. Juli 1944 wurde er kurze Zeit später verhaftet und in Berlin-Plötzensee hingerichtet. Weit über 500 Jahre währte die Anwesenheit derer von Lehndorff auf der Halbinsel Steinort, bis zum Jahr 1422 läßt sie sich in Dokumenten zurückverfolgen. Ab 1688 begannen dann unter Marie Eleonore Dönhoff, Witwe des Ahasverus von Lehndorff, die Bauarbeiten zu dem repräsentativen Barockschloß – der ›großen Wildnis am See‹, wie sie genau zwei Jahrhunderte später ihre Nachfahrin Marion Gräfin Dönhoff in den Erinnerungen an ihre ›Kindheit in Ostpreußen‹ beschrieb.

Mittlerweile erinnert kaum noch etwas an die vergangene Pracht. Der Zustand von Schloß Steinort ist mehr als beklagenswert. Vorwerk und Wirtschaftsgebäude verwahrlost, ist der Herrensitz selbst fast eine Ruine. Verschiedene neue Besitzer, darunter der letzte kommunistische Premier Mieczysław Rakowski und anschließend Privatinvestoren, versuchten mit seiner Restaurierung vergeblich ihr Glück. Schloß Sztynort ist einfach zu groß, und Jahr um Jahr, das weiter verstreicht, arbeitet gegen seinen Erhalt. Die hundertjährigen Eichen im verwilderten Schloßpark wurden dagegen unter Naturschutz gestellt, und so sind die verwaisten Gemäuer heute wahrhaftig eine ›Wildnis am See‹.

Vorwahl: 087.
Postleitzahl: 11-600.
www.wegorzewo.pl.
Touristeninformation, an der Hauptstraße am plac Wołnosci 11, Tel./Fax 427 40 09; Mo–Fr 9–17 Uhr.

Pension ›Nautic‹, ul. Słowackiego 14, Tel. 427 45 08, Fax 427 20 80; DZ um 200 Złoty. Freundliche Unterkunft in großzügigem Gebäude hinter der kleinen Ordensburg am Młyński-Kanal, wenige Schritte zum Seglerhafen, mit Sonnenterasse, kleinem Swimmingpool, Fahrrad- und Bootsverleih; das Restaurant bringt polnische Küche und köstliche masurische Fischspezialitäten auf den Tisch.

Pension ›Aniata‹, Trygort 132, Tel. 427 12 94, Fax 427 42 91; DZ um 125 Złoty, Zweipersonen-Apartment um 210 Złoty, Vierpersonen-Apartment um 350 Złoty, die 2006 neueröffneten Vierpersonen-Apartments mit Küche um 500 Złoty, Mai–Sept. Traumhaft auf der Halbinsel Trygort (5 km westlich von Węgorzewo) gelegenes, lauschiges Anwesen am Mamry-See, von 13 Hektar Garten und Wiesen umgeben, mit eigenem Strand, Bootsanleger, Bootsverleih und großartigem Blick über die masurische Seenlandschaft.

Jugendherberge, ul. Portowa 6, Tel. 427 32 82; Juli und August.

Camping ›Rusałka‹, ul. Leśna 2, Tel. 427 21 91, Fax 427 29 49, www.cmazur.pl; 1. Mai–30. Sept. Großer Platz an Węgorzewos Stadtstrand am Święcajty-See.

Museum der Volkskultur (Muzeum Kultury Ludowej), ul. Portowa 1. Das Museum erinnert in seinen Räumlichkeiten wie auf dem Freilichtgelände anhand zahlreicher Exponate an die Traditionen des kunterbunten Bevölkerungsgemischs – Polen, Litauer, Deutsche – im alten Masuren; besonderes Schmankerl auf dem Freilichtgelände sind die historischen Werkstätten, in denen man im Sommer Töpfern, Webern, Spinnern und Korbflechtern bei ihrer Arbeit wie in früheren Zeiten zuschauen kann.

Weiße Flotte Masuren (Żegluga Mazurska), Tel. 562 22 07, www.zeglugamazurska.com.pl; Mitte Juni–Mitte Sept. Schiffsausflüge über den Mamry-See zu den Inseln und nach Giżycko, Tickets und Abfahrt im Hafen.

Klub ›Morski Lok‹, ul. Braci Ejsmontów 2, Tel. 427 31 85. Paddel- und Segelbootverleih.

Giżycko

Das 30 000 Einwohner zählende Kreisstadt Giżycko (Lötzen) im Herzen der Großen Masurischen Seen ist nicht nur die größte Stadt, sondern neben Mikołajki auch das beliebteste Wassersportzentrum in der Region. Die im Gemeindegebiet liegenden Seen machen rund 25 Prozent der Stadtfläche aus. Besonders die phantastische Lage zwischen dem Jezioro Niegocin (Löwentinsee) im Süden und dem Jezioro Kisajno (Kissainsee) im Norden der Stadt machten Lötzen schon in den ersten Tagen des Fremdenverkehrs zu einem vielbesuchten Ferienziel. Der

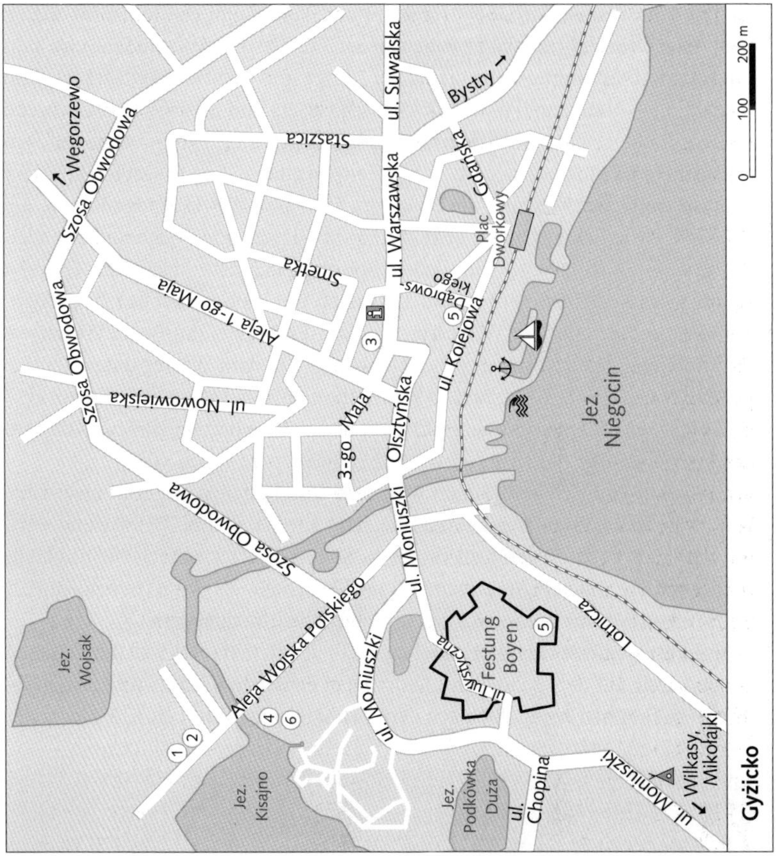

Legende

1 Hotel ›Europa
2 Hotel ›Mazury‹
3 Hotel ›Jantar‹
4 Wassersportzentrum ›COS‹
5 Jugendherbergen
6 Segelsportzentrum ›Almatur‹

Kanal, der die beiden Seen miteinander verbindet, wurde bereits im Jahre 1772 ausgehoben. Die wirtschaftliche Bedeutung des Durchstichs schwand im Lauf der Jahrhunderte zwar, doch stieg dafür die Attraktivität des Seengebiets für den Wassersport umso mehr.

Urlauber und Wassersportler aller Art bestimmen die muntere Atmosphäre der Stadt. Hotels, Pensionen und Privatzimmer sind reichlich vorhanden, ebenso

Camping- und Biwakplätze, Schiffsanleger und Versorgungsstationen für Segler. Knapp zwei Dutzend Jachthäfen liegen an den Gewässern rund um Giżycko, acht Fahrradrundrouten mit unterschiedlicher Länge und Schwierigkeitsgraden sind in der schönen Natur rund um den Ort ausgewiesen, und darüber hinaus wurden zwei neue Paddelrouten entwickelt: die 32 Kilometer lange ›Sapina-Tour‹ auf dem gleichnamigen Flüßchen mit Start am Zeltplatz beim Forsthaus Kruklin und Endpunkt beim Dorf Ogonki am Święcajty-See sowie die ›Galinden-Route‹, die 30 Kilometer östlich in Orzysz beginnt und in Giżycko am Niegocin-See endet. Angaben und Adressen zu sämtlichen Sportmöglichkeiten rund um Giżycko hält die Touristeninformation parat. Und auch wer nicht selbst segelt, paddelt, schwimmt, rudert oder zur Winterzeit auf dem Eis segelt, kann vom Wasserverkehrsknotenpunkt Giżycko aus schöne Ausflüge auf dem Wasser unternehmen. Die Schiffe der Żegluga Mazurska (Weiße Flotte Masuren) verbinden den 1337 vom Deutschen Orden gegründeten Ort mit dem nördlichen Węgorzewo und dem südlichen Mikołajki.

Historische Sehenswürdigkeiten wird man im Städtchen dagegen nicht viele finden. Allenfalls die im Zentrum aufragende Kirche ist eine Erwähnung wert. 1827 wurde sie nach Plänen Karl Friedrich Schinkels erbaut, doch will das nicht allzuviel heißen. ›Nach Plänen‹ meint oft nicht viel mehr als einen Generalentwurf aus der Werkstatt des vielbeschäftigten preußischen Baumeisters.

Das interessanteste, wiewohl jahrelang nicht genutzte Bauwerk ist die zwischen 1843 und 1851 auf dem schmalen Landstreifen zwischen Kissain- und Löwentinsee erbaute Festung Boyen, die nach dem damaligen preußischen Kriegsminister

Am Badestrand von Giżycko

Hermann von Boyen benannt wurde. Die aus Backsteinen gemauerten Wälle der sternförmigen Anlage sind noch sehr gut erhalten. Sukzessive wurden sie restauriert und Gästen zugänglich gemacht. Dazu gründete sich 1993 in Giżycko die Gesellschaft der Freunde der Festung Boyen e.V., die mit viel Engagement den Erhalt dieses Denkmals der Militärarchitektur betreibt. Mittlerweile bietet es Raum für ein Museum über die Geschichte der Festung, eine Jugendherberge und eine Freilichtbühne. Eine Bereicherung für den ohnehin quirligsten, geschäftigsten, lebendigsten Haupturlaubsort im Herzen der Großen Masurischen Seen.

Vorwahl: 087.
Postleitzahl: 11-500.
www.gizycko.um.gov.pl.
Touristeninformation, ul. Warszawska 7, Tel. 428 52 65, Fax 428 57 60, www.gizycko.turystyka.pl, infogizycko@post.pl; Mai, Juni und Sept. Mo–Fr 8-17, Sa 10–16, Juli und Aug. Mo–Fr 8–19, Sa/So 10–18, Okt.–April Mo–Fr 8–16 Uhr.

Hotel ›Europa‹ [1], al. Wojska Polskiego 37, Tel. 42 93 00-1, -3, Fax 429 25 54, www.hoteleuropa-gizycko.pl; DZ um 190 Złoty. Großes Komforthotel mit Restaurant, eigenem Strand und Bootsanleger am Kisajno-See.

›Mazury‹ [2], al. Wojska Polskiego 56, Tel. 428 46 99, Fax 428 59 56, www.hotelmazury.end.pl, hotelmazury@wp.pl; DZ um 190 Złoty. Weitläufige schöne Anlage gegenüber vom Hotel ›Europa‹.

›Jantar‹ [3], ul. Warszawska 10, Tel./Fax 428 54 15; DZ um 100 Złoty. Freundliches Haus mit gediegenen Zimmern und herzlichen Gastgebern an der Hauptstraße im Zentrum Giżyckos, im Restaurant reicht man herzhafte Küche und Kuchen aus dem eigenen Ofen.

›Mazurska Zagroda‹ (Masurischer Hof), 11-511 Rydzewo (9 km südlich am Niegocin-See), Tel./Fax 421 12 53, www.pawelczyk.rydzewo.com; DZ um 100 Złoty. Idyllischer kleiner Gasthof am Seeufer, die Zimmer ebenso geschmackvoll wie urig, elegant, gepflegt und gemütlich.

Wassersportzentrum ›COS‹ [4] (Centralny Ośrodek Sprotu), ul. Moniuszki 22, Tel./Fax 42823 35 37, www.gizycko.cos.pl; DZ um 80 Złoty. Funktionale Unterkünfte auf dem Gelände des größten Giżyckoer Wassersportzentrums, das auch den polnischen Olympioniken als Trainingsort dient.

Jugendherberge [5], ul. Kolejowa 10, Tel./Fax 428 22 24; ganzjährig.

Jugendherberge in der Feste Boyen [5], ul. Turystczna 1, Tel./Fax 428 29 59; Mai–Sept.

Camping ›Wilkasy‹, ul. Niegocińska 1, 11-532 Wilkasy,

Tel./Fax 428 00 78, www.pttkwilkasy.prv.pl, pttlwilkasy@poczta.prv.pl; 1. Mai–30. Sept. Schönster Platz am Ort, wenige Kilometer südlich beim Dorf Wilkasy am Ufer des Niegocin-Sees.

Gasthaus ›Pod Czarnym Łabędziem‹ (Zum schwarzen Schwan), auf einer Landzunge zwischen Niegocin- und Boczne-See (9 km südlich von Giżycko). In einem fachwerkgeschmückten Fischerhaus mit Seeterrasse. Das Restaurant, behaglich-elegant im historischen Landhausstil mit vielen Antiquitäten eingerichtet, serviert Delikatessen der polnischen, ostpreußischen und litauischen Küche; auf dem Gelände angeschlossen sind ein kleiner Zeltplatz und Bootsanleger.

Feste Boyen, ul. Turustyczna 1, nach Vereinbarung mit der ›Gesellschaft der Freunde der Feste Boyen‹ finden von Juni–Sept. Führungen durch die alte Militäranlage statt, Tel./Fax 428 29 59.

Zahlreiche Anbieter leihen Drahtesel aus, vom Wassersportzentrum ›COS‹ über die Campingplätze bis hin zu Kleinunternehmern, Hotels und Pensionen. Eine vollständige Liste findet man in der Touristeninformation.

Klub Jedźiecki ›Lange‹, in Werner Langes Gestüt ›Grüner Hof‹ im Weiler Pieczonki (6 km nordöstlich Richtung Krulanki), Tel. 428 23 86. Neben Reiten, Kutsch- und Pferdeschlittenfahrten bieten sich zum Übernachten ein Zeltplatz und im Gutshaus 14 Plätze an.

Reitzentrum ›Osrodek Rekreacyjno-Jezdziecki Gajewo‹, an das Hotel ›Gajewo‹ angeschlossen, ul. Suwalska 5, Tel./Fax 428 58 46, www.gajewo.pl.

Mehr als drei Dutzend Wassersportgeräte-Verleihe bieten vom Tretboot über Kanu und Kajak bis zu den unterschiedlichsten Segelboottypen eine ganze Palette von Wassersportmöglichkeiten an. Eine vollständige Liste sämtlicher Jacht- und Paddelbootcharter hält die Touristeninformation bereit. Die größten sind:

Wassersportzentrum ›Almatur‹ [6], ul. Moniuszki 24, Tel./Fax 428 59 71, www.sail-almatur.pl.

Wassersportzentrum ›COS‹ [4], ul. Moniuszki 22, Tel./Fax 428 23 35-37, www.gizycko.cos.pl.

Weiße Flotte Masuren (Żegluga Mazurska), Tel. 562 22 07, www.zeglugamazurska.com.pl; Mitte Juni–Mitte Sept. Schiffsausflüge über die Großen Masurischen Seen bis nördlich Węgorzewo und südlich Ruciane-Nida, Tickets und Abfahrt im Hafen.

Holzkirche unweit der Schleuse Mikaszowka
Das ländliche Masuren; Unterwegs mit Kuh

Puszcza Borecka

Ein schöner Ausflug von Giżycko aus führt nordöstlich in die etwa 20 Kilometer entfernte Hügellandschaft der Puszcza Borecka (Borkener Forst). In dem rund 250 Quadratkilometer großen Kiefer-, Fichten- und Laubwald wohnen im Dickicht zwischen Seen, Tümpeln und Mooren Marder, Iltis, Biber und Dachs. In den Baumkronen haben bedrohte Raubvögel ihre Horste gebaut, und sogar Luchse und Wölfe wurden in jüngster Zeit wieder gesehen. In vier Reservaten ist die Natur sich selbst überlassen, so daß sich der urwüchsige Wald dort allmählich in einen Urwald verwandelt. Dazwischen glitzern die kristallklaren Seen Szwałk Wiekli und Mały (Großer und Kleiner Schwalgsee), Pilwąg (Pillwungsee) und Łaźno (Haschner See), von denen aus die Paddelroute über die Ełk-Seenplatte startet. Im Reservat Lipowo kann man mit viel Glück sogar eine Rotte der Anfang des 20. Jahrhunderts beinahe ausgestorbenen Wisente sehen. Wenige Exemplare dieser sehr scheuen Verwandten der Bisons konnten im ältesten polnischen Nationalpark, dem Białowieża-Nationalpark südöstlich von Białystock, gerettet und wieder aufgezüchtet werden. 1956 brachte man dann eine Gruppe Wisente von dort in die Puszcza Borecka. Rund 70 dieser urtümlichen Wildrinder tummeln sich heute im Borkener Forst. Am besten lassen sie sich an der Wisentzuchtstation (Stacja Hodowli Żubrów) in Wosilko nördlich des Flecken Lipowo beobachten.

Jezioro Śniardwy

Mit fast 114 Quadratkilometern Ausdehnung ist der Jezioro Śniardwy (Spirdingsee) der größte See Polens. Bei einer maximalen Tiefe von 32 Metern dehnt er sich über eine Länge von rund 22 Kilometern und eine Breite von beinahe 13 Kilometern aus. Bis zum Horizont wandert der Blick über das Wasser, weshalb man den Śniardwy-See auch das ›Masurische Meer‹ nennt. Wenn es vom Mamry-See heißt, daß er mit seinen Sandbänken ein unwegsames Gewässer sei, so kann das Masurische Meer unerfahrenen Wassersportlern sogar gefährlich werden. Vor allem im Bereich der Inseln und Halbinseln verstecken sich zahlreiche Felsblöcke manchmal unmittelbar unter der Wasseroberfläche, und hohe Schilfgürtel und steinige Untiefen machen die Seeufer schwer zugänglich. Typisch für den Śniardwy-See sind schnelle Wetterwechsel. Besonders im Frühjahr, sobald das Eis getaut ist, peitscht plötzlich scharfer Wind das Wasser zu hohen Wellen auf. Seelenver-

Störche sind die Wahrzeichen Masurens; Begegnung auf der Wiese
Marienstatue

Am ›Masurischen Meer‹

käufer und Nußschalen sollten dann, bevor sich der Himmel vollends verdunkelt, unverzüglich das rettende Ufer ansteuern. Meist aber zeigt der Śniardwy-See sein friedliches Gesicht. Meterbreite Schilfgürtel wiegen ihre Köpfe im leichten Wind, der sanft über das Wasser streicht, in dem sich Hechte, Aale, Schleie, Barsche und Maränen tummeln. Die Schilfgürtel bevölkern zahlreiche Vogelarten: Möwen, Kormorane und Fischreiher, und mit etwas Glück kann man auch Adler beobachten, deren Horste sich in den dichten Wäldern der südlichen Seeufer befinden.

Auf dem Inselchen Czarci Ostrów (Teufelsinsel), wo sich von 1748 bis 1796 eine preußische Festung befand, sollen sogar böse Geister umgehen. Es seien die Seelen der den prußischen Chefgöttern Perkunos, Pekollos und Patrimpe geopferten Menschen, erzählt man sich. Tatsächlich belegen Ausgrabungen der letzten Jahre die Annahme, daß die Insel im 12. Jahrhundert eine Kultstätte der Prußen war.

Mikołajki

Wer sich auf dem Wasserweg nach Mikołajki (Nikolaiken), dem wohl bekanntesten Ferienort in Masuren begibt, wird noch unterwegs die Bekanntschaft mit dem sagenhaften ›Stinthengst‹ machen. In Gestalt eines Holzfischs mit kleinem Krönchen auf dem Haupt schwimmt der ›Król Sielaw‹ (König der Maränen), an einen Brückenpfeiler gekettet, an der Einfahrt in den Mikołajki-See. Seit dem 16. Jahrhundert soll er dort bereits gefangengesetzt sein, so berichtet es zumindest die Sage: Als gefürchteter Feind der Fischer zerstörte der Stinthengst ihre

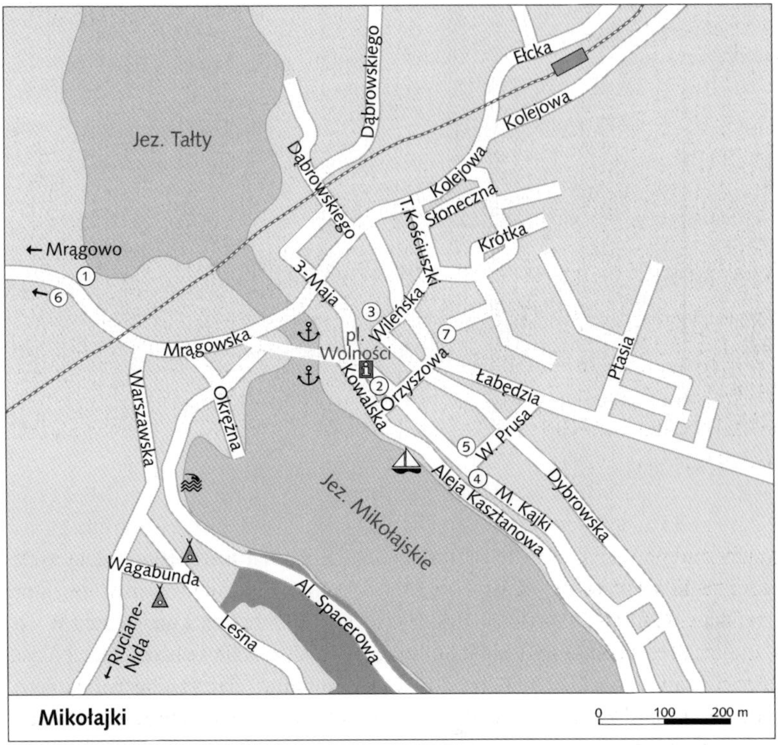

Mikołajki

Legende

1 Hotel ›Gołebiewski‹
2 Hotel ›Mazur‹
3 Hotel und Wohnmobilstellplatz ›Caligula‹
4 Pension ›Mikołajki‹
5 Hotel ›Król Sielaw‹
6 Gästehaus ›Pod Świerkiem‹
7 Jugendherberge

Netze und brachte ihre Boote zum Kentern, so daß der Fischfang fast zum Erliegen kam und Hunger einzog. Den Gebeten und Opfergaben, die eine tapfere Frau an die alten prußischen Gottheiten richtete, war es zu verdanken, daß der Fischkönig schließlich ins Netz ging. Als die Nikolaiker dann über ihn Gericht halten wollten, begann er plötzlich zu sprechen und bot ihnen allezeit volle Netze an. Also beschloß man, ihn am Leben zu lassen, aber sicherheitshalber an den Brückenpfeiler zu schmieden - genau an der Stelle, an der er heute noch schwimmt. An der Fußgängerbrücke über die schmalste Stelle zwischen Jezioro Tałty (Talter Gewässer) und Jezioro Mikołajskie (Nikolaiken-See) wird das Wahrzeichen von

Der sagenhafte Stinthengst ist das Wahrzeichen von Mikołajki

Mikołajki alljährlich rechtzeitig zum Saisonstart zu Wasser gelassen, damit es die Segel- und Paddelboote, die in den Ort einziehen, standesgemäß begrüßt.

Ein ebenbürtiger Gevatter aus Stein schmückt den Brunnen auf dem rechteckigen Marktplatz im Herzen des ›Masurischen Venedig‹, wie man das Dorf mit dem Stinthengst im Wappen dank seiner traumhaften Lage zwischen den Großen Seen auch nennt. 1444 wurde es erstmals als Nickelsdorf oder Niklasdorf erwähnt, nach dem Beschützer der Seefahrer, dem heiligen Nikolaus. 1726 bekam es von König Friedrich I. das Stadtrecht verliehen - und schlief weiter seinen Dornröschenschlaf. Erst mit der Erfindung der Sommerfrische Ende des 19. Jahrhunderts kehrte im Juli und August zeitweilig Unruhe ein. Doch bald darauf senkte sich wieder die Schläfrigkeit über den Ort, so wie sie Arno Surminski in seiner Erzählung ›Die Reise nach Nikolaiken‹ beschreibt: »Brachen neue Zeiten an, erreichten sie Masuren mit gehöriger Verspätung so um die Vesperzeit, nachdem sie sich unterwegs ausgetobt hatten.«

In der Sommerzeit hat sich dieses Bild mittlerweile gewandelt. War das keine 5000 Einwohner zählende Mikołajki schon zu Zeiten der Volksrepublik einer der beliebtesten Ferienorte, prägt der Tourismus heute vollauf die Atmosphäre. In einem Jahrzehnt hat sich die bebaute Fläche beinahe verdoppelt. Vieles ist neu entstanden, zur Freude der Urlauber, die auf eine ausgezeichnete touristische Infrastruktur zurückgreifen können, ebenso wie für die Einheimischen, denen der Tourismus Arbeit und Einkommen bringt. Zahlreiche neue Hotels und Pensionen haben eröffnet, die, ob luxuriös oder spartanisch, elegant oder lauschig, für jeden Geschmack Unterkunft bieten. Zwischen Marktplatz und Mikołajki-See prangt ein neues Fußgängerviertelchen im historisierenden Fachwerkstil, in dem sich ebenerdig Cafés, Restaurant und Boutiquen einquartiert haben und in den Etagen darüber den Urlaubern Apartments zur Verfügung stehen. Den benachbarten, denkmalgeschützten alten Speicher hat man liebevoll restauriert und zur Seepromenade hin Restaurants in ihm untergebracht. Ein weiteres kleines Flanierviertel mit Pianobars, Restaurants, Galerien, Geschäften und Unterkunftsmöglichkeiten ist jenseits der zentralen Dorfstraße entstanden, und allerorts herrscht in der Sommerzeit buntes Treiben. Im Hafen klappern vor Biergärten und Fischbuden die Tampen zahlloser Segelboote im Wind, und nahebei laden die Dampfer der Weißen Flotte zu Ausflugspartien nach Giżycko oder über den Śiardwy-See nach Ruciane-Nida ein. Doch trotz allem Trubel hat sich das kleine Mikołajki seinen dörflichen Charakter bewahrt. Spätestens Ende September werden die Rollos heruntergezogen und die Bordsteine hochgeklappt - und es fällt wieder in seinen Dornröschenschlaf.

Am Marktplatz in Mikołajki

Jezioro Łuknajno

Zwei markierte Rundwanderwege führen von Mikołajki aus östlich zum etwa fünf Kilometer entfernten Biosphärenreservat am Jezioro Łuknajno (Lucknainer See), wo jährlich um die tausend Höckerschwanpaare ihre Nachkommen ausbrüten. Mit durchschnittlich nur 60 Zentimetern Tiefe bietet ihnen der Łuknajno-See optimale Aufzuchtbedingungen, da sie die Nahrung leicht vom Gewässergrund aufnehmen können. Im Frühjahr legen die acht bis zwölf Kilogramm wiegenden Vögel, die damit zu den schwersten flugfähigen überhaupt zählen, ihre Eier dort im Schilf, bebrüten sie über einen Monat lang und betreiben, nachdem die Jungen geschlüpft sind, bis zum Sommerende die Pflege. Erst Mitte bis Ende September sind die Kleinen flügge, so daß man sie die ganze schöne Jahreszeit über vom Ufer aus beobachten kann. Das Reservat selbst darf nicht betreten werden, einerseits um die Brutruhe nicht zu stören, und andererseits auch, um die Menschen vor den Schwaneneltern zu schützen, die, solange die Jungen unter ihren Fittichen sind, recht aggressiv sind und ordentlich zubeißen können. Von den Hochsitzen am Westufer aus kann man den Tieren jedoch - am besten mit einem Fernglas - jederzeit zusehen.

Vorwahl: 087.
Postleitzahl 11-730.
www.mikolajki.pl.
Touristeninformation, plac Wolności 3, Tel. 421 68 50, info@mikolajki.pl; Sommersaison tägl. 9–20, Okt.–Ende Mai offiziell Mo–Fr 8–15 Uhr, oftmals aber geschlossen.

Hotel ›Gołebiewski‹ [1], ul. Mrągowska 34, Tel. 429 07-00, Fax -44, www.golebiewski.pl; DZ um 350 Złoty. Weithin sichtbare, wie eine Festung auf einem Hügel über dem Ort thronende Hotelanlage mit mehr als 500 Komfortzimmern, Bars und Restaurant, Tennisplätzen und darüber hinaus einem Spaßbad (7–22 Uhr) sowie einer ›Golfakademie‹ mit Driving Ranch und kleinem Green; Badespaß und Golfabschlag stehen gegen Entgelt auch Nicht-Hotelgästen zur Verfügung.

›Mazur‹ [2], plac Wolności 6, Tel. 42 16 94-1, Fax -3; DZ um 200 Złoty, Okt.–Mitte April in der Regel geschlossen. Im restaurierten historischen Rathaus am Markt, stilvoll, mit vorzüglichem Restaurant.

›Caligula‹ [3], plac Handlowy 7, Tel. 421 98 45, Fax 421 63 19, www.caligula.pl; DZ um 200 Złoty. Ansprechende Neubauvilla im Flanierviertel am neuen plac Handlowy, freundlicher Mittelklassekomfort, im Restaurant mit Biergarten polnische und regionale Spezialitäten; der etwas anrüchige Name rührt vom bekanntesten masurischen Eissegelschiff ›Caligula‹ her, das Hotel ist das Eissegelzentrum in der Region und verfügt über die größte Flotte von Eisseglern, die den Urlaubern vom ersten Eis bis ins Frühjahr zur Verfügung stehen; mit angeschlossenem Wohnmobilstellplatz.

Pensjon ›Mikołajki‹ [4], ul. Kajki 18, Tel. 421 64 37, Fax 421 68 75, www.pensjonatmikolajki.mazury.info; DZ um 170 Złoty. Schöne, gemütliche Ferienvilla mit Holzbalkonen zur Straße und zum See, mit herrlichem Seeblick und Ankerplätzen für Segelboote direkt vor der Tür, Fahrrad- und Bootsverleih.

Hotel ›Król Sielaw‹ [5], ul. Kajki 5, Tel./Fax 421 63 23, www.krolsielaw.mazury.info, krolsielaw@mazury.info; DZ um 140 Złoty. Kleines, einfaches Haus an der zentralen Dorfstraße, wenige Minuten von Markt und Seeufer entfernt,

mit Pizzeria im Untergeschoß.
Gästehaus ›Pod Świerkiem‹ [6], Prawdowo 44, Tel. 421 54 12, www.dompodswierkiem.prv.pl; DZ um 40 Złoty. Das Gästehaus ›Zur Tanne‹ bietet ländliche Idylle in kleinen Gartenhäuschen, etwa 1,5 km westlich von Mikołajki im Weiler Prawdowo Richtung Inulec-See.

Jugendherberge [7], ul. Łabędzia 1, Tel. 421 67 82; Mai–Sept.

Camping ›Wagabunda‹, ul. Leśna 2, Tel./Fax 421 60 18, www.wagabunda-mikolajki.pl; 1. Mai–30. Sept. Große Anlage direkt am Stadtstrand, mit Bootsstation, Fahrrad- und Kajakverleih.

Jedes Jahr Ende April/Anfang Mai wird im Seglerdorf am Hafen mit zahlreichen Veranstaltungen und einer Regatta die Segelsaison eröffnet.

Wassersportgeräteverleihe finden sich am Campingplatz ›Wagabunda‹ und im Wioska Żeglarska (Seglerdorf) am Segelhafen.

Fahrräder leihen kann man Hotel ›Gołebiewski‹, am Campingplatz und zahlreichen weiteren Anbietern; eine genaue Liste findet man in der Touristeninformation.

Weiße Flotte Masuren (Żegluga Mazurska), Tel. 421 61 02, www.zeglugamazurska.com.pl; Juni–Sept. Schiffsausflüge über die Großen Masurischen Seen, nach Norden bis Giżycko und Richtung Süden nach Wierbza, Ridzweo, Ryn Ruciane-Nida, Tickets und Abfahrt am Anleger an der Brücke.

Der Masurische Landschaftspark

Südlich von Mikołajki dehnt sich auf 55 000 Hektar der Masurische Landschaftspark (Mazurski Park Krajobrazowy) aus. Mit seinem Gründungsjahr 1977 ist er der älteste Naturpark in Ermland-Masuren und umfaßt den gesamten Jezioro Śniardwy (Spirdingsee) sowie südlich und westlich davon große Teile der Puszcza Piska (Johannisburger Heide), einem der größten Waldgebiete in Polen.

Im Landschaftspark noch relativ nahe an Mikołajki gelegen und mit einem schönen Fahrrad-Tagesausflug zu erreichen ist das Örtchen Popielno (Popiellnen) auf der Spitze der Landnase, die sich forsch zwischen Mikołajki-, Śniardwy- und Bełdany-See schiebt. Eine kleine Fähre, auf die auch vier bis fünf Autos passen, setzt im Sommer je nach Bedarf über das Wasser zum Flecken Wierzba über (für das Winterhalbjahr ist stündlich von 11 bis 17 Uhr angeschlagen, doch sollte man sich nicht darauf verlassen, meist ist weit und breit keine Fähre in Sicht). Wierzba besteht aus nicht mehr als einem Konferenzzentrum der Polnischen Akademie der Wissenschaften und einem idyllischen Jachthafen, an dem vornehmlich Warschauer ihre Liegeplätze haben. Von dort geht es durch herrlichen Wald, an Sümpfen und verlandenden Moorseen vorbei nach Polpielno zur zoologischen Forschungsstation, wo sich die Wissenschaftler mit der Wiederansiedlung von Bibern, Wisenten und der Rückzüchtung der ausgestorbenen Tarpanpferde beschäftigen. Das letzte dieser ebenso robusten wie zierlichen, nur bis 1,30 Meter kleinen Wildpferdrasse, die einst in Ostpreußen und im Steppengebiet der Ukraine lebte, wurde 1876 erschlagen. Die heutigen Tarpans, wie man sie auf den Koppeln der ›Stacja Badawcza Rolnictwa Ekologicznego i Hodowli Zachowawczej Zwierząt‹ (Forschungsstation für ökologische Landwirtschaft und Züchtung bewahrenswerter Tiere) in Polpielno vorfindet, sind das Ergebnis der Rückzüchtungen seit 1957. Falls eine Führung erwünscht ist, muß man sich vorher anmelden (Tel. 423 15 19), ansonsten steht das Gelände jedermann für Spaziergänge zur Verfügung. Der Weiler Popielno selbst, neben der Forschungsstation direkt am Ufer des Śniardwy-Sees, besteht aus vier bis fünf blumengeschmückten masurischen Häuschen und einer kleinen Restauration, die für die Verpflegung der Wanderer sorgt.

Weiter südlich schlängelt sich zwischen Mokre- und Bełdany-See (Beldahnsee) die Krutynia durch den dichten Wald der Puszcza Piska, der in Richtung der Dörfer Krutyń und Ukta romantischen Auwäldern, Feldern, Wiesen und Weideland weicht. Sowohl in Krutyń als auch in Ukta hat sich zwischen staubigen Sandwegen manch eines der typischen alten masurischen Holzhäuser bewahrt. Die Wasserstationen mit Bootsverleih laden zu Paddelrunden auf der Krutynia

Bei Popielno im Masurischen Landschaftspark werden Tarpanpferde rückgezüchtet

ein, und wer nicht selbst paddeln mag, hat in Krutyń, wo sich auch der Sitz der Parkverwaltung befindet, die Gelegenheit, sich von einem Bootsmann über das seichte Gewässer staken zu lassen (siehe Seite 173).

Pferdefreunde finden ihr Glück in Gałkowo, nur zwei Kilometer von Ukta entfernt (Straße Richtung Piecki), im Gestüt und Reiterhof ›Ferenstein‹. Für Ausritte, geführte Tagesreitausflüge, Kutschfahrten oder auch zum Reitenlernen stehen auf dem Hof 80 Pferde bereit sowie Ponys für die Kleinen und Drahtesel für alle anderen, die sich lieber auf mechanische Untersätze verlassen. Gästezimmer und eine urige Kneipe im umgebauten alten Stall im Garten des Gestüts sorgen für Unterkunft und zünftige Verpflegung (Stadnina Koni Ferensteinów, Gałkowo 45, Tel. 087/425 71 23).

Südlich von Ukta steht bei Wojnowo (Eckertsdorf) kurz vor der Straße nach Ruciane-Nida auf einem Hügelchen etwas zurückgesetzt das 1847 erbaute kleine Kloster der russischen Altgläubigen (Philipponen). Ab den 20er Jahren des 19. Jahrhunderts fanden die aufgrund ihrer religiösen Anschauung im zaristischen Rußland verfolgten Philipponen in Eckertsdorf und den Nachbarflecken eine neue Heimat. Noch bis weit ins 20. Jahrhundert konnte man in den Dörfern rundum Altrussisch vernehmen. Über einen kleinen Weg erreicht man das Anwesen mit dem Kirchlein ›der Heiligen Dreifaltigkeit und des Erlösers‹, dessen ländlich-pittoresk anmutenden Innenraum zahlreiche schöne Ikonen schmücken. Die 72 kostbarsten Stücke des Altgläubigen-Klosters befinden sich im Schloßmuseum von Lidzbark Warmiński. Hinter der winzigen Abtei liegt der Altgläubigen-Friedhof mit den für die ›Altkirchengebräucher‹ typischen Dreifachkreuzen.

Das Kloster der russischen Altgläubigen in Wojnowo

Ruciane-Nida

Wie Mikołajki zeichnet sich auch der beliebte Urlaubsort Ruciane-Nida (Rudschanny) durch eine traumhaft schöne Lage zwischen zwei Seen aus: Im Norden verbindet ihn der Jezioro Bełdany (Beldahnsee) als schmale Rinne mit dem Śniardwy-See (Spirdingsee), und im Süden erstreckt sich der Jezioro Nidzkie (Niedersee). Das 1960 aus den beiden Dörfern Ruciane und Nida zusammengelegte, keine 5000 Einwohner zählende Örtchen ist Anlegestelle der Weißen Flotte Masuren, deren Dampfer vom Ortsteil Ruciane am Guzianka-Wielka-See aus von Juni bis September Kurs auf Mikołajki, Giżycko und Węgorzewo nehmen. Neben-

Junge Touristen in einem Café in Ruciane-Nida

an geben sich im Seglerhafen des südlichen masurischen Wassersportzentrums von Jolle bis Jacht die Segelboote und außerdem zahllose Paddler ein Stelldichein, und auch an der Schleuse Guzianka, die im gleichnamigen Ortsteil Bełdany- und Nidzkie-See miteinander verbindet, herrscht in der Sommerzeit reges Kommen und Gehen. Zweieinhalb Meter unterschiedlicher Wasserstand werden bei der Schleusendurchfahrt ausgeglichen. Von einer kleinen Brücke aus kann man dem Schleusenbetrieb zusehen und den Sportlern Mast- und Schotbruch zurufen, die entweder über den Bełdany-See dem ›Masurischen Meer‹, dem Jezioro Śniardwy, entgegenziehen oder über den romantischen Nidzkie-See den Süden der Puszcza Piska in Richtung Pisz (Johannisburg) umrunden.

Jezioro Nidzkie

Vielen gilt der malerische Jezioro Nidzkie südlich von Ruciane-Nida als das schönste masurische Gewässer. Seine Ufer sind an vielen Stellen von dichten Schilfgürteln verdeckt, Seerosen blühen am Uferrand und überziehen die kleinen Buchten. Im Ufergebüsch leben Möwen und Seeschwalben, Wildenten, Schwäne, Gänse, Hauben- und Seetaucher, und auch Störche, Reiher und Greifvögel lassen sich an den Gestaden des insgesamt naturgeschützten Nidzkie-Sees sehen.

Wie eine Mondsichel zieht er sich im Bogen durch die Kiefern- und Fichtenwälder der Puszcza Piska (Johannisburger Heide), die mit einer Ausdehnung von über 1000 Quadratkilometern das größte zusammenhängende Waldgebiet in Polen ist. Neben vorherrschend Nadelbäumen und Wacholder im lichten Unterholz gedeihen auf den moorigen Sanderflächen Stieleichen, Ahorn, Moosbirken, Eschen und Erlen sowie eine einzigartige Beerenvielfalt. Auf den Lichtungen und im Dickicht tummeln sich Wildschweine, Rot- und Damwild, Hasen, Füchse und sogar Hermeline. Nahe der Seen nisten Kraniche, Reiher, Sumpfeulen, Uhus und Hühnergeier, und von den sehr seltenen Seeadlern werden über zwanzig Horste gezählt.

Ein etwa zehn Kilometer langer schöner Waldspaziergang führt vom Ortsteil Nida aus am Ufer des Nidzkiesees entlang südwärts zum Forsthaus Pranie (Seehorst). Auf einer Lichtung in der Nähe des Steilufers liegt der weingeschmückte Klinkerbau, und findet man ihn nicht auf Anhieb, helfen vielleicht die Worte seines ehemaligen Bewohners weiter, des Schriftstellers Konstanty Ildefon Gałczyński (1905–1953), der da riet, ›um ein Forsthaus in Masuren zu finden, muß man in den grünen Wäldern einfach nur nach roten Dachziegeln Ausschau halten‹. In seinen letzten Lebensjahren zog sich der ebenso berühmte wie umstrittene Avantgarde-Dichter in die Idylle am Nidzkie-See ins Forsthaus Pranie zurück.

Landschaft bei Ruciane-Nida

Heute ist dort ein kleines Gałczyński-Museum untergebracht, das an sein Leben und umfangreiches Schaffen erinnert; im Sommer finden dort immer sonntags, musikalisch umrahmt, Lesungen von Gałczyński-Gedichten statt.

Vorwahl: 087.
Postleitzahl: 12-220.
www.ruciane-nida.pl.
Touristeninformation, ul. Dworcowa 14 (an der Hauptstraße im Ortsteil Ruciane etwas versteckt in der Ladenzeile gegenüber dem Bahnhof), Tel. 423 19 89, Fax 423 11 40, itruciane-nida@poczta.onet.pl; Juni–Aug. tägl. 9–18, das restliche Jahr Mo–Fr 10–17 Uhr.

Hotel ›Nidzki‹, ul. Nadbrzeżna, Tel. 42 36 40-1, Fax -3, www.hotel.nidzki.ta.pl; DZ um 160 Złoty, die schönsten Suiten um 400 Złoty. Im Jahr 2000 eröffnetes, schönstes Hotel weit und breit, einsam im Wald direkt am Ostufer des Nidzkie-Sees gelegen und königlich schön - 2004 war König Juan Carlos I. von Spanien auf Jagdferien im Hotel zu Gast. Anfahrt: von der Hauptstraße ul. Dworcowa aus nahe der Tankstelle in ein holpriges Asphalt-sträßchen einbiegen, kurz darauf wird es zur Schotterpiste, nach gut 600 Metern ist das Hotel erreicht.
Pension ›Janus‹, ul. Guzianka 1, Tel./Fax 423 64 50, www.janus.e-mazury.com.pl, pensjonatjanus@pro.onet.pl; DZ um 100 Złoty. Freundliches Haus im Ortsteil Guzianka in einer lauschigen Bucht am Bełdany-See, mit großem Garten und eigenem Bootsanleger, Fahrrad- und Wassersportgeräteverleih.

Jugendherberge im Dorf Wejsuny, Wejsuny 17, Tel. 423 18 42; Juli und August. 6 km nördlich Richtung Popielno.

Camping ›U Andrzeja‹, al. Wczasów 17, Tel. 423 10 12, Fax 423 11 31, www.uandrzeja.pl, unadrzeja@interia.pl; Anfang Mai–Mitte Sept. Ausgedehnter Platz, hübsch im Kiefernwald direkt am Nidzkie-See, mit angeschlossener kleiner Pension (DZ um 60 Złoty), Badestrand, Bootsanleger und Wassersportgeräteverleih.

Gałczyński-Museum, im Forsthaus Pranie, Tel. 087/423 19 21.

Camping ›U Andrzeja‹, Verleih von Wassersportgeräten aller Art.
Reisebüro ›Diuna‹, ul. Guzianka 10, Tel./Fax 4230209. Eine gute Adresse für Kajaks und Kanus, hier kann man auch geführte Paddelausflüge buchen.

Weiße Flotte Masuren, Tel. 423 10 43, www.zegluga-mazurska.com.pl; Juni–Sept. Schiffsfahrten über den Nidzkie-See sowie nördlich nach Wierzba, Mikołajki und Giżycko, von der Anlegestelle im Ortszentrum am Guzianka-See.

Der Storch

»Klapperstorch, mein Guter, bring mir einen Bruder; Klapperstorch, mein Bester, bring mir eine Schwester!« So sangen früher die Kinder, wenn sie sich ein Geschwisterchen wünschten, und würde das tatsächlich funktionieren, müßte Masuren einer der bevölkerungsreichsten Landstriche Europas sein.

Ende März, Anfang April kehren die masurischen Störche aus Ostafrika in ihre Brutheimat zurück. Langsam und mit beinahe unbewegten Flügeln, die bis zu zwei Meter Spannweite messen, segelt Meister Adebar – oder Wojtek, wie er in Polen heißt – durch die Lüfte, bis er wieder in seinem Heimatdorf an seinem angestammten Nest angelangt ist.

Ursprünglich brütete der gefiederte Geselle aus der Familie der Stelzvögel auf alten Bäumen und Felsen, doch als Kulturfolger sucht besonders der Weißstorch die Nähe des Menschen.

Sein bis zu zwei Meter breites, vier Meter hohes und zwei Tonnen schweres Nest baut er am liebsten auf Dachfirsten, Schornsteinen und Masten. Ein Storchennest auf dem Hausdach verheißt Glück und bedeutet darüber hinaus, daß kein Blitz dem Haus etwas anhaben kann.

Der Storch stellt hohe Ansprüche an die Qualität seines Lebensraums.

Im intakten offenen Feuchtgrünland, in Auen und auf Wiesen, über die er gemächlich dahinschreitet oder auch auf einem Bein stehend verweilt, sucht er sich seine Nahrung: Regenwürmer, Insekten, Mäuse, Frösche, Eidechsen, Schlangen und Fische – von denen der Nachwuchs pro Jungvogel täglich knapp anderthalb Kilo verschlingt. So schaffen die Eltern während der Brutsaison aus einem Umkreis von maximal drei Kilometern insgesamt fast fünf Zentner Nahrung für ihre hungrigen Kleinen herbei.

Feudaler Storchenwohnsitz ...

Arbeitsteilig haben vorher Herr und Frau ›Klapperstorch‹ zwischen 30 und 35 Tagen auf bis zu vier Eiern ge-brütet, und vor allem während der Paarungszeit ist die Luft von ihrem aufgeregten Schnabelklappern erfüllt.

... und die etwas schlichtere Ausführung

Im August neigt sich der masurische Storchensommer seinem Ende entgegen. Die Jungstörche sind nun erwachsen und versammeln sich in Scharen auf den Feldern. Etwa eine Woche vor ihren Eltern begeben sie sich auf die lange Reise nach Afrika. Auf eine Führung sind sie nicht angewiesen, denn die Zugrichtung ist ihnen bereits ins Nest gelegt: Es geht über den Balkan, den Bosporus, Kleinasien und den Sinai in die Winterquartiere nach Südafrika, weshalb man die mittel- und osteuropäischen Störche ›Ostzieher‹ nennt – die westeuropäischen Störche bevorzugen die Strecke über Gibraltar. Aus Dänemark, Norddeutschland, Polen, dem Baltikum, Rußland und Weißrußland, aus der Ukraine und Tschechien, der Slowakei, Österreich, Ungarn, Rumänien, Slowenien, Kroatien, Bosnien-Herzegowina, Makedonien und Jugoslawien strömen sie zusammen, um weiter südlich auf ihre Verwandten aus Albanien, Griechenland und der Türkei zu treffen und dann gemeinsam dem Niltal nach Süden zu folgen. Bei täglichen Reiseetappen zwischen 150 und 300 Kilometer kommen die Störche acht bis fünfzehn Wochen nach ihrem Aufbruch in Südafrika an, wo sie, solange auf der nördlichen Halbkugel Väterchen Frost regiert, ihre Winterquartiere beziehen und Kraft tanken für ihre Reise im nächsten Frühling zurück nach Europa. Mit etwas Glück begegnet man in den urwüchsigen, undurchdringlichen Waldlandschaften im Nordosten Polens dem sehr selten gewordenem Schwarzstorch: Noch etwa 700 Schwarzstorch-Paare sind in Polen zu Hause, fast die Hälfte aller in Europa beheimateten Schwarzstörche.

Pisz

Das heute knapp 28 000 Einwohner große Pisz (Johannisburg) ist für masurische Verhältnisse vergleichsweise jung. Erst 1645 bekam der Ort am Fluß Pissek (Pisa) die Stadtrechte verliehen. Die Pisa führt aus dem nahegelegenen Jezioro Roś (Roschsee) heraus und entwässert den südlichen Teil der masurischen Seenplatte. Der 19 Quadratkilometer große Jezioro Roś wiederum ist durch den Jegliński-Kanal mit dem Jezioro Śniardwy (Spirdingsee) verbunden, so daß Wasserwanderer auch von Pisz aus ihre ausgedehnten Fahrten über die Großen Masurischen Seen starten können.

Die Stadt selbst ist an Denkmälern nicht reich. Häufige Brände und Kriege haben das alte Johannisburg beinahe vollständig zerstört. Im Zentrum am alten Marktplatz ist im Rathaus ein kleines Heimatmuseum untergebracht, das über die Fauna und Flora der Puszcza Piska, polnisches Schrifttum in Masuren und die Stadtgeschichte informiert. Im Inneren der in den letzten Jahren des 17. Jahrhunderts errichteten, 1843 umgebauten Johanneskirche (Kościół św. Jana) blieben ein Hauptaltar aus der Spätrenaissance und eine Barockkanzel von 1701 erhalten.

Vorwahl: 087.
Postleitzahl: 12-200.
Touristenformation, ul. Daszyńskiego 16 (am zentralen Marktplatz), Tel. 425 09 47, Mitte Juni–Mitte Sept. Mo–Fr 9–18, Sa 10–14, das restliche Jahr Mo–Fr 10–18 Uhr.

Hotel ›Nad Pisą‹, ul. Ratuszowa 13, Tel./Fax 423 32 53, www.hotelnadpisa.w.pl; DZ 160–200 Złoty. Außen wie innen in einem leicht kuriosen Stilmischmasch erscheinendes Komforthotel direkt am Flüßchen Pisa, erstes Haus am Ort.
›Jabłoń‹, skr. poczt. 8, Tel. 423 28 80, Fax 425 07 37, www.jablon.com.pl; DZ um 180 Złoty. Schönes Fachwerkgebäude, 3 km südwestlich von Pisz idyllisch im Wald am Brzozolasek-See, mit Restaurant, angeschlossenem Waldcampingplatz (Mai–Sept.), Badestelle und Bootsverleih.

Jugendherberge im Internat ›ZSO w Pisku‹, ul. Warszawska 1, Tel. 423 26 67; Juli und August.

Camping ›Pisz‹, al. Turystów 1, Tel.423 23 63 (5 km südwestlich); Juni–Sept. Einfacher Platz, mit Fahrrad- und Wassersportgeräteverleih.
Camping ›Jabłoń‹. Schöner Waldzeltplatz am Hotel ›Jabłoń‹.

Fahrräder (Mindestmietzeit 5 Tage) findet man bei ›MasuRad‹, ul. Warszawska 17a, Tel. 423 59 68.

Wassersportgeräte verleihen der Camping ›Pisz‹ und das Ferienheim ›Roś‹, al. Turystów 3, Tel. 423 44 63.

Sümpfe, Seen und Flußtäler prägen die im östlichen Masuren gelegene Region. Wer ursprüngliche Landschaften ohne Touristenmassen sucht, ist hier richtig.

Im hügeligen Moränenland des Dreiländerecks Polen/Rußland/Litauen liegt das größte zusammenhängende Waldgebiet Polens.

Östliches Masuren und der Nordosten

Östliches Masuren

Das Land zwischen Gołdap (Goldap) und Olecko (Marggrabowa) wird zu Recht auch ›Mazury Garbate‹ (Buckliges Masuren) genannt. Statt des lieblich gewellten Lands der Großen Masurischen Seen geht es nun Buckel hinauf und Buckel hinunter, dazwischen verlaufen tief eingekerbt Rinnenseen, Bäche und Flußtäler.

Zwischen 270 und 300 Meter über dem Meeresspiegel steigen die Hügel auf und markieren mit der höchsten Erhebung, dem 309 Meter hohen Góra Szeska (Seesker Höhe) südlich von Gołdap, zugleich Masurens nordöstlichen Endpunkt. Nur wenige Urlauber finden von den Großen Seen herüber in dieses herbschöne, von Sümpfen und Mooren durchzogene Land, das südlich von Olecko dann in die wieder belebtere Ełk-Seenplatte übergeht. Pulsierendes Zentrum der südostmasurischen Ełk-Seenplatte ist Ełk (Lyck), die alte ›Hauptstadt Masurens‹ und ehemalige Provinzmetropole im südöstlichen Winkel des einstigen Ostpreußen.

Gołdap und die Puszcza Romincka

Nur drei Kilometer von der Grenze zur russischen Enklave Kaliningrad entfernt liegt am Fluß Gołdapa (Goldap) die 11 000 Menschen zählende Stadt gleichen Namens. Ihre Wurzeln reichen bis ins 16. Jahrhundert zurück, und ihre Geschichte ist die der Zerstörung: 1657 brandschatzten Tataren die Stadt, 1694 suchte sie ein Großfeuer heim, 1709 raffte die Pest die Hälfte der Bevölkerung dahin, im Ersten Weltkrieg verheerten russische Soldaten den Ort, und 1945 wurde Goldap von der Roten Armee zerstört.

Jahrzehntelang war die Ende des Zweiten Weltkriegs gezogene Grenze zur russischen Oblast Kaliningrad, dem vorher nördlichen Ostpreußen, hermetisch abgeriegelt; und in der Puszcza Romincka (Rominter Heide), die bei Gołdap beginnt und zu zwei Dritteln jenseits der Grenze liegt, sagten sich Fuchs und Hase gute Nacht. Traurige Berühmtheit erlangte die Stadt Anfang der 1980er Jahre, als im Ferienheim des Staatsfernsehens das polenweit luxuriöseste Internierungslager für Regimekritiker eingerichtet wurde. Es diente den damaligen Militärmachthabern als Vorzeigeeinrichtung für die internationalen Menschenrechtsorganisationen. Und wenn heute auch die Straße von Gołdap in den Oblast für den kleinen polnisch-russischen Grenzverkehr wieder geöffnet ist (Touristen nur mit Visum!) und nun russische oder baltische Händler Gołdaps Marktplatz in einen bunten Basar verwandeln – die Grenzlage der Stadt wirkt sich trotz allem nachteilig aus. Über die Hälfte der Einwohner ist arbeitslos. Die jungen Leute verlassen die Stadt.

Andererseits begeistert gerade die abgeschiedene Lage vor allem naturverbundene Touristen. Abseits der ausgetretenen Pfade lassen sich in der autostraßenfreien, insgesamt 260 Quadratkilometer umfassenden Puszcza Romincka herrliche Wanderungen unternehmen. Einst war der Wald das Jagdgebiet der preußischen Herzöge und Könige, später der deutschen Kaiser. Besonders Wilhelm II. ging in

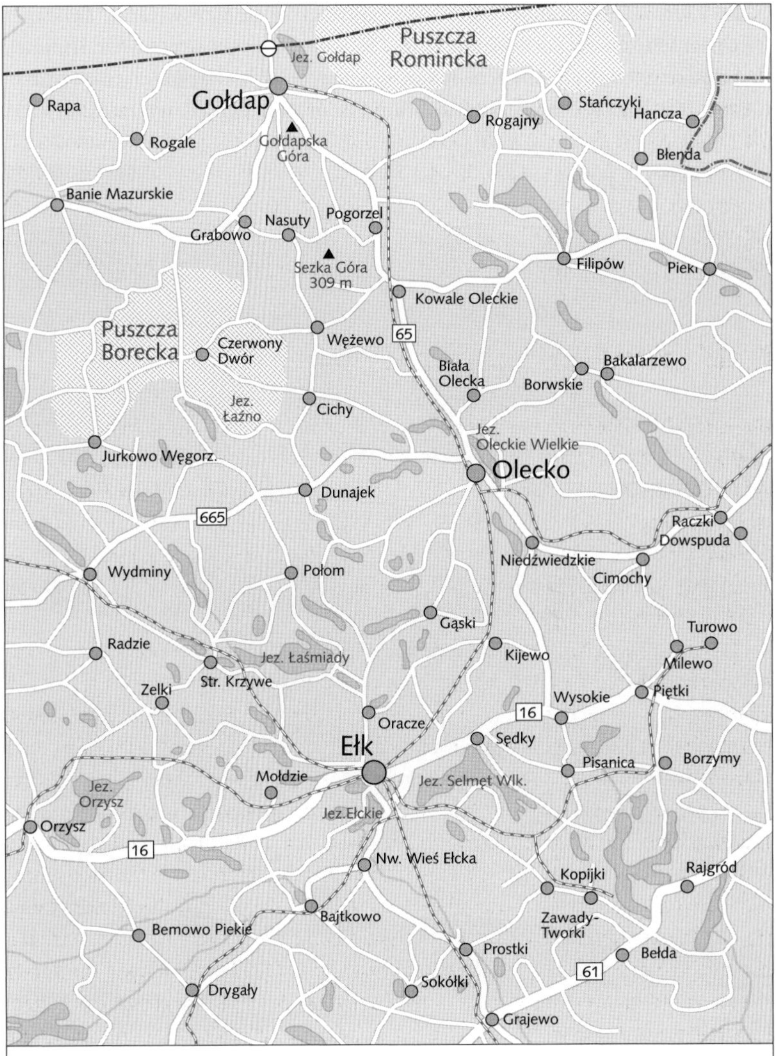

Das östliche Masuren

der Rominter Heide gern auf die Pirsch. Auf Spaziergängen durch die weite einsame Wildnis werden einem auch heute Rot-, Schwarz- und Damwild, womöglich sogar Elche, Wölfe, Luchse und Biber, aber selten nur Menschen begegnen. Eine breit in den Wald geschlagene Schneise sollte man unterwegs jedoch besser nicht überschreiten, es ist die Grenze nach Rußland, und ein visumloses Einwandern in die Föderation empfiehlt sich auf keinen Fall.

Im Süden der Stadt guckt als 272-Meter-Buckel der Gołdapska Góra (Goldaper Berg), im Volksmund auch Piękna Góra (Schöner Berg) genannt, in den Himmel. Von einem tüchtigen Skilift, einem Sessellift und einer Schneekanone unterstützt, rutschen im Winter die Skifahrer auf fünf Pisten an seinen Hängen zu Tal.

Landschaft bei Gołdap

Vorwahl: 087.
Postleitzahl: 19-500.
www.goldap.com.
Centrum Promocji Regionu Gołdap (Promotionszentrum der Gołdap-Region), pl. Zwycięstwa 16, Tel./Fax 615 20 90; Juli/August Mo–Fr 9–18, Sa 10–15, den Rest des Jahres Mo–Fr 9–16 Uhr.

Gasthaus ›Jurand‹, ul. Stadionowa 3, Tel. 61 54 93-5, Fax -6, www.jurand.goldap.net; DZ um 120 Złoty. Still gelegene, schöne neue Fachwerkanlage, 600 m vom Gołdap-See, 1,5 km vom Ortszentrum entfernt, mit Campingmöglichkeit auf dem Gelände.

Hotel ›Janczes‹, plac Zwycięstwa 22; Tel. 615 36 56, www.janczes.tourshop.com.pl; DZ um 90 Złoty. Gepflegtes Mittelklassehotel im Herzen der Stadt am zentralen Marktplatz.

Jugendherberge, ul.Wojska Polskiego 16, Tel. 615 02 66; Juli und August.

Camping ›Gołdap‹, ul. Stadionowa 8, Gołdap, Tel. 615 06 29; Anfang Mai–Anfang Sept. Schönes Gelände direkt am Gołdap-See.

Camping ›Jurand‹ (siehe ›Gasthaus ›Jurand‹).

Olecko

Im Jahr 1560 wurde Marggrabowa (heute Olecko) nahe der masurisch-polnischen Grenze gegründet. Die Sage will wissen, dies sei auf Initiative des polnischen Königs Zygmunt II. August und seines Neffen, des letzten Hochmeisters des Deutschen Ordens und ersten Herzogs in Preußen, Albrecht von Brandenburg, hin geschehen. Die beiden Herrscher sollen sich hier in der Großen Wildnis zum gemeinsamen Jagen aufgehalten und anschließend vereinbart haben, in Erinnerung an diese Begegnung jeweils eine neue Stadt zu gründen. Woraufhin in Polen Augustów und 40 Kilometer weiter westlich Marggrabowa entstanden.

Tatsächlich gibt es keinerlei Anhaltspunkte oder Belege für diese Geschichte. Hübsch ist sie trotzdem, und wird vielleicht auch dem reichen polnischen Gutsbesitzer Adam Woynoffsky gefallen haben, der als Protestant nach Preußen einwanderte und in seiner Funktion als Lokator ab 1560 die neue Gründung Marggrabowa zur ersten Blüte führte. Anfang des 19. Jahrhunderts wurde sie Kreisstadt, doch wirklich bedeutend war sie nie - bis sie 1920 plötzlich in die Schlagzeilen geriet. In der Volksabstimmung zwei Jahre nach Ende des Ersten Weltkriegs über den Verbleib Masurens bei Polen oder der Weimarer Republik stimmten nur zwei Wahlberechtigte im ganzen Kreis für die Republik Polen. 1928 wurde Marggrabowa zum Dank für seinen dem Deutschen Reich treu

Mit einer Pferdestärke durch das ›bucklige Masuren‹

erwiesenen ›Grenzlandgeist‹ in Treuburg umgetauft. 17 Jahre später wurde Treuburg im Krieg völlig zerstört, weshalb die Stadt über keine besonderen Sehenswürdigkeiten mehr verfügt. Die polnische Bevölkerung, die nach 1945 in die Ruinen einzog und den Ort wieder aufbaute, wählte für sie den Namen Olecko.

Vorwahl: 087.
Postleitzahl: 19-400.
www.olecko.pl (auch dt.).
Touristeninformation im Regionalkulturzentrum ›Buckliges Masuren‹ (Regionalny Ośrodek Kultury ›Mazury Garbate‹), plac Wolności 22 (am zentralen Marktplatz), Tel./Fax. 5202059; Mo–Fr 8–15.30 Uhr.

Hotel ›Mazury‹, ul. Gołdapska 10a, Tel./Fax 5204050, www.mazury-centrum.com.pl; DZ um 100 Złoty. Ansprechende Urlaubervilla in schönem Garten, etwa 300 m vom See entfernt, mit Restaurant, Bar und wochenends Tanzvergnügen.

›Centrum‹, plac Wolności 8c, Tel./Fax 5201200, www.mazury-centrum.com.pl; DZ um 100 Złoty. Wer eher das städtische Leben bevorzugt, ist in dem gepflegten Mittelklassehotel am Marktplatz gut untergebracht, mit Bar und Restaurant.

Jugendherberge, ul. Słowańskiego 2, Tel. 5203062; Juli und August.

PTTK-Camping, ul. Zamkowa, Tel. 5202795; Anfang Juni–Ende Sept. Der Campingplatz am Ufer des Olecko-Wielki-Sees bietet neben Stellplätzen für Zelte und Caravan auch einfache feste Unterkünfte (DZ um 35 Złoty).

Ełk

Ełk (Lyck) liegt im Herzen der gleichnamigen Seenplatte. Zwar können die Gewässer in ihren Ausmaßen nicht mit den Großen Masurischen Seen mithalten, und auch die Landschaft präsentiert sich nicht mehr ganz so bilderbuchmalerisch wie im Norden. Doch wird man dafür selbst in der Hochsaison überall stille Plätzchen am Wasser vorfinden. Die schönste Paddeltour über die durch Flüsse und Kanäle vernetzten Seen führt von Czerwony Dwór in der Puszcza Borecka (siehe Seite 189) über 80 Kilometer in die 56 000 Einwohner zählende Stadt am Jezioro Ełkie (Lycksee).

Ełk wurde am Ende des Zweiten Weltkriegs fast völlig zerstört und hat heute bis auf die beliebte Schmalspurbahn keine besonderen Attraktionen zu bieten. Dabei war die Stadt, die Ende des 14. Jahrhunderts durch den Burgbau des Deutschen Ordens auf einer Insel im See begründet worden war, einst kultureller und geistiger Mittelpunkt der Region. Nach der Verleihung der Stadtrechte 1669 stieg das damalige Lyck schnell zur Verwaltungshauptstadt und Provinzmetropole auf.

Auf zwei berühmte Söhne kann Lyck verweisen. 1926 wurde hier der Schriftsteller Siegfried Lenz geboren, der wie kein anderer dem alten Masuren ein literarisches Denkmal setzte. Bereits 1858 erblickte in Ogrodtken bei Lyck der Heimatdichter Michail Kajka als Sohn einer polnischsprachigen masurischen Familie das Licht der Welt. Bis zu seinem Tod 1940 setzte sich der gläubige Protestant gegen die Zwangsgermanisierung und für den Erhalt der traditionellen Vielsprachigkeit und Toleranz in Masuren ein. So in seinem Gedicht ›Masurische Klagelieder‹:

»Laß uns flehentliches Rufen
Für unser geliebtes Volk
Hinaufsteigen zu den Himmeln
Oder irgendwo über den Ozean,
Laß es ertönen mit traurigem Klang
Über der heimatlichen Sprache Tod.«

Wer ein ruhiges Plätzchen sucht, wird es am Jezioro Ełkie noch finden

Ein herausragendes Ereignis in der Stadtgeschichte war der Besuch von Papst Johannes Paul II., der am 8. Juni 1999 in Ełk eine Messe abhielt. Seitdem ist an der Promenade am Ełk-See manches Neues entstanden. Schöne Cafés und Restaurants laden drinnen sowie draußen mit kleinen Biergärten zum Speisen und Auf-den-See-Gucken ein.

Die größte Touristenattraktion von Ełk aber ist die historische Schmalspurbahn. Direkt neben dem Bahnhof der großen polnischen Eisenbahnen PKP findet sich der ehemalige Kleinbahnhof ›Ełk Waskotorowa‹, an dem die Strecke der Lycker Kleinbahn beginnt. In den Jahren 1910 bis 1917 erbaut, führte sie von Ełk auf einer 750-Millimeter-Spur in zwei knapp 40 Kilometer langen Strecken nach Zawady-Tworki und Turowo. Heute ist der reguläre Personenverkehr eingestellt, und umso lieber befahren Schmalspurbahnfreunde einen kleineren Teilabschnitt als Ausflugsfahrt mit verschiedenen Lok- und Wagenkombinationen; wer mag, auch in Verbindung mit Wanderungen, Paddeltouren und Lagerfeuerromantik oder zur Winterzeit Schlittenfahrten. Im Bahnbetriebswerk des Bahnhofs von Ełk sind im kleinen Eisenbahnmuseum noch vier alte Dampfloks zu besichtigen.

Die beschauliche Fahrt mit der Ełker Bahn beschrieb Arno Surminski in seiner Erzählung ›Die Reise nach Nikolaiken‹: »Auch bewahrte sich die masurische Eisenbahn eine gewisse Beschaulichkeit dadurch, daß sie an Steigungen erschöpft stehen blieb und den Fahrgästen Gelegenheit gab, mit dem Wassereimerchen zum nahen See zu laufen, um Flüssigkeit für den Dampfkessel zu holen.«

Vorwahl: 087.
Postleitzahl: 19-300.
www.elk.pl.

Hotel ›Horeka‹, ul. Wojska Polskiego 63, Tel./Fax 621 37 67, www.horeka.elk.pl; DZ 160 Złoty, mit Seeblick 190 Złoty, am Wochenende alle Zimmer 130 Złoty. Großer eleganter Fachwerkbau an der Uferpromenade, mit Sauna, Sonnenterasse und gutem Restaurant.

›Rydzewski‹, ul. Armii Krajowej 32, Tel. 621 89 00, Fax 621 89 19, www.rydzewski.pl; DZ um 180 Złoty, Fr–So um 130 Złoty. Postmodernes Haus an der Hauptstraße im Stadtzentrum, sehr elegant und gepflegt, freundlicher Service, das Restaurant mit schöner Sonnenterasse serviert regionale, polnische und internationale Spezialitäten.

Jugendherberge,ul. Sikorskiego 7a, Tel. 621 25 14; Juli und August.

Camping ›Plaża Miejska Ełk‹, ul. Parkowa 4, Tel. 610 97 00, www.mosir.elk.com.pl; Anfang Juni–Ende Sept. Am Ufer vom Jezioro Ełckie südlich der Brücke über den See.

Masuren zum Schmökern

Ernst Wiechert (1887–1950)
Am 18. Mai 1887 wurde der große Schriftsteller Masurens, der wie kein anderer die einsamen Wälder, kargen Sandergebiete und weiten Seen seiner Heimat in Worten verewigte, drei Kilometer östlich von Piecki (Peitschendorf) im Forsthaus Kleinort (Piersławek) geboren.
Von 1905 bis 1911 studierte Wiechert Philologie in Königsberg, war dort anschließend als Studienrat tätig und verfaßte nebenbei Romane und Erzählungen. Literarischer Ruhm ereilte ihn indes erst 1932 mit seinem Roman ›Die Magd des Jürgen Doskocil‹. Zwei Jahre vorher war er bereits von Königsberg nach Berlin umgezogen und siedelte nun ins Oberbayerische über, wo er sich 1932 als Schriftsteller selbständig machte. Wiecherts Bücher wurden zu Bestsellern. Seine engagierte Parteinahme gegen den Nationalsozialismus und Antisemitismus führten 1938 zur Deportation in das Konzentrationslager Buchenwald. Im Jahr darauf erschien sein Roman ›Das einfache Leben‹, in dem der Dichter ein Dasein fernab von Staat, moderner Technik und Zivilisation allein in Harmonie mit der göttlichen Schöpfung preist. Seine Haft in Buchenwald verarbeitete er anschließend im Roman ›Totenwald‹, bevor 1940/41 Wiecherts bekanntestes Werk, ›Die Jerominkinder‹, entstand. Es

Ernst Wiechert

erzählt die Geschichte von Jons Ehrenreich, dem jüngsten von sieben Kindern der armen Familie Jeromin, im entlegenen Dörfchen Sowirog zur Zeit der nationalsozialistischen Schreckensherrschaft. Ab 1948 lebte der bereits schwerkranke Schriftsteller in der Schweiz, wo er zwei Jahre später, am 24. August 1950, im Alter von 63 Jahren verstarb.

Siegfried Lenz (geb. 1926)
Am 17. März 1926 erblickte der bedeutende Romancier und Erzähler in Lyck (Ełk) im südöstlichen damaligen Ostpreußen als Sohn eines Zollbeamten das Licht der Welt. Nach einem Notabitur 1943 kam er zur Kriegsmarine, überlebte die Versenkung des Schiffs ›Admiral Scheer‹, desertierte und geriet 1945 in britische Kriegsgefangenschaft. Nach dem Krieg nahm Lenz in Hamburg ein

Studium der Philosophie, Anglistik und Literaturwissenschaft auf, schrieb für die ›Welt‹, wurde Nachrichten- und 1950 Feuilletonredakteur. Seit 1951 lebt er als freier Schriftsteller. 1955 erschien als seine dritte Prosaveröffentlichung das Bändchen ›So zärtlich war Suleyken‹ und machte augenblicklich Furore. Es erzählt von den liebenswerten, kauzigen Einwohnern des fiktiven Dörfchens Suleyken, irgendwo zwischen Seen, Mooren und Kiefernwäldern, und ihren Erlebnissen: dem Füsilier Hamilkar Schaß, der den Krieg vergißt, weil die Zwiebelernte gesünder ist; von Amadeus Loch, der ein ›Kilochen‹ Nägel braucht und deshalb eine Reise ›in die Ferne‹, nach der Kreisstadt Oletzko antritt, oder von Amerika, das man regelrecht ›grapschen‹ kann, seit es die Dampfeisenbahn gibt; oder vom Tantchen Arafa, dem Briefträger Hugo Zappka, Onkelchen Stanislaw Griegull und vielen anderen Leutchen mehr, denen Siegfried Lenz mit diesen ›Masurischen Geschichten‹ ein literarisches Denkmal setzte. 1978 erschien der Roman ›Heimatmuseum‹, in dem Lenz den alten Herrn Zygmund Rogalla seine Lebensgeschichte erzählen läßt: von einer Kindheit in Masuren, von der Armut und der Schönheit des Landes, von zwei Weltkriegen, von Flucht und Vertreibung – als ein Blick zurück ohne Verklärung und zugleich ein Aufruf gegen jede Art politischer Instrumentalisierung der masurischen Geschichte.

Arno Surminski (geb. 1934)

Der Sohn eines Stellmachers kam am 20. August 1934 im ostpreußischen Dörfchen Jäglack zur Welt und blieb nach der Deportation seiner Eltern 1945 dort allein zurück. Zwei Jahre Lageraufenthalte in Brandenburg und Thüringen schlossen sich an, bis Surminski 1947 bei einer Familie in Schleswig-Holstein ein neues Zuhause fand. Nach seiner Lehre in einer Anwaltskanzlei und zwei Jahren Arbeit in kanadischen Holzfällercamps zog er 1962 nach Hamburg, nahm eine Arbeit bei einer Versicherungsgesellschaft an und macht sich zehn Jahre später, nach ersten literarischen Erfolgen, als Wirtschaftsjournalist und Schriftsteller selbstständig. Viele von Surminskis mittlerweile fast zwanzig Romanen und Erzählungen spielen im alten Ostpreußen beziehungsweise

Arno Surminski

in Masuren. So sein erster, 1974 erschienener Roman ›Jokehnen oder Wie lange fährt man von Ostpreußen nach Deutschland?‹, das 1984 veröffentlichte ›Polninken oder Eine deutsche Liebe‹ und schließlich, als Abschluß der Ostpreußen-Trilogie, ›Grunowen oder Das vergangene Leben‹, in dem sich der nunmehr sechzigjährige Romanheld Werner Tolksdorf an die alte masurische Heimat erinnert. Am bekanntesten ist Surminskis zum Schmunzeln verführendes Erzählbändchen ›Die Reise nach Nikolaiken‹, bei dessen Lektüre man beispielsweise erfährt, wie die Eisenbahn Einzug in Masuren hält und es der Oma Kossak dabei ergeht.

Marion Gräfin Dönhoff

Marion Gräfin Dönhoff (1909–2002)
Am 2. Dezember 1909 wurde die couragierte Publizistin und Zeit-Herausgeberin Marion Gräfin Dönhoff in Schloß Friedrichsstein bei Königsberg geboren. Von 1925 bis 1928 besuchte sie das Lyzeum in Potsdam, machte dort Abitur und begann 1931 in Frankfurt am Main ein Studium der Volkswirtschaft, das sie nach der Machtergreifung durch die Nationalsozialisten 1933 in Basel fortsetzte, wo sie zwei Jahre später auch promovierte. 1941 erfolgte gemeinsam mit ihrer Cousine Sissi Lehndorff der Gräfin legendärer ›Ritt durch Masuren‹, dessen Eindrücke sie noch im selben Jahr für ihren Bruder Dietrich niederschrieb. Zusammen mit fünf weiteren Essays über die Menschen und die Geschichte Ostpreußens erschien der ›Ritt durch Masuren‹ 1962 unter dem Titel ›Namen, die keiner mehr nennt‹ als bewegendes zeitgeschichtliches Dokument.
1945 floh Marion Dönhoff auf ihrem Fuchs Alarich aus Ostpreußen, wurde ein Jahr später Mitglied der ›Zeit‹-Redaktion, 1968 Chefredakteurin der ›Zeit‹ und 1973 deren Herausgeberin. 1988 erschien ihr Buch ›Kindheit in Ostpreußen‹, im Jahr darauf ihre ostpreußischen Erinnerungen ›Bilder, die langsam verblassen‹ und 1991 ihre Auseinandersetzung über ›Polen und Deutsche. Die schwierige Versöhnung. Betrachtungen aus drei Jahrzehnten‹. Am 11. März 2002 verstarb die Gräfin, die sich ihr Leben lang für die Freiheit und Würde des Menschen engagiert hatte, im Alter von 92 Jahren.

Der Nordosten

Im nordöstlichsten Winkel liegt die Suwalszczyzna, die wald- und seenreiche, zauberhafte Region rund um die Städte Suwałki und Augustów. Anders als das Ermland und Masuren gehörte das Land nie zum Königreich Preußen beziehungsweise zum Deutschen Reich; ausgenommen die Jahre von der Dritten Teilung Polens 1795 bis zum Wiener Kongreß 1815 sowie die beiden Weltkriege, in denen es die Deutschen okkupierten. In der Suwalszczyzna lebte ursprünglich der prußische Stamm der Sudauen, den ab dem 13. Jahrhundert die von Süden heraufziehenden Heere der polnischen Fürsten unterwarfen. Polen, Russen, Weißrussen, Juden, Tataren und Litauer besiedelten die Region, in der man nirgends auf die weiter westlich typischen backsteingotischen Trutzbauten der Deutschordensritter stößt. Stattdessen schmücken kleine Holzhäuser in leuchtenden Farben das hügelige Moränenland östlich der Linie Gołdap-Olecko-Ełk (Goldap-Marggrabowa-Lyck), an der mit wenigen Veränderungen bis 1945 die deutsch-polnische Grenze verlief.

Nach dem Zweiten Weltkrieg verloren mit der Westverschiebung Polens Suwałki und Augustów den größten Teil ihres östlichen Einzugsgebiets, das der Sowjetunion zugesprochen wurde. In sozialistischer Zeit wurde Suwałki Hauptstadt der 1975 geschaffenen, gleichnamigen Woiwodschaft, die sich bis in den Westen der Großen Masurischen Seen ausdehnte. Außer der Suwalszczyzna ging diese 1999 in der neuen Woiwodschaft Warmińsko-Mazurskie auf, und die Suwalszczyzna selbst ist nun der nördlichste Zipfel der Woiwodschaft Podlaskie.

Beschauliches Plätzchen an einem See bei Suwałki

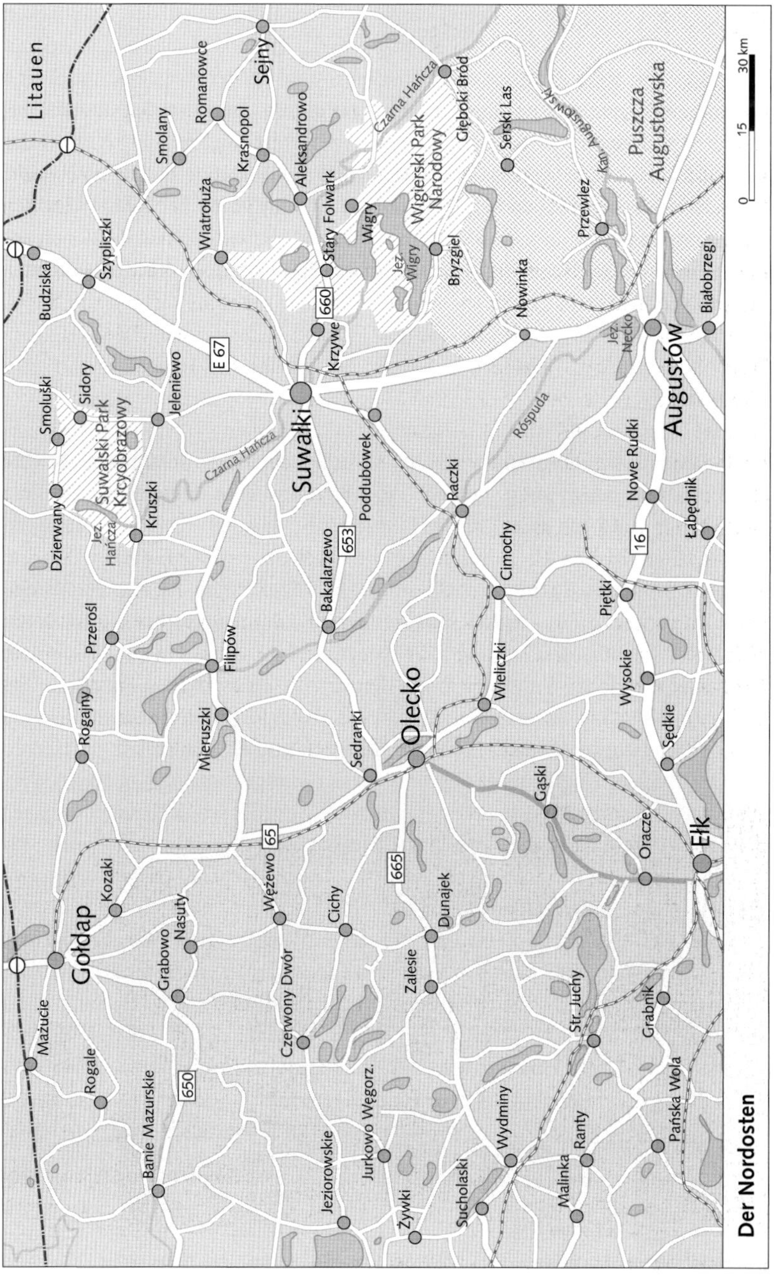
Der Nordosten
Litauen
Smolany
Romanowce
Sejny
Budziska
Szypliszki
Wiatrołuża
Krasnopol
Aleksandrowo
Czarna Hańcza
Głęboki Bród
Wigierski Park Narodowy
Sejny
Stary Folwark
Wigry
Jez. Wigry
Bryzgiel
Serski Las
Kan. Augustowski
Puszcza Augustowska
Przewlez
Nowinka
Białobrzegi
Augustów
Jez. Necko
Krzywe
660
E 67
Smoluški
Sidory
Jeleniewo
Suwałki
Suwalski Park Krajobrazowy
Dzierwany
Jez. Hańcza
Kruszki
Czarna Hańcza
Poddubówek
Raczki
Rospuda
Nowe Rudki
Łabędnik
16
Bakalarzewo
653
Cimochy
Piętki
Przerośl
Filipów
Wieliczki
Wysokie
Rogajny
Mieruszki
Olecko
Sedranki
Sędkie
Gąski
Ełk
Oracze
65
Kozaki
Gołdap
Nasuty
Grabowo
Węgorzewo
Cichy
665
Dunajek
Zalesie
Mażucie
Czerwony Dwór
Str. Juchy
Grabnik
Rogale
650
Banie Mazurskie
Jurkowo Węgorz.
Jeziorowskie
Żywki
Sucholaski
Wydminy
Malinka
Ranty
Pańska Wola
0
15
30 km

Dort im Dreiländereck Polen/Rußland/Litauen wartet an der malerischen Suwałki-Seenplatte rund um den Hańcza-See der Suwalski-Landschaftspark auf einen Besuch. Eine Perle im dichten Kiefernwald ist der Wigrysee im Wigry-Nationalpark, der den nördlichen Teil der Puszcza Augustowska umfaßt, das größte zusammenhängende Waldgebiet Polens. Zahlreiche Seen, durch die Flüsse Róspuda und Czarna Hańcza sowie den Augustów-Kanal miteinander verbunden, laden zu wildromantischen Paddeltouren ein. Südlich ist die Seenplatte über den Augustów-Kanal mit dem Fluß Biebrza verbunden, der den Biebrza-Nationalpark durchfließt, die größte noch ursprünglich erhaltene Sumpf- und Flußauenlandschaft in Mitteleuropa.

Suwałki

Die knapp 70 000 Einwohner zählende Metropole in der Suwalszczyzna ist eine vergleichsweise junge Stadt. Im Jahr 1667 überantwortete König Jan Kazimierz die Wildnis rund um den Czarna-Hańcza-Fluß Mönchen des Kamaldulenserordens. Noch bis ins 19. Jahrhundert blieb Suwałki ein Dorf, auch wenn ihm bereits 1720 die Stadtrechte zuteil wurden. Mit der Dritten Teilung Polens und der Einverleibung der Region durch Preußen 1795 endete für die nächsten 20 Jahre die polnische Geschichte der Stadt an der Czarna Hańcza. Nach dem Wiener Kongreß 1815 und der Wiederherstellung eines kleinen Rumpf-Polens unter der Kontrolle des russischen Zaren – ›Kongreßpolen‹ genannt – wurde Suwałki Kreisstadt. Ab 1825 wandelte man den großen Marktplatz im Herzen der Ortschaft in einen Lustgarten um. An der Hauptstraße, der heutigen ulica Kościuszki, die einen Teil des alten Handelswegs von Warschau über Kaunas nach Sankt Petersburg darstellte, entstanden repräsentative klassizistische Bauten, für die unter anderem die Architekten Antonio Corazzi, Henrik Marconi und Karol Majerski Pläne entwickelten.

So ist das historische Zentrum rund um den weitläufigen Plac Piłsudskiego von schönen spätklassizistischen Bauwerken geprägt. Mit einem eindrucksvollen Portal sticht unter ihnen die 1820 bis 1845 errichtete, strahlend weiße Sankt Alexanderkirche (Kościół św. Aleksandra) hervor. Gegenüber sind auf der Südseite des Platzes die Herz-Christi-Kirche (1838–1840) und das zwischen 1834 und 1846 von Antonio Corazzi erbaute Gymnasium einen Augenblick wert. Es ist nach der

Legende

1 Hotel ›Dom Nauczyciela‹
2 Hotel ›Suwalszczyzna‹
3 Hotel ›Hańcza‹
4 Restaurant ›Na Starówce‹

Schriftstellerin Maria Konopnicka benannt, die 1842 in der ulica Kościuszki 31 zur Welt kam. In ihrem Geburtshaus erinnert heute eine Ausstellung an die bedeutendste polnische Lyrikerin. Weitere weltberühmte Kinder Suwałkis sind der 1926 hier geborene Filmregisseur Andrzej Wajda und der in Litauen gebürtige Nobelpreisträger für Literatur Czesław Miłosz (1911-2004), der lange in der Stadt an der Czarna Hańsza lebte. Eine kleine Sammlung polnischer Malerei ist

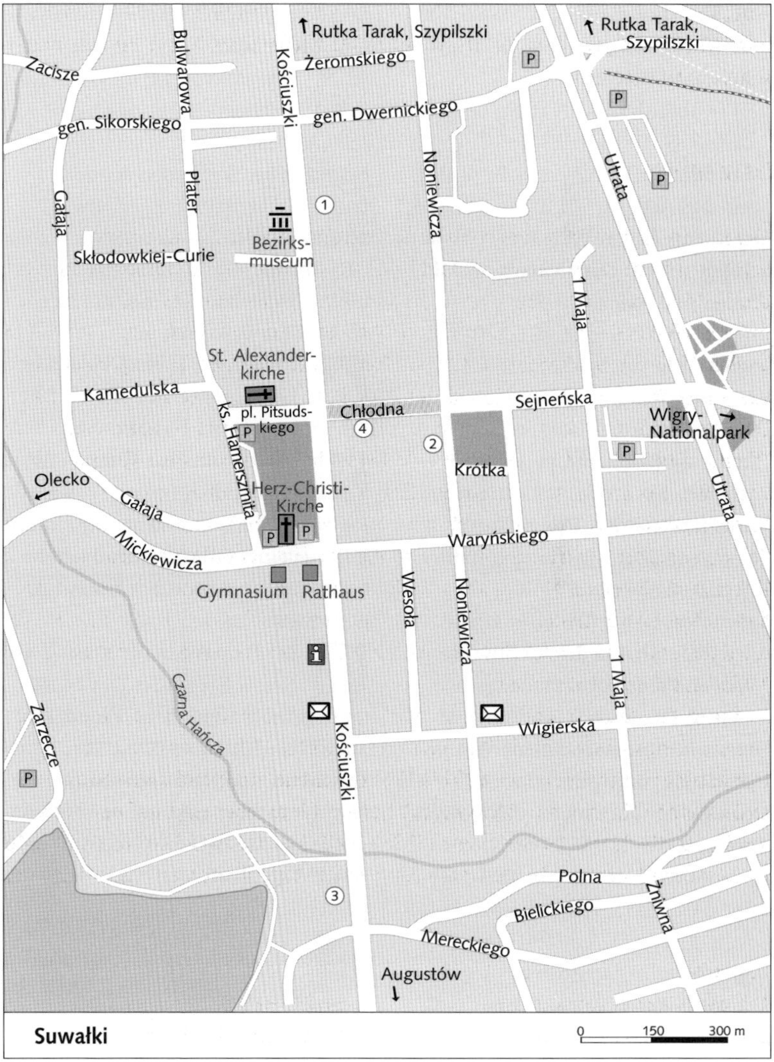

Suwałki

im Bezirksmuseum in der ul. Kościuszki 81 untergebracht. Außerdem informiert das Museum über die Geschichte und Natur der Region.

Grenzübergänge nach Litauen befinden sich in Budzisko/Kalvarija (via Kaunas) und in Ogrodniki/Lazdijai. Auf letzterer Strecke bietet sich ein Abstecher nach Sejny zur Besichtigung eines schönen Dominikanerklosters an.

Vorwahl: 087.
Postleitzahl: 16-400.
www.suwalki.com.pl.
PTTK-Touristeninformation, ul. Kościuszki 37, Tel. 5665961, Fax 5667947, www.suwalki.pttk.pl; Juli und Aug. Mo–Fr 8–18, Sa 8–16, das restliche Jahr Mo–Fr 8–16 Uhr.

Hotel ›Dom Nauczyciela‹ [1], ul. Kościuszki 120, Tel. 5666900, Fax 5666270, www.domnauczyciela.suwalki.pl; DZ 130–150 Złoty. Von außen eher unscheinbar, entpuppt sich das im nördlichen Zentrum gelegene ›Lehrerhaus‹ als das schickste Hotel am Platz, mit Bar, Restaurant und vielen Dienstleistungen für den gehobenen Anspruch.

›Suwalszczyzna‹ [2], ul. Noniewicza 71a, Tel./Fax 5651900, www.hotel-suwalszczyzna.suwalki.com.pl; DZ um 170 Złoty. Freundliches Mittelklassehotel im Herzen der Stadt, nicht ganz so vornehm wie das ›Dom Nauczyciela‹, dafür etwas teurer.

›Hańcza‹ [3], ul. Wojska Polskiego 2, Tel. 56666-33, Fax -44, www.hotel-hancza.com; DZ um 150 Złoty. Alter Hotelkasten noch aus sozialistischen Zeiten am südlichen Stadteingang, innen jedoch gepflegt und behaglich, mit empfehlenswertem Restaurant.

Jugendherberge, ul. Wojska Polskiego 9, Tel. 5665878; Juli und August.

Gästezimmer und Ferien auf dem Bauernhof vermittelt die Landwirtschafts-Touristik-Kammer ›Suwalska Izba Rolniczo-Turystyczna‹ (SIRT), ul. Kościuszki 45, Tel. 5665872, www.sirt.suwalki.com.pl.

Campingplätze befinden sich bei Stary Folwark, 10 km östlich im Wigry-Nationalpark.

Restaurant ›Na Starówce‹ [4], ul. Chłodna 2 (in der kleinen Fußgängerzone). Vornehm und urig zugleich, der Küchenchef bereitet köstliche nordpolnisch-litauische Delikatessen zu.

Bezirksmuseum, ul. Kościuszki 81; Di–So. Das Museum zeigt eine Sammlung polnischer Malerei und informiert über die Geschichte und Natur der Region.

Maria-Konopnicka-Museum, ul. Kościuski 31; Di–So. Das Museum erinnert an Leben und Werk der bedeutenden Schriftstellerin.

Fahrräder verleiht die Suwalska Izba Rolniczo-Turystyczna (SIRT), ul. Kościuszki 45, Tel. 5665872.

Suwalski-Landschaftspark

Zwölf Kilometer nördlich von Suwałki dehnt sich das seit 1976 unter Naturschutz stehende seen- und waldreiche Hügelland des Suwalski-Landschaftsparks (Suwalski Park Krajobazowy) aus. Von den Flüssen Czarna Hańcza und Szeszupa durchzogen, führen seine Kuppen auf bis zu 300 Meter Höhe hinauf, weshalb man die wildromantische Gegend auch die ›Schweiz Nordpolens‹ nennt und den markanten Kegel des Góra Cisowa, der sich im Herzen des Parks über dem Tal der Szeszupa erhebt, sogar ›Fudjijama von Suwałki‹. Von seiner Kuppe herab eröffnet sich ein herrliches Panorama über die Landschaft. Mächtige Findlinge liegen verstreut, und zwischen grünen Wiesen und bewaldeten Hügeln funkeln in den Senken die Seen.

Eine Perle ist der für seine Schönheit gerühmte Jezioro Hańcza, mit 108 Meter Tiefe nicht nur der tiefste See Polens, sondern der gesamten Mitteleuropäischen Tiefebene. Im Westen des Parks dehnt er sich mit Steilufern auf über 300 Hektar aus und wird von der Czarna Hańcza auf ihrem Weg nach Suwałki durchflossen. Ihr Flußtal und die Felder ringsum sind mit Findlingen übersät, von denen die größten mit einem Umfang von sechs und neun Metern südlich im Findlingsreservat ›Glazowisko Bachanowo‹ zu bewundern sind. Bei dem am nördlichen Parkrand liegenden Dörfchen Smolniki, in dem sich auch eine Sommerjugendherberge und ein kleiner Zeltplatz befinden, läßt sich noch etwas weiteres Außergewöhnliches ausmachen: Aufgrund des extrem eisenhaltigen Gesteins schlagen hier die Kompaßnadeln Purzelbäume.

Wälder und Seen prägen die Landschaft des Nordostens

Durch den Park führen zahlreiche markierte Wanderwege, der längste ist über vierzig Kilometer, der kürzeste nur zwei Kilometer lang. Sie sind auch für Fahrräder geeignet, die man am Aussichtspunkt in Smolniki und bei der Parkverwaltung im Flecken Turtul zwei Kilometer östlich von Kuszki ausleihen kann.

Eine Informationsstelle unterhält die Parkverwaltung (Siedziba Suwalskiego Parku Krajobrazowego) in Turtul (2 km östlich von Kruszki), Turtul-Malesowizna, Tel. 087/569 18 01, Fax 569 18 02, www.spk.org.pl.

Jugendherberge, 16-407 Smolniki 9, Tel. 087/568 83 06, Juli und August. Mit einfachem Zeltplatz.

Räder kann man am Aussichtspunkt in Smolniki und bei der Parkverwaltung in Turtul leihen.

Wigry-Nationalpark

1976 wurde unmittelbar östlich von Suwałki der Wigry-Landschaftspark (Wigierski Park Narodowy) gegründet, den man 1989 in einen Nationalpark umwandelte. Hier im nördlichen, sanft gewellten Teil der Puszcza Augustowska gedeihen über die Hälfte der in Polen unter Naturschutz stehenden Pflanzen, das sind mehr als 750 verschiedene Arten von Bäumen, Sträuchern, Blumen, Gräsern, Moosen und

Wanderer im Wigry-Nationalpark

Flechten. In den bis zu 200 Jahre alten Kiefern- und Fichtenwäldern, wo sich Rot-, Schwarz- und Damwild tummelt, gehen Wölfe und Füchse auf Beutefang. Am Wasser leben Bisamratten und Flußotter, der bunte Eisvogel und der Auerhahn haben hier eine Heimat, und der Biber legt seine Staudämme an. Die breiten Schilfgürtel der Uferzone werden von Kormoranen, Höckerschwänen und Haubentauchern als Nistgebiet genutzt. Auch Seeadler, Schreiadler, Weihen und Mäusefalken sind zu beobachten. Rund 50 Seen blitzen zwischen den Torfmooren auf - ein gutes Fünftel des knapp 15 000 Hektar großen Nationalparks sind Gewässer -, unter denen der Jezioro Wigry der unbestrittene See-König ist. Er ist in der UNESCO-Liste zum Schutz von Wasserökosystemen, AQUA, verzeichnet, die die in der Welt einzigartigen, schützenswerten Gewässer registriert.

Der Parkeingang befindet sich etwa sechs Kilometer östlich von Suwałki in Krzywe am Sitz der Parkdirektion, wo man das Eintrittbillet ersteht, viele Informationsmaterialien erhält, geführte Wanderungen buchen oder auch selbst eine erste kleine Erkundungstour unternehmen kann. Zwei Lehrpfade (50 Minuten und 2,5 Stunden) führen durch den Wald, mit Beobachtungspunkten und Knüppeldämmen über die Sumpfgebiete, an Biberbauten, Ameisenhaufen, kleinen Seen, Teichen und Tümpeln vorbei. Theoretische Kenntnisse vermittelt das Naturkundemuseum an der Parkdirektion anhand zahlreicher präparierter Tierexponate und Schautafeln, und das Forsthaus in der Nachbarschaft gewährt Einblick in das frühere Leben der Bauern und Handwerker in der Region.

Kultureller Höhepunkt nicht nur im Nationalpark, sondern in der gesamten Suwalszczyzna ist das ehemalige Kamaldulenserkloster zu Wigry, das sich im eleganten Barock auf einer Halbinsel im Wigry-See im Herzen des Wigierski Park Narodowy erhebt. 1667 rief König Jan Kazimierz die Mönche des Kamaldulenserordens zur Kultivierung der Wildnis ins Land. Von 1694 bis 1745 erbauten sie das schöne Barockkloster, das heute, unter der Ägide des Warschauer Kulturministeriums, Künstler-Stipendiaten zum Aufenthalt dient. Sehenswert sind die Klosterkirche und auch die Räumlichkeiten, in denen 1999 Papst Johannes Paul II. auf seiner Pilgerreise durch Polen logierte; und unternehmenswert ist eine Dampferpartie von Wigry aus über den See, an der sich ebenfalls schon der verstorbene Heilige Vater erfreute.

Auf Schienen geht es im Dampfroß von Płociczno aus (neun Kilometer südlich von Suwałki) auf schmaler Spur über 42 Kilometer quer durch den Nationalpark nach Zelwa bis fast an die litauische Grenze (und natürlich wieder zurück). Von 1926 bis 1989 diente die Schmalspurbahn dem Holztransport aus der Puszcza Augustowska, wurde anschließend stillgelegt und vor ein paar Jahren dank privater Initiative neu in Betrieb genommen. Seitdem tuckelt sie zur Freude der Urlauber in historischen Waggons wieder durch die schöne Natur und hält unterwegs auf Wunsch sogar zu Fotostops an.

Das ehemalige Kamaldulenserkloster am Wigry-See

Für Schusters Rappen hat man im Nationalpark ein Wanderwegenetz von rund 130 Kilometern Länge markiert, das größtenteils auch für Radler und Reiter geeignet ist. Nicht zu vergessen die Wasserwege über die Flüsse und zahlreichen Seen, die die Region zu einem der herrlichsten Paddelreviere Nordpolens machen. Von Norden her strömt die Czarna Hańcza munter durchs Land, durchfließt den Jezioro Wigry und weitere Seen, und mäandert danach still und friedlich durch die Puszcza Augustowska dahin. Über den Kanal Augustowski ist sie weiter unten im Süden mit den Seen rund um Augustów verbunden und bildet so die berühmte Czarna-Hańcza-Route - den neben der Krutynia-Tour schönsten Paddelwanderweg im nördlichen Polen. Gut 150 Kilometer ist er lang und beginnt an der PTTK-Station in Stary Folwark (zehn Kilometer östlich von Suwałki), wo man auch einen Campingplatz, eine Saison-Jugendherberge und einen Bootsverleih finden kann.

Vorwahl: 087.
www.suwalki.com.pl.
Nationalparkdirektion, Krzywe 82, 16-400 Suwałki, Tel./Fax 563 25 62, www.wigry.win.pl; April–Sept. Mo–Fr 15–20, Sa/So 8–20, außerhalb der Saison Mo–Fr 8–15 Uhr.
Die Parkdirektion unterhält in Krzywe, 6 km östlich von Suwałki, eine Informationsstelle zum Wigry-Nationalpark mit Naturkunde- und benachbartem Volkskundemuseum. Fahrten mit der historischen ›Wigierska‹-Schmalspurbahn führen

von Płociczno (9 km südlich von Suwałki) östlich nach Zelwa, Abfahrt am Zentrum ›Hossa Wigry‹ in Płociczno Mitte Juni bis Ende August täglich um 10 und 13 Uhr, den Rest des Jahres Sa/So um 10 Uhr, Tel. 563 92 63.

Camping ›PTTK Stary Folwark‹, 16-412 Stary Folwark 55, Tel. 563 77 27, Fax 566 79 47, www.suwalki.pttk.pl; Anfang Mai–Ende Sept. Großer Platz am gleichnamigen Örtchen 10 km östlich von Suwałki im Nationalpark am Wigry-See, mit Wassersportgeräteverleih; es werden auch einfache Zimmer vermietet; DZ um 50 Złoty.

Camping ›Wigry‹, Wigry 12, 16-412 Stary Folwark, Tel. 563 70 42; Anfang Juni–Mitte Sept. Kleinerer Platz am Ende der Zufahrtsstraße zum Kloster Wigry im Herzen des Nationalparks.

Räder und Paddelboote vermietet der PTTK-Camping in Stary Folwark, wo es weitere Anbieter gibt.

Zentrum (Ośrodek) ›Hossa Wigry‹, Płociczno, Tel. 563 92 63. Pferdeverleih.

Von Mai bis Oktober kreuzt mehrmals täglich der Dampfer ›Tryton‹ über den Wigry-See, Abfahrt am Anleger im Dorf Wigry zu Füßen des Klosters.

Augustów

Von Seen umrahmt liegt am Südrand der Puszcza Augustowska die 30 000 Einwohner kleine Kreisstadt Augustów, größter Kurort und beliebtestes Wassersportzentrum der Woiwodschaft Podlaskie. Jagiellonenkönig Zygmunt II. August gründete sie 1557 am Netta-Fluß, wo sich die Handelswege von Litauen nach Masowien und Preußen kreuzten. Zwanzig Jahre später wurden der Gründung bereits die Stadtrechte verliehen, und danach hörte man für die nächsten 300 Jahre nichts mehr von ihr - bis zur Eröffnung des Augustów-Kanals 1839, einer technischen Meisterleistung des 19. Jahrhunderts. Um die hohen Wegezölle zu umgehen, die Ostpreußen auf polnische Warentransporte in Richtung der Ostseehäfen erhob, wurde der Bau der künstlichen Wasserstraße in Angriff genommen. Ein durchgängig schiffbarer Wasserweg sollte geschaffen werden, ostwärts bis zur Memel bei Grodno im heutigen Weißrußland und südwärts über den Fluß Bierzba bis zur Weichsel nach Warschau. Nach fünfzehnjähriger Bautätigkeit war der Kanal 1839 auf 102 Kilometer Länge fertiggestellt. Doch erlangte er nie die wirtschaftliche Bedeutung, die man erhofft hatte. Denn bald schon stellte die Eisenbahn das effektivere Transportmittel dar, und die Natur bemächtigte sich daraufhin des Kanals.

Im Ersten Weltkrieg mußte Augustów große Zerstörungen beklagen. Anschließend richtete ein Großfeuer 1922 kaum weniger schwere Schäden an, weshalb die Stadt nahezu neu aufgebaut werden mußte und seitdem über keine nennenswerten architektonischen Sehenswürdigkeiten mehr verfügt. Umso mehr besticht sie durch die schöne Natur. Noch in den 1920er Jahren stieg sie dank der zauberhaften Umgebung zur ersten Sommerfrischeadresse der polnischen Reichen und Schönen auf. Wassersport kam in Mode, wofür das von drei Seen umrahmte Städtchen beste Bedingungen bot. Als betuchter Hauptstädter fuhr man zum Kuren in den

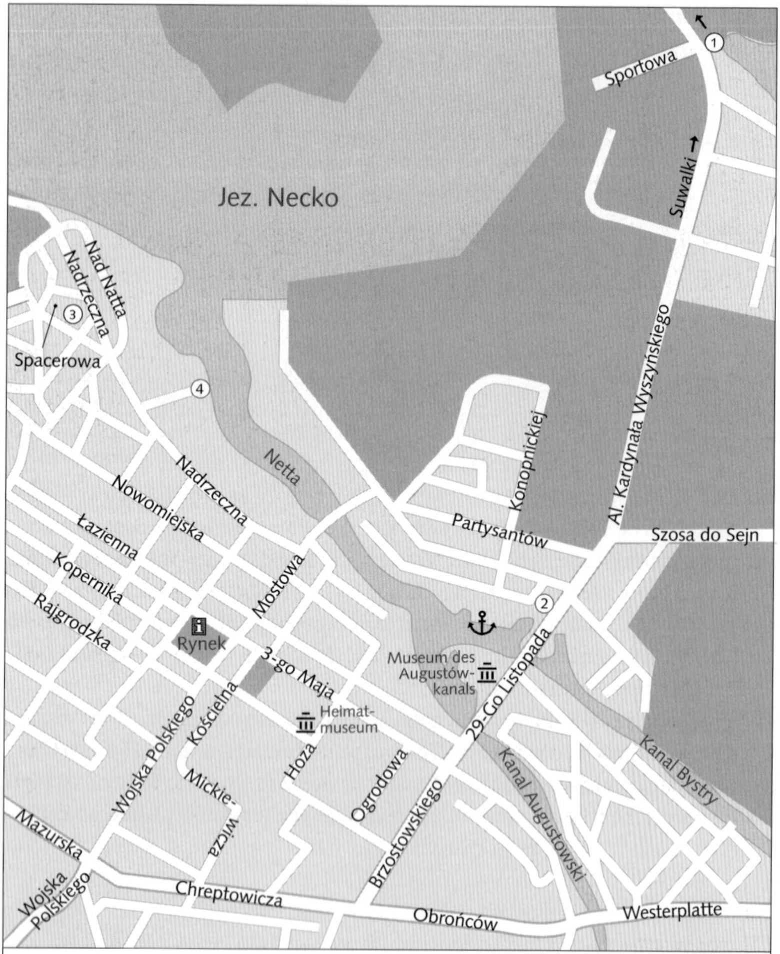

Augustów

mondänen ›Sommersalon Polens‹, und zwar mit dem eigens eingerichteten Zug ›Luxtorpedo‹, der zwischen Augustów und Warschau pendelte. Heute zieht der lebhafte, quirlige Sommerurlaubsort von überall her Segler und vor allem zahlreiche Paddelfreunde an, die mit Kurs auf das örtliche PTTK-Wassersportzentrum in ihren Kanus und Kajaks in den Necko-See einziehen.

Von Norden her werden sie von der Czarna Hańcza durch die Puszcza Augustowska getragen, bis der Fluß beim Örtchen Rygol mitten im Wald in Richtung Memel abbiegt und die Paddelfahrt auf dem Augustów-Kanal weitergeht. Mit 18

Holzhäuser sind typisch für den Nordosten Polens

altertümlichen, handbetriebenen Schleusen, vier davon heute auf weißrussischem Gebiet, verknüpft der Kanal im Wechsel mit kleinen Flüssen insgesamt 26 Seen und bildet so - verkrautet und eingewachsen - einen der schönsten Wasserwanderwege in Polen. Gegenwärtig wartet er darauf, daß ihn die UNESCO zum Weltkulturerbe der Menschheit erklärt.

Jüngste technische Errungenschaft am Jezioro Necko ist der ›Elektryczny wyciąg nart wodnych‹, der 1999 eröffnete erste und einzige Wasserskilift in Polen, der Brettlfans mit bis zu knapp 60 Stundenkilometern über die Seewellen trägt. Ohne körperliche Betätigung lassen sich die Schönheiten der Augustów umgeben-

Legende

1 Hotel ›Warszawa‹
2 Hotel ›Dom Nauczyciela‹
3 Pensjonat ›MB‹
4 PTTK-Wassersportzentrum

den Gewässer von Bord der Ausflugsschiffe erleben. Von Mitte Mai bis Mitte September starten sie mehrmals täglich von der Anlegestelle beim Seglerhafen. Und sollte die schönste Jahreszeit auch einmal einen Regentag bescheren, bieten sich Besuche im kleinen Heimatmuseum oder im Augustów-Kanal-Museum an, die die Geschichte der Stadt und ihrer berühmten künstlichen Wasserstraße erzählen.

Vorwahl: 087.
Postleitzahl: 16-300.
www.um.augustow.pl.
Touristeninformation, ul. Rynek Zygmunta Augusta 44 (im gläsernen Bau auf dem zentralen Marktplatz), Tel./Fax 643 28 83, cit@augustow-net.com.pl; Juni–Sept. Mo–Fr 8–20, Sa/So 10–18, sonst Mo–Fr 8–16 Uhr.

Hotel ›Warszawa‹ [1], ul. Zdrojowa 1, Tel./Fax 643 28 05, hotel@hotelwarszawa.pl, www.hotelwarszawa.pl; DZ um 350 Złoty. Exklusive Komfortanlage zwischen hohen Kiefern am Necko-See.

›Dom Nauczyciela‹ [2], ul. 29 Listopada 9, Tel./Fax 643 20 21, www.dn.augustow.pl, augustow-dznp@hot.pl; DZ (ohne Frühstück) um 130 Złoty; DZ (ohne Frühstück, Bad auf dem Gang) 85 Złoty. Die Fassade zur Straßenseite ziemlich heruntergekommen, überrascht das Hotel sowohl innen als auch mit seinen nach hinten gelegenen Anbauten an der Mündung von Augustów- und Bystry-Kanal in die Netta durch vornehme Eleganz, mit eigenem Bootsanleger.

Pension ›MB‹ [3], ul. Spacerowa 4, Tel./Fax 643 08 80, www.mbaugustow.emeteor.pl; DZ um 90 Złoty. Gemütliche Pension, wenige Minuten zu Fuß vom Necko-See entfernt, im Restaurant werden als Spezialität Fisch, Spanferkel und Lamm vom Spieß zubereitet.

PTTK-Wassersportzentrum [4], ul. Nadrzenczna 70a, Tel. 643 34 55, Fax 643 38 50, www.szekla.pl; DZ um 30 Złoty. Schlichte rustikale Zimmer im Seglerheim an der PTTK-Marina, genau das richtige für sportbegeisterte Skipper und Paddler.

Jugendherberge, ul. Śródmieście 31, Tel. 643 24 02, Fax 643 25 28; Juli und August.

Mehrere Möglichkeiten sein Zelt aufzuschlagen hat man im Ort bei den Wassersportzentren, der nächste größere Platz, Camping ›Gola Zoska‹, liegt 2 km außerhalb an der Straße nach Suwałki beim Wassersportsportzentrum am Rospuda-See.

Muzeum Ziemi Augustowskiej, ul. Hoża 7; Di–So. Museum zur Stadtgeschichte.
Muzeum Historii Kanału Augustowskiego, ul. 29 Listopada 5a; Di–So. Geschichte des Augustów-Kanals.

PTTK-Station, ul. Nadrzeczna 70a.
Städtisches Sport- und Erholungszentrum (Miejski Ośrodek Sportu i Rekreacji), ul. Tytoniowa 1.
Agentur ›Szot‹, ul. Konwaliowa 2, Tel. 643 43 99, www.szot.pl, szot@pro.onet.pl. Hier kann man auch geführte Kanuwanderungen buchen.

Agentur ›Szot‹, ul. Konwaliowa 2, Tel. 643 43 99, www.szot.pl, szot@pro.onet.pl.
›AGA-TO‹, ul. Wojska Polskiego 14a.

Weiße Flotte Augustów (Żegluga Augustowska), Tel. 643 21 52, www.it.mazury.pl/zeglugaaugustowska; Mitte Mai–Mitte Sept. Dampferfahrten über die Seen und den Augustów-Kanal, Abfahrt ist im Hafen, ul. 29 Listopada 7.

Puszcza Augustowska

Wer lieber einen Ausflug zu Land unternehmen möchte, dem bieten sich die urwüchsigen Kiefernwälder der Puszcza Augustowska an. Der größte Wald Polens umfaßt ein Gebiet von mehr als 1000 Quadratkilometern, drei Viertel davon auf polnischem Gebiet, der Rest in Litauen und Weißrußland. Der sanft gewellte Norden der Puszcza ist im Wigry-Nationalpark streng naturgeschützt und verwandelt sich dort allmählich in einen Urwald. Im südlichen Abschnitt herrschen auf den weiten ebenen Sanderflächen lichte Baumbestände vor. Stille Seen, dazwischen ausgedehnte Wälder mit Birken, Erlen, Kiefern, Fichten und Wacholder bestimmen das Bild der Puszcza. Von Norden her fahren Paddler auf der Czarna Hańcza im Sommer an bunten Wiesen vorbei, überdacht vom Grün der Bäume. Neben den Wasserrouten durchziehen markierte Wander- und Fahrradwege den Wald.

Paddler auf dem Augustów-Kanal

Ab Mitte des 16. Jahrhunderts war die Puszcza Augustowska königliches Jagdrevier, in den die polnischen Herrscher Auerochsen und Wisente, Wildschweine, Bären und Wölfe jagten. Heute wird der Wanderer vor allem Rehe und Hirsche beobachten können sowie in den südlichen Ausläufern des Walds, die bereits der Biebrza-Nationalpark einnimmt, Schwarzstörche, Biber und mit sehr viel Glück auch Elche und Wölfe.

Biebrza-Nationalpark

Etwa 20 Kilometer südlich von Augustów beginnt der größtenteils vom WWF (World Wildlife Fond) finanzierte, 1993 gegründete Biebrza-Nationalpark (Biebrzański Park Narodowy), der auf fast 60 000 Hektar das größte ursprüngliche Sumpfgebiet Mitteleuropas rund um den Fluß Biebrza schützt. Zwischen 7 und 17 Kilometer breit sind die Sümpfe, Torf- und Niedermoore und die im Frühjahr überfluteten Erlenbrüche im unberührten Tal der Biebrza, die sich am südlichen Ende des Nationalparks in die Narew ergießt. Über 230 Wasser-, Sumpf- und Raubvogelarten wurden gezählt, denen man von vorgeschriebenen Wegen aus zuschauen kann. Die Sümpfe und Feuchtwiesen dürfen auf keinen Fall betreten werden. Elche und sogar die äußerst menschenscheuen Wölfe durchstreifen die Flußauen. Nachdem der braune Biber ausgerottet worden war, siedelte man bereits 1949 schwarze Biber an. Auch die seltenen Seggenrohrsänger, Birkhähne und Schwarzstörche sind an den geschützten Ufern der Biebrza zuhause.

Vom Sitz der Nationalparkverwaltung im Örtchen Osowiec-Twierda im Herzen des Nationalparks führen zwei Lehrpfade in die herrliche Sumpflandschaft hinein. Über Knüppeldämme und an Hochsitzen für die Tierbeobachtung vorbei, sind sie in jeweils drei Stunden gut zu bewältigen. Gruppen mit mehr als 7 und maximal 25 Personen dürfen den Park zum Schutz der Natur nur mit Führung betreten.

i Parkverwaltung, in Osowiec-Twierda an der schmalsten Stelle des Biebrza-Nationalparks an der Landstraße von Ełk Richtung Białystock.
›Biebrza Eco-Travel‹, ul. Kościuszki 26/11, 19-110 Goniądz, Tel./Fax 085/738 07 85, www.biebrza.com/eco-travel, eco-travel@biebrza.com; Anfang Mai–Ende Sept. tägl. 8–19, Okt.–April Mo–Fr 8–15 Uhr. Die Organisation unterhält in Goniądz, 5 km östlich von Osowiec-Twierda, eine Informationsstelle und bietet auch geführte Ausflüge und Wanderungen an.

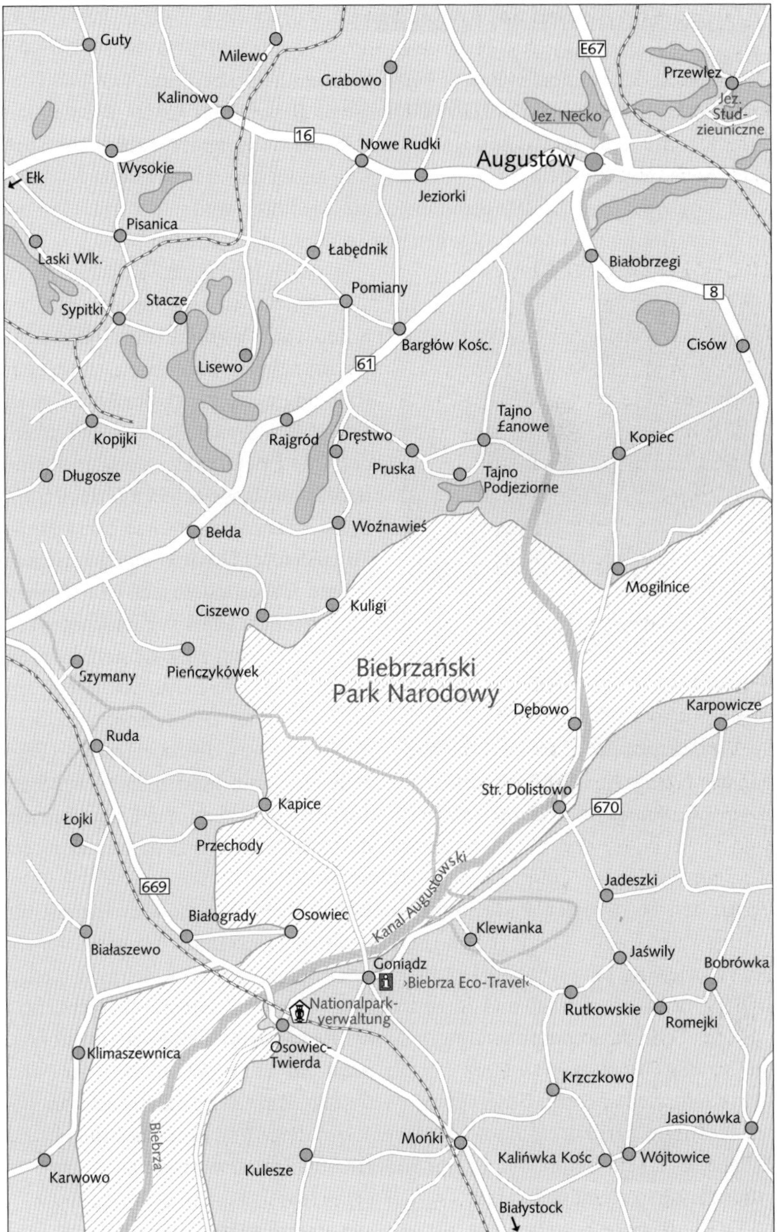

Der Biebrza-Nationalpark

Wasserwandern in Masuren

Zu Recht ist der Nordosten Polens bei Wasserwanderern berühmt. Das Land der kristallenen Seen und tiefdunklen Wälder ist ein Paradies für Segler, Paddler und Kanuten. Mehr als 3000 durch Kanäle und Flüsse miteinander verbundene Seen laden auch Ungeübte zum Ausprobieren ein, da die Gewässer in der Regel gefahrlos sind. Nirgends treten größere Strömungen auf, die Flüsse sind seicht und selbst bei größeren Touren muß das Boot selten einmal über Land getragen werden.

Auf dem Elbląg-Ostróda-Kanal müssen zahlreiche Schaufelräder passiert werden

Den Paddlern und Kanuten bietet sich bei der Routenplanung darüber hinaus der Vorteil, keine Rücksicht darauf nehmen zu müssen, in welcher Richtung eine Strecke befahren wird. Bei großen Seen sollte man bedenken, daß eine Überquerung womöglich eine ungewohnt lange Strecke bedeutet. Im Zweifelsfall empfiehlt es sich, in Ufernähe zu bleiben. Gewitter und wechselnde Winde insbesondere auf den Großen Masurischen Seen verursachen Wellen, die ein Boot zum Kentern bringen können. In Ufernähe, vor allem am östlichen Ufer des Jezioro Niegocin (Löwentinsee), Jezioro Dargin (Dargainensee) und Jezioro Śniardwy (Spirdingsee) muß man auf Steine achten, die sich dicht unter dem Wasserspiegel befinden.

An den bevorzugten Paddelrouten unterhält die Polnische Gesellschaft für Touristik und Landeskunde (PTTK) in regelmäßigen Abständen Wasserstationen, die Verpflegung, eine schlichte Unterkunft oder wenigstens einen Zeltplatz bieten. In der Hochsaison im Juli und August sind sie jedoch meist restlos ausgebucht.

Auch beim Wassersportgeräteverleih, den die meisten PTTK-Wasserstationen, die großen Wassersportzentren beispielsweise in Giżycko und Ruciane-Nida sowie zahlreiche private Unternehmen betreiben, kann es in den Sommermonaten schwierig werden, ein Boot auszuleihen. An den PTTK-Stationen besteht die Möglichkeit, sein Leihboot an einer anderen PTTK-Station abzustellen, ohne es zurückbringen zu müssen.

Die Leihboote bestehen fast alle aus robustem Kunststoffmaterial und sind problemlos zu handhaben. Das Standardmodell ist ein zweisitziger Kajak. Darüber hinaus hat sich das Faltboot bewährt, denn nicht jeder Kanute verfügt über ein Auto zum Transport eines starren und damit sehr sperrigen Bootes. In Polen kann das Faltboot seinen klassischen Vorteil noch ausspielen. Das führende Fabrikat stammt aus Krakau und erinnert verblüffend an die deutschen ›Klepper‹-Boote der früheren Jahre.

Ist man länger als nur einen Tagesausflug unterwegs, darf der Regenschutz nicht fehlen, sowohl für sich selbst als auch für alles andere, was nicht naß werden darf, wie etwa Zelt, Schlafsack und Bekleidung für kühlere Abende.

Die bekannteste unter den mannigfaltigen Paddelwanderungen, die Krutynia-Tour, führt insgesamt zehn bis zwölf Tage über die Krutynia und die 18 Seen, die das romantische seichte Flüßchen durchzieht. Sie beginnt an der PTTK-Station in Sorkwity westlich von Mrągowo und endet nach rund 100 Kilometern quer durch die grünen Wälder des Masurischen Landschaftsparks in Ruciane-Nida am Jezioro Guzianka Wielka. Unterwegs bieten Wasserstationen bei den Dörfchen Bieńki, Babięta, Spychowo, Zgon, Krutyń, Ukta, Nowy Most und Kamień Versorgungs- und Unterkunftsmöglichkeit. In Krutyń und Ukta kann man sich außerdem einen kleinen Streckenabschnitt über die Krutynia staken lassen.

Ebenfalls eine sehr beliebte Paddelstrecke ist die in zehn bis elf Tagen zu bewältigende Czarna-Hańcza-Tour im Nordosten Polens. Start- beziehungsweise Endpunkt der Tour ist die PTTK-Station in Augustów am Necko-See. Über den Augustów-Kanal und die durch ihn verknüpften Seen geht es auf der Czarna Hańcza in die urwüchsige Puszcza Augustowska hinein, durch die sich der Fluß Richtung Wigry-Nationalpark hindurchschlängelt bis zur PTTK-Station bei Stary Folwark am schönen Wigry-See. PTTK-Versorgungsstellen auf der insgesamt 150 Kilometer langen Tour finden sich unterwegs in der Einsamkeit bei den Flecken Wysoki Most, Frącki, Jałwoi Róg, Płaska, Swoboda und Gawrych Ruda.

Wasserwanderer unterwegs

Mit sechs Tagen etwas kürzer ist die Rospuda-Tour, die in Augustów endet. Sie startet im nordöstlichsten Winkel Polens bei Czarne am Ostufer des Rospuda-Sees, südöstlich von Gołdap. Von dort geht es auf dem Rospuda-Fluß durch Seen und einsame Natur über 72 Kilometer nach Augustów am Rand der Puszcza Augustowska. Östlich der Großen Masurischen Seen ist die Szwałk Wielki-Ełk-Route beliebt. Vom Örtchen Czernowy Dwór am Szwałk Wielki-See mitten im Urwald der Puszcza Borecka paddelt man auf dem Flüßchen Ełk über 50 Kilometer durch Seen und wundervolle Natur südwärts zur Stadt Ełk.

An der westmasurischen Seenplatte gerne unternommen werden als Tagesausflug die Paddelfahrt von Ostróda am Drwęckie-See zur großen PTTK-Station in Stare Jabłonski sowie als mehrtägige Unternehmung die Ostróda-Miłomłyn-Iława-Tour, die auch über den längsten polnischen See, den landschaftlich zauberhaften Jezioro Jeziorak (Geserichsee) im Landschaftspark Iława-Seenplatte führt. Wer weiter möchte, kann an der Schleuse bei Miłomłyn in den Iława-Ostróda-Kanal einbiegen und weitere 80 Kilometer bis nach Elbląg am Frischen Haff zurücklegen.

Zahlreiche Reiseveranstalter bieten geführte organisierte Wasserwanderungen an. Darunter die PTTK, in deren Zentralen in Olsztyn und Suwałki man auch allgemeine Informationen zu den Bootstouren erhält: ul. Staromiejska 1, 10-950 Olsztyn, Tel. 089/523 53 20, Fax 527 34 42, www.pttk.olsztyn.pl; ul. Kościuszki 37, 16-400 Suwałki, Tel. 087/566 79 47, www.suwalki.pttk.pl.

Wandertouren durch Masuren

Für Wanderfreunde bieten die Wälder Masurens und der Suwalszczyzna herrliche Möglichkeiten. Die Bandbreite reicht vom kleinen Spaziergang auf gut ausgebauten Wegen entlang der Seeufer bis hin zu mehrtägigen Wanderungen durch völlig unberührte Urwaldregionen.

Touristisch gut erschlossen sind in der Regel die Gebiete nahe der großen Urlauszentren: an der westmasurischen Seenplatte bespielsweise Iława, von wo aus markierte Wege durch den Landschaftspark Iława-Seenplatte führen; oder an den Großen Masurischen Seen Węgorzewo, Giżycko, Ruciane-Nida und Pisz, mit Wegekennzeichnungen durch den Masurischen Landschaftspark und die Puszcza Piska. Vielzählige Routenvorschläge, Wanderkarten und Prospektmaterial halten die jeweiligen örtlichen Touristeninformationen parat.

Ganz anders sieht es in der Puszcza Romincka aus. Die unberührte Waldwildnis im äuußersten Nordosten Polens lieg größtenteils bereits auf dem – früher hermetisch abgeiegelten – russischen Gebiet des Oblast Kaliningrad und gilt vielen ›Outdoor-Fans‹ als einer der ursprünglichsten Wälder Europas. Für manche stellt es einen besonderen Nervenkitzel dar, die heute kaum noch gekennzeichnete Grenze

Wanderer finden in Masuren zahlreiche gut ausgeschilderte Routen

zum Kaliningrader Gebiet zu überschreiten, nur erwischen lassen sollte man sich dabei besser nicht. Ohnehin bieten sich in der Puszcza Romincka viel schönere Abenteuer, beispielsweise die Fotosafari nach seltenen Tieren und Pflanzen. Auf jeden Fall darf ein guter Feldstecher im Rucksack nicht fehlen.

Die Puszcza Augustowska, die sich östlich von Augustów bis zur weißrussischen Grenze erstreckt, ist das größte zusammenhängende Waldgebiet Polens. Ihren Norden nimmt der märchenhafte Wigry-Nationalpark ein, im Süden schließt sich der Biebrza-Nationalpark mit dem größten Sumpfgebiet Mitteleuropas an. Tagelang kann man umherziehen, ohne auf einen anderen Menschen zu treffen. Eine gute Ausrüstung einschließlich Kompaß ist empfehlenswert, zumal wirklich präzise Karten selten sind. Neben der mitgenommenen Verpflegung hängt der Speisezettel von der Jahreszeit ab. Am abwechslungsreichsten ist er im Frühherbst, wenn sich Wildfrüchte, Beeren, Wurzeln und frische Pilze mit den noch üppig wuchernden ›Blattsalaten‹ zu köstlichen Mahlzeiten kombinieren lassen. Bei den meisten Touren lohnt es sich, eine kleine Angel im Gepäck zu haben (und natürlich die Angelerlaubnis). So wird, wer mit ausreichender Kondition und einer geeigneten Ausrüstung eine mehrtägige Wanderung durch die Puszcza Augustowska unternimmt, unvergleichliche Eindrücke mit nach Hause nehmen.

Und wer noch weiter möchte: Von 1994 bis 1997 wurden die polnischen Wanderwege an das europäische Fernwandernetz angeschlossen. Der polnische Abschnitt des Fernwanderweges E9, der von der französischen Atlantikküste über die Nordseeufer zur Ostsee bis nach Sankt Petersburg führt, verläuft über 537 Kilometer von Świnoujście (Swinemünde) auf Usedom an der Ostseeküste entlang bis Braniewo. Auf dem Fernwanderweg E11 wandert man von den Niederlanden durch das deutsche Tiefland, die pommersche und die masurische Seenplatte ins Baltikum, wobei die polnische Wegstrecke 1149 Kilometer bemißt und östlich von Suwałki beim Grenzübergang Ogrodniki/Ladzdijai endet.

Kaliningrad, das ehemalige deutsche Königsberg, ist in Aufbruchstimmung. Die westlichste Stadt Rußlands will wieder zur Brücke zwischen West- und Osteuropa werden. Neben Kaliningrad locken Kurorte an der Ostseeküste und die Naturschönheiten der Kurischen Nehrung.

Kaliningrad und Umgebung

Kaliningrad

Kaliningrad, einst Königsberg, die westlichste Stadt Rußlands mit fast 800 Jahren deutscher und europäischer Geschichte, ist neben Berlin wie keine andere europäische Stadt im 20. Jahrhundert zum Spielball der Mächte geworden. Viele deutsche Touristen besuchen inzwischen jährlich das Kaliningrader Gebiet und staunen über die Naturschönheiten der Ostseeküste, über das russische Flair ehemals deutscher Städte, die wechselvolle Geschichte Nordostpreußens und die Herzlichkeit der russischen Menschen.

Möchte man wissen, wie Deutschland am Anfang des 20. Jahrhunderts bis 1944 aussah, besuche man unzerstörte Häuser und Dörfer im Kaliningrader Gebiet. Kaliningrad ein deutsches Disneyland? Wohl kaum, denn die Wunden des letzten Krieges und die Folgen der Sowjetära wiegen zu schwer. Aber das Thema Königsberg/Kaliningrad scheint immer wieder aktuell, für viele Deutsche, Russen und die Europäische Union. Dies zeigen auch die Besuche der Ex-Bundespolitker Joschka Fischer und Gerhard Schröder in den letzten Jahren oder die Kant-Ehrungen und der ZDF-Film ›Eine Liebe in Königsberg‹ mit Wolfgang Stumph, der im April 2006 ausgestrahlt wurde.

Königsberg war bis 1945 nicht nur die östlichste Großstadt Deutschlands, sondern auch ein architektonisches Juwel mit einer einzigartigen Geschichte: Prußen, Ritter des Deutschen Ordens, Polen, Litauer, Schweden und Russen kämpften jahrhundertelang um die Vorherrschaft im Königsberger Gebiet.

Als Universitätsstadt, Krönungsstätte der preußischen Könige und Geburtsort des Philosophen Immanuel Kant wurde die Hansestadt am Pregel weltweit bekannt. Künstler und Schriftsteller wie E.T.A. Hoffmann, Käthe Kollwitz, Agnes Miegel und Elisabeth Schulz-Semrau sind Kinder dieser Stadt. Der 1917 in Tilsit geborene Schriftsteller Johannes Bobrowski beschrieb seine Heimat einmal als eine ›Multi-Kulti-Gesellschaft‹ von Deutschen, Litauern, Polen und Russen, unter ihnen zahlreiche Juden. Die 1920 eröffnete Ostmesse zeigte Königsberg noch als Brücke zwischen West- und Osteuropa. Erst der Zweite Weltkrieg mit den britischen und amerikanischen Bombardements, dem Fall Königsbergs am 9. April 1945 und der Besetzung durch die Rote Armee besiegelte das Ende der deutschen Geschichte.

Die Sowjetunion gliederte Nordostpreußen in ihr eigenes Staatsgebiet ein – vor allem aus militärstrategischen Gründen. Königsberg wurde Teil der RSFSR (Russische Sozialistische Föderative Sowjetrepublik) und erhielt 1946 den Namen Kaliningrad – zu Ehren des Staatsoberhauptes der UdSSR Michail I. Kalinin, der jedoch nie in Königsberg-Kaliningrad gewesen war. Die letzten Deutschen mußten 1948 ihre Heimat verlassen.

Wegen seiner strategischen und politischen Bedeutung war die Oblast Kaliningrad fast 50 Jahre lang wie kaum ein anderer Ort Osteuropas abgeriegelt. Selbst für Bürger der Sowjetunion war das Gebiet jahrelang nur mit Sondergenehmigung zugänglich. 1971 wurden die Orte an der Samlandküste zur Kurortzone erklärt, zaghafter innersowjetischer Tourismus begann. Erst in den 80er Jahren gelang es einzelnen deutschen Touristen, beispielsweise mit dem Taxi aus Litauen kommend, kurz die Kaliningrader Oblast ohne Genehmigung zu besuchen. 1988 drehten die (West-)Berliner Publizisten Irmgard und Bengt von zur Mühlen mit Hilfe aus Moskau einen sensationellen Film über das russische ›Kenigsberg‹. Den Filmemachern glückte auch das erste Telefongespräch von Kaliningrad nach Berlin nach dem Krieg, es wurde vom Berliner Radiosender RIAS live übertragen.

Blick auf den ploščad' Pobedy mit Nordbahnhof und Erlöserkathedrale

Ein Empfang beim damaligen Kaliningrader Bürgermeister und in der Redaktion der ›Kaliningradskaja Pravda‹ schlossen sich an. Mit dem langsamen Zerfall der Sowjetunion steht seit Februar 1991 schließlich Kaliningrad westlichen Touristen offen.

Für Rußland ist das Kaliningrader Gebiet vor allem als eisfreier Hafen, als Flottenstützpunkt und mit seinen Ostseebädern für einheimische Touristen interessant. Im übrigen stammen der russische Popstar Oleg Gazmanov sowie Ludmila Putina, die Ehefrau des russischen Präsidenten, aus Kaliningrad.

Von Masuren oder der polnischen Ostseeküste aus bietet sich leicht ein Abstecher nach Kaliningrad an. Königsberg mit seiner wechselvollen Geschichte oder die einst mondänen Badeorte entlang der Ostseeküste laden auch heute noch zu einem Besuch ein. Touristen, die eine persönliche Beziehung zu Ostpreußen haben, werden sicher auch gerne die Orte des Hinterlandes besuchen. Es kann aber passieren, daß ehemals deutsche Städte und Dörfer ganz von der Landkarte verschwunden sind - wie beispielsweise Schirwindt oder Tegnerskrug an der litauischen Grenze.

Während man in Polen viele deutsche Baudenkmäler gekonnt restaurierte, wurde in Kaliningrad leider eine ganz andere Politik betrieben. Der westliche Besucher wird sich oft inmitten einer Ansammlung einfallsloser Plattenbauten wiederfinden, wie sie den sozialistischen Baustil von Halle bis Vladivostok kennzeichnen.

Das heutige russische Kaliningrad entwickelt sich dynamisch und modern, dazwischen finden sich immer wieder Spuren deutscher Geschichte. Noch zehn Prozent der Bausubstanz stammen aus deutscher Zeit. Fast geschlossene deutsche Stadtviertel findet man noch in den Königsberger Stadtteilen Hufen, Juditten, Amalienau und Maraunenhof.

Es gab immer wieder Russen, die versucht haben, die deutsche Geschichte und ihre Menschen zu verstehen. Der Schriftsteller Lev Kopelev widersetzte sich 1944/45 den Schikanen der Roten Armee gegen die Zivilbevölkerung in Ostpreußen. Als 1968 auf Geheiß Brešnevs die Ruinen des Schlosses in Kaliningrad gesprengt wurden, gab es monatelange Proteste der russischen Intelligenzija. Frau Olga F. Krupina gründete 1974 das Kant-Museum; sie hatte sich für diese Sache

Das alte Warmbad in Svetlogorsk (Rauschen) an der Samlandküste

so engagiert, daß sie als ›Witwe Kants‹ bezeichnet wurde. Der ehemalige Vorsitzende des Kaliningrader Schriftstellerverbands, Juri Ivanov, setzte sich lange vor Perestroika und Glasnost für eine objektive Geschichtsbetrachtung, die Erhaltung deutscher Gebäude und eine Aussöhnung mit den Deutschen ein.

Heute ist das Interesse der Kaliningrader an Deutschland groß, viele sprechen die Sprache Goethes oder lernen sie. 1993 wurde das Deutsch-Russische Haus als Begegnungsstätte eröffnet. Anfang 2004 eröffnete ein deutsches Generalkonsulat. Erster Konsul Deutschlands im ehemaligen Königsberg wurde Dr. Cornelius Sommer, ein gebürtiger Breslauer. 2005 wurde Dr. Guido Herz neuer deutscher Generalkonsul.

Auch die Deutschen haben einen Lernprozeß durchmachen müssen, sahen sie doch vor allem die Greueltaten der Sieger und die Schrecken der Vertreibung aus den Ostgebieten. Kaum jemand lernte freiwillig Russisch, Polnisch oder Tschechisch, und nur wenige interessierten sich für osteuropäische Kultur und Geschichte. Durch Willy Brandt, Helsinki und Gorbatschovs Perestroika wichen die Feindbilder, wurde Verständigung möglich. 1990 erkannte die Bundesrepublik ihre heutigen Ostgrenzen völkerrechtlich an. Nicht alle Deutschen haben sich damit abgefunden. Aber immer wieder wird von offizieller deutscher Seite betont, daß von einer ›Regermanisierung‹ des Kaliningrader Gebietes keine Rede sein kann.

Die Vertriebenenverbände verbinden heute ihr Heimatgefühl mehr und mehr mit Toleranz gegenüber den ›neuen‹ Bewohnern. Unzählige karitative Projekte, vor allem für Krankenhäuser und Kindereinrichtungen, werden von deutschen Helfern seit Jahren betreut. Darunter sind auch viele gebürtige Ostpreußen.

Neue Akzente bekommt das Kaliningrader Gebiet durch den verstärkten Zuzug von Rußlanddeutschen, vor allem aus Kasachstan und Sibirien, seit 1988.

Wie durch ein Brennglas gebündelt zeigen sich hier die ökonomischen Probleme des Post-Sozialismus. Man hängt am Moskauer Subventionstropf; Bürokratie, Mafia, Lethargie sowie fehlende realistische Konzepte behindern die Wirtschaft, aber die Talsohle scheint überwunden. Das Gebiet ist jetzt stärker wirtschaftlich mit Polen und Litauen verbunden, wodurch es auch preiswerte polnische und baltische Waren gibt. Ebenso finden sich alle erdenklichen westeuropäischen Importprodukte - von Bier über Kinderwagen, TV-Technik und Baumaterialien bis zu Strumpfhosen -, meist aber überteuert. Rund 82 Prozent der Waren in den Kaliningrader Geschäften waren Ende der 1990er Jahre ausländischer Herkunft. Russische Produkte finden jetzt aber langsam immer mehr Absatz auf dem heimischen Markt. In anderer Hinsicht ist Kaliningrad leider führend in Rußlands Statistik: beim Alkoholkonsum mit 19,5 Litern pro Kopf und Jahr, bei einer Scheidungsrate von etwa sechzig Prozent, bei der großen Anzahl von Prostituierten und mit fast 4000 AIDS-infizierten Menschen.

Ende des Jahres 2005 wurde ein neuer Gouverneur für die Kaliningrader Oblast gewählt oder besser gesagt von oben bestimmt: Georgij Boos – als Moskauer Beamter Putins Wunschkandidat. Vor Boos regierte Vladimir Jegorov, ein Admiral der Baltischen Flotte. Er löste 2000 Leonid Gorbenko als Gouverneuer ab. Beide dachten Reformen an, setzten sie aber kaum durch. Nun gilt es für den neuen Gouverneur, zusammen mit dem Bürgermeister Juri Savenko wirtschaftlich und politisch einen Ausgleich für Kaliningrad zwischen der Moskauer Zentralmacht und den Realitäten in einem neuen Europa zu finden.

Kaliningrad und Europa

Eine der ersten Überlegungen nach der Wende in der Sowjetunion war, das Gebiet Kaliningrad zur Freihandelszone zu erklären. In- und ausländische Ökonomen träumten von einem ›Singapur an der Ostseeküste‹. Im neuen Jahrtausend beziehen sich Ängste, aber auch Hoffnungen auf die Osterweiterung der NATO und der EU. Die einen fürchten eine weitere Isolierung der Exklave, durch die Mitgliedschaft Polens und Litauens in westlichen Bündnissen, die Realisten sehen aber auch die Chancen verstärkter Zusammenarbeit und Hilfe durch EU-Programme wie PHARE oder einen Sonderstatus Kaliningrads bei der EU. So liegt Kaliningrad, die westlichste Stadt Rußlands, nicht nur geographisch, sondern auch in anderer Hinsicht manchmal näher zu Berlin (570 Kilometer) und Warschau als zu Moskau (1200 Kilometer) und St. Petersburg.

Die westlichste Region Rußlands bietet viele Möglichkeiten und Chancen für wirtschaftliche, kulturelle und menschliche Kontakte und den Tourismus. Die Bremser für eine weitere Öffnung des Gebietes sitzen eher in Moskau als in Kaliningrad, da die Zentralmacht die Exklave für ihre strategischen Interessen beansprucht.

Mit dem EU-Beitritt Polens und Litauens im Frühjahr 2004 wird die Insellage des Gebietes deutlicher denn je. Schon seit Sommer 2003 benötigen die Kaliningrader für die Reise nach Polen oder den Transit durch Litauen ein Visum. Die Frage des Reiseverkehrs beschäftigte 2003 wochenlang Moskau, die Kaliningrader, Litauen und die EU, bis es zu einer Einigung kam. Immerhin kann man sagen, daß es beim Transit durch Litauen zu keinem einzigen Fall kam, bei dem Russen in die EU emigrierten. Seit 2005 geht es wirtschaftlich bergauf, besonders sichtbar wird dies am Bauboom.

Immens sind die wirtschaftlichen Schwierigkeiten: verdeckte Arbeitslosigkeit; die Löhne, vor allem im staatlichen Bereich, sind niedrig, so daß viele sich einen Nebenjob suchen. Nicht einfach ist es für die Rentner – normal sind 40 bis 80 Euro Rente monatlich –, die ohne Hilfe ihrer Familien verarmen würden.

Der instandgesetzte Dom ist wieder das Wahrzeichen der Stadt

Für Rußland typisch ist eine ›Grauzone‹ des Business. Wer sich als Bernsteinverkäufer, Taxifahrer, als Kellnerin oder durch Zimmervermietung an Touristen etwas dazuverdient, lebt besser als der Durchschnittsrusse. Und eine weitere russische ›Institution‹ trägt zum Überleben bei: die allgegenwärtige Datsche, der Kleingarten, mit Obst und Gemüse für den Sommer und als Vorrat für den Winter.

Litauen setzt auf intensive wirtschaftliche Zusammenarbeit und ist neben den skandinavischen Staaten für eine verstärkte Integration Kaliningrads in europäische Strukturen. Seit Mai 1997 existiert eine offizielle Vertretung der Stadt Kaliningrad in Brüssel. Aufgabe des Vertreters ist es, Kaliningrad verstärkt in Projekte und Programme der EU einzubeziehen.

Die bedeutendste Investition in die Wirtschaft Kaliningrads vollzog vor wenigen Jahren der deutsche Automobilkonzern BMW. Allein in der ersten Jahreshälfte 2001 wurden über 1100 preiswerte Kaliningrader BMWs in Rußland verkauft. Großabnehmer ist unter anderem die russische Regierung.

Nach der Wende in Rußland gab es große Diskussion um eine Namensänderung Kaliningrads, aber in absehbarer Zeit wird es bei diesem Namen bleiben. Bezeichnend ist, daß das einstige Wahrzeichen Königsbergs, der mächtige Dom, heute wieder als solches angesehen wird. Nachdem er jahrzehntelang als pittoreske Ruine auf der Pregel-Insel stand, arbeitete man seit 1992 verstärkt an der Instandsetzung des Gotteshauses - vor allem mit deutschem Geld und durch das Engagement des russischen Bauleiters Igor Odinzov. Seit 1999 ist der Dom zumindest von außen in alter Schönheit wiederhergestellt.

Stadtgeschichte

Die Frühgeschichte des Kaliningrader Gebietes wurde nur zu einem Teil dem Nebel der Geschichte entrissen. Inzwischen gilt aber als gesichert, daß schon seit der Jungsteinzeit hier verschiedene baltische Stämme siedelten. Um das Jahr 1200 vor Christus hatte sich bereits der Stamm der Prußen etabliert. Durch den Handel mit Bernstein standen die Prußen schon früh in engem wirtschaftlichen - und damit auch kulturellen - Kontakt mit vielen anderen Völkern und Regionen. Konfliktreich gestaltete sich allerdings die Beziehung zu den westlichen Nachbarn, den zum Christentum bekehrten Bewohnern Masowiens. Dahin zogen die Prußen oft mordend und brandschatzend, so daß der Herzog Konrad von Masowien 1226 den Deutschen Orden um Hilfe gegen die heidnischen Prußen bat. Die militärischen Auseinandersetzungen zwischen den Prußen und dem Ritterorden dauerten von 1231 bis 1283. Von diesem Jahr an galt das Gebiet als Ordensland.

An der Stelle einer alten prußischen Festung am Pregel errichteten die Ordensritter 1255 ihre eigene Burg, die sie nach dem böhmischen König Ottokar II., der diesen Feldzug angeführt hatte, Königsberg nannten. Das Jahr 1255 gilt daher als das offizielle Gründungsjahr Königsbergs, und 2005 feierte die Stadt ihren 750. Geburtstag.

Um die Burg herum entwickelte sich in geradezu rasantem Tempo eine Stadt. Schon bald war das Gelände zwischen Burgberg und Pregel trockengelegt und mit einem Netz von Straßen durchzogen. 1286 erhielt die sogenannte Altstadt Kulmer Recht und trat 1339 der Hanse bei. Eingewanderte deutsche Handwerker und Kaufleute folgten dem Ruf der Ordensritter und hofften im Osten auf gute Geschäfte. Neben der Altstadt entstanden die selbständigen Städte Löbenicht und Kneiphof. Nachdem die Ordensritter in ihren westlichen Gebieten empfindliche Niederlagen hatten einstecken müssen, verlegten sie 1457 den Sitz des Hochmeisters nach Königsberg.

Postkarte zur 750-Jahr-Feier

Königsberg als preußische Residenzstadt

Im Jahr 1525 wurde Preußen zu einem weltlichen Herzogtum. Albrecht von Brandenburg bemühte sich, seine Residenzstadt Königsberg zu einem kulturellen Mittelpunkt auszubauen. Die nach ihm benannte Universität Albertina von 1544 ist der deutlichste Beweis dafür. Als allerdings 1618 Preußen durch Personalunion mit Brandenburg vereinigt wurde, verlagerte der brandenburgische Landesherr seine Residenz in die unbedeutende brandenburgische Provinzstadt Berlin.

Das Königsberger Schloß im 19. Jahrhundert

Dem angeschlagenen Selbstbewußtsein der Königsberger tat es daher gut, als sich 1701 Friedrich I. in ihrer Stadt zum ersten König in Preußen krönen ließ. Jetzt war Königsberg königliche Residenz, wenngleich nicht Hauptstadt. Das bewahrte die Stadt aber nicht davor, daß wenige Jahre später ein anderer, grausamer Regent hier Einzug hielt: Zwei Jahre regierte der Schwarze Tod, die Pest, in Königsberg und forderte zahllose Opfer.

Unter Friedrich dem Großen kam die Stadt zu neuer Blüte. Während des Siebenjährigen Krieges von 1758 bis 1763 blieb sie unter russischer Besatzung, doch der russische Gouverneur Baron von Korff, ein Baltendeutscher, ließ der Stadt ihre Freiheiten, und so blühten Handwerk und Handel weiter. Die Bedeutung Königsbergs blieb sogar nach einem verheerenden Großbrand im Jahr 1764 bestehen.

Das Geschichtsmuseum im Dom

Nach der Schlacht in Preußisch-Eylau (heute Bagrationovsk) und bei Friedland im Sommer 1807 zog Napoleon mit seinen Truppen in Königsberg ein. Der Tilsiter Frieden zwischen Rußland und Frankreich zog umfangreiche Kontributionszahlungen Preußens an Frankreich nach sich. Königsberg wurde 1808/09 noch einmal preußische Hauptstadt und Zufluchtsort für König Friedrich Wilhelm III. und seine Gemahlin Königin Luise. Die Steinschen Reformen und die Preußische Städteordnung wurden hier im November 1808 erlassen. In der Konvention von Tauroggen 1812 verbündeten sich Preußen und Russen gegen Napoleon. Der Krieg Preußens gegen Napoleon ging im Februar 1813 vom Königsberger Landtag aus und läutete auch für Ostpreußen ein neues Zeitalter ein.

1840 wurde Friedrich Wilhelm IV. im Königsberger Schloß zum preußischen König gekrönt und 1861 auch der spätere deutsche Kaiser Wilhelm I.

Bürgertum und Industrialisierung

Im Jahr 1853 wurde der Königsberger Bahnhof eingeweiht und die später vollendete Ostbahn verband Berlin - via Kreuz, Dirschau, Marienburg, Braunsberg - mit der Stadt am Pregel. 1860 konnte die Strecke Königsberg–Eydtkuhnen an der russischen Grenze eingeweiht werden, an welche sich das Breitspurnetz der russischen Eisenbahn anschloß. Diese Strecke spielte für den Handel und Personenverkehr eine große Rolle.

Um den steigenden Anforderungen im Bildungswesen gerecht zu werden, erfolgte 1862 der Neubau der Universität Albertina im Königsgarten, da die Alte Albertina auf dem Kneiphof zu klein geworden war. An der heutigen ul. Universitetskaja steht ebenfalls die nach dem Krieg wiederaufgebaute Kaliningrader Universität. Die Errichtung der Börse am Pregel zwischen 1870 bis 1875 zeigte die Bedeutung der Stadt für den Handel zwischen Ost und West.

Die Erweiterung des Hafens durch die Fertigstellung des 46 Kilometer langen Königsberger Seekanals 1901 und die Errichtung der damals größten Siloanlagen der Welt waren weitere Meilensteine für den wirtschaftlichen Aufschwung, in dessen Folge die Bevölkerungszahl vor dem Ersten Weltkrieg auf über 200 000 Menschen anstieg. Bedeutende Wirtschaftszweige waren die Fischerei, der Handelshafen, Waggonbau, die Landwirtschaft, die Lebensmittelindustrie und die Bernsteinmanufaktur. Die 1885 errichtete Samlandbahn führte an den Ostseestrand nach Cranz, Straßenbahnlinien entstanden ebenso wie Krankenhäuser, der Tiergarten, die Kunsthalle am Wrangelturm, der Park Luisenwahl und die Schloßteichpromenaden.

Die wirtschaftliche Blütezeit Königsbergs und Ostpreußens fand mit dem Ersten Weltkrieg vorläufig ein Ende. Tausende Menschen flohen, wurden verschleppt oder verloren ihr Leben durch die nahe Front. Zahlreiche Städte Ostpreußens wie Stallupönen (ab 1938 Ebenrode) oder Tapiau wurden durch Kriegshandlungen zerstört.

Die Schloßteichpromenaden wurden Ende des 19. Jahrhunderts angelegt

Ostpreußens Hauptstadt

Nach dem Versailler Vertrag wurde Ostpreußen mit Königsberg 1919 deutsche Exklave, die durch den polnischen Korridor vom Deutschen Reich getrennt war. Trotz der Trennung vom Reich blieb die wirtschaftliche Bedeutung der Stadt ungebrochen. Die 1920 eröffnete Ostmesse, die bis zum Jahr 1940 stattfand, war ein wichtiger Anlaufpunkt für Handelspartner aus Deutschland, Polen, Skandinavien, den neuen baltischen Staaten und der Sowjetunion.

Viel hatte die Pregelstadt dem Engagement des seit 1919 tätigen Oberbürgermeisters, Herrn Dr. Hans Lohmeyer zu verdanken, der 1933 von den Nationalsozialisten abgesetzt wurde. Anfang der dreißiger Jahre gab es allein in Königsberg dreizehn Hoch- und Fachschulen, elf evangelische und vier katholische Kirchen

Das 1927 als ›Neues Schauspielhaus‹ erbaute Theater, heute das Dramentheater

sowie drei Synagogen, acht Lichtspieltheater, Kabaretts und Varietés. Kunstsammlungen gab es im Schloß, in der Kunsthalle am Wrangelturm und in der Kunstakademie zu sehen, Opern und Operetten im Königsberger Opernhaus am Paradeplatz, und Schauspielfreunde kamen im Neuen Schauspielhaus an der Hufenallee auf ihre Kosten. Am Doradeplatz befand sich mit ›Gräfe und Unzer‹ auf fünf Etagen die größte europäische Buchhandlung.

Ältere Einwohner Königsbergs werden sich sicher sehnsuchtsvoll nach den vielen Restaurants, Cafés und Konditoreien zurücksehnen, die man im heutigen postsowjetischen Kaliningrad leider vergebens sucht. Die ›Kneiphöfschen Bier-Stuben‹, das berühmte Weinrestaurant ›Blutgericht‹ im alten Schloßhof oder die ›Kant-Konditorei‹ boten für verwöhnte Geschmäcker fast alles. Aber auch fünf

›Alkoholfreie Volksspeisehäuser‹ gab es im Vorkriegs-Königsberg. Zahlreiche Hotels und Pensionen, wie der ›Berliner Hof‹, das ›Central‹ oder das ›Continental Hotel‹, und unzählige Fremdenheime zeugten von der touristischen Bedeutung der Stadt. Ließen sich doch von hier aus herrliche Ausflüge in die nähere und weitere Umgebung unternehmen: zu den Badeorten des Samlandes, auf die Frische Nehrung, die Kurische Nehrung, zu den Masurischen Seen, in die Rominter Heide, nach Marienburg oder zum Denkmal der Schlacht von Tannenberg. Mit einem litauischen Bädervisum konnte man auch zu den memelländischen Bädern Nidden, Schwarzort und Sandkrug gelangen.

Königsberg war früher wesentlich schneller und leichter erreichbar als heute. Täglich fünf Züge fuhren allein von Berlin über Stettin und Danzig nach Königsberg. Für die 596 Kilometer lange Strecke benötigte die Reichsbahn 1939 sechs Stunden! Heute fährt der Zug über 15 Stunden von der Spree an den Pregel. Sogar eine Flugverbindung existierte, die Passagiere für 80 Reichsmark in 1,5 Stunden nach Königsberg brachte.

Ein dichtes Regionalverkehrsnetz verband die Orte des Hinterlandes und der samländischen Küste mit der ostpreußischen Hauptstadt, und der Seedienst Ostpreußen und die Binnenschiffahrt ermöglichten eine Schiffspassage nach Danzig, Memel, Tapiau, Rossitten und Swinemünde.

Der Untergang Königsbergs

Ende der 1920er Jahre ging die Weltwirtschaftskrise auch an Königsberg nicht spurlos vorüber. Viele Firmen gingen pleite, und die Zahl der Arbeitslosen Anfang der 1930er Jahre überschritt die 30 000. Das eher sozialdemokratisch geprägte Königsberg wurde Schauplatz heftiger politischer Auseinandersetzungen, bis die NSDAP 1932 auch in Ostpreußen bei den Reichstagswahlen siegte.

Der Nationalsozialist Erich Koch wurde gefürchteter Gauleiter in Ostpreußen. Gleichschaltung, Haß gegen Juden und Kommunisten und die Vorbereitung auf den Krieg bestimmten den Alltag der Stadt. Eine Reichsautobahn sollte von Berlin nach Königsberg führen. Der Hansaplatz wurde zum Adolf-Hitler-Platz, und 1938 erhielten über tausend Orte in Ostpreußen neue deutsche Namen. So wurde beispielsweise aus Pillkallen Schloßberg, aus Dagutschen Tegnerskrug und aus der östlichen Bahnstation Eydtkuhnen Eydtkau.

Für die Nationalsozialisten war Ostpreußen strategisch wichtig, was Hitlers Besuche in Königsberg und die Errichtung der Wolfsschanze bei Rastenburg belegen. 1939 holte er vom Balkon des Memeler Theaters das Memelgebiet ›heim ins Reich‹, und für das Unternehmen Barbarossa, den Überfall auf die Sowjetunion 1941, war Ostpreußen Aufmarschgebiet.

Im August 1944 wurde nahezu die gesamte Innenstadt durch englische und amerikanische Bomber zerstört, tausende Bewohner starben. Im Oktober 1944 erreichte die Rote Armee die erste deutsche Ortschaft Nemmersdorf, und im Januar 1945 begann die Ostpreußen-Offensive der Roten Armee. Königsberg - noch sinnlos zur Festung erklärt - wurde nahezu eingeschlossen. In dieser ausweglosen Situation schlugen die Deutschen einen Korridor nach Pillau. So gelang hunderttausenden Ostpreußen in letzter Minute die Flucht mit Schiffen nach Westen. Andere flohen über das zugefrorene Frische Haff Richtung Danzig. Viele ertranken dabei mit ihren Trecks in den eisigen Fluten. Gauleiter Koch hatte sich inzwischen in einen Bunker bei Pillau verschanzt und floh nach Westdeutschland.

Die Verteidigung der Festung Königsberg gegen die Übermacht der sowjetischen Truppen unter Marschall Vasilevskij wurde Anfang April 1945 immer aussichtsloser. Die Gefechtsstände in den Forts um Königsberg und die Verteidungsstellungen in der Innenstadt fielen nach und nach in russische Hand. Am 9. April 1945 entschloß sich General Lasch zur Kapitulation, um weiteres sinnloses Blutvergießen zu verhindern. Als Hitler davon erfuhr, verurteilte er Lasch über den Wehrmachtsbericht wegen Feigheit vor dem Feind zum Tode, seine Familie wurde in Sippenhaft genommen. Zehntausende Wehrmachtssoldaten gerieten mit General Lasch in russische Kriegsgefangenschaft, tausende kehrten nicht zurück. Lasch selbst kehrte 1955 in die Bundesrepublik zurück, seine Erlebnisse verarbeitet er in dem Buch ›So fiel Königsberg‹.

Ungefähr 100 000 Deutsche harrten noch in den Königsberger Ruinen aus. Für sie begann nun eine Leidenszeit mit Hunger, Vergewaltigungen, Krankheiten und der Rache der russischen Sieger.

Königsberg wird russisch

Das Potsdamer Abkommen vom August 1945 besiegelte das Schicksal Ostpreußens: Das südliche Ostpreußen mit Allenstein kam zu Polen, das nördliche Ostpreußen mit Königsberg zur Russischen Föderation. So konnte Stalin die Sowjetunion nach Westen verschieben und mit Pillau einen strategisch wichtigen Militärhafen erobern.

Im Oktober 1945 wurde die ›Kenigsbergskaja Oblast‹ unter sowjetischer Militärverwaltung gegründet. Im April 1946 erfolgte die Bildung der ›Kaliningradskaja Oblast‹, und am 4. Juli 1946 wurde Königsberg in Kaliningrad umbenannt. Namensgeber war Michael Kalinin, ein Weggefährte Stalins, der kurz zuvor gestorben war. 1947 folgte schließlich die Umbenennung aller anderen Orte im Kaliningrader Gebiet.

Kaliningrad 1966

Die Russen, die nach dem Krieg in Königsberg angesiedelt wurden, hatten große Probleme, die einer Trümmerwüste gleichende, verlassene Stadt als neue Heimat zu empfinden. Bis in die 1950er Jahre gab es staatliche Anwerbungen, um Sowjetbürger für das Kaliningrader Gebiet zu gewinnen. Viele der russischen Neusiedler hatten im Krieg Haus und Hof oder sogar ihre Familie verloren, und das Leben in der zerstörten Stadt gestaltete sich aufgrund der fehlenden Nahrungsmittel und Infrastruktur als sehr schwierig. Hunger, Kälte, Wohnungsnot, Seuchen, Krankheiten, Kriminalität und Konflikte mit den Besatzern dezimierten den Anteil der deutschen Bevölkerung immer mehr. Die Aussiedlung der über 100000 verbliebenen Deutschen im Gebiet wurde 1947 beschlossen und mit Zügen in den Jahren 1947/48 konsequent betrieben. Nur ganz wenige Deutsche blieben.

Gedanken an die deutsche Geschichte, Architektur, Kunst und Kultur waren damals kaum möglich. Man kann davon ausgehen, daß ein Großteil der ostpreußischen Gebäude nicht im Krieg, sondern danach zerstört wurde oder verfiel. Besonders betroffen waren Kirchen, Friedhöfe, Schlösser und Gutshöfe.

Heute besteht die Kaliningrader Bevölkerung zu knapp achtzig Prozent aus Russen, neun Prozent sind Weißrussen, sechs Prozent Ukrainer, vier Prozent Litauer und etwa ein halbes Prozent Deutschstämmige. Erst seit der Wende entwickelt sich so etwas wie Lokalpatriotismus und Geschichtsverständnis. Zur eigenen Identitätsfindung möchten viele an die untergegangene deutsche Tradition anknüpfen. Das bedeutet auch, daß nun mit den wenigen Zeugnissen deutscher Vergangenheit entsprechend sensibel umgegangen wird und sie Touristen, zumal wenn sie aus Deutschland stammen, gern präsentiert werden.

Junge Russen aus der Oblast identifizieren sich auf ihre Weise mit der ehemals deutschen Stadt. Sie sprechen von ›Kenig‹ wenn sie das heutige Kaliningrad meinen und das klingt so selbstverständlich wie ›Piter‹ bei den St. Petersburgern. Und die beliebtesten Kaliningrader Biersorten sind ›Ostmark‹ und ›Königsberg‹ – natürlich kyrillisch geschrieben.

Kneiphof und Dom

Erster Anlaufpunkt für deutsche Touristen ist in der Regel der ehemalige Kneiphof mit dem Dom (Kafedral'nyj sobor/Кафедральный собор) auf der Pregel-Insel, der heutigen Kant-Insel.

Schon 1994/95 konnte der Turm, der sogar als Ruine majestätisch wirkte, wieder instandgesetzt werden, eine Turmuhr mit historischen Zifferblättern kam 1995 aus Deutschland, und vier neue russische Glocken zeigen jede Viertelstunde an. Ein Dommuseum, das berühmte Kant-Museum, eine orthodoxe und evangelische Kapelle sowie ein Kammermusiksaal befinden sich im Dom. Der Ausbau des Domes als kulturelle und kirchliche Begegnungsstätte geht weiter. 2008 soll die Sanierung abgeschlossen sein und der Dom zur Krönung eine neue Orgel aus Potsdam erhalten. Aber schon jetzt ist er trotz baulicher Mängel ein Wahrzeichen des neuen alten Königsberg und bietet dem Besucher eine beeindruckende Kulisse.

Auf der Dominsel, einst das Gebiet der Kaufmannsstadt Kneiphof, wurden alle übrigen Gebäudereste niedergewalzt. Über den Trümmern finden wir heute eine Grünanlage und im ›Skulpturenpark‹ Plastiken zeitgenössischer Kaliningrader Künstler.

Touristengruppen werden beim Besuch der Dominsel meist zunächst zum Grabmal Immanuel Kants (1724–1804) geleitet. Der große Philosoph fand an der nördlichen Außenmauer des Doms seine letzte Ruhestätte. Die ›Stoa Kantiana‹, eine offene Halle, wurde 1924, zum 200. Geburtstag des großen Denkers, in seiner heutigen Gestalt geschaffen. Wie durch ein Wunder überstand der Pfeilerbau das Inferno des Zweiten Weltkrieges.

Über all die Jahre hinweg wurde das Grab sowohl von offizieller Stelle als auch von Kaliningrader Kant-Verehrern gepflegt und oft mit Blumen geschmückt. Kant galt in der Sowjetunion als Vordenker des Marxismus und so soll sein Grab auch den Dom vor dem Abriß bewahrt haben. Es ist eine russische Tradition in Kaliningrad, daß Jungvermählte nach der Trauung hier Blumen niederlegen.

Spaziergängerin in der Puszcza Augustowska
In der Puszcza Augustowska; An der Krutynia

РОСНЕФТЬ
АНТАРЕС

Immanuel Kant

Im Jahre 1724 als Sohn eines Sattlermeisters geboren, wurde der junge Kant trotz seiner niederen Herkunft zum Studium an der berühmten Universität von Königsberg zugelassen, später lehrte und wirkte er dort als Professor für Logik und Metaphysik. Obwohl Kant seine Heimatstadt kaum jemals verließ, revolutionierte und bestimmte er die philosophische Gedankenwelt Europas. Als 1781 die ›Kritik der reinen Vernunft‹ dem Denker zum Durchbruch verhalf, war eine neue philosophische Richtung begründet. 1788 erschien seine Schrift ›Kritik der praktischen Vernunft‹.

Viele Legenden ranken sich um Kants Leben in Königsberg, der seine Heimatstadt vortrefflich fand und als einen ›schicklichen Platz zur Erweiterung sowohl der Menschenkenntnis als auch der Weltkenntnis‹ beschrieb. Frühmorgens um fünf Uhr ließ er sich von seinem Diener mit dem Ruf ›Es ist Zeit!‹ wecken. Penibel hielt er seinen Tagesablauf zwischen Schriften und Vorlesungen an der Albertina ein, lebte asexuell, pflegte eine Tischgesellschaft (ohne Frauen), legte höchsten Wert auf Pünktlichkeit bei sich selbst und seinen Gästen und ebenso pünktlich ging er abends um sieben Uhr spazieren. Die Königsberger, so wird erzählt, konnten ihre Uhr danach stellen, wenn der schmächtige Mann seinen Rundgang am Pregel, später ›Philosophendamm‹ genannt, unternahm. Abends um zehn Uhr legte er sich zu Bett.

Immanuel Kant

Am 12. Februar 1804 starb Kant in seiner geliebten Heimatstadt und wurde unter großer Anteilnahme am 28. Februar im Dom beigesetzt.

In der Puszcza Rominta; Brunnen am Augustów-Kanal
Der Dom in Kaliningrad; Der Pregel in Kaliningrad

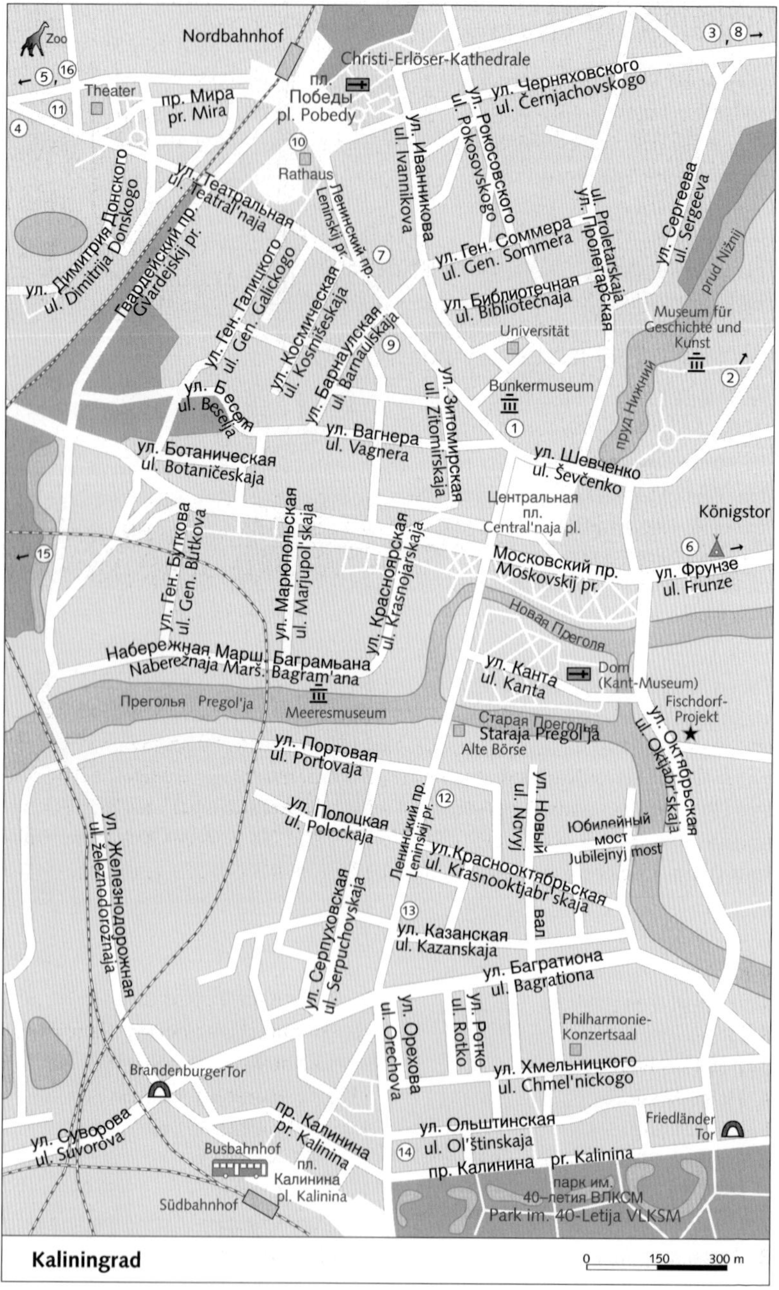

Kaliningrad

Der Gedenkstein für den Theologen Julius Rupp auf dem Kneiphof

Im Jahre 2004, zum 200. Todestag, legte der ehemalige deutsche Außenminister am Grab des berühmten Philosophen einen Kranz nieder. Joschka Fischer - in seiner Jugend selbst Kantverehrer - war seit 60 Jahren der erste deutsche Minister und 2005 Altbundeskanzler Gerhard Schröder der erste Bundeskanzler, der Kaliningrad einen offiziellen Besuch abstattete. Im Juli 2005 verlieh Präsident Putin zusammen mit Schröder der Kaliningrader Universität den Namen Kants.

Legende

1 Hotel ›Kaliningrad‹
2 Hotel ›Turist‹
3 Hotel ›Dohna‹
4 Hotel ›Moskwa‹
5 Hotel ›Čajka‹
6 Hotel ›Baltika‹, Campingplatz ›Königsberg‹
7 Restaurant ›Italy Bar‹
8 Restaurant ›Rus'‹
9 Restaurant ›Podvor'e‹
10 Restaurants ›Valencia‹, ›Razguljai‹, ›Ochotničij‹
11 Café ›Vstreča u Maksa‹
12 Eiscafé ›Pinguin‹
13 Café ›Na Troich‹
14 Club ›Ol'styn‹
15 Club ›Vagonka‹
16 Club ›Skazka‹

Kantianer haben auf der Dominsel noch einen weiteren Anlaß zu einer Gedenkminute: Etwas abseits der Domruine ist ein Findling aufgestellt, der an den Theologen und Freigeist Julius Rupp (1809-1884) erinnert. Rupp versuchte, die Gedanken Kants für das Leben der Christen anwendbar zu machen - ein Bemühen, das ihn sein geistliches Amt kostete. Der mit einem Bronzerelief Rupps geschmückte Stein ist eine Nachbildung eines Mahnmals, das ihm schon 1909 von seiner Enkelin Käthe Kollwitz gesetzt wurde.

Alte Börse, Pregel und Schloß

Die von der Dominsel aus sichtbare Alte Börse (Torgovaja birša/Торговая биржа) am Südufer des Pregels zeigt sich als einziges Gebäude heute noch mit demselben Antlitz wie vor siebzig Jahren. Der Bau von 1875 im Stil der florentinischen Renaissance, entworfen vom Architekten Heinrich Müller, befindet sich in einem für Kaliningrader Verhältnisse geradezu verblüffend guten Zustand. Verschiedene Kulturveranstaltungen, Tanzabende und ein Literaturtheater bieten Unterhaltung, und auch ein Restaurant und ein Casino werben um zahlungskräftige Gäste im heutigen ›Kulturhaus der Seeleute‹.

Zum Stadtjubiläum 2005 konnte als Teil des Fischdorf-Projektes auf den Pfeilern der alten, 1905 gebauten, Kaiserbrücke die architektonisch gelungene

Die Alte Börse

neue Fußgängerbrücke Jubilejnyj most/ Юбилейный мост über den Pregel eingeweiht werden. Das Fischdorf (Rybnoje derevnja) ist ein Großprojekt privater Anleger, die die City unweit des Domes beleben möchten. Schon jetzt gibt es einen Supermarkt der ›Viktorija‹-Kette. Bis 2010 sollen nach Plänen des neuen Kaliningrader Stadtarchitekten Alexander Baschin die Pregelprome-nade neu gestaltet werden, ein Fünf-Sterne Hotel sowie Restaurants, Geschäfte und exklusive Wohnungen entstehen.

Ausgrabungen am ehemaligen Schloß

Nördlich der Dominsel liegt der Zentralplatz (Central'naja ploščad'/ Центральная площадь). Einst erhob sich an dieser Stelle der prächtige Bau des Schlosses. Im Krieg wurde das Gebäude stark beschädigt und nicht wieder aufgebaut. Die Ruine gemahnte noch bis 1969 an die Geschichte des alten Königsbergs, dann wurde sie gesprengt und abgetragen. Angeblich geht die Sprengung auf eine Anordnung des damaligen Staats- und Parteichefs Leonid Brešnev zurück, der sich bei einem Kaliningrad-Besuch über dieses Relikt ›preußischen Ungeistes‹ mokiert hatte. Bei der Kaliningrader Intelligenzija regte sich Widerstand gegen die Abrißpläne - doch leider vergebens.

Das Schloß selbst war aus einem zunächst provisorischen Festungsbau der Ordensritter hervorgegangen. Das Schloß beherbergte unter anderem die berühmte Prussia-Sammlung, die Städtischen Kunstsammlungen, Gemälde von Lovis Corinth sowie das bekannte Restaurant ›Blutgericht‹. 1942 gelangte das weltbekannte Bernsteinzimmer in das Königsberger Schloß. Die Kisten mit dem Bernstein wurden zu Kriegsende 1945 das letzte Mal gesehen - bisher suchte man sie vergebens zwischen Thüringen und Kaliningrad. Im ehemaligen Zarenpalast von Zarskoe Selo - heute Puškin bei St. Petersburg - ließen 2003 Meister der Bernsteinkunst das Zimmer neu erstehen.

Das Haus der Sowjets (Dom Sovetov/Дом Советов) erhebt sich als großer Klotz über das nördliche Zentrum. Zum Stadtjubiläum 2005 erhielt das Gebäude neue Farbe, aber noch keine neue Identität. Das siebzehnstöckige Haus wurde nie ganz vollendet, es ist eigentlich eine dreißigjährige Bauruine. Projekte sehen daneben das wiederaufgebaute Schloß als Replik. Die Fundamente der alten Schloßkirche wurden in archäologischen Grabungen inzwischen freigelegt. Seit 2005 wird am Haus der Sowjets weitergearbeitet, und in der Nähe soll der größte Kaliningrader Einkaufs- und Vergnügungstempel entstehen - das ›Kaliningrad Plaza‹.

Am anderen Ende des Zentralplatzes erhebt sich das ›Hotel Kaliningrad‹, renoviert und westlichen Ansprüchen genügend.

Universität und Schloßteich

Das Gebäude der Universität Albertina wurde von Friedrich August Stüler 1862 im Stil der Florentiner Renaissance geschaffen. Im Krieg fast vollständig zerstört, wurde es in den 1960er Jahren vereinfacht wiederaufgebaut. 2005 wurde die Universität in Kant-Universität umbenannt, und seit 1992 steht wieder das berühmte Kant-Denkmal vor der Universität. Das Original schuf 1857 der bekannte Bildhauer Christian Daniel Rauch. Am Ende des Krieges verschwand die Statue spurlos. Marion Gräfin Dönhoff stiftete Anfang der 1990er Jahre einen bedeutenden Betrag, und so konnte der Berliner Bildhauer Harald Haake 1992 eine Bronzekopie vom Denkmal des großen Philosophen fertigen.

Ein Gedenkstein für den mittelhochdeutschen Minnesänger Walther von der Vogelweide - 1930 geschaffen - befand sich von 1975 bis 1993 neben dem Dom auf dem Kneiphof. Jetzt steht er im Innenhof der Universität, etwas versteckt.

In unmittelbarer Nähe des Kant-Denkmals findet man das Bunkermuseum (Muzej Blindaž/Музей Блиндаж). Hier befand sich der unterirdische

Das Kant-Denkmal vor der Universität

Befehlsstand der Wehrmacht zur Verteidigung Königsbergs. Die Schreibmaschine, auf der die Kapitulationsurkunde getippt wurde, ist neben historischen Fotos und Modellen der Königsberger Kämpfe in dem sehenswerten Museum ausgestellt.

Geht man an der Universität vorbei Richtung Osten, gelangt man zum langen, schmalen Schloßteich (Prud nižnij/Пруд нижний), der sich nördlich des Zentralplatzes erstreckt.

Nicht weit vom rechten Ufer, nahe des Zentralplatzes, findet sich ein russischer Gedenkstein für den deutschen Dichter der Romantik E. T. A. Hoffmann, in der Nähe seines Geburtshauses. Ernst Theodor Amadeus Hoffmann wurde 1776 in

Sommercafé am Schloßteich

Königsberg geboren, studierte hier Jura und schrieb bekannte Erzählungen wie ›Der Sandmann‹, ›Das Fräulein von Scuderi‹ oder das Kunstmärchen ›Der goldne Topf‹. Viele seiner Werke erschienen auch in Russisch. Geplant ist ein größeres Denkmal für den Dichter.

Ganz in der Nähe liegt die Schloßteichbrücke. Sie wurde in den 1980er Jahren wiedererrichtet, und die Uferpromenade des Schloßteiches lädt zum Spaziergang ein, ebenso können hier Ruder- und Tretboote ausgeliehen werden. Im Sommer lassen sich in einem Café Bier oder Kaffee genießen. Daran schließt sich der weiter nördlich gelegene Oberteich (Prud verchnij/Пруд верхний) an. Auch hier lohnt sich ein Rundgang um den etwas ›verwilderten‹ See – möglichst bei schönem Wetter und mit festem Schuhwerk. Man kommt am Dohnaturm mit dem Bersteinmuseum und am Hotel ›Tourist‹ vorbei. Hier spürt man etwas vom alten deutschen Königsberg mit seinen Häusern und Vororten wie Maraunenhof. An der Westseite könnte man wieder mit der Straßenbahn ins Zentrum, zum Hansaplatz gelangen.

Auf jeden Fall sollte man aber den Resten der einstigen Festungsanlage, die früher zwischen den beiden Teichen verlief, einen Besuch abstatten (pl. Vasilevskogo). Westlich des Platzes erhebt sich der Wrangelturm, an der Ostseite sind der Dohnaturm und das sich daran anschließende Roßgärter Tor erhalten geblieben. Im Dohnaturm ist heute das Bernsteinmuseum (Muzej Jantarja/Музей Янтаря) untergebracht. Es zeigt die Vielfalt der Möglichkeiten, das legendäre ›Gold der Ostsee‹ künstlerisch zu verarbeiten und beherbergt neben der litauischen Stadt Palanga eine der größten und schönsten Bernsteinsammlungen an der Ostseeküste. Und wer Geschmack am Bernstein gefunden hat, findet an den Verkaufsständen sowohl innerhalb des Dohnaturmes als auch bei den fliegenden Händlern vor dem Museum ein breites Angebot vor.

Nördlich des Oberteiches, an der ul. Lesnaja, erstreckt sich der Botanische Garten (Botaničeskij sad). Die 16 Hektar große Anlage ist eine Oase der Ruhe in der teilweise hektischen Stadt. Der Garten wurde 1958 auf dem Gelände der alten Stadtgärtnerei eingerichtet und gehört jetzt zur Kaliningrader Universität. Einige alte Bäume und Pflanzen findet man noch aus deutscher Zeit, und die russische Flora ist ebenfalls abwechslungsreich vertreten.

Das neue Zentrum

Erinnerungen an die deutsche Vergangenheit und Zeugen der sowjetischen Epoche vermengen sich im Nordwesten des Stadtkernes. In unmittelbarer Umgebung des Nordbahnhofs (Severnyj vokzal/Северный вокзал) läßt sich auf dem Gelände der einstigen Ostmesse – heute zu einer Parkanlage umgestaltet – noch das imposante Haus der Technik erkennen. Dieser Hallenbau war einst größer als der Moskowitersaal im Königsberger Schloß. Bis 1941 fand die Ostmesse in Königsberg statt. Die Nazis zeigten nach 1941 hier noch ihre Propagandaschau ›Das Sowjetparadies‹.

Richtung Oberteich finden wir heute den Zentralmarkt (Zentralnyj rynok/Централный рынок). Ein Besuch der beiden Markthallen ist durchaus lohnenswert, wenn man echt russische Athmosphäre kennenlernen will. Von frischen Obst über Fleisch, Pelmeni, Mischka-Konfekt bis zu echter und imitierter Markenmode ist alles zu haben.

Deutlich erhebt sich am ehemaligen Eingang der Ostmesse, am früheren Hansaplatz (heute ploščad' Pobedy/площадь Победы) die Christi-Erlöser-Kathedrale der russisch-orthodoxen Kirche. Mitte der 1990er Jahre begann man mit dem Bau einer neuen russisch-orthodoxen Hauptkirche in Kaliningrad. Neben der

Moskauer Christi-Erlöserkirche soll dies eine der größten russischen Kirchen werden. Präsident Jelzin brachte zur Grundsteinlegung Erde aus Moskau mit, und Patriarch Alexej II. reiste ebenfalls extra an. Der prachtvolle Bau mit über 50 Meter hohen Türmen hat mehr als 56 Millionen Euro gekostet und wurde 2006 vollendet. Schon zum Stadtfest 2005 war der Bau äußerlich fertig.

Während des Baus diente seit 1996 eine kleine Holzkapelle mit imposanten Glocken den Orthodoxen zum Gebet und Gottesdienst. Daneben kann man Ikonen und orthodoxe Literatur erwerben.

Der ploščad' Pobedy mit der Christi-Erlöser-Kathedrale

Das früher allgegenwärtige Lenindenkmal stand von 1958 bis 2004 am pl. Pobedy. Für das Stadtjubiläum 2005 wurde der Platz umgestaltet. Eine Windrose, Springbrunnen, festliche Lampen und die neue - 2006 geschaffene - 28 Meter hohe Triumphsäule aus Granit schaffen gelungene architektonische Akzente und beleben den alten Hansaplatz neu als Flaniermeile und Treffpunkt. Die Kaliningrader und ihre Gäste kommen gerne hierher.

Der pl. Pobedy ist der Verkehrsknotenpunkt der Stadt: Hier quietschen Straßenbahnen, fahren Stadt- und Überlandbusse sowie Trolleybusse, hupen unzählige Autos, warten Taxis auf Fahrgäste. Vom alten Nordbahnhof aus deutscher Zeit (Severnyj Vokzal) kann man bequem zu den Ostseebädern Zelenogradsk (Cranz) und Svetlogorsk (Rauschen) mit den Električka-Vorortzügen fahren.

Das mächtige neoklassizistische Gebäude mit seinen imposanten Säulen wurde 1930 als Nordbahnhof erbaut. Zu sowjetischer Zeit diente das Gebäude als Unterkunft für Seeleute. Nach der Sanierung in den 1990er Jahren sind hier Firmen, Geschäfte und Banken untergebracht. Der eigentliche Bahnhof liegt hinter dem Gebäude.

Westlich der Erlöserkirche und der Triumphsäule wurden die alten Gebäude 2003/2004 durch ein neues Einkaufs- und Versicherungszentrum ersetzt.

Das repräsentative Gebäude südlich, am pl. Pobedy 1, ist das Rathaus. 1923 hatte man es als Handelshof erbaut. Ein weiteres wichtiges Gebäude ist das Anfang der 1930er Jahre gebaute neue Amts- und Landgericht. Es dient heute tausenden Studenten als Kaliningrader Technische Universität für Fischindustrie und Wirtschaft (Kaliningradskij Techniceskij Universitet, KTU). Westwärts Richtung prospekt Mira ist das 1913 erbaute Gerichtsgebäude zu sehen. Die Tierplastik der kämpfenden Wisente (Staatsanwalt und Verteidiger) schuf August Gaul 1912. Wenig weiter steht die 1924 errichtete Oberpostdirektion, die jetzt als Generalstabsgebäude der Baltischen Flotte (Baltijskij Flot) genutzt wird. Die Grünanlagen davor hat die russische Jugend für sich in Beschlag genommen. Vor allem abends trifft man sich hier zu Bier, Musik oder einem Flirt.

Noch ein Gebäude, das sowohl in seiner Substanz als auch in seiner Funktion dem Wandel von Königsberg zu Kaliningrad getrotzt hat, ist das 1927 erbaute Theater, damals ›Neues Schauspielhaus‹ genannt, nur einige Fußminuten weiter westlich. Im Krieg schwer zerstört, wurde es von den sowjetischen Stadtvätern nach einem umfangreichen Wiederaufbau 1980 als ›Dramatičeskij Teatr‹ (Драматический Театр) fortgeführt. Einige Architekturelemente erinnern an das Bolschoj-Theater in der russischen Hauptstadt. Im Inneren befindet sich ein kleines Theatermuseum.

Auch nachts ist der ploščad' Pobedy ein beliebter Treffpunkt

Gegenüber schaut die 1910 von Stanislaus Cauer geschaffene Statue Friedrich Schillers mit interessiertem Blick von seinem Sockel herüber. Dies ist eines der wenigen deutschen Denkmäler, die die Zeit nach 1945 unbeschadet überstanden haben.

Das Schiller-Denkmal am prospekt Mira

Dem Theater gegenüber sieht der Spaziergänger das große Stadion ›Baltika‹. In deutscher Zeit war dies der Walter-Simon-Platz. Der Bankier Walter Simon schenkte Ende des 19. Jahrhunderts der Stadt diesen Platz, um darauf einen Sportplatz zu bauen. Heute trainieren hier Kaliningrads Sportvereine, Schüler und Fußballer.

Wenige Schritte weiter erkennt man einen dunkelroten Backsteinbau mit dem Berliner Bären. Das Ende der 1930er Jahre gebaute Haus der Nordstern-Versicherung beherbergt schon seit Sowjetzeiten das Hotel ›Moskva‹. Jetzt, im Verbund mit den Hotels ›Kaliningrad‹ und ›Čajka‹, zählt es mit über 90 Zimmern zu den größten Hotels in der Pregelstadt. Die renovierten Zimmer werden gerne an westeuropäische Reisegruppen vermittelt. Von außen wirkt das Gebäude etwas dunkel, innen jedoch ist es hell und freundlich. Auch das Café und Restaurant des ›Moskva‹ können wirklich empfohlen werden.

Gegenüber dem Hotel ›Moskva‹ kommt man zum Eingang des berühmten Königsberger Zoos. Der 1896 an der romantischen Hufenschlucht gegründete Tierpark feierte vor kurzem sein hundertjähriges Jubiläum. Vor dem Ersten Weltkrieg gab es hier schon über 2100 Tiere, und der Tiergarten gehörte zu den bedeutendsten in Europa. Den Sturm auf Königsberg im April 1945 überlebten nur vier Tiere, berühmt und zum Symbol wurde das verletzte Nilpferd ›Hans‹. Jetzt finden sich im Kaliningrader Zoopark 2000 Tiere und über 370 Arten. Im vorderen Bereich des Zoos befindet sich seit der Wende wieder das Denkmal für den ehemaligen Tiergartendirektor Hermann Claaß von 1913. Am Eingang, hinter dem Café ›Soljanka‹, sieht man original russische Braunbären spielen. Daß es dem Zoo finanziell schlecht geht, ist heute an vielen Anlagen nicht zu übersehen. Ein Besuch - vor allem mit Kindern - wird aber sicher trotzdem zum Erlebnis.

Kalinin-Kulturpark

Geht man den prospekt Mira (Hufenallee) weiter nach Westen, kommt nach dem Kino ›Zarja‹ das Kosmonautendenkmal. Drei sowjetische Kosmonauten kommen aus Kalingrad: Alexej Leonov, Viktor Pacajev und Jurij Romanenko. Pacejev kam 1971 bei der Landung mit der Sojuskapsel ums Leben. Leonov, Ehrenbürger Kaliningrads, bringt sich heute noch bei Fachtreffen zwischen russischen und amerikanischen Astronauten ein.

Linker Hand sieht man den Kalinin-Kulturpark, der zu deutscher Zeit ›Luisenwahl‹ hieß. Im Park befand sich bis 1945 ein Denkmal der Königin Luise und die 1901 geweihte neoromanische Luisenkirche. In der Nähe befanden sich mehrere städtische Friedhöfe. Der heutige Kalinin-Kulturpark beherbergt Attraktionen wie Riesenrad, Schießstände, Karussell und Kinderspielplatz und zwei Besonderheiten: Das kaiserliche deutsche Jagdhaus aus der Romintener Heide, das man nach dem Krieg hierher transportiert und wieder aufgebaut hat – hier befinden sich die Parkverwaltung und eine Disco – und das Kaliningrader Puppentheater in der Luisenkirche. 1976 installierte man es aus Mangel an anderen geeigneten Gebäuden in der Kirche. So bewahrte man die Kirche und schuf eine neue Kulturinstitution.

Von den vielen einstigen deutschen Gotteshäusern in Kaliningrad stehen neben der Luisenkirche noch die Kirche zur heiligen Familie, in der sich heute der Konzertsaal der Philharmonie befindet, die Kreuzkirche, die Kirchen in Ponarth und

In der ehemalige deutschen katholischen Kirche zur heiligen Familie ist heute der Philharmonie-Konzertsaal untergebracht

Rosenau, die Adalbertkapelle und die Juditter Pfarrkirche. Letztere ist ein Kleinod der Architektur. 1288 wurde sie gebaut und ist damit eine der ältesten in Ostpreußen. Später erhielt sie einen freistehenden Turm. Fresken und die berühmte Plastik ›Muttergottes auf dem Halbmond‹ (Königsberger Madonna) schmücken das Innere der Kirche. Wie durch ein Wunder wurde sie nicht im Krieg zerstört und kann bereits seit 1986 von der russisch-orthodoxen Gemeinde benutzt werden. Die Juditter Kirche (heute Svjato Nikolskij Sobor/Свято Николский Собор) befindet sich im Kaliningrader Vorort Mendeleevo (Juditten), in der Tenistaja alleja 39 (Тенистая аллея), etwa zwei Kilomter westlich des Zentrums, und ist am besten über den pr. Mira oder pr. Pobedy zu erreichen.

Stadttore, Bastionen und Forts

Eine besondere städtebauliche Nuance bieten die zahlreichen erhaltenen Stadttore, Bastionen und Forts aus deutscher Zeit im heutigen Kalingrad. Alle sechs Königsberger Stadttore sind erhalten und werden nach und nach restauriert.

Das Königstor (Korolevskie vorota/Королевские Ворота) konnte zu den Jubiläumsfeierlichkeiten 2005 am Litovskij val, Ecke ul. Frunze, restauriert der Öffentlichkeit übergeben werden. Das Tor wurde sogar zum Symbol der Feierlichkeiten 750 Jahre Königsberg und 60 Jahre Kaliningradskaja Oblast (2006). Den Figuren aus preußischer Zeit wurden 1945 die Köpfe abgeschlagen, jetzt erstanden sie neu: König Ottokar II. von Böhmen, Friedrich I. von Preußen und Albrecht von Hohenzollern. Der Grundstein für das Tor wurde 1843 gelegt. Im Tudor-Stil vom Architekten E. A. von Aster entworfen, diente es als Teil der Königsberger Befestigungsanlagen, die in der zweiten Hälfte des 19. Jahrhunderts entstanden.

Südlich vom Königstor steht das Sackheimer Tor (Vorota Sakcheimskie/Ворота Сакхеимские) am Litovskij Val 59, Ecke Moskovskij prospekt. Ebenfalls Teil des Verteidigungsgürtels aus dem 19. Jahrhundert, stellt es mit seinen runden Türmen eine architektonische Besonderheit dar. Gleich daneben wälzt sich der Verkehr auf dem vielbefahrenen Moskovskij prospekt.

Etwas Außergewöhnliches bietet das Friedländer Tor (Gorodskie vorota Fridlandskie/Городские ворота Фридланские), das sich einen Kilometer östlich des Südbahnhofes am prospekt Kalinina 6 befindet: ein Museum zur Alltagsgeschichte der Deutschen mit Hausrat, Reklametafeln und Bierflaschen, das 1991 eingerichtet wurde.

Das Brandenburger Tor (Gorodskie Vorota Brandenburskie/Городские Ворота Бранденбурские) an der ul. Bagrationa 137 liegt in unmittelbarer Nähe des Südbahnhofes. Es wurde Mitte des 19. Jahrhunderts gebaut und kann als einziges Stadttor mit dem Auto durchfahren werden.

Das sanierte Königstor

Das Roßgärter Tor (Vorota Rosgartenskie/vорота Росгартенские) liegt nördlich des Zentrums am pl. Vasilevskogo 1, nahe beim Dohnaturm. Es beherbergt schon lange ein gutes Restaurant, im Sommer sitzt man gemütlich unter Sonnenschirmen draußen.

Mit dem Friedrichsburgstor (Vorota Fridrichburgskie/Ворота Фридрихвургские) an der ul. Portovaja 41 am Pregel, nahe der Eisenbahnbrücke gelegen, schließt sich der Rundgang entlang der sechs alten Königsberger Stadttore.

Im Rahmen der gedachten militärischen Verteidigung Königsbergs entstand innerstädtisch ebenfalls eine Reihe von Bastionen, wie die Bastion Grolmann am Litovskij val, die Astronomische Bastion (Bastion Astronomičeskij/Бастион Астрономишескы) am Gvardejskij prospekt (Гвардейский пр.) oder die Bastion Pregel an der ul. Džeržinskogo 29 am Alten Pregelarm.

Um die Stadt herum legte das Militär im 19. Jahrhundert Forts an. Das Fort VIII ›König Friedrich I.‹ liegt beispielsweise im Südwesten, das Fort XII. ›Eulenburg‹ im Südosten der Stadt. Das Fort V. liegt - von einem Wassergraben umgeben - im Nordwesten Kaliningrads am Sovjetskij prospekt, der Straße nach Svetlogorsk. Geschütze und Kanonen sowie Erinnerungstafeln erinnern an die heftigen Kämpfe von 1945. An der ul. A. Nevskogo im Nordosten liegt das Fort III ›König Friedrich III.‹ Nördlich der Stadt findet man das Fort IV ›Gneisenau‹.

Um die alten Forts vor dem Verfall zu bewahren, werden sie teilweise von russischen Familien bewohnt, die sich um die Instandhaltung kümmern.

Vorwahl innerhalb des Kaliningrader Gebietes: 8/22/Teilnehmer. Vorwahl aus Deutschland: 007/4012/Teilnehmer.
Eine Touristeninformation gibt es nicht in Kaliningrad. An der Rezeption aller größeren Hotels gibt es aber Informationen und Stadtpläne, besonders im Hotel ›Kaliningrad‹.
Im Internet unter www.kaliningrad.webservis.ru findet sich ein virtueller Stadtführer.
▶ ›BaltMA Tours‹, pr. Mira, 49/51-30, am Nordbahnhof, Tel. 21 18 80, 22 84 19, Fax 21 18 40, www.baltma.ru (auch dt.). Touristische Dienstleistungen wie Einladungen zur russischen Visaerteilung per Fax, Hotelbuchungen und Genehmigungen für Sperrgebiete.
Reiseagentur ›Brisen‹, ul. Bol'nišnaja/ул. Болнишная, 5-406, 236040 Kaliningrad, Tel. 32 15 43, Fax 32 14 90, brisen@baltnet.ru. Visa, Hotelvermittlung, Ausflüge, Dolmetscherdienst.
Reisebüro ›Filand‹/Филанд, im Südbahnhof, Tel. 44 63 44, beziehungsweise gegenüber des Bahnhofs, pl. Kalinina 9, Tel. 58 71 48, filand@mail.ru. Hilfe bei der Visabeschaffung, Registration, Hotelbuchung sowie für Touren im Kaliningrader Gebiet, aber auch nach Westeuropa.
▶ Buchhandlung ›Znanija‹/Знанийа, Leninskij pr. 103. Neben einem breiten Sortiment russischer Bücher und touristischer Literatur auch deutsche und englische Titel.
Buchladen ›Jantarny skaz‹/Йантапны сказ, ul. Karla Marksa 18/ул. Карла Маркса. Auch deutsche Reiseführer zum Kaliningrader Gebiet.
Buchhandlung ›Kniga-Ljuks Maksi‹/Книга-Люкс Макси, Leninskij prospekt 60–66.
Einkaufszentrum ›Vester‹/Вестер, pl. Pobedy. Auch Bücher und Landkarten.

Internetcafé, ul. Komsomolskaja 87/ул. Комсомолская, Tel. 51 18 30, 12–23 Uhr. Computerspiele, Billard und eine Bar stehen ebenfalls zur Verfügung.
Internetzugang im Telefonamt, links gegenüber dem Hotel ›Moskwa‹ am pr. Mira.

Tel. 058, 58 23 73, 77 11 77 oder 37 39 39.
Man findet Taxis unter anderem am Südbahnhof, vor dem Hotel ›Kaliningrad‹ und am Beginn des Leninskij prospekts. Viele Fahrer können inzwischen etwas Deutsch oder Englisch und zeigen auch gerne die Sehenswürdigkeiten der Stadt.

Hotel ›Kaliningrad‹/Калининград [1], Leninskij pr. 81, Tel. 35 05 00, Fax 53 60 21, www.hotel.kaliningrad.ru (engl.); 232 Zimmer, EZ 30–57, DZ 55–90 Euro. Das größte Hotel der Stadt, günstig nahe des Zentralplatzes gelegen, verfügt über einen relativ hohen Standard und wurde in den letzten Jahren umfassend innen und außen saniert. Zeitungskiosk, Souvenirgeschäft, Restaurants, Tourismusbüro, Wechselstube, Autovermietung und Taxis vervollkommnen das Angebot. Kreditkarten werden akzeptiert.

›Comandor‹/Командор, ul. Šastlivaja 1/Шастливая, Tel. 34 18 20, 34 18 15, Fax 34 18 20, comandor@gazinter.net; DZ bis 100 Euro. Das Hotel gehört dem Ölkonzern ›Lukoil‹. Mit Bar, Showprogramm, Swimmingpool.

›Turist‹/Турист [2], ul. Aleksandra Nevskogo 53/ул. Александра Невского, Tel. 3545-08, -25 Fax -09; EZ 28, DZ 60, großes DZ 82 Euro. Das Hotel, am Oberteich gelegen und zur skandinavischen ›Skan-Hotel‹-Kette gehörig, ist trotz des Namens, der an ein Billigquartier denken läßt, modern eingerichtet.

›Dohna‹/Дона [3], am Dohnaturm, pl. Vasilevskogo 2/пл. Василевского, Tel. 35 16-50, Fax -12, www.dona.kaliningrad.ru (engl.); EZ 45–90, DZ 65–100 Euro. Das kleine Hotel wurde in den letzten Jahren modern gestaltet und bietet einen angenehmen Aufenthalt.

›Moskva‹/Москба [4], pr. Mira 19, Tel. 35 23 00, 93 77 01, Fax 35 23 33; DZ im renovierten Teil 65–80, Luxus-Zimmer 100, unsanierte Zimmer mit Etagendusche ab 20 Euro. Dunkelroter Klinkerbau gegenüber dem Zoo. Zu deutscher Zeit war es das Verwaltungsgebäude der Nordsternversicherung, zu Sowjetzeiten wurde es dann Hotel. Vor einigen Jahren ist ein Teil des Gebäudes innen renoviert worden. Mit Sauna, Friseur, Wäschedienst, Gepäckraum. Früh lockt ein reichhaltiges Frühstückbuffet.

›Tschaika‹/Чаика [5], ul. Pugačeva 13/ул. Пугачева, Tel. 21 07 29, Fax 21 28 16, hotel.kaliningrad.ru; 24 Zimmer, DZ 55–66 Euro. Kleines, aber komfortables Hotel in ruhiger Lage westlich des Zoos.

›Baltika‹/Балтика [6], Moskovskij pr. 202., Tel. 45 55 30, Fax 45 35 43; EZ 30–50, DZ 40–75 Euro. Das Hotel profitiert von einem deutsch-russischen Joint-Venture. Die über 100 Zimmer sind solide eingerichtet, und alle Nebeneinrichtungen zeigen einen für russische Verhältnisse verblüffend guten Standard. Das Haus befindet sich im Stadtteil Isakovo – weit östlich des Zentrums – mit dem PKW verkehrsgünstig gelegen.

›Dejma‹/Дейма, ul. Tolstikova 15/2/ ул. Толстикова, Tel. 71 08 14, Fax 71 07 00, www.deima-tour.com (auch dt.); DZ 45–70 Euro mit Frühstück. Das Drei-Sterne-Hotel der ›Best Eastern‹-Kette liegt im Süden der Stadt und verfügt neben angenehmen Zimmern über Sauna, Solarium, Friseur, Bar und Safe.

Gästehaus ›Albertina‹, Gostevoi 'dom Albertina/Гостевои дом Албертина, ul. Demjana Bednogo 13 A/ул. Демяна Бедного,

Tel. 32 66 98, 32 69 10 Fax 32 69 65, www.albertina.kaliningrad.net (auch dt.); DZ 40–50 mit Frühstück, Suite 54 Euro. Kleines komfortables Hotel im Norden der Stadt. Hier residiert zur Zeit auch das deutsche Konsulat. Bitte rechtzeitig reservieren, da das Hotel oft ausgebucht ist.

▶ Jugendherbergen gibt es leider noch nicht in Kaliningrad, dafür einige preiswerte Hotels für Touristen, die nicht so große Ansprüche stellen:

Motel ›König Auto‹/Кениг Ауто, Moskovskij pr. 184, Tel./Fax 46 76 52; Zimmer um 20 Euro. Eine Filiale des gleichnamigen Reisebusunternehmens, an der Straße nach Gvardejsk.

Campingplatz ›Königsberg‹ [6], Moskovskij pr., Tel. 35 34 00, 45 55 30, Fax 45 35 43; Erwachsene 6, Kinder 3 Euro pro Nacht, Wohnmobile mit Strom- und Wasseranschluß 8, PKW 6 Euro. Bequemer und gut bewachter Platz an einem See mit Paddelbootverleih. Neben dem Hotel ›Baltika‹ gelegen, betrieben wird der Platz von der Hotelverwaltung, Auch eine Registratia als Ergänzung zum Visum wird für 6 Euro erledigt.

Bei der Öffnung des Gebietes 1991 gab es nur wenige Restaurants und diese meist mit ›Hammer- und Sichelservice‹ oder extrem überteuert. Inzwischen hat sich die Situation sehr gebessert, viele neue Cafés und Restaurants entstanden, in denen neben Touristen auch immer mehr Einheimische zu Gast sind. Manchmal wird abends Live-Musik und Tanz geboten.

Bei der Wahl des Weines sollte man ruhig die Sorten aus den Weinanbaugebieten der GUS probieren. Vor allem grusinischer Wein schmeckt hervorragend – er ist in Deutschland so gut wie nicht zu bekommen. Und auch der moldawische Wein zeugt vom Können der Winzer.

▶ Restaurant im ›Hotel Kaliningrad‹ [1]. Ansprechend renoviert und zu empfehlen.

›Italy Bar‹ [7], Leninskij pr. 27, Tel. 43 07 53; tägl. 10–2 Uhr. Den netten Italiener von nebenan findet man jetzt auch in Kaliningrad. Speisekarte auf Italienisch und Englisch.

Restaurant ›Brigantina‹, in der alten Börse. Abends bietet das Restaurant solide Speisen und Getränke.

›Rus‹/Рус [8], ul. Cernjachovkogo 78; tägl. 12–24 Uhr. Das Restaurant in der Nähe des Oberteiches ähnelt einem russischen Landgasthaus und lädt abends zum Tanz ein.

›Podvor'e‹/Подворье [9], Leninskij pr. 16; tägl. 12–2 Uhr. Hier kann man authentische russische Küche probieren. Das Holz-Interieur erinnert an eine russische Datscha, und alleine 15 Sorten Blinšiki (Pfannkuchen) stehen auf der Speisekarte.

›Valencia‹ [10], pl. Pobedy 1, auf der linken Seite des Stadthauses, Tel. 53 38 20. Exklusive spanische Küche.

›Ochotničij‹ [10], pl. Pobedy 1, auf der linken Seite des Stadthauses, Tel. 53 36 89. Jagdrestaurant.
›Razguljai‹ [10], pl. Pobedy 1, auf der linken Seite des Stadthauses, Tel. 53 36 89. Originelles rustikales Bistro mit leckeren russischen Gerichten, vor allem zur Mittagszeit zu empfehlen.

Wer nur auf Kaffee und Kuchen oder zu einer kleinen Mahlzeit einkehren möchte, kann zwischen zahlreichen Cafés wählen:
›Vstreča u Maksa‹/Встреча у Макса (Treff bei Max) [1], pr. Mira 10/12; tägl. 11–23 Uhr. Gemütliches und nettes Lokal für den kleinen Hunger zwischendurch.
Eiscafé ›Pinguin‹ [2], Leninski pr. 95. Kurz vor der Börse, bietet leckeren Kuchen, köstliche Eisbecher und verschiedene Kaffeevariationen.
Café ›Na Troich‹/На Троих [3], Leninskij pr. 135, Tel. 47 18 04; tägl. 12–24 Uhr. Gemütliche Kellerbar, in der schnell leckere russische Speisen serviert werden.
Café ›Baltinvest‹/Балтинвест, Leninskij pr. 28; tägl. 11–15 und 16–23 Uhr. Wer es etwas nobler mag, ist hier gut aufgehoben. Das Café befindet sich im gleichnamigen Einkaufszentrum in der Nähe des Hotels ›Kaliningrad‹ [1].

Während man früher in der Sowjetunion offiziell stolz darauf war, daß fast alle Restaurants um 22 Uhr schlossen, hat die russische Jugend seit der Wende das prickelnde Nachtleben entdeckt:
›Ol'štyn‹/Ольштын [4], ul. Ol'štynskaja 1, Tel. 64 46-35, -46, www.olshtyn.ru; tägl. 18–5 Uhr. In der Nähe des Südbahnhofs; früher ein polnisches Restaurant, ist das ›Ol'štyn‹ jetzt einer der angesagtesten Clubs. Im Erdgeschoß gibt es eine kleine, sehr originelle Bar und eine Tanzfläche. Im zweiten Stock befinden sich ein kleines Restaurant und zwei Bars, weiter oben ein Casino und ein Billiardraum. Am Wochenende drängen sich hier die Leute zum Tanzen, zu Karaoke und Vergnügen. Ab 22 Uhr legen DJs auf, oft geht es erst ab 23 Uhr richtig los.
›Vagonka‹/Вагонка [5], ul. Stanošnaja 12/ул. Станошная, Tel. 21 04 17; am Wochenende bis 4 Uhr morgens geöffnet. Chicer Club, die Disco und die Atmosphäre eines Rockclubs ziehen junges Publikum magnetisch an. Der Konzertsaal, Billardtische, eine Klasse-Bar sorgen für angenehmes Ambiente. Originell ist die Sammlung von Autokennzeichen aus aller Welt.
›Skazka/Сказка [6], pr. Mira 31, Tel. 21 94 60; 12–24 Uhr. Wer einen russischen Nachtclub erleben möchte, dem sei dieser Club empfohlen. Ein kleines Restaurant und Varieté runden das Angebot ab.

Museum für Geschichte und Kunst (Oblastnoi istoriko-čudošesvennyj muzej/Овластнои историко-чудошесвенный музей), ul. Klinišeskaja 21/ул. Клинишеская, Tel. 45 35 60, 45 38 30; Di–So täglich 11–18 Uhr. Das Museum befindet sich in der 1912 erbauten und 1991 rekonstruierten Stadthalle und setzt sich sowohl mit der deutschen als auch mit der russischen Vergangenheit der Stadt auseinander.

Kunstgalerie (Čudošesvennaja galereja/Чудошесвенная галерея), Moskovskij pr. 60/62, Tel. 46 71 43; Di–So 11–18 Uhr. Die 1988 gegründete zeigt moderne russische und baltische und auch westeuropäische Kunst ab 1945. Neben Malerei, Graphik und Volkskunstschaffen gibt es ebenso wechselnde Ausstellungen von Künstlern z.B. zum Thema Königsberg/Kaliningrad.

Bernsteinmuseum (Muzej Jantarja/Музей Янтаря), im Dohnaturm, pl. Vasilevskogo 1, Tel. 46 06 13, 46 15 63, www.ambermuseum.ru (engl.); tägl. 10–18 Uhr. Liebevoll und an-schaulich gestaltete Ausstellung des Ostseegolds in vielen Varianten – sehr zu empfehlen!

Museumskomplex am Dom, Tel. 44 68 68, 27 25 83; 10–17 Uhr, Einlaß bis 16.30 Uhr, Gruppenführungen zu jeder vollen Stunde von 10–16 Uhr. Ein Muß für jeden Kaliningrad-Besucher. Im wiederaufgebauten Dom befinden sich zwei Kapellen, Museen zur Historie Königsbergs, zu Immanuel Kant und zur Geschichte des Doms seit 1333.

Bunkermuseum (Muzej Blindaž/Музей Влиндаж), ul. Universitetskaja/ул. Университетская, Tel. 53 65 93; tägl. 10–17 Uhr. Der historisch Interessierte kann hier die letzten Stunden der Stadt Königsberg vor der deutschen Kapitulation durch General Otto Lasch am 9. April 1945 nacherleben. Tafeln, Stadtpläne, Fotos und anschauliche Modelle zeigen die letztlich sinnlose Verteidigung der Festung Königsberg gegen die Übermacht der sowjetischen Truppen.

Museum der Weltmeere (Muzej Mirovogo Okeana/Музей Мирового Океана) Naberežnaja Maršala Bagramjana 1, westlich der Alten Börse, Tel. 43 05 47, 43 05 06; Mi–So 10–17 Uhr. Aus dem ehemaligen deutschen Frachter ›Mars‹, mit dem viele Menschen 1945 aus Ostpreußen fliehen konnten, wurde nach dem Krieg das russische Forschungsschiff ›Vitjas‹ (deutsch: Recke/Held). Jetzt für immer am Pregelufer liegend, zeigt es Schiffstechnik, Meeresfauna und -flora sowie Schicksale der Flucht aus Ostpreußen. Ein russisches U-Boot, ein Walskelett, Seekriegstechnik, Aquarium, Café und Souvenirshop ergänzen die Schau.

Museum im Friedländer Tor, pr. Kalinina 6, Tel. 71 05 58, www.friedlander-tor.gazinter.net. Alltagsgegenstände der Deutschen.

Zoo, pr. Mira 26, Tel. 21 89 24, http://zoo.kaliningrad.net; Sommer 9–21, Winter 10–17, 3 Euro.

Dramatišeskij teatr (Драматишеский Театр), pr. Mira 4, Tel. 21 24 22. Das stilvolle Schauspielhaus ist die erste Adresse für

Kaliningrader Theaterfreunde.
Philharmonie-Konzertsaal, in der Kirche zur heiligen Familie, ul. Chmel'nickogo 61a, Tel. 448890. Auf dem Oberhaberberg, unweit des Südbahnhofes.
Puppentheater (Teatr Kukol/Театр Кукол), pr. Pobedy 1, Tel. 214335, 212969. Das Theater in der umgebauten Luisenkirche inmitten eines Kulturparks ist für Kinder und Erwachsene ein Erlebnis.
Haus der Künste (Dom iskustv/Дом искуств), Leninskij pr. 155, Tel. 443771, 448770, die Kassen sind von 10 bis 19 Uhr geöffnet, Tel. 443747, domis@kcl.ru. finden regelmäßig Konzerte, auch russischer Popstars, Theater- und Ballettaufführungen statt. Der moderne Konzertsaal bietet 900 Zuschauern Platz.
Deutsch-Russisches Haus (Nemecko Russkij Dom/Немецко Русский Дом, ul. Jaltinskaja 2a/ул. Ялтинская, Tel./Fax 469682, 450631, www.drh-k.ru (auch dt.). Das Haus ist seit 1993 eine Begegnungsstätte für Deutsche und Russen. Deutschkurse, ein musikalischer Klub und eine Kindermusikschule, Treffpunkt für Rußlanddeutsche, Bibliothek, Videoausleihe, Jugendklub, Literaturveranstaltungen, Ausstellungen und Vorträge gehören zum Programm des engagierten Teams.

Svetlogorsk

Wenn es ein Synonym für unbeschwerten Badeurlaub im Kaliningrader Gebiet gibt – heißt es Svetlogorsk (Светлогорск). Kein Ort hat sich in der Oblast in den letzten Jahren so positiv entwickelt und ist so sauber wie das ehemalige Rauschen-Georgenswalde. Svetlogorsk-Otradnoe ist schon seit 1971 russischer Kurort und zählt heute 11000 Einwohner. 1939 lebten hier 2540 Menschen. Der Ort erstreckt sich an den schönsten Küstenabschnitten der samländischen Ostee mit einer atemberaubenden Steilküste. Zu deutscher Zeit war Cranz (Zelenogradsk) das noblere Seebad in Ostpreußen, heute hat ihm Svetlogorsk den Rang abgelaufen. Das ›Soči des Nordens‹ wird der Ort gerne in Rußland genannt. Zahlreiche schmucke hölzerne Villen und Ferienhäuser sind erhalten. Ein Symbol des Kurortes ist das imposante Gebäude des Warmbades aus deutscher Jugendstilzeit im Zentrum. Die touristische Infrastruktur ist gut entwickelt: Vom sauberen Sandstrand und Grünanlagen über zahlreiche kleine Cafés, Kioske und stilvolle Geschäfte bis zu Taxis und Unterkunftsmöglichkeiten findet man hier fast alles zur Erholung.

Die europäische Öffentlichkeit konnte im Jahr 2005 gleich mehrfach nach Svetlogorsk schauen: Im Sommer trafen sich Putin, Schröder und Chirac in dem

Kurort an der Ostseeküste, das 2. Internationale Filmfestival ›Baltische Debüts‹ fand hier statt, und das erste Fünf-Sterne-Hotel im Ort, das ›Grand Palace‹, öffnete seine Pforten.

Nur rund 40 Kilometer von Kaliningrad entfernt, läßt sich Svetlogorsk auch bequem mit der Bahn vom Süd- oder Nordbahnhof in einer Stunde erreichen und ebenfalls mit dem Auto, allerdings ist das Zentrum Kurortzone und für den Individualverkehr gesperrt. Mit dem Kaliningrader Vorortzug, der Električka, fährt man bis zum Bahnhof Svetlogorsk-2 (einst Rauschen-Düne) und kommt so im Zentrum des Kurortes an. Von hier gelangt man über eine Treppe, malerische Serpentinenwege oder bequem mit einer in sowjetischer Zeit gebauten Gondelbahn hinunter zum Sandstrand. 300 Meter weiter von der oberen Aufzugsstation des Fahrstuhls hat man einen bezaubernden Blick auf die Ostsee und die Steilküste. Geht man die breite Treppe zum Strand hinab, gelangt man zu einer Sonnenuhr aus Mosaiksteinchen - sie soll die größte in Europa sein. Der Svetlogorsker Künstler Nikolaj Frolov schuf sie und andere Kunstwerke im Ort. Er ist ein Bewunderer Bracherts und Kenner der ostpreußischen Bildhauerkunst. Bei schönem Wetter kann es am Strand eng werden. Kleine Pavillons unmittelbar am Strand oder an der Promenade bieten Erfrischungen an.

Svetlogorsk ist eine Stadt im Grünen - über 100 Quadratmeter Wald und Grünflächen kommen auf einen Einwohner. Unzählige Kurgäste beleben im Sommer die Strandpromenade, die ul. Lenina und die ul. Oktjabr'skaja, das Zentrum der Stadt.

An der Strandpromenade in Svetlogorsk

Mit der Seilbahn geht es in Svetlogorsk an den Strand

Zwischen Kurpark und Strand findet man Skulpturen des deutschen Bildhauers Hermann Brachert (1890–1972), der hier lebte und wirkte. Seine Werke ›Die Wasserträgerin‹ und ›Die Nymphe‹ sind Symbole der ewigen Schönheit - sowohl in deutscher wie auch in russischer Zeit. In Otradnoe (Отрадное, einst Georgenswalde), nicht weit von Svetlogorsk, gibt es seit den 1990er Jahren sogar ein kleines Museum zum Wirken Hermann Bracherts. Südlich des Zentrums lädt der alte Mühlenteich (Osero Tichoe) zum Spazieren und Bootfahren ein.

Naturliebhabern bieten sich neben Strandwanderungen entlang der Steilküste auch mehrere Wanderwege in die waldreiche Umgebung an. Otradnoe ist ein kleiner Kurort im Wald westlich von Svetlogorsk. Der Sanatoriumskomplex ›Otradnoe‹ besteht aus mehreren Gebäuden mit Unterkünften, Restaurants, Nachtbar und Sauna. Mehrere romantische Schluchten führen zum Ostseestrand, beispielsweise in Verlängerung der ul. Prochladnaja. Hier erwartet den Besucher ein improvisiertes Sommercafé neben einem alten Bunker.

i Vorwahl innerhalb des Kaliningrader Gebietes: 8/253, Vorwahl aus Deutschland: 007/40153.
www.kaliningrad.ru.

Telefon- und Postamt, ul. Ostrovskaja 1/3 (ул. Островская).
Taxis finden sich an den Bahnhöfen, am Busbahnhof und an der ul. Lenina (ул. Ленина) im Zentrum,

Tel. 222 22 oder Taxi ›Rubin‹ Tel. 58 23 73, 77 11 77. Ein Kaufhaus mit Apothekenkiosk findet man gleich hinter dem Kurpark, an der ul. Gagarina.

Mehrere Pensionen und Hotels stehen dem Besucher offen. Für den Sommer sollte man allerdings rechtzeitig buchen.

Hotel ›Grand Palace‹, per. Beregovoi 2 (пер. береговои), Tel. 33 23-1, -2, www.grandhotel.ru; EZ ab 160 Euro, DZ 230–750 Euro. Das beste Hotel der Oblast befindet sich seit 2005 an der Strandpromenade in Svetlogorsk. Hier bleiben keine Wünsche offen.

›Rus'‹ (Русь), ul. Vereščagina 10 (ул. Верещагина), Tel. 337 05, Fax 362 51. Das Vier-Sterne-Hotel bietet Luxus und verwöhnt die anspruchsvollen Gäste in 37 Zimmern. Neben Restaurant, Bar und Casino steht auch ein Schwimmbad zur Verfügung.

›Rauschen 1‹ (Раушен), ul. Kaliningradskaja 70b (ул. Калининградская), Tel. 361 83, Fax -4; EZ 38; DZ 45 Euro. Das renovierte Drei-Sterne-Hotel ist eine der bekanntesten Unterkünfte mit Komfortzimmern, bewachtem Parkplatz, Wechselstube und Restaurant.

›Rauschen 2‹ in der ul. Lenina 48a, Tel. 334 52. Eine Dependance des Hotels ›Rauschen 1‹ mit ähnlichen Preisen. Der Komplex strahlt Ruhe aus und beherbergt ein Restaurant, Konferenzräume, Souvenirkiosk, Kartentelefon und eine Wechselstube.

›Staryj Doktor‹ (Старый Доктор/Alter Doktor), ul. Gagarina 12 (ул. Гагарина), Tel./Fax 213 62, www.alter-doctor.ru; DZ 40 Euro, mit mehr Komfort 55 Euro. Das altehrwürdige und gelungen sanierte deutsche Fachwerkhaus im Zentrum bietet 17 Zimmer mit viel Service und Frühstück.

›Dom Skazocnika‹/Сказоника, per. Gofmana 4, Tel. 223 96, Fax 3269 65; DZ 40–50 Euro. Das Gästehaus entstand in den letzten Jahren neu und erinnert an die Märchenwelt E.T.A. Hoffmanns.

Pension ›Baltika‹ (Балтика), ul. Vereščagina 8, (ул. Верещагина), Tel. 214 58, Fax 214 56; DZ 50 Euro. Einst eine sowjetische Herberge, jetzt nach der Sanierung heller und freundlicher.

Restaurant des Hotels ›Rauschen 1‹, ul. Kaliningradskaja 70 b. Restaurant mit 79 Plätzen, einem großen Speisen- und Getränkeangebot und abends Live-Musik.

›Seestern‹ (Зеештерн), direkt an der Uferpromenade; tägl. 10–23 Uhr. Das Haus mit Meeresblick steht unter deutscher Leitung, die Speisekarte ist auf deutsch und englisch.

›Veterok‹, an der ul. Oktjabr'skaja Richtung Strand; kleines Restaurant mit Fischgerichten und Schaschlik, manchmal Live-Musik.

›Korvet‹ (Корвет). Der Restaurantkomplex erinnert mit seinen eleganten Holzhäusern sowie Kaffee- und

Kuchenspezialitäten an alte deutsche Zeiten. Ein gelungenes Denkmal erinnert an Thomas Mann, der 1929 hier weilte.

›Maks‹/Макс, ul. Oktjabr'skaja 36 (ул. Октябрьская), Tel. 361 76; Café, Restaurant und angesagter Nachtklub, immer gut besucht.

Am Strand von Svetlogorsk, westlich der Gondelstation, lockt seit kurzem das Café ›Walburga‹ mit leckeren Cocktails, Eiskreationen und vielen anderem Besucher an.

Nachtclub im Hotel ›Grand Palace‹, Eingang rechts vom Hotel, Grill-Restaurant, Untergeschoß. Schicker Club, bis 5 Uhr früh geöffnet. Der Blick auf den hoteleigenen Swimmingpool oder die Ostsee sind noch gratis.

Hermann-Brachert-Museum, Svetlogorsk-Otradnoe (Georgenswalde), ul. Tokareva 7 (ул. Токарева), Tel./Fax 334 18; tägl. 10–17 Uhr. Ein liebevoll eingerichtetes Museum zum Wirken des deutschen Bildhauers, Führungen auch auf deutsch.

Gedenkkapelle, ul. Lenina 5. Die Kapelle erinnert an den Absturz eines sowjetischen Militärflugzeuges im Mai 1972 in einen Kindergarten. 34 Menschen kamen dabei um, darunter viele Kinder. Die russisch-orthodoxe Kirche stiftete 1994 die kleine Kapelle.

Zelenogradsk

Nur 30 Kilometer von Kaliningrad entfernt liegt Zelenogradsk (Зеленодрадск, Grüne Stadt), Seebad und Ausgangspunkt für den Besuch der Kurischen Nehrung, die kurz hinter der Stadt beginnt. Schon vor dem Zweiten Weltkrieg war aus dem damaligen Cranz, das auf sein 1816 verliehenes Prädikat ›königliches Seebad‹ stolz war, der meistbesuchte Badeort der samländischen Küste geworden. Besonders ab 1885 wurde Cranz zur ›Badewanne‹ der Königsberger. Die neue Bahnverbindung brachte die Königsberger in einer halben Stunde an die Ostsee. Eine hölzerne Strandpromenade, ein Kurpark, ein Warmbadehaus, viele Tanzmöglichkeiten sowie Ausflugsdampfer in Richtung Memel sorgten für die nötige Unterhaltung der Städter. Heute fährt die Električka, ein Vorortzug, von Kaliningrad aus, ebenso ist die Anreise mit dem Bus möglich. Damals der östlichste Badeort Deutschlands, ist Zelenogradsk mit heute rund 10 000 Einwohnern zusammen mit Svetlogorsk der westlichste Badeort Rußlands. Nach dem Krieg eroberten ›Helden der Arbeit‹ die Promenade. Der Glanz, den die Hautevolée dem Ort verliehen hatte, verblaßte zwar, doch behielt auch unter sowjetischen Besuchern Zelenogradsk seinen guten Klang.

In Zelenogradsk

Sanatorien und viele gut erhaltene Gebäude aus der Vorkriegszeit prägen heute das Städtchen. Teile der Altstadt sind für den individuellen Autoverkehr gesperrt. Manche Gebäude kümmern aber auch vor sich hin und warten auf bessere Zeiten. Aus der einst hölzernen Strandpromenade wurde eine etwas zu breit geratene Betonpromenade, an der es leider kaum Einkehrmöglichkeiten gibt. Der Strand scheint von Jahr zu Jahr schmaler zu werden.

Geschäfte und Restaurants finden sich eher in der ul. Lenina (ул. Ленина), der ehemaligen Königsberger Straße im Zentrum der Stadt, heute eine Fußgängerzone. Hier steht auch das gut erhaltene Post- und Telegrafenamt aus deutscher Zeit in der Nähe des Bahnhofes. Die ehemalige evangelische Kirche St. Adalbert gehört nun der russisch-orthodoxen Gemeinde. Es gibt noch viele Zeugnisse der deutschen Zeit in der Stadt, obwohl die nunmehr verwendete Fassadenfarbe typisch russisch aussieht.

i Vorwahl nach Zelenogradsk innerhalb des Kaliningrader Gebietes: 0/250; aus Deutschland: 007/401 50.
Für den Besuch der Kurischen Nehrung ist aus Naturschutzgründen eine ›Genehmigung‹ erforderlich, die aber sofort ohne Probleme erteilt wird. Diese kann man am Schlagbaum hinter Zelenogradsk oder im Reisebüro in der ul. Moskovskaja 34 (ул. Московская), Tel. 310 92, 315 33, kaufen. Auch eine Zimmervermittlung wird von diesem Reisebüro betrieben.
▸ Busbahnhof, direkt am Bahnhof,

wo auch Taxis und ein Apothekenkiosk zu finden sind. Von hier fahren Busse nach Kaliningrad, auf die Nehrung, nach Nida und Klaipėda in Litauen und zum Flughafen.

Hotel ›Koroleva Luisa‹ (Королева Луиза/Königin Luise), ul. Moskovskaja 50, Tel./Fax 321 64; 22 Zimmer. Das einstige deutsche Luxushotel wurde Ende der 1990er Jahre saniert. Es befindet sich im Zentrum und bietet vom anspruchsvollen Restaurant bis zum Frisiersalon viele Dienstleistungen.

›Margarita‹ (Маргарита), ul. Pugačeva (ул. Пугачева),Tel. 313 47, Buchung und Auskunft auch über ›Jantar Tours‹, ul. Safronov 3–6, Kaliningrad, Tel. (von Deutschland) 007/40 12/27 94 11, Fax 46 95 90 oder über ›DNV-Tours‹; DZ ca. 40 Euro. Einfaches Mittelklassehotel in Strandnähe.

›Villa Lana‹/Вилла Лана, ul. Gagarina 3a/ул. Гагарина, Reservierung über ›Septimatour‹ in Kaliningrad, Tel./Fax 43 37 27, www.septimatour.ru (auch dt.). Neuerbautes Hotel mit 7 Zimmern und einem Ferienhaus für 5 Personen.

Das gemütliche Café ›Vstreča‹ (Встреча) in der Mitte der ul. Lenina lädt tagsüber zu einem Imbiß und abends zum Tanz ein.

Stadtmuseum (Musej Goroda), ul. Moskovskaja 7; Di–Sa 11–17 Uhr. Informiert über die Geschichte von Zelenogradsk und Cranz, das Samland, die Kurische Nehrung und zeigt typische Fischereigeräte sowie Haushaltsgegenstände aus deutscher Zeit.

Die Kurische Nehrung

Die Kurische Nehrung (Kuržskaja Kosa/Куржская коса) ist eines der letzten Naturparadiese Europas. Hier gibt es keine Industrie, wenig Autoverkehr, und der Tourismus steckt noch in den Kinderschuhen. Dafür hat sich eine ursprüngliche Fauna und Flora erhalten. Millionen von Vögeln rasten auf ihrem Zug von Norden nach Süden auf der Nehrung; Rehe, Füchse und sogar Elche besiedeln die dichten Wälder. Dazu kommt das Schauspiel der größten europäischen Wanderdünen. Früher waren sie eine große Gefahr, da sie ganze Nehrungsdörfer unter ihrem Sand begruben. Der feine Sandstrand der Nehrung lädt auf vielen Kilometern zum Baden ein. Im fischreichen Haff sollte man allerdings nicht baden, dazu ist das Wasser nicht sauber genug.

Viele Jahre verlief über die Kurische Nehrung die alte Poststraße von Berlin über Königsberg nach St. Petersburg. Heute fährt der Bus von Cranz nach Memel auf der Asphaltstraße über die Nehrung, oder man reist mit dem Auto. Besonders intensiv wird sich die Nehrung aber dem Wanderer oder Radfahrer erschließen.

Strand in Rybačij auf der Kurischen Nehrung

Die Landschaft hat auch immer wieder - besonders zu Anfang des 20. Jahrhunderts - Schriftsteller und Künstler wie Agnes Miegel, Lovis Corinth, Karl Schmidt-Rottluff oder Thomas Mann inspiriert, der sich 1930 in Nidden ein Sommerhaus bauen ließ.

Schon Ende der 1980er Jahre wurde die Nehrung zum Nationalpark erklärt und vor einigen Jahren unter UNESCO-Schutz gestellt. Besucher sollten sich so rücksichtsvoll wie möglich in diesem Naturschutzgebiet verhalten. Sowohl von litauischer als auch von russischer Seite wird ein kleines Eintrittsgeld für Naturschutzmaßnahmen erhoben. Mitten durch die Nehrung - zwischen Pillkoppen und Nidden - verläuft heute die russisch-litauische Grenze.

Volker Koepps Film ›Kurische Nehrung‹ von 2001 zeigt die faszinierende Natur der Nehrung und die Schicksale ihrer Bewohner. Allen Porträtierten ist die Liebe zur Natur der Kurischen Nehrung gemeinsam.

Lesnoj

Nachdem man den Schlagbaum hinter Zelenogradsk (Cranz) passiert hat, kommt man in den kleinen Ort Lesnoj (Лесной, ehemals Sarkau), ein verträumtes Fischerdorf mit etwa 500 Einwohnern. Hier, im südlichsten Nehrungsdorf, grüßen teilweise bunte Häuser mit schönen Vorgärten, aber manches Haus steht auch schon windschief und wartet auf eine Sanierung. Berühmt waren vor dem Krieg die geräucherten Flundern aus Sarkau. Der Gast findet in Lesnoj einige Hotels sowie Läden und ein Postamt.

Einige Kilometer hinter Lesnoj, am Kilometer 15 der Nehrungsstraße, befindet sich das Museum der Kurischen Nehrung. Ihm sollte unbedingt ein Besuch abgestattet werden. Das Gebäude war bis zu Gorbatschows Zeiten ein Erholungsheim der örtlichen und zentralen Parteiobrigkeit. Durch die Perestroika wurde es dann ein Naturparkmuseum. Erfreulich für deutsche Besucher ist, daß die Beschriftung meist zweisprachig ist. Auch viele deutsche Exponate und Fotos bereichern die Ausstellung. Im Obergeschoß gibt es wechselnde Ausstellungen von Künstlern. Auf die deutsche Geschichte der Nehrung, insbesondere auf die Tradition der Segelflüge um Rybačij (Рыбачий, ehemals Rossitten) und die Vogelwarte, wird ausführlich eingegangen.

Nach dem Besuch im Haus lohnt sich noch ein kleiner Spaziergang durch den Park, hinunter zum Haffufer. Vom kleinen Bootssteg hat man einen schönen Ausblick auf das Gewässer mit dem breiten Schilfgürtel.

Vorwahl innerhalb des Kaliningrader Gebietes 8/250, aus Deutschland 007/401 50.

Hotel ›Kuržskaja kosa‹ (Куржская коса), ul. Central'naja 17 (ул. Центральная), Tel./Fax 482 42, Tel. 21 36 70, www.holiday.39rus.ru; DZ 40–80 Euro. Die komfortabelste Unterkunft und fast die einzige Geldwechselmöglichkeit auf der Nehrung.

›Baltika‹ (Балтика), ul. Lesnaja 3A, im Wald Richtung Ostseestrand, Tel. 482 86, 482 77; DZ ca. 20–40 Euro. 22 einfache Zimmer, im ersten Stock lädt ein kleines Café zu einem Imbiß ein.

Pensionat ›Lesnoj‹, ul. Lesnaja 1, Tel. 007/401 53/390 96, Fax 392 09. Großer weißer Klinkerbau, einfache Zimmer.

Das Museum der Kurischen Nehrung (Muzej Kuržskoj kosoj/Музей Куржской косой) liegt am Kilometer 15 der Nehrungsstraße; Mi–So 11–17 Uhr, Eintritt ca. 1,50 Euro, deutschsprachige Führungen sind möglich. Im Museum können Bernsteinschmuck und typisch russische Souvenirs erstanden werden.

Rybačij

Rybačij (Рыбачий), das ehemalige Rossitten, ist mit über 800 Einwohnern das größte Dorf auf dem südlichen Teil der Kurischen Nehrung. Noch heute wirkt der Ort wie ein deutsches Dorf der 20er Jahre mit russischem Flair. Anfang des 20. Jahrhunderts war der Ort ein beliebtes Feriendorf – wunderbar geeignet für

An der neuen Strandpromenade in Rybačij

einen Badeurlaub, Wanderungen und Kutschfahrten. Auch eine Segelflugschule gab es. Viele Besucher kamen damals mit dem Dampfer von Cranz, Nidden oder Memel. Heute knüpft man an diese Traditionen wieder an. 2005 begann man mit dem Bau einer kleinen hölzernen Promenade am Ostseestrand, und auch ein Café wurde an der Ostsee eröffnet. Denn im Gegensatz zum litauischen Teil der Nehrung fehlte bis vor kurzem so etwas auf der russischen Seite. Dafür konnte hier die Natur ihr ursprüngliches Gesicht bewahren, und die Zahl der Touristen hält sich in Grenzen.

Rybačij liegt etwas abseits der Nehrungsstraße. Wo die Straße zum Dorf abzweigt, findet man ein gemütliches Restaurant und Hotel. In einem Wildgehege sind Rehe und Elche zu bewundern. Immer mehr Elche werden seit 2005 in den Nehrungswäldern ausgewildert, vor allem früh morgens kann man sie mit etwas Glück auch in freier Wildbahn sehen.

Am Ende der Hauptstraße sieht man die schöne deutsche Backsteinkirche von 1873. Nach dem Krieg flickte die Kolchose hier ihre Netze. Vor einigen Jahren konnte das Gebäude mit deutscher Hilfe renoviert werden, und es nimmt nun unter dem Namen des heiligen Sergej von Radonesch die russisch-orthodoxen Gläubigen auf. Der Blick ins Innere lohnt sich, vor allem auf den Ikonostas. Ein schwarzes Metallkreuz vor der Kirche ist den ehemaligen Bewohnern von Rossitten gewidmet.

An der Hauptstraße ul. Pobedy finden sich kleine Lebensmittelgeschäfte, Bistros und Fischverkaufsstände. Viele Bewohner vermieten im Sommer Zimmer an Touristen.

Die Rossittener Vogelwarte

Gleich hinter der Kirche, Richtung Haff, findet man die ›Biologische Station der Akademie der Wissenschaften der Russischen Föderation‹ – die Nachfolgeeinrichtung der Rossittener Vogelwarte. Sie betreibt außerdem zwischen Lesnoj und Rybačij die Station ›Fringilla‹, wo in riesigen Netzen Vögel gefangen und beringt werden. Über 1,6 Millionen Beringungen wurden zwischen 1956 und 1991 in Rybačij durchgeführt. Beide Stationen können besucht werden, die Mitarbeiter geben bereitwillig Auskunft.
Die Rossittener Vogelwarte war die erste der Welt. Ende des 19. Jahrhunderts besuchte der junge Pfarrer Johannes Thienemann die Kurische Nehrung. Bei Rossitten fielen ihm die unzähligen Vögel – Möwen, Enten, Uferschnepfen, Schwalben, Rotkehlchen und Haubentaucher – auf, die hier Rast machten. Er beringte die Vögel mit feinen Metallringen. Nach einigen Monaten erhielt er Nachricht aus Deutsch-Südwestafrika (heute Namibia). 1901 wurde eine kleine Vogelwarte gegründet, die 1911 den Namen ›Vogelwarte Rossitten der Kaiser-Wilhelm-Gesellschaft‹ erhielt. 1912 nahm Thienemann bereits über 40 000 Beringungen vor. Inzwischen ein anerkannter Ornithologe, gelangte er neben seiner Arbeit durch sein Buch ›Rossitten. Drei Jahrzehnte auf der Kurischen Nehrung‹ und den Film ›Die Wüste am Meer‹ zu Weltruhm. Er starb 1938 in Rossitten, 1944 wurde die Arbeit der Vogelwarte eingestellt. Thienemanns Grab und das Grab des Düneninspektors Franz Epha kann man noch heute besichtigen, sie befinden sich auf dem alten Rossittener Friedhof, beim Ortseingang.
In Deutschland kann man sich beim Freundeskreis Rybačij-Vogelwarte Radolfzell, Tel. 077 32/15 01 33, fiedler@vowa.ornithol.mpg.de, info@sielmann-stiftung.de, über die Vogelwarte informieren.

Praktikantinnen in der Vogelwarte Rossitten

Vorwahl innerhalb des Kaliningrader Gebietes 8/250, aus Deutschland 007/401 50.
Das kleine Postamt residiert rechts am Anfang der ul. Pobedy.
Auf der Nehrungsstraße hinter Rybačij Richtung Litauen gibt es seit 2004 die erste Tankstelle im russischen Teil der Kurischen Nehrung. Bis vor wenigen Jahren konnte man auf der Nehrung nur in Nida (Litauen) tanken.
Infozentrum zum umweltverträglichen Tourismus, im Dom Kultury, am Anfang der ul. Pobedy, Tel. 413 49, www.rybachy.com; Mo–Fr 10–17, Sa 10–14 Uhr. Hier erhalten Touristen Infos über Unterkünfte - von westlich bis typisch russisch - im Ort, über die Kurische Nehrung und Kartenmaterial. Es können auch Fahrräder ausgeliehen werden.

Hotel ›Altrimo‹/Алтримо, ul. Potraničnaja 11 (ул. Пограничная), Tel./Fax 411 39; DZ 76, Luxzimmer 106 Euro. Das 2006 eröffnetes Hotel direkt am Haff bietet in 16 Zimmern eine komfortable Unterkunft.
›Postojalyj dvor‹ (Постоялый двор), ul. Lesnaja (ул. Лесная), an der Hauptstraße Zelenogradsk–Morskoe, Tel. 412 96, Fax -0, www.traktir.39rus.ru; EZ ca. 43 Euro; DZ ab 60 Euro. 2001 eröffnet, 21 Zimmer in traditioneller russischer Holzbauweise. Schon lange zuvor gab es hier ein gutes Restaurant, das heutige ›Traktir‹.
Pension ›Vadda‹ (Вадда), ul. Stepnaja 9a, Tel. 413 86, 13 Betten in 7 Zimmern, Übernachtung mit Halbpension ca. 25 Euro. Die Pension wurde 1995 eröffnet und bietet ein gutes Preis-Leistungs-Verhältnis sowie ein gemütliches Kaminzimmer.

Restaurant ›Traktir‹/Трактир, ul. Lesnaja, neben dem Hotel ›Postojalyj dvor‹ am Ortseingang; bietet von früh bis Mitternacht ein breites Speisen- und Getränkeangebot. Besonders empfehlenswert sind die frischen Fischgerichte und das gezapfte Bier.
›U morja‹/У моря, zwischen Wald und der kleinen Strandpromenade ca. 1 km von der Nehrungsstraße durch den Wald bis zur Ostsee. 2005 eröffnet, bietet neben herzhaften Gerichten auch Kaffee und Eis.

Museum der Vogelwarte (Biologische Station Rybačij/Биологоческая станция); tägl. 9–18 Uhr, bitte am Tor klingeln. Führungen auch auf Deutsch, ein Teil der Beschriftung im Ausstellungsraum ist ebenfalls in deutscher Sprache. Spenden und auch Praktikanten sind willkommen.

Das Kulturhaus (Dom kultury/Дом културы) liegt links am Dorfeingang. Fast jedes russische Dorf hat so ein Allzweckkulturzentrum mit Kinosaal, Tanzfläche und Bibliothek. Ein Blick ins Innere läßt den Charme der sowjetischen 60er Jahre greifbar nahe kommen.

Morskoe

Kurz vor der litauischen Grenze liegt der kleinste Ort auf der Kurischen Nehrung. Das ehemalige Pillkoppen hat sich sein ursprüngliches Gesicht noch bewahren können. Hoch über dem Dorf steht die ehemalige Wanderdüne ›Ephas Höhe‹, von der man einen wunderbaren Ausblick bis nach Litauen hat. Am Parkplatz kurz vor dem Ort hat man einen leichten Zugang zur Düne und zur Ostsee. Hier warten Bernstein- und Souvenirverkäufer vor allem auf deutsche Touristen. Der Düneninspektor Franz Epha veranlaßte vor rund 100 Jahren die Bepflanzung der Wanderdüne. Damit war das Dorf Pillkoppen gerettet und wurde nicht wie andere Nehrungsdörfer unter Sand begraben.

Außer der grandiosen Dünenlandschaft wird der Besucher kaum große touristische Attraktionen in Morskoe (Морское) finden. Dennoch macht es Spaß, durch den kleinen Ort zu spazieren und dem einfachen Leben der Bewohner zuzusehen. Besonders reizvoll ist es am Haffufer, wo auch Boote liegen, zwischen Schilf, Strand und Dünen. Der Kaliningrader Schriftsteller Jurij Ivanov wählte Morskoe zu seiner Sommerfrische und besaß hier seine Datsche. Im Ort gibt es noch einen Lebensmittelladen, ein Bistro, neue Sommerhäuser und die Feriensiedlung ›Dosug‹.

Die russischen Busse aus Svetlogorsk haben hier ihre Endhaltestelle, man beachte, daß man sich im Grenzgebiet zu Litauen befindet.

Nur einen Wermutstropfen gibt es für die Kurische Nehrung und deren Ökosystem: Etwa zwölf Kilometer vom Strand hat der Erdölkonzern ›Lukoil‹ eine Bohrinsel in der Ostsee errichtet. Hier wird Erdöl nach neuester Technologie gefördert. Immer wieder betont der Konzern auf großen Werbeplakaten im Kaliningrader Gebiet seine Verantwortung für die Umwelt. Doch wer will bei einem technischen Defekt oder Sturm garantieren, daß die einmalige Natur der Nehrung nicht gefährdet wird?

Vorwahl innerhalb des Kaliningrader Gebietes 8/250, aus Deutschland 007/401 50.

Hotel ›Morskoe‹, ul. Dačnaja 6, Tel. 413 66, Fax 413 30, www.morskoe.h16.ru; DZ 41–60 Euro. Kleines Hotel mit 13 Zimmern, Sauna und Fahrradverleih.

Motel ›Dosug‹ (Досуг), ul. Dačnaja 14 (ул. Дачная), Tel. 412 85, 413 96, Fax 413 96, EZ 23 Euro; DZ ohne Frühstück in der Nebensaison 36 Euro, in der Hauptsaison ca. 52 Euro. Die kleine, 1993 errichtete Ferienanlage mit sechs zweistöckigen Häusern macht einen beschaulichen und soliden Eindruck, ein Restaurant befindet sich ebenfalls dort. Die Rezeption kümmert sich um Einladungen für ausländische Touristen, Registratia und den ›Propusk‹ für das Grenzgebiet.

Ein kleiner Sprachführer

Bis 1945 wurde im Ermland und im Oberland Deutsch gesprochen. Ganz anders sah es in Masuren aus, dort war - abgesehen von der deutschsprachigen kleinstädtischen Bürgerschicht - die Hauptverkehrssprache der mehrheitlich einfachen Menschen überwiegend polnisch. Genauer gesagt ein recht derber alter polnischer Dialekt, den die Deutschen ab Ende des 19. Jahrhunderts offiziell das ›Masurische‹ nannten. In der östlich angrenzenden Suwalczyzna, die niemals zu Preußen beziehungsweise dem Deutschen Reich gehörte, sprach man dagegen nie anderes als Polnisch. Umso erstaunlicher ist es, daß man heute dort viele Menschen mit deutschen Sprachkenntnissen antrifft.
In Ermland und Masuren finden sich ebenfalls noch zahlreiche ältere Menschen deutschsprachiger Zunge. Nach jahrzehntelangen Schikanen in sozialistischer Zeit sind sie in der demokratischen Republik Polen inzwischen als deutschsprachige Minderheit anerkannt. Die jungen Polen, die im Tourismus eine Beschäftigung gefunden haben, lernen indessen Deutsch und Englisch als Fremdsprache. Weshalb es mehr als nur ein Zeichen der Höflichkeit ist, sich im Gegenzug die wichtigsten polnischen Wörter und Redewendungen zu merken.
Zugegeben, leicht ist das sicherlich nicht. Das Polnische, das zur westslawischen Sprachfamilie gehört, ist eine sehr alte Sprache und deshalb sehr kompliziert. Von allen slawischen Sprachen steht sie dem Altkirchenslawischen am nächsten und hat sich über viele Jahrhunderte nahezu unverändert bewahrt. Neben Adjektiven und Hauptwörtern werden zusätzlich Ortsbezeichnungen, Namen und Zahlen durch drei Geschlechter in sieben Fällen gebeugt, und auch die altslawischen Nasalvokale sind bis heute erhalten. So setzt sich das polnische Lautsystem aus den uns bekannten fünf Vokalen und zusätzlich ihren Variationen zusammen: nasaliert ą (wie französisch in ›pont‹), ę (wie französisch in ›fin‹), ó (wie u) und außerdem y (eine Mischung aus e und i). Darüber hinaus stoßen 35 Konsonanten zusammen, wobei die Sprachlaute, die keine Entsprechungen im lateinischen Alphabet haben, mit Doppelgraphemen wiedergegeben werden, wie sz (stimmlos ›sch‹), cz (stimmlos ›tsch‹), rz (stimmhaft ›sch‹) oder - bei Ausländern besonders gefürchtet - szcz (›schtsch‹). Zu ihnen gesellen sich Buchstabengruppen wie dz (stimmhaft ›ds‹), dź und dż, die, ähnlich wie das weiche rz, aber zusätzlich mit einem leisen Anflug von d ausgesprochen werden, sowie ferner diakritische Zeichen wie ź und ż, die noch einmal wesentlich weicher als das rz anklingen müssen. Gar nicht zu reden vom Buchstaben ł, dem man sich am besten mit einem englischen w (wie in ›world‹) annähern kann.

Kurz, alles recht kompliziert und eigentlich unaussprechlich, und so mag man sich mit der Tatsache trösten, daß das Polnische weltweit zu den schwierigsten Sprachen zählt. Niemand in Polen wird darum böse sein, wenn der Ausländer selbst nach stundenlangem Trainieren weiter an ›Chrząszcz brzmi w trzcinie‹ (ein Käfer zirpt im Schilf, sprich: chschonschtsch bschmi wtschtzinje) scheitern wird; und sich umso mehr über ein kleines Danke (dziękuję, sprich: dschänkuuje) oder Bitte (proszę, sprich prosche) freuen. Und noch ein weiterer Trost sei mit auf den Weg gegeben: Die Vokale werden grundsätzlich kurz und offen ausgesprochen und alle Wörter fast ohne Ausnahme auf der vorletzten Silbe betont.

Allgemeine Wendungen

danke
dziękuję (dschenkuje)

bitte
proszę (prosche)

Guten Tag
dzien dobry (dschin dobry)

Auf Wiedersehen
do widzenia (do widsenia)

Hallo/Tschüß
cześc (tschetsch)

Ja
tak

Nein
nie (nje)

Verzeihung
przepraszam (pscheprascham)

Wieviel kostet ...?
Ile kosztuje ...? (Ile koschtuje)

Bitte die Rechnung!
Proszę o rachunek! (Prosche o rachunek)

Gut, einverstanden
dobrze (dobsche)

Prost
Na strowie

Wo ist ...?
Gdzie jest ... ? (dschä jest)

Wie komme ich nach ...?
Jak dojsc do ...? (Jak doisch do)

Zahlen

null
zero

eins
jeden

zwei
dwa

drei
trzy (tschy)

vier
cztery (tschterry)

fünf
pięc (pjentsch)

sechs
szesc (scheschtsch)

sieben
siedem (schjedem)

acht
osiem (oschjem)

neun
dziewięc (dschjewjentsch)

zehn
dziesięc (dschjeschentsch)

Unterwegs in Masuren

Bahnhof
dworzec, stacja kolejowa

Bahnsteig
peron

Busbahnhof
autobusowy, dworzec PKS

See
jezioro

Fluß
rzeka

Boot
łódź

Kanusport
kajakarstwo

Kanurouten
szlaki kajakowe

Segeln
zeglarstwo

Segelboot
zaglówka

Segelrouten
szlaki żeglugi

Wandern
wędrowanie

Biwakplätze
pola biwakowe

Wanderheim
dom wycieczkowe

Naturschutzgebiete
rezerwaty przyrody

Angel
wędka

Hinweise

Vorsicht, Achtung
ostrożnie, uwaga

Durchgang verboten
przejście wzbronione

Umleitung
objazd

Ende
koniec

Damen
dla kobiet

Herren
dla mezczyzn

Toiletten
ustępy

Lebensgefahr
grozi smiercia

geschlossen
zamknieto

warm
ciepła

kalt
zimna

Wechselstube
kantor

reserviert
zarezerwowany

Apotheke
apteka

Post
poczta

Eingang
wejście

Ausgang
wyjście

Sicherheit

Polizei
policja

Notarzthilfe
pogotowie ratunkowe

Feuerwehr
straż pożarna

Einkäufe

Geschäft
Sklep

Bäckerei
pieczywo

Fleischerei
mięso

Lebensmittelgeschäft
sklep spażywczy

Reisetips von A bis Z

Angeln

Angler finden im Gebiet der masurischen Seen paradiesische Verhältnisse vor. Zum einen begeistert diese Region durch schöne, ökologisch intakte Landschaften und Gewässer und zum anderen durch ihren Fischreichtum. Über 60 Fischarten von Aal bis Zander werden gezählt. In Polen ist das ganze Jahr hindurch Angelsaison, im Winter genauso wie in den übrigen Jahreszeiten. Die Masurische Seenplatte ist ein Dorado für Angler von großen Raubfischen. Hechte erreichen stolze Längen von bis zu über einem Meter, Barsche können bis zu ein Kilo Lebendgewicht auf die Waage bringen. Polnische Angler benutzen Spinnangeln mit Spinnern oder Wobblern als Köder. Doch lassen sich diese Fische auch mit toten oder lebenden Fischchen ködern. Während man Barsche das ganze Jahr hindurch fangen kann, genießen Hechte von 1. Januar bis 30. April Schonzeit. Kleine Hechte bis zu 45 Zentimeter Länge und Barsche bis zu 15 Zentimeter Länge stehen unter Schutz. Wessen Anglerherz mehr für das Forellenfischen schlägt, wird ebenfalls nicht enttäuscht: Bach- und Quellforellen sind genauso häufig anzutreffen wie die Regenbogenforelle. Bis zu einer Länge von 30 Zentimetern stehen sie unter Schutz. Schonzeit ist vom 1. März bis 31. Mai. Auch die Freunde von Friedfischen werden an den masurischen Seen auf ihre Kosten kommen. Allgegenwärtig sind Plötzen und Brassen. Besonderer Beliebtheit unter Anglern erfreuen sich auch die schmackhaften Karpfen. Ein Fangverbot gilt für Karpfen unter 30 Zentimeter Länge. Für viele Angler ist sicher das Eisangeln ein besonderes Erlebnis. Zu den am häufigsten gefischten Arten zählen Barsche und Plötzen. Geangelt wird in der Regel mit einem Untereis-Blinker, der Metallnachbildung eines Krebstierchens. In den tiefen masurischen Seen, wie zum Beispiel dem Jezioro Mamry (Mauersee), gilt die Maräne als besondere Anglerattraktion. Um diesen köstlichen Fisch zu ködern, sind spezielle Blinker nötig, die in jedem polnischen Angelgeschäft erhältlich sind. Schonzeit für Maränen besteht vom 15. Oktober bis zum 31. Dezember. Ein generelles Fangverbot gilt in Polen für folgende Fischarten: Stör, Lachs, Alose, Bartfadengründling und Weißfadengründling. Angeln ist in Polen grundsätzlich nur mit Angelschein erlaubt. Dieser ist ganzjährig erhältlich beim Polnischen Anglerverband PZW, außerdem in den Bezirksbüros des Anglerverbandes, deren Adressen man bei den Touristeninformationsstellen erfährt. Auch in Hotels oder bei der Campingplatzaufsicht wird man Auskunft geben können, wo man nach welchen Bestimmungen angeln darf und eine entsprechende Angelerlaubnis

erhält (karta wędkarska). Die Gebühren richten sich nach Dauer, Gebiet, Beschaffenheit – niedrige oder tiefe Gewässer – sowie der Anzahl der Gewässer und liegen zwischen 5 und 35 Euro. Die Berechtigung gilt für die allgemein zugänglichen Gewässer des Polnischen Anglerverbandes. Für die wenigen nicht vom PZW betreuten Gewässer muß man sich direkt an den jeweiligen Besitzer wenden.
In Polen gibt es gut ausgestattete Angelfachgeschäfte, die fast alles bieten, was das Anglerherz begehrt – und das zu recht günstigen Preisen.

▶ Polnischer Anglerverband PZW
(Polski Związek Wędkarski)
ul. Twarda 42
00-831 Warszawa
Tel. 022/620 89 66, Fax 620 50 85
www.zgpzw.pl.

Anreise mit dem Auto
Wer mit dem Auto nach Masuren aufbricht, benötigt neben dem nationalen Führerschein außerdem den KFZ-Schein. Seit dem EU-Beitritt Polens am 1. Mai 2004 müssen Autofahrer aus den Mitgliedsstaaten keine Grüne Versicherungskarte mehr mit sich führen. Sämtliche Beitrittsländer haben das sogenannte Kennzeichen-Abkommen unterzeichnet, nach welchem das Europakennzeichen am Fahrzeug zugleich das Bestehen einer Haftpflichtversicherung bezeugt. Es ist allerdings zu befürchten, daß die zuständigen Behörden darüber noch nicht ausreichend informiert worden sind. So empfiehlt es sich weiterhin, eine gültige Grüne Versicherungskarte mitzunehmen.
Für Schweizer Bürger ist sie obligatorisch, andernfalls drohen empfindliche Geldbußen. Wer zuhause nicht an sie gedacht haben sollte, kann an den Grenzübergängen in einer Stelle des Polnischen Motorverbands (PZM) für die Dauer des Aufenthalts eine Haftpflichtversicherung abschließen.
Die Kfz-Grenzübergänge Deutschland–Polen von Nord nach Süd sind:
Linken–Lubieszyn
Pommellen–Kołbaskowo (Autobahn)
Rosow–Rosówek (nur für Personenverkehr)
Mescherin–Gryfino (nur Personenverkehr)
Schwedt–Krajnik Dolny
Hohenwutzen–Osinów Dolny (keine Lkw und Reisebusse)
Kietz–Kostrzyn
Frankfurt (Oder)–Słubice (Stadt; keine Lkw und Reisebusse)
Frankfurt (Oder)–Świecko (Autobahn)
Guben–Gubin
Guben–Gubinek
Forst–Olszyna (Autobahn)
Forst–Zaieki (nur Personenverkehr)
Bad Muskau–Łęknica (nur Personenverkehr)
Podrosche–Przewóz (keine Reisebusse)
Ludwigsdorf–Jędrzychowice
Görlitz–Zgorzelec (nur Personenverkehr)
Hagenwerder–Radomierzyce (nur Personenverkehr)
Zittau (Chopinstraße)–Sieniawka

(Personen- und Güterverkehr bis 7,5 t) Zittau (Friedensstraße)–Porajów (keine Reisebusse)

Anreise mit der Bahn

Leider bestehen von Deutschland, Österreich und der Schweiz aus keine direkten Zugverbindungen nach Masuren. Mit dem IC und EC muß man deshalb von Süden her in Poznań (Posen), Kraków (Krakau) oder Warszawa (Warschau) in Richtung der Reiseziele in Nordostpolen umsteigen. Von Westdeutschland aus führt eine Verbindung ab Brüssel über Köln und Hannover bis Warszawa; von Norddeutschland aus geht die Fahrt mit dem Zug Hamburg–Kraków über Berlin bis Wrocław (Breslau), wo man umsteigen muß; und mit Start in Berlin verbindet der Berlin-Waszawa-Expreß die deutsche mit der polnischen Hauptstadt.

Fahrräder werden in ICs und ECs nur befördert, wenn die Züge über ein gesondertes Fahrradabteil verfügen, was nicht bei allen Fernverkehrsverbindungen der Fall ist. Darüber hinaus bieten diese Abteile in der Regel maximal 16 Stellplätze, gelegentlich sogar weniger, weshalb man für seinen Drahtesel vorher unbedingt reservieren muß. Auskünfte über die gewünschte Verbindung erhält man bei der Radfahrer-Hotline der Deutschen Bahn, im Büro der Polnischen Staatsbahn und natürlich an allen Bahnhofsschaltern.

Eine unkomplizierte Fahrradmitnahme ist nur im grenzüberschreitenden Regionalverkehr möglich, allerdings auch hier nur in Zügen, die über einen Extrawagen für Räder verfügen. Dies ist bei folgenden zwei Verbindungen der Fall: Der Regionalexpreß (RE) Berlin–Szczecin (Stettin) verkehrt mehrmals täglich (einmal durchgehend, sonst mit Umsteigen in Angermünde); in Szczecin besteht täglich um 10.45 Uhr Anschluß an den Zug Szczecin–Białystock, der in achtstündiger Fahrt über Gdańsk (Danzig), Malbork (Marienburg), Olsztyn (Allenstein) und die Großen Masurischen Seen weiter über Ełk (Lyck) bis zum Zielbahnhof Białystock führt. Eine zweite Verbindung startet täglich um 7 Uhr vom Grenzort Kostrzyn (Küstrin, Anfahrt bis dorthin mit der Deutschen Bahn) Richtung Warszawa über Bydgoszcz, wo man via Masuren umsteigen kann.

In Polen selbst dürfen die Räder auf allen Fernverkehrsverbindungen mit in die Züge, die über einen Gepäckwagen verfügen und in Fahrplan und Kursbuch entsprechend mit einem ›Gepäckzeichen‹ gekennzeichnet sind. Die am Schalter gekaufte Fahrradkarte wird dazu gut sichtbar am Drahtesel befestigt, dieser am Gepäckwagen abgegeben und nach Ankunft am Zielbahnhof ebendort wieder abgeholt. In Zügen mit Gepäckabteil (in Fahrplan/Kursbuch mit ›E‹ markiert), Bummelzügen und Triebwagen werden die Räder nach Kauf der Fahrradkarte vom Reisenden selbst mit in den Wagen genommen.

Grundsätzlich ist für die Radmitnahme bei der DB eine internationale Fahrradkarte zu lösen (Preis 10 Euro). Umsteiger auf Züge der Polnischen Staatsbahn (PKP) müssen ebenfalls in Besitz einer internationalen Fahrradkarte sein. Für die Hinfahrt ist sie im Heimatland zu erwerben, für die Rückfahrt muß man sie in Polen an einem PKP-Schalter lösen (Preis umgerechnet 8 Euro).
Bei der Planung der Reiseroute kann man sich im Büro der PKP in Deutschland beraten lassen:

▸ Polnische Staatsbahn PKP (Polskie Koleje Pańſtowe PKP)
Panoramastraße 1
10178 Berlin
Tel. 030/242 34 53, Fax 347 29 998.
www.pkp.com.pl (nur poln.)

▸ Radfahrer-Hotline der Deutschen Bahn
Tel. 0180/515 14 15.

Anreise mit dem Bus

Eine beliebte Alternative zur Bahn sind die internationalen Linienbusse nach Ermland und Masuren. Sie verkehren zwei- bis viermal die Woche und sind in aller Regel preiswerter als vergleichbare Bahnverbindungen. Feste Strecken unterhalten unter anderem:

▸ Deutsche Touring GmbH
Am Römerhof 17
60486 Frankfurt
Tel. 069/79 03-50, Fax -219
www.deutsche-touring.com.

▸ Becker Reisen GmbH
Bremer Straße 36
21255 Tostedt
Tel. 04182/28 11-0, Fax -3
Info-Hotline 0180/115 53 33
www.becker-reisen.

▸ Berlin Linien Bus GmbH
Mannheimer Straße 33/34
10713 Berlin
Tel. 030/861 93 31
Fax 860 62 99
www.berlinlinienbus.de.

Anreise mit dem Flugzeug

Direktflüge in das nordöstliche Polen gibt es keine. Regelmäßige Flugverbindungen, die einen zumindest näher herantragen, bietet die polnische Fluggesellschaft LOT im Code-Sharing mit der Lufthansa an: nach Warszawa ab Berlin, Düsseldorf, Hamburg, Frankfurt/M. und München; nach Gdańsk ab Hamburg, Frankfurt/M. und München.
Auskünfte erteilen die LOT und die Deutsche Lufthansa.
Günstiger geht es mit den Billigfliegern: mit Germanwings von Hamburg, Köln/Bonn und Stuttgart nach Warszawa (Buchungen nur über das Internet) und mit Wizz Air von Hamburg-Lübeck und Dortmund nach Gdańsk sowie von Hamburg-Lübeck, Dortmund und Frankfurt/M.-Hahn nach Warszawa.

▸ LOT Service-Hotline
Tel. 0180/300 03 36
www.lot.com (auch engl.).

▶ Deutsche Lufthansa
Tel. 069/69 60
www.lufthansa.com.

▶ Germanwings
Info-Tel. 0900/191 91 00
(99 Cent/Min.)
www.germanwings.com.

▶ Wizz Air
www.wizzair.com.

Auto- und Motorradfahren in Polen
Die Straßenverhältnisse in Polen sind im wesentlichen gut, auch wenn sich das Autobahnnetz gerade erst im Aufbau befindet. Schnellstraßen verfügen meist über drei Spuren, wobei die mittlere Spur die Überholspur für beide Fahrtrichtungen ist. In Masuren sind die Nebenstrecken oft schmale, manchmal auch holprige Alleen ohne Randbefestigung, die die Bäume links und rechts am Straßenrand in grüne dämmrige Tunnel verwandeln. Neben Lastwagen und PKW (oft mit schlechter Beleuchtung) bevölkern die Fahrbahnen Traktoristen und Mähdrescher, welche die gesamte Straßenbreite einnehmen, außerdem Pferdefuhrwerke und Panjewagen, Radfahrer, Fußgänger sowie gelegentlich auch Kühe und Gänse, und es empfiehlt sich deshalb, sich dem allgemein gemütlichen Reisetempo anzuschließen. Vorsicht ist bei Bahnübergängen geboten, die sich selten in gleicher Höhe mit der Straße befinden.
In Polen herrschen die internationalen Straßenverkehrsregeln. Vom 1. Oktober bis 1. März müssen darüber hinaus

Mit Fahrzeugen aller Art muß auf masurischen Wegen gerechnet werden

PKW auch am Tag mit Abblendlicht fahren (Motorräder ganzjährig), im Wagen müssen ein Warndreieck und ein Verbandskasten vorhanden sein, und es besteht Gurtpflicht auf allen Plätzen. Im Stadtverkehr sind an den Ampeln grüne Pfeile üblich, die auch bei roter Ampel ein umsichtiges Abbiegen nach rechts gestatten. In geschlossenen Ortschaften dürfen 50 km/h nicht überschritten werden (23–5 Uhr 60 km/h). Außerhalb beträgt die Höchstgeschwindigkeit auf Landstraßen mit einer Fahrbahn für PKW und Kraftrad 90 km/h, auf Landstraßen mit zwei Fahrbahnen sowie Schnellstraßen mit einer Fahrbahn 100, auf Schnellstraßen mit zwei Fahrbahnen 110 und auf Autobahnen 130 km/h. Fahrzeuge mit Anhänger fahren auf Landstraßen mit einer Fahrbahn maximal 70 km/h und ansonsten auf allen Straßenarten außerhalb von Ortschaften maximal 80.
Die Bußgelder für Geschwindigkeitsüberschreitungen bewegen sich zwischen 50 und 500 Złoty. Auf keinen Fall darf sie die Polizei bar abkassieren, sondern muß über den Betrag eine Rechnung ausstellen.
Um das Zahlen kommt man trotzdem nicht umhin, und neuerdings werden sogar die von deutschen Urlaubern gesammelten Strafpunkte an das Flensburger Zentralregister gemeldet.
Telefonieren ist während der Fahrt nur per Freisprechanlage erlaubt.
Die Alkoholgrenze liegt bei 0,2 Promille, sie ist bereits beim Genuß eines kleinen Biers erreicht!

Das Tankstellennetz ist gut ausgebaut und das Benzin um etwa ein Viertel günstiger als in Deutschland. Bleifreies Benzin, erkennbar an der grünen Schrift an den Zapfsäulen, ist flächendeckend erhältlich. Man tankt Super (95 Oktan) und Superplus (98 Oktan) sowie Dieselkraftstoff (markiert mit ›ON‹). Auch Autogas (›Gaz‹) ist an vielen Tankstellen erhältlich. Die meisten Tankstellen öffnen wochentags zwischen 6 und 22 Uhr, sonntags von 7 bis 17 Uhr, an wichtigen Fernverkehrsstraßen und in Großstädten rund um die Uhr.
Bei einer Panne hilft der Polnischen Motorverbandes (PZM) landesweit unter der Telefonnummer 981.
Die Zentrale des PZM befindet sich in Warschau, ul. Kazimierzowska 66, 02-518 Warszawa, Tel. 022/849 93 61, Fax 8481951, www.pzm.pl. Bei einem Unfall muß der Unfallort ordnungsgemäß gesichert und auf jeden Fall die Polizei benachrichtigt werden. Für eine spätere Schadensregulierung sollte man unbedingt eine Durchschrift des Polizeiprotokolls verlangen.

- Notruf: 112
- Polizei: 997
- Feuerwehr: 998
- Rettungsdienst: 999
- Pannendienst: 981
- ADAC-Pannenhilfe in ganz Polen: 010 33 22/622 20 60, 022/825 97 34.

Autoverleih

Die großen internationalen Autoverleiher haben in Polen zahlreiche

Niederlassungen. Einen Mietwagen kann man schon von Deutschland aus buchen, bekommt ihn meist aber auch direkt vor Ort. Alle Hotelrezeptionen und die größeren Touristeninformationen sind dabei behilflich. Technischer Standard und Preise entsprechen internationalen Maßstäben.

Baden

Masuren verfügt über unzählige, meist auch zum Baden geeignete Seen. Die Wasserqualität ist überwiegend gut. Da es im Verhältnis zur Anzahl der schilfwogenden Seen jedoch relativ wenige frei zugängliche Strand- oder Wiesenbadestellen gibt, kann eine Luftmatratze zum Hinauspaddeln nützlich sein. Wer den Kontakt mit dem glitschigen Seeboden scheut, sollte Badeschuhe einpacken.
Einem alten Brauch folgend darf man in Masuren erst nach dem 24. Juni, der Johannisnacht, ins Wasser eintauchen. Ohnehin wäre es den meisten Menschen vorher zu kalt.
FKK-Anhänger haben kaum Möglichkeiten, ihrer Passion zu frönen.
Wie katholisch Polen ist, zeigt sich auch daran, daß sich ›oben ohne‹ nicht durchsetzen konnte. Die organisierten FKK-Freunde, die sich in Polen ›Naturisten‹ nennen, erleben zur Zeit allerdings großen Zulauf.

Bahnfahren in Polen

Im Vergleich mit den Preisen, die beispielsweise die Deutsche Bahn ihren Gästen abknöpft, sind die Tarife der Polnischen Staatsbahn (PKP) sehr moderat. Es verkehren ECs (international) sowie ICs, Expreßzüge (mit Halt in den Großstädten), D-Züge mit Stops auch in den mittleren Städten und Personenzüge mit Halt auch in kleineren Ortschaften.
Für Reisende, die länger unterwegs sind und neben Polen noch weitere Länder entdecken möchten, empfiehlt sich der lange bewährte Interrail-Paß in zwei Variationen: einmal für Menschen unter 26 Jahre, und zum anderen für Menschen, die diese Altersgrenze bereits überschritten haben; in beiden Fällen gültig für zwölf Tage bis einen Monat.
Für Kurzausflügler bietet die Polnischen Staatsbahn für 50 Złoty ein Schönes-Wochenende-Ticket an (bilet turystyczny). Außer in IC/EC- und Expreßzügen gilt es für die 2. Klasse in allen Zügen und erlaubt eine unbegrenzte Anzahl von Fahrten an Wochenenden und Feiertagen (vom ersten freien Arbeitstag morgens 9 Uhr bis zum letzten freien Arbeitstag abends 19 Uhr). Für 2. Klasse-Fahrten in Personen- und Schnellzügen freitags ab 19 Uhr sowie samstags und sonntags bietet sich außerdem die PKP-Ausflugskarte an (bilet wyciecz-kowy). Sie gilt für Strecken von maximal 120 Kilometer zwischen Abfahrts- und Zielort und ermäßigt die einfache Fahrt um 15 Prozent, die Hin- und Rückfahrt um 33 Prozent auf den regulären Tarif.
Die Fahrradmitnahme in Polen ist nach dem Erwerb einer Fahrradkarte (etwa 50 Prozent eines Erwachsenen-

tickets) in allen Zügen mit Gepäckwagen möglich (in den Fahrplänen durch ein Rad-Piktogramm gekennzeichnet). Bei Zügen mit Gepäckwagen ist die Fahrradkarte gut sichtbar am Drahtesel zu befestigen, das Rad bei Abfahrt am Gepäckwagen abzugeben und bei Ankunft am Zielort dort wieder abzuholen. In Bummelzüge und Triebwagen kann man sein Veloziped ohne Umstände selbst hineinhieven und es an den dafür vorgesehenen Plätzen abstellen. Fahrplanwechsel ist normalerweise Ende Mai/Anfang Juni.

Behinderte

Bis auf sehr wenige Hotels der gehobenen, zumeist internationalen Kategorie bestehen wenige behindertengerechte Einrichtungen. Informationen erteilt der Verein Integracja in Warschau.

▶ Integracja
ul. Dzielna 1
00-162 Warszawa
Tel. 022/63 51-330, Fax -182
www.integracja.org.

Botschaften und Konsulate

▶ Botschaft der Bundesrepublik Deutschland
ul. Dąbrowiecka 30
03-932 Warszawa
Tel. 022/584 17-00, Fax -39
www.ambasadaniemiec.pl.

▶ Botschaft der Republik Österreich
ul. Gagarina 34
00-748 Warszawa
Tel. 022/34 10 08-1, Fax -5
www.ambasadaaustrii.pl
warschau-ob@bmaa.gv.at.

▶ Botschaft der Schweiz
al. Ujazdowskie 27
00-540 Warszawa
Tel. 022/628 04 81, Fax 621 05 48.

▶ Generalkonsulat der Bundesrepublik Deutschland
al. Zwycięstwa 23
80-219 Gdańsk-Wrzeszcz
Tel. 058/3 40 65-00, Fax 38
zreg@danz.auswaertiges-amt.de.

▶ Generalkonsulat der Republik Österreich
ul. Śląska 17
81-319 Gdynia
Tel. 058/620 19 93, Fax 661 19 12.

▶ Botschaft der Republik Polen
Lassenstr. 19–21
14193 Berlin
Tel. 030/223 13-0, Fax 22 31 31 55,
www.botschaft-polen.de.

▶ Botschaft der Republik Polen in Österreich
Hitzinger Hauptstraße 42c
1130 Wien
Tel. 01/870 15-0, Fax -100
www.botschaftrp.at.

▶ Botschaft der Republik Polen in der Schweiz
Elfenstr. 20a
3000 Bern 15

Tel. 031/35802-02, -16
www.pol-amb.ch
polishemb@dial.eunet.ch.

Bus

Zwischen den größeren Städten verkehren auf Normal- wie Schnellinien Überlandbusse der staatlichen Gesellschaft PKS. Fahrkarten kauft man in den Busbahnhöfen (meist in Nähe des Eisenbahnhofs), in Reisebüros oder auch direkt beim Busfahrer, falls er noch freie Plätze hat. Kinder bis vier Jahre auf dem Schoß fahren gratis, Kinder von vier bis zehn Jahren zum halben Fahrpreis.

Die Dörfer verbinden Linienbusse des PKS, in Städten wie Gdańsk oder Olsztyn befördern einen Trams, Omni- und Trolleybusse der Städtischen Verkehrsbetriebe. Tickets, die für die Fahrt entwertet werden müssen, erhält man an Kiosken und in einigen Läden.

Camping

Der Nordosten Polens ist ein Paradies für Camper. Zahlreiche Plätze in meist malerischer Lage im Wald und am Seeufer laden zum Aufenthalt ein. Bis auf wenige Ausnahmen sind sie im Polnischen Campingverband PFCC (Polska Federacja Campingu i Caravaningu) zusammengeschlossen, haben überwiegend von Anfang Juni bis Ende September geöffnet und sind grundsätzlich bewacht. Ihre Einteilung erfolgt nach dem Sternchensystem in vier Kategorien, wobei vier Sterne die höchste, ein Stern die niedrigste Komfortstufe symbolisieren. Auf die gängigen Versorgungseinrichtungen wie Elektroanschlüsse für Zelte und Caravan, Waschmaschine und Sanitäranlagen mit fließend warmen Wasser, kleine Miethütten, Einkaufseinrichtungen und Restaurationsbetrieb wird man auch auf einem 1-Sterne-Platz

Campingplatz in Sorkwity

nicht verzichten müssen; aufwärts sind zusätzlichen Dienstleistungen von Tennisplätzen über Reit- und Wassersportmöglichkeiten bis hin zur Sauna keine Grenzen gesetzt. Die 4-Sterne-Plätze empfehlen sich darüber hinaus durch ihren herausragenden Service, der oft mit dem ›Mister Camping‹-Abzeichen oder einer entsprechenden Auszeichnung geehrt worden ist. Die Platzgebühren sind uneinheitlich, in der Regel aber um einiges günstiger als etwa in Deutschland.

Der polnische Campingverband (PFCC) veröffentlicht jährlich auf Papier und im Internet eine aktuelle Liste seiner über 200 angeschlossenen Campingplätze. Außerdem gibt die Polnische Tourismusorganisation jährlich ein Verzeichnis heraus, das man über die Polnischen Fremdenverkehrsämter beziehen kann (siehe ›Informationsstellen‹).

Neben den PFCC-Campings finden sich insbesondere rund um die Großen Masurischen Seen und die beliebtesten Paddelrouten zahlreiche einfache Zeltplätze, auf denen man sein Dach über dem Kopf aufbauen kann. Wildes Kampieren ist in Polen verboten.

▸ Polnischer Campingverband
Polska Federacja Campingu i Caravaningu
ul. Grochowska 331
03-823 Warszawa
Tel. 022/8106050
www.pfcc.info.

Einkaufen

›Ladenschlußgesetz‹ ist in Polen ein Fremdwort. Kaufhäuser, Supermärkte und Selbstbedienungsläden öffnen normalerweise um 8 Uhr, in größeren Städten oft schon um 6 Uhr, und schließen erst gegen 20 bis 22 Uhr, sonntags etwa um 13 Uhr. Letztendlich entscheidet jeder Betreiber selbst, wie lange er sein Geschäft offen hält. Auf Märkten, die ebenfalls schon früh morgens beginnen, bieten Obst- und Gemüse-, Fleisch-, Wurst- und Käsehändler ihre Köstlichkeiten feil, oft aus eigenem Anbau oder eigener Produktion. Daneben haben sich viele Straßen-

Es muß nicht immer Bernstein sein: Auch Töpferwaren sind beliebte Mitbringsel

händler mit Direktvertrieb aus Kofferraum und Plastiktüte eingerichtet, und auch zahlreiche Handelstouristen aus Litauen, der Ukraine und Weißrußland preisen ihre Mitbringsel an. Als Souvenirs für daheim ist vor allem Bernsteinschmuck beliebt, den man in allen nur denkbaren Anfertigungen beim Juwelier oder im Kunsthandwerksladen ebenso wie im örtlichen Kramladen oder bei den fliegenden Händlern findet. Die viele Jahre lang insbesondere von deutschen Touristen nachgefragten polnischen Gartenzwerge haben bereits vor einiger Zeit ihren Rückzug angetreten, werden aber immer noch hier und da an Grenzübergängen angeboten.

Einreisebestimmungen
Für die Einreise nach Polen und einen Aufenthalt bis zu drei Monaten herrscht für Bürger der Bundesrepublik und Österreichs seit dem 1. Mai 2004 die sogenannte Reisefreizügigkeit, d.h. es genügt der gültige Personalausweis. Für Schweizer ist ein noch mindestens sechs Monate gültiger Reisepaß erforderlich.
Kinder unter 16 Jahren benötigen einen Kinderausweis mit Lichtbild oder einen Eintrag im elterlichen Paß.
Haustiere können mit auf die Reise, sofern sie mindestens drei Wochen und maximal zwölf Monate vorher gegen Tollwut geimpft worden sein. Die Impfung wird in den seit Oktober 2004 obligatorischen EU-Heimtierausweis eingetragen, den man an der Grenze vorlegen muß.

Elektrizität
Die Netzspannung beträgt 220 Volt. Die Steckdosen entsprechen der Euro-Norm, weshalb deutsche Urlauber für ihre Schuko-Stecker unbedingt einen Adapter mitnehmen sollten.

Fahrrad
Siehe ›Radfahren‹.

Feiertage und Schulferien
Die gesetzlichen Feiertage sind in Polen Neujahr (1. Januar), Ostersonntag und Ostermontag, 1. Mai (Tag der Arbeit), 3. Mai (Tag der Verfassung), außerdem Ende Mai/Anfang Juni Fronleichnam. Es folgt Mariä Himmelfahrt am 15. August, Allerheiligen am 1. November, der Unabhängigkeitstag am 11. November sowie Weihnachten am 25. und 26. Dezember.
Die polnischen Schulferien gehen im Sommer vom vorletzten Freitag im Juni bis Ende August. Die Weihnachtsferien beginnen in der Regel kurz vor Heiligabend und enden am Jahresende. Die Winterferien dauern zwei Wochen je nach Region ab Mitte Januar oder ab Mitte Februar. Die Osterferien beginnen am Gründonnerstag und enden am Dienstag nach Ostern.

Fotografieren und Filmen
Film- und Fotomaterial aller bekannten Marken ist zu international üblichen Preisen überall erhältlich.

Geld
Das Zahlungsmittel in Polen ist der

Złoty (1 Złoty/100 Grosz). Im Umlauf befinden sich Münzen im Nennwert von 1, 2, 5, 10, 20, 50 Grosz und 1, 2, 5 Złoty sowie Banknoten zu 10, 20, 50, 100 und 200 Złoty. Der Złoty gilt mittlerweile als stabile Währung. Der Wechselkurs im Herbst 2006 betrug 1 Euro/ 3,87 Złoty, 1 Złoty/0,84 Euro.

Geldautomaten sind in größeren Städten problemlos zu finden

Im Land wechseln Banken (geöffnet üblicherweise Mo–Fr 7.30–17 Uhr, Sa 7.30–14 Uhr), Wechselstuben (›Kantor‹) sowie größere Hotels, an deren Rezeptionen der Kurs bekanntlich etwas ungünstiger ist. Geldautomaten (auch mit englisch- und deutschsprachigen Menüs), an denen man sich mit Kredit- oder EC-Karte Bares ziehen kann, befinden sich in allen größeren Städten. Gängige Kreditkarten werden zunehmend beliebter und neben Souvenir- und Modegeschäften auch von den meisten Hotels, vielen Restaurants, den Fluggesellschaften und Autovermietern akzeptiert.

Hotels und Pensionen

Siehe ›Unterkunft‹.

Informationsstellen

In den meisten größeren Ortschaften findet man eine Touristeninformation. Sie ist mit dem Zeichen ›it‹ gekennzeichnet, verfügt in der Regel über eine Zimmervermittlung und informiert über den Ort und die Region. Angebote örtlicher Touristikunternehmen werden vermittelt, kulturelle und sportive Unternehmungen vorgeschlagen. Zudem ist die Touristeninformation behilflich bei Fahrrad- und Bootsverleih.
Schon vor der Reise stehen die polnischen Fremdenverkehrsämter in Berlin und Wien zur Verfügung. Man erhält dort allgemeine Informationen zu Land und Leuten, den schönsten touristischen Regionen sowie zahlreiche praktische Reisetips zu Themen wie Unterkunft, Kultur, Gastronomie, Sport und Freizeitgestaltung.

▸ Zentrale Touristeninformation für die Woiwodschaft Warmińsko-Mazurskie

ul. Staromiejska 1
10-017 Olsztyn
Tel./Fax 535 35 65/66
www.warmia.mazury.pl.

▸ Polnisches Fremdenverkehrsamt Berlin
Kurfürstendamm 71
10709 Berlin
Tel. 030/210 09-20, Fax -14
www.polen-info.de.

▸ Polnisches Fremdenverkehrsamt Wien
Lerchenfelder Strasse 2
A-1080 Wien
Tel. 01/5247191 12
Fax 5247191 20,
www.poleninfo.at.

Jugendherbergen
Siehe ›Unterkunft‹.

Karten
Zweisprachige Landkarten von Masuren im Maßstab 1:200000 gibt der Höfer Verlag heraus:

▸ Höfer Verlag
Postfach 1203
63112 Dietzenbach
Tel. 06074/275 50
Fax 449 64
www.hoeferverlag.de.

Medizinische Versorgung
Die medizinische Versorgung in Kliniken, privaten Ambulanzen und Arztpraxen ist gut, ebenso wie die Dichte des Apothekennetzes. Apotheken haben die meisten in- und ausländischen Medikamente vorrätig, lediglich Spezialarzneien müssen eventuell erst bestellt werden. Wer also auf ein spezielles Medikament angewiesen ist und nicht ein bis zwei Tage warten will, sollte dies auf die Reise mitnehmen.
Als Mitglied einer privaten oder gesetzlichen Krankenkasse oder Ersatzkasse ist man während des Urlaubs in Polen krankenversichert. Private Krankenkassen ersetzen nach Vorlage der entsprechenden Quittungen die Arztkosten. Gesetzlich Versicherte benötigen die neue Europäische Krankenversicherungskarte (EHIC), mit der sie Anspruch auf ambulante Behandlungen bei Unfall oder Erkrankung haben. Dabei zu beachten ist, daß die ärztlichen Leistungen in Polen je nach Behandlungsart teilweise oder ganz in Rechnung gestellt werden können. Also sollten auch hier Quittungen gesammelt werden. Gegen Vorlage der Belege erhält man die Kosten in Höhe des in Deutschland oder Österreich üblichen Satzes von seiner Kasse erstattet. Wer dagegen eigens für eine Behandlung nach Polen fährt, sollte die Bedingungen für die Kostenübernahme mit seiner Kasse rechzeitig klären. Für Schweizer Bürger empfiehlt sich der Abschluß einer privaten Reisekrankenversicherung vor Reiseantritt. Sie kostet nicht viel und bietet rundum Schutz und Sicherheit. Die Erste Hilfe ist aber in jedem Fall kostenlos.

Notruf

Landesweit einheitlich sind die Notrufnummern:
Polizei: 997
Feuerwehr: 998
Rettungsdienst: 999
Pannendienst: 981.
Seit kurzem gilt auch in Polen landesweit die europäische Notrufnummer 112.

Öffnungszeiten

Die Öffnungszeiten der Läden, Behörden und Museen in Polen sind unterschiedlich und ändern sich häufig. Generell kann gesagt werden: Je größer die Ortschaft und je gewinnorientierter das Unternehmen, desto günstiger die Geschäftszeiten. So gibt es in jedem größeren Ort einen Lebensmittelladen, der rund um die Uhr offen hat. In der Regel öffnen die Geschäfte zwischen 6 und 8 Uhr morgens und schließen zwischen 20 und 22 Uhr, sonntags bereits gegen 13 Uhr. Da es kein Ladenschlußgesetz gibt, hängt die Öffnungszeit vom Geschäftsinhaber ab.
Banken öffnen überwiegend montags bis freitags von 7.30 bis 17 Uhr (manche auch nur bis 13 Uhr), samstags von 7.30 bis 14 Uhr (manche samstags auch gar nicht). Wechselstuben haben teilweise bis spät in die Nacht offen. Die Postämter stehen den Kunden montags bis samstags von 8 bis 20 Uhr zur Verfügung.
Die staatlichen Museen sind montags geschlossen. Kleinere Heimatmuseen, wie man sie vorwiegend in ländlichen Gebieten findet, schließen außerhalb der Saison oft schon bei Einbruch der Dunkelheit und sind den Winter über geschlossen.
Noch heute schließen selbst in gutbesuchten touristischen Orten die meisten Restaurants lange vor Mitternacht. Nicht selten ist um 22 Uhr Feierabend, die Küche schließt bereits um 21 Uhr. Sogar die Restaurants internationaler Hotels setzen ihre Gäste vergleichsweise zeitig, in der Regel um 23 Uhr, vor die Tür.

Polizei

Die Polizei untersteht den einzelnen Bezirken. Landeseinheitlich ist sie unter der Telefonnummer 997 zu erreichen. Bei Diebstählen sollte man die örtliche Polizeiwache aufsuchen und sich ein Aufnahm protokoll der Anzeige ausstellen lassen.

Post

Die Briefkästen in Polen sind rot. Briefmarken erhält man in Postämtern, die von 8 bis 20 Uhr geöffnet haben, aber auch in vielen ›it‹-Stellen (Touristeninformation), Kiosken und Hotels, die Postkarten vertreiben. Das Porto für Brief und Postkarte ins Ausland beträgt 2,20 Złoty.

Privatquartiere

Siehe ›Unterkunft‹.

Radfahren

Wegen der relativ geringen Steigungen ist Masuren ideal für Radtouren geeignet. Kein Wunder also, daß zahlreiche Reiseveranstalter geführte Gruppenreisen mit dem Fahrrad anbieten. Besonders die verkehrsarmen Nebenstrecken, die über einen soliden Asphaltbelag verfügen, bieten sich für Radfahrer an. Hauptverkehrsstraßen sollte man auf jeden Fall meiden. Fahrradwege sind leider unbekannt, und keineswegs gelten Radler als ernstzunehmende Verkehrsteilnehmer.

ist oft genug vom guten Willen des Personals und dem finanziellen Entgegenkommen des Radfahrers abhängig. Die Mitnahme in Personenzügen ist gegen Gebühr möglich (ca. 50 Prozent des Fahrpreises für eine Person), und zwar in den Abteilen für Reisende mit persönlichem Großgepäck. In Schnellzügen gibt man die Fahrräder in einem gesonderten Gepäckwaggon auf (siehe auch ›Bahnfahren in Polen‹).

Radlergruppe in Sztynort

Problematisch ist die Versorgung mit Ersatzteilen für Hightech-Räder, weshalb man die gängigen Verschleißteile am besten mit auf die Tour nimmt.
Der Fahrradtransport auf den Ausflugsschiffen der Masurischen Seen wird unterschiedlich gehandhabt und

In den Ferienorten Ermlands und Masurens leihen viele Hotels und Pensionen Drahtesel für Ein- bis Mehrtagestouren preiswert aus. In den Touristeninformationen liegen meist Prospekte und Handzettel der Anbieter aus.

Radio und Fernsehen

Neben den staatlichen polnischen Sendern dudeln zahlreiche private Radiostationen im UKW-Netz, so daß man keine Minute lang eine Musikberieselung missen muß.
Die Deutsche Welle ist durchgängig auf Kurzwelle zu empfangen.
Beim TV-Empfang haben sich in Polen mittlerweile Parabolantennen für Satellitenprogramme anstelle von Kabelübertragungen durchgesetzt. Fast alle Hotels und inzwischen auch viele Privatpensionen sind damit ausgestattet. Es sind in der Regel die staatlichen und einige private polnische Sender sowie die beliebtesten deutschsprachigen Programme eingestellt.

Reiseveranstalter

▶ Baldes Studien- und Wanderreisen
Königstr. 68
53115 Bonn
Tel. 0228/92 12 88-0, Fax -88
www.baldes.de.

▶ Begegnung mit Böhmen
Dechbettener Straße 47b
93049 Regensburg
Tel. 0941/26 08-0, Fax -1
www.boehmen-reisen.de

▶ DNV-Tours
Heubergstr. 21
70806 Kornwestheim
Tel. 07154/13 18 30, Fax 18 29 24
www.dnv-tours.de.

▶ Gebeco GmbH Co& KG
Holzkoppelweg 19
24118 Kiel
Tel. 0431/54 46-0, Fax -111
www.gebeco.de.

▶ Go East Reisen
Bahrenfelder Chaussee 53
22761 Hamburg
Tel. 040/896 90 90, Fax 89 49 40
www.go-east.de.

▶ in naTOURa Reisen
Zum Gallbühl 32
37079 Göttingen
Tel. 0551/504 65 71, Fax 504 69 24
www.innatoura.de

▶ Lernidee Erlebnisreisen
Eisenacher Str. 11
10777 Berlin
Tel. 030/786 00 00, Fax 786 55 96
www.lernidee.de

▶ Litauen-Reisen GmbH
Kaiserstr. 22
97070 Würzburg
Tel. 0931/842 34, Fax 864 47
www.litauenreisen.de.

▶ Olympia-Reisen GmbH
Siegburger Straße 49
53229 Bonn
Tel. 0228/40 00 30, Fax 46 69 32
www.olympia-reisen.com.

▶ Perelingua Sprachreisen
Varziner Str. 5
12159 Berlin
Tel. 030/851 80 01, Fax 851 69 83
www.perelingua.de.

▶ Ventus Reisen
Krefelder Str. 8
10555 Berlin
Tel. 030/3910 03 32, Fax 399 55 87
www.ventus.com.

▶ Wikinger Reisen
Kölner Str. 20
58135 Hagen
Tel. 02331/90 47 42
www.wikinger.de

Reiten

Über 1000 private und staatliche Gestüte und Reitzentren werden in Polen gezählt. Nicht wenige davon befinden sich in Ermland-Masuren, das mit der Trakehnerzucht im ehemaligen Ostpreußen auf eine lange Pferdezuchttradition zurückblicken kann. Am bekanntesten sind das Trakehner-Gestüt von Liski, rund sechs Kilometer nordöstlich von Bartoszyce (Bartenstein), und Kadyny am Frischen Haff, wo man sich der Aufzucht der großpolnischen Rasse widmet, einer Mischung aus Trakehner, Hannoveraner und arabischem Vollblut.

In Masuren hat der Reitsport eine lange Tradition

Doch ob großes Gestüt oder kleiner Stall, bieten sie alle vom Reitunterricht über Tagesausritte oder mehrtägige Reitwanderungen bis hin zum Urlaub auf dem Pferderücken eine große Palette an Sportmöglichkeiten an. Und für den, der nicht reiten kann, stehen Kutsch- sowie im Winter Pferdeschlittenfahrten auf dem Programm. Zahlreiche Reitställe wetteifern um die Gunst der Pferdefreunde. Wo, wann und zu welchen Konditionen man aufsatteln kann, erfährt man am besten in den örtlichen Touristeninformationen oder direkt beim Polnischen Reiterverband.

▶ Polnischer Reiterverband
(Polski Związek Jeździecki
ul. Lektykarska 29
01-687 Warszawa
Tel. 022/6393240, Fax 833 61 58
www.pzj.pl.

Sicherheit

Jahrelang stand Polen im Ruf, kein sicheres Reiseland zu sein. Tatsächlich kam es nach dem Fall des Eisernen Vorhangs im Zuge der politischen Umwälzungen kurzfristig zu einem

Anstieg der Kriminalitätsrate. Doch sind diese Zeiten nun bald zwei Jahrzehnte vorbei, und umso bedauerlicher ist, daß sich das Gerücht vom ›polnischen Autodieb‹ immer noch hartnäckig hält. Beliebte Reiseländer wie Italien, Spanien, Frankreich und sogar die Schweiz rangieren weit vor Polen in der Diebstahlstatistik. Kurz, Polen ist ein sicheres Urlaubsland, und für die Feriengäste gelten die Vorsichtsmaßnahmen wie überall auf der Welt.

An dunkler Stelle in menschenleeren Hafengegenden läuft man in Gdańsk ebenso wie in Hamburg Gefahr, um seine Geldbörse erleichtert zu werden. An vielbesuchten Orten wie der berühmten Marienburg sollte man Taschendieben erst gar keine Gelegenheit zum Zugreifen geben. Wertvoller Schmuck gehört ohnehin besser nicht mit auf die Reise oder sollte zumindest im Hotelsafe eingeschlossen werden; ebenso sollten keine Wertsachen im Wagen zurückgelassen werden.

Das Auto selbst sichert man zusätzlich mit einer Wegfahrsperre und stellt es entweder auf dem Hotelparkplatz oder gegen einen kleinen Obolus auf einem der zahlreichen bewachten Parkplätze ab, die es sogar noch im kleinsten Dörfchen gibt. Dann wird man niemals zu denen gehören, die jemand kennen, von denen welche gehört haben, ihnen sei in Polen der Wagen geklaut worden.

Taxi

Taxifahren ist in Polen verhältnismäßig günstig, doch variieren die Tarife stark von Stadt zu Stadt, aber auch von Unternehmen zu Unternehmen. Gut, sicher und seriös fährt man mit den Funktaxis (Radio-Taxi), die man auch telefonisch bestellt, die örtlichen Telefonnummern liegen in der Regel in den Touristeninformationen aus. Ansonsten empfiehlt sich, schon vorher nach dem etwaigen Endpreis zu fragen und darauf zu bestehen, daß das Taxameter eingeschaltet wird.

Telefon

Die öffentlichen Fernsprechapparate sind mit Kartentelefonen ausgerüstet. Telefonkarten mit Guthaben zu 25, 50 oder 100 Einheiten erhält man bei Postämtern, Kiosken sowie vielen Hotels und Tankstellen. Von jeder Telefonzelle aus kann man ins Ausland telefonieren (Vorwahl nach Deutschland 0049, in die Schweiz 0041, nach Österreich 0043). Für eine Verbindung nach Polen wählt man die Länderkennung 0048 plus die Vorwahl der gewünschten Stadt oder Region (ohne die Null). Die Vorwahlen sind in diesem Buch bei den einzelnen Ortskapiteln zu finden. Zum Telefonieren innerhalb des polnischen Festnetzes wird seit 1. Januar 2006 auch im Nahbereich die jeweilige Ortsvorwahl mitgewählt. Ruft man beispielsweise von Olsztyn nach Olsztyn an, tippt man vor der Nummer des gewünschtenört-

lichen Telefonpartners zuerst die Vorwahl für Olsztyn 089 ein.
Mobiltelefone funktionieren bis auf wenige Funklöcher flächendeckend, automatisch wird das Handy auf einen polnischen Anbieter umgestellt. Allerdings fallen im Roaming-Verfahren hohe Gebühren an, und zwar gleich doppelt: Der Anrufer zahlt die üblichen Kosten ins heimische Netz und zusätzlich der Empfänger die teure Rufweiterleitung nach Polen. Insofern empfiehlt es sich, vor Reiseantritt bei seiner Telefongesellschaft nachzufragen, welcher Roamingpartner am günstigsten ist und dessen Netz dann von Hand einzustellen.
Seit kurzem gilt auch in Polen landesweit die europäische Notrufnummer 112.

Toiletten
Öffentliche Toiletten sind manchmal nicht mit der Aufschrift ›Damski‹ oder ›dla Pań‹ (für Damen) und ›Męski‹ oder ›dla Panów‹ (für Herren) gekennzeichnet, sondern mit einem Kreis (für die Damen) und einem Dreieck (für die Herren).

Gewöhnungsbedürftig ist die Ausschilderung der Toiletten

Trinkgeld
In Restaurants, Gaststätten und Cafés sind zehn Prozent der Verzehrsumme als Trinkgeld üblich.

Unterkunft
Den Besuchern Warmia-Mazurys steht ein ebenso reichliches wie vielfältiges Bettenangebot zur Verfügung. Wegen der großen Nachfrage in der Hochsaison im Juli und August empfiehlt sich – gerade bei preisgünstigeren Quartieren – für diese Zeit

rechtzeitig zu buchen. Die im Reiseführer angegebenen Preise beziehen sich immer auf Doppelzimmer mit Frühstück in der Hochsaison.
Hotels und Pensionen sind in Kategorien von einem bis fünf Sternen unterteilt, wobei ›eins‹ in der Regel sehr schlicht und ›fünf‹ die Luxuskategorie mit meist entsprechender Preishöhe meint. Obwohl die Kriterien zur Vergabe der Sterne vom Gesetzgeber geregelt werden, sollte man der Sterne-Klassifizierung nicht völlig kritiklos vertrauen. Es kann passieren, daß man in einem Drei-Sterne-Hotel komfortabler logiert als in einem Vier-Sterne-Hotel, wenn der Betreiber aus steuerlichen Gründen sein Haus abwertet. Das Gegenteil ist für den Gast weniger erfreulich: Badezimmer oder Balkon sind zwar vorhanden, jedoch sagt der dafür vergebene Stern nichts über deren Zustand aus.
An der Spitze stehen wie überall die Luxushotels zumeist internationaler Hotelketten zu teilweise happigen Preisen. Es folgen die Häuser des ehemaligen staatlichen Monopolunternehmens ›Polorbis‹, heute das größte private Hotelunternehmen Polens, ›Orbis‹, das mittlerweile teils von einem Konsortium mit Ketten wie ›Ibis‹ und ›Mercure‹ übernommen wurde. Die oft vielgeschossigen alten Valuta-Herbergen (DZ um 50 Euro) sind überwiegend modernisiert, manche aber gegenwärtig noch von nostalgischem Charme aus sozialistischen Zeiten umweht, mit Resopaltisch und künstlichem Gummibaum.
Die touristische Entwicklung in Masuren hat dazu geführt, daß im vergangenen Jahrzehnt zahlreiche kleinere, privat betriebene Hotels und Pensionen eröffnet wurden, die ebenfalls keine Behaglichkeit missen lassen (Doppelzimmer zwischen 20 und 40 Euro).
Auch Privatzimmer sind preisgünstig (um 10 Euro) und werden überall angeboten. Für Urlauber, denen an einem engeren Kontakt mit den Menschen des Gastorts gelegen ist, stellen sie die ideale Übernachtungsmöglichkeit dar. Die Adressen der Privatvermieter erfährt man bei den Touristeninformationen, darüber hinaus weist oft ein Schild mit der Aufschrift ›Wolne pokoje‹ (Zimmer frei) direkt am Haus oder Gartenzaun auf ein freies Plätzchen hin.
Eine günstige und naturnahe Möglichkeit, seinen Urlaub zu verbringen, bietet der Landurlaub (›Agroturystyk‹). Kleine Bauernhöfe, aber auch Nichtagronomen mit eigenem Häuschen und Garten bieten einfache Unterkünfte mit meist herzhafter Verpflegung an, für die ca. 10 Euro pro Person und Tag zu zahlen sind.
Die Ausstattung reicht von einem Stern (sieben Quadratmeter, ohne Bad) bis zu drei Sternen (mindestens zehn Quadratmeter, mit Bad). Die Kategorisierung wird von der ›Polnischen Föderation für Tourismus auf dem Lande‹ vorgenommen, leicht zu erkennen an ihrem Zeichen, einem Storch auf einem Dach), in der sich viele Anbieter zusammenge-

schlossen haben. Die Regionalabteilung für Ermland-Masuren hat ihren Sitz in Gietrzwałd.
Im Betonplattenstil präsentieren sich die Wander- und Ferienheime, die ursprünglich großen Betrieben oder Massenorganisationen gehörten, ihre Türen aber längst auch für normalsterbliche Urlauber geöffnet haben. Die meisten dieser recht schlichten Unterkünfte sind - unschlagbar im Preis - im Juli und August restlos ausgebucht.
Ebenfalls einfache Unterkünfte sind die Wanderheime der PTTK (Polnische Gesellschaft für Touristik und Landeskunde). Nichtsdestotrotz gibt es bei Wasserwanderern, Wanderern und Alpinisten kaum beliebtere Herbergen als die Heime der PTTK, die sich für Umweltschutz und Naturtourismus einsetzt und Paddel-, Wander- und Reittouren in ganz Polen organisiert. Mit einfachen Berghütten, Bootshäusern und Wanderheimen bietet sie eine sehr preiswerte Übernachtungsmöglichkeit. Auch hier gilt: In der Saison unbedingt vormerken!
Eine Alternative für junge Reisende mit schmaler Börse stellen die von der Polnischen Gesellschaft für das Jugendherbergswesen (PTSM) betriebenen Jugendherbergen dar. In den Sommermonaten werden neben den ganzjährig geöffneten Häusern zahlreiche Saisonjugendherbergen angeboten. Meist sind sie in Schulen untergebracht und bieten keine Verpflegungsmöglichkeit und wenig Komfort. Obwohl die Herbergen im Prinzip allen Altersgruppen offen stehen, werden Menschen bis 26 Jahre bevorzugt aufgenommen. Der Aufenthalt in derselben Herberge ist auf drei Nächte begrenzt, es sei denn, es gibt ausreichend freie Plätze oder eine längere Verweildauer wurde rechtzeitig mit dem Herbergsleiter vereinbart. Gruppen ab fünf Personen sollten sich mindestens vier Wochen vorher anmelden. Mit einem internationalen Jugendherbergsausweis erhält der Gast 25 Prozent Ermäßigung. Aktuelle Listen gibt das Deutsche Jugendherbergswerk heraus, außerdem informiert die Polnische Gesellschaft für das Jugendherbergswesen (siehe auch ›Camping‹).

▶ Verzeichnisse polnischer Hotels und Pensionen im Internet (polnische, englische und deutsche Seiten):
www.hotelsinpoland.com
www.welcome2masuria.com
www.gopoland.com
www.polhotels.com.

▶ Polnische Föderation für Tourismus auf dem Lande
Polska Federacja Turystyki Wiejskiej ›Gospodarstwa Goscinne‹
ul. Wspolna 30, p. 544
00-930 Warszawa
Tel./Fax 052/398 14 34
www.agroturystyka.pl.

▶ Regionalabteilung für Ermland-Masuren
Warminsko-Mazurskie Stowarzyszenie Agroturystyczne

14-107 Gietrzwałd 45
Tel. 089/6472082.

▸ PTTK-Zentrale
ul. Senatorska 11
00-075 Warszawa
Tel. 022/8262-251, Fax -505
www.pttk.pl.

▸ Deutsches Jugendherbergswerk
DJH Service GmbH
Bismarckstraße 8
32756 Detmold
Tel. 05231/7401-0, Fax -49
www.djh.de.

▸ Polnische Gesellschaft für das Jugendherbergswesen
Polskie Towarzystwo Schronisk Młodzieżowych (PTSM)
ul. Chocimska 28
00-791 Warszawa
Tel. 022/8498-128, Fax -354
hostellingpol.@com.pl
www.ptsm.pl.

Wassersport

Die Landschaften Warmia-Mazurys sind ein Dorado für Wassersportler. Auf den miteinander vernetzten Flüssen, Kanälen und zahllosen Seen finden Ruderer, Paddler, Kanuten, Segler, Windsurfer und Luftmatratzenkapitäne fantastische Möglichkeiten. Wassersportgeräte wie Kanus, Kajaks und Ruderboote kann man an zahlreichen Seen bei den Campingplätzen ausleihen sowie an den PTTK-Wasserstationen, zum Beispiel an der westlichen Masurischen Seenplatte in Iława und in Stare Jabłonki (bei Ostróda), an der Krutynia in Sorkwity, Babięta, Krutyń und Spychowo; an den Großen Masurischen Seen in Węgorzewo, Wilkasy (bei Giżycko) und Ruciane-Nida; in der Suwalszczyzna in Augustów und Stary Folwark im Wigry-Nationalpark (die Adressen finden sich bei den Ortsbeschreibungen).
Allgemeine Informationen zu Paddel- und Segelboottouren erhält man bei der PTTK in Olsztyn, für die Region rund um Suwałki bei der PTTK in Suwałki.
Segelboote, meist Jollenkreuzer, werden gegen Vorlage eines internationalen Segelscheins und Hinterlegung einer Kaution in allen großen Wassersportzentren vermietet, allerdings sollten sie für die Sommersaison rechtzeitig vorbestellt werden.
Möchte man mit dem eigenen Boot nach Masuren aufbrechen, sollte es unbedingt über eine Mastlegevorrichtung verfügen. Bis sechs PS sind Flautenschieber erlaubt, nachts herrscht auf den Seen ein Fahrverbot. Die polnischen Segler sind im Polnischen Segelsportverband organisiert.

▸ PTTK Olsztyn
ul. Staromiejska 1
10-950 Olsztyn
Tel. 089/5235320, Fax 5273442
www.pttk.olsztyn.pl.

▸ PTTK Suwałki
ul. Kościuszki 37
Tel. 087/5667947
www.suwalki.pttk.pl.

Windsurfern bieten die masurischen Seen gute Bedingungen

▶ Polnischer Segelsportverband
Polski Związek Żeglarski (PZZ)
ul. Chocimska 14
00-791 Warszawa
Tel. 022/848048-3, Fax -2,
www.pya.org.pl/pzz.

Wichtige Seglerzentren mit Jachtcharter:

▶ ›Pod Omega‹
ul. Sienkiewicza 24
14-200 Iława
Tel. 089/6484093, Fax 6486362
podomega@cybersails.info.pl
www.odomega.com.

▶ Zentrum des Akademischen Sportvereins
›Akademicki Związek Sportowy‹
Centralny Ośrodek Sportu Akademikkiego w Wilkasach,
Wilkasy (bei Giżycko)
ul. Niegocińska 5
11-500 Giżycko
Tel. 087/42800-72, Fax -51
www.azs-wilkasy.com.pl

▶ Internationales Zentrum für Segel- und Wassertouristik ›Almatur‹
Międzynarodowe Centrum Żeglarstwa i Turystyki Wodnej ›Almatur‹)
ul. Moniuszki 24
11-500 Giżycko
Tel./Fax 087/4285898
www.sail-almatur.pl.

Wintersport

Nicht nur im Sommer bieten die Wälder Masurens Gelegenheit zu naturnahen Erkundungen. Längst kein Geheimtip mehr sind die Loipen in der Gegend von Olsztyn, zumal hier bereits kontinental beeinflußtes Klima für Schneesicherheit in den klirrend kalten Wintermonaten sorgt. Auch die Segler freuen sich an der kalten Jahreszeit: Die Masurische Seenplatte hat sich zu einem Zentrum für Eissegler entwickelt.

Zeitungen
Deutsche Zeitungen und Wochenzeitschriften treffen in den Ferienregionen meist mit zwei Tagen Verzögerung ein und sind in den großen Hotels und manchen Läden erhältlich. Der ›Gazeta Wyborcza‹, Ausgabe Olsztyn, ist im Sommer ein deutsches Blättchen beigelegt, das viele Tips für Touristen bereithält. Auf Englisch erscheint wöchentlich die ›Warsaw Voice‹ mit Nachrichten aus Gesellschaft, Kultur und Politik.

Zollbestimmungen
Seit dem EU-Beitritt Polens am 1. Mai 2004 sind die Zollkontrollen an den Grenzen entfallen, für die Ein- und Ausfuhr von Waren gelten seitdem die Bestimmungen der Europäischen Union. Ihnen zufolge dürfen EU-Bürger Dinge und Waren uneingeschränkt ein- und ausführen, mit folgender Ausnahme: Der zollfreie kleine Tabak-Grenzverkehr bleibt wie bisher auf 200 Zigaretten pro Person über 18 Jahre begrenzt. Bürger von außerhalb der Europäischen Union dürfen Lebensmittel bis zu bestimmten Höchstmengen nach Polen mitnehmen. Als Faustregel gilt: Es sind Mengen, die nicht darauf schließen lassen, daß sie zu Handelszwecken bestimmt sind; beispielsweise ein Kilo Schokolade, zwei Kilo Fleisch oder fünf Liter Bier. Ebenso darf man Dinge des persönlichen Bedarfs mit auf die Reise nehmen: eine Schreibmaschine oder ein Notebook, Schmuck mit einem Gesamtgewicht von maximal 50 Gramm, eine Foto- und eine Filmkamera, ein Surfbrett, ein Rad, ein Boot (maximal fünf Meter lang), ein Zelt, eine Angelausrüstung, ein Paar Ski.
Für Geschenke zwischen 70 Euro und 210 Euro muß eine Zollpauschale von 3,5 Prozent des Warenwerts entrichtet werden, ferner unterliegen Präsente ab 70 Euro der Mehrwertsteuer (22 Prozent). Mit in die Heimat nehmen dürfen Reisende aus Nicht-EU-Mitgliedsstaaten 200 Zigaretten, einen Liter hochprozentigen Schnaps oder zwei Liter Wein pro Person über 18 Jahre.
Grundsätzlich für alle verboten ist die ungenehmigte Ausfuhr von Kunstwerken, Antiquitäten, Büchern und anderen Gegenständen, die vor dem 9. Mai 1945 hergestellt wurden. Genehmigungsgesuche sind an den jeweiligen Denkmalkonservator der Woiwodschaft zu richten bzw. den Denkmalkonservator der Nationalbibliothek in Warschau.

Reisetips für Kaliningrad

Anreise mit der Bahn

Seit Dezember 2003 fährt endlich wieder ein durchgängiger russischer Kurswagen von Berlin nach Kaliningrad. Der Zug fährt täglich um 21.48 Uhr ab Berlin-Lichtenberg über Poznan, Tzcew, Braniewo, Mamonowo und erreicht Kaliningrad-Südbahnhof (Južnyj vokzal) nach über 15 Stunden um 15.19 Uhr. Zurück geht es 18.48 Uhr ab Kaliningrad, Ankunft in Berlin-Lichtenberg ist am nächsten Morgen um 7.31 Uhr.
Falls man keine durchgängigen Tickets bis Kaliningrad erhält, empfiehlt es sich, in Danzig umzusteigen, da die Züge auf dieser Destination nicht so voll sind. Die einfache Fahrt Berlin–Kalingrad kostet in der 2. Klasse (T3) ca. 52 Euro plus 19 Euro Schlafwagengebühr. Bei der Reiseplanung sollte man sich auf jeden Fall aktuelle Informationen besorgen, da die Fahrpläne sich gelegentlich ändern.

▶ Deutsche Bahn
Tel. 018 05/14 15 14
www.nachtzugreise.de, www.bahn.de.

Anreise mit dem Bus

In jedes Dorf der russischen Exklave Kaliningrad fährt mindestens täglich einmal ein Bus. Die Fahrt ist preiswert, die Strecke Kaliningrad–Gvardejsk (Tapiau) - ca. 35 Kilometer - kostet zum Beispiel nur 1,50 Euro, die Busse sind aber sehr oft überfüllt. Mehrmals täglich gibt es Busverbindungen vom Kalinigrader Busbahnhof nach Polen, zum Beispiel nach Olsztyn in Masuren

Ankunft in Kaliningrad

Das Hotel ›Kaliningrad‹ im Zentrum der Stadt

für 10 Euro, aber auch nach Danzig und Warschau. Auch vom polnischen Elbląg aus gibt es eine gute Busverbindung, täglich um 8 und 16 Uhr via Braniewo, die Fahrzeit beträgt vier Stunden, der Fahrpreis 8 Euro. Weitere internationale Verbindungen bestehen nach Klaipėda (Memel) über Nida und die Kurische Nehrung, nach Weißrußland und mehrmals wöchentlich auch von und nach Deutschland. Auskünfte erhält man am Busbahnhof Kaliningrad oder beim Busunternehmen ›König Auto‹.
Buchungen in Deutschland sind möglich über ›Touring Hannover‹: Hannover–Kaliningrad einfache Fahrt 52 Euro, Hin- und Rückfahrt 92 Euro; Essen–Kaliningrad einfache Fahrt 70 Euro, Hin- und Rückfahrt 125 Euro. Der ›Reisedienst von Rahden‹ bietet eine Buslinienverbindung von Bremen, Hamburg, Hannover, Braunschweig und Berlin nach Kaliningrad an. Zweimal pro Woche wird München eingebunden. Von Dresden ist eine Verbindung mit Umsteigen in Berlin möglich. Die Ankunft in Kaliningrad ist immer um 11 Uhr, zurück ab 14 Uhr. Die Reisezeit von Kaliningrad nach Berlin beträgt ca. zwölf Stunden, nach Hannover 16 Stunden. Hin- und Rückfahrt ab Berlin kosten 84 Euro, eine einfache Fahrt 49 Euro. Tickets bitte vorher telefonisch reservieren. Partner in Kaliningrad ist ›Sputnik-Reisen‹.

▸ ›Reisedienst von Rahden‹
Heidkamp 49
28790 Schwanewede
Tel. 042 09/91 62-0, -21.

▸ Busbahnhof Kaliningrad
Tel. 44 36 35

▸ ›König Auto‹
Tel./Fax 46 07 22.

▸ ›Touring Hannover‹
im Hauptbahnhof
Tel. 0511/329419.

▸ ›Sputnik-Reisen‹
pr. Mira 5-12
Kaliningrad
Tel. 21 07 27, 44 62 61.

Anreise mit Fähre und Schiff
Eine Möglichkeit der Anreise von Kiel besteht über das litauische Klaipėda (Memel) und dann per Bus über die Kurische Nehrung ins Kaliningrader Gebiet. Für die Strecke Kiel–Klaipėda benötigt man zwischen 27 bis 31 Stunden. Die ›Lisco‹-Fähren fahren dreimal wöchentlich und kosten zwischen 70 Euro im Pullmannsitz und 160–200 Euro in der Doppelkabine mit Frühstück.
Preiswerte und schnelle Fähren gibt es auch von Polen. Es bestehen Fährverbindungen von Gdańsk, Gdynia, Elbląg und Frombork nach Baltijsk und Kaliningrad am Fährterminal ›Flußhafen‹/Pravaja Naberežnaja (Правая Набережная) westlich der Alten Börse.
Im Sommer 2006 fahren Tragflügelschiffe täglich mehrmals von Elbląg über Frombork nach Kalingrad. Die einfache Fahrt kostet für Erwachsene 35 Euro, für Kinder zwischen 4 und 15 Jahren 25 Euro, Hin- und Rückfahrt 45 Euro, für Kinder 35 Euro. Abfahrt ab Elbląg um 7.30, 10, 14 und 16 Uhr, Ankunft in Kaliningrad um 9.40, 12.10, 16.10 und 18.10 Uhr. Rückfahrten ab Kaliningrad 10.20 Uhr, 12.50, 16.50, 18.50 – Ankunft in Elbląg: 12.30 Uhr, 15, 18, 21 Uhr. Von Frombork fahren die Katamarane in der Zeit von Mai bis September noch schneller: Abfahrt 7.30 Uhr, 9.30, 10.30, 13.20, 15.50, 17.10. Rückfahrt ab Kaliningrad um 9.15, 11.15, 12.15, 15.05, 17.35 und 18.55 Uhr. Bitte Zeit für die russische Grenzabfertigung einrechnen. Eine kleine Bar befindet sich an Bord der Schiffe. Die Fahrt durch das Frische Haff, vorbei an Baltijsk und durch den Kaliningrader Seekanal ist sehr reizvoll.
Auskunft und Buchung bei der Żegluga Gdańska (Weiße Flotte Gdańsk), der Żegluga Gdynia und der Żegluga Elbląg sowie im Fährterminal im Hafen Kaliningrad. Buchen und sich informieren kann man in polnischen Reisebüros vor Ort oder im Reisebüro ›Darpol‹ in Berlin.

▸ Fährverbindung Kiel–Klaipėda
Hafen Klaipėda
Tel. 00370/46/395050.
www.krantas-shipping.lt
www.krantas.lt.

▸ Żegluga Gdańska
ul. Ponczosznikow 2
Gdańsk
Tel./Fax 058/30 17 42-6, Fax -0
www.zegluga.gda.pl.

▸ Żegluga Gdynia
Tel./Fax 058/620 21 54

▸ Żegluga Elbląg
ul. Bulwar Z. Augusta 1
Tel. 055/232 73 19, Fax 232 60 87.

▸ Fährterminal im Hafen Kaliningrad (Paromny Terminal v Rečnom Portu/Паромны Терминал в Речном Порту)
Tel. 112 22 74, 22 74 09.

▸ Agentur ›Anjuta‹
ul. Leonova 8 (ул. Леонова)
Tel./Fax 21 07 42, 55 61 17
postmaster@anjuta.koenig.su.

▸ Reisebüro ›Darpol‹
Kaiser-Friedrich-Str. 19
10585 Berlin
Tel. 030/342 00 74, Fax 342 24 72
www.darpol.com.

Anreise mit dem Flugzeug

Der Kaliningrader Flughafen befindet sich 25 Kilometer außerhalb der Stadt, in Chrabrovo (Храброво, Powunden). Da es sich um einen ehemaligen Militärflughafen handelt, sollte man nicht mit westeuropäischem Standard rechnen. Man beachte unbedingt, daß es zwei Terminals gibt. Das internationale Terminal befindet sich ca. 2–3 Kilometer vom innerrussischen Terminal entfernt. Einige Geschäfte und Bistros finden sich im nationalen Flughafen. Es gibt einen Flughafenbus, der von 6.30 bis 21 Uhr vom Kaliningrader Busbahnhof zum Flughafen fährt – oder man nimmt sich ein Taxi.

Die russische Fluggesellschaft Aeroflot bietet eine tägliche Verbindung von Berlin-Schönefeld über Moskau nach Kaliningrad für etwa 550 Euro an. Für 100–150 Euro kann man im Kaliningrader Gebiet Tickets bei Aeroflot oder KaliningradAvia für einen einfachen Flug nach Moskau kaufen. Die Maschinen sind aber oft ausgebucht, so daß als Alternative die vorherige Buchung in Deutschland für 150 Euro möglich ist.

KaliningradAvia fliegt zweimal wöchentlich – Dienstag und Freitag - für ca. 250 Euro von Berlin-Tegel nach Kaliningrad und zurück. Buchungen über KaliningradAvia oder ein GUS-Reisebüro in Deutschland.

Neu ist das nicht ganz preiswerte Angebot der Berliner Air Tempelhof. Jeden Montag geht es für 449 Euro einfach oder 670 Euro mit Rückflug um 9.30 in einer kleinen Maschine von Berlin nach Kaliningrad, Ankunft ist um 12, Rückflug am Nachmittag (Ortszeit).

Als Alternative bieten sich Flüge mit der polnischen LOT ab Warschau nach Kaliningrad an. Ab Warschau geht der Flieger um 13.10 Uhr, Ankunft in Kaliningrad 15.25 Uhr. Der Rückflug beginnt 17.55, in Warschau ist man um 18.10 Uhr Ortszeit. Hin- und Rückflug liegen bei 252 Euro. Weitere Flugziele ab Kaliningrad sind St. Petersburg, Jekatarinburg, Warschau, Kopenhagen. Eine Alternative ist ein Flug ins litauische Vilnius oder Palanga, dann geht es per Zug oder Bus ins Kaliningrader Gebiet weiter.

▸ Flughafenauskunft Kaliningrad
Tel. 45 94 26
Auskunft Internationales Terminal
Tel. 44 13 36
avia@kaliningrad.ru.

▸ Aeroflot Kaliningrad
pr. Mira 72
Tel. 55 53 53, 55 54 54.
Mo–Fr 9.30–17, Sa 9.30–15 Uhr.

▶ Aeroflot Berlin
Unter den Linden 51
10117 Berlin
Tel. 030/226981-0, -11, Fax -40.
▶ KaliningradAvia
Tel. 007/40 12/35 50 20, 44 67 17,
Fax 44 13 62.
www.kdavia.ru

▶ Air Tempelhof
Tel. 030/786 40 85
www.airtempelhof.de.

▶ LOT Service-Hotline
Tel. 0180/300 03 36
www.lot.com (auch engl.).

Bahnfahren
Innerhalb des Kaliningrader Gebiets stellt die Eisenbahn ein preiswertes und sicheres Beförderungsmittel dar. Die ›Električkas‹ sind einfache Vorortzüge mit Holzbänken, sie verkehren beispielsweise bis Baltijsk (Pillau), Zelenogradsk (Cranz) und Svetlogorsk (Rauschen), ein ›Dieselzug‹ fährt bis Tilsit. Zusätzlich fährt der ›Blaue Pfeil‹, ein Schnellzug gehobener Komfortklasse, nach Zelenogradsk und Svetlogorsk. Mit Fernzügen kann man Insterburg und Gumbinnen erreichen. Es bestehen Schlafwagenverbindungen mit litauischen Städten wie Kaunas und Vilnius, aber auch mit Minsk, St. Petersburg und Moskau. Ein Ticket in die 1200 Kilometer entfernte russische Hauptstadt im Vierbettabteil ›Kupenej‹ kostet ca. 60 Euro.

Električkas fahren auch an die Ostseeküste

Diplomatische Vertretungen
▶ Generalkonsulat der Bundesrepublik Deutschland
c/o Hotel ›Albertina‹
ul. Demjana Bednogo 13a
236000 Kaliningrad
Tel. 007/40 12/32 69-23, Fax -65
info@kali.diplo.de.
Für 2007/8 ist ein Umzug in ein eigenes Gebäude in der ul. Telmanna 14 geplant, wo dann auch deutsche Visa ausgegeben werden sollen. Schon Anfang 2007 soll es deutsche Visa provisorisch in einem Bürogebäude auf dem Leningradskij pr. 6 geben. Deutscher Konsul seit Ende 2005 ist Dr. Guido Herz.

▶ Botschaft der Russischen Föderation in Deutschland
Unter den Linden 63–65
10117 Berlin
Tel. 030/229 11 10.

Konsularabteilung und Visastelle
Behrenstr. 66
10117 Berlin
Tel. 030/229 12 07.

▸ Generalkonsulat Hamburg
Am Feenteich 20
22085 Hamburg
Tel. 229 52 01.

▸ Generalkonsulat München
Seidlstr. 28
80335 München
Tel. 089/5925-28, -03.

▸ Generalkonsulat Leipzig
Turmgutstraße 1
04155 Leipzig
Tel. 0341/585 18 76
www.russische-botschaft.de/leipzig.

▸ Botschaft der Russischen Föderation in Österreich
Reisnerstr. 45–47
1030 Wien
Tel. 0222/712 12 29, Fax 01/712 33 88
rusemb@chello.at.

▸ Botschaft der Russischen Föderation in der Schweiz
Brunnaderstr. 53
3006 Bern
Tel. 031/352 05 67.

Einreise, Visa und Zoll

Zur Einreise ins Gebiet Kaliningrad ist selbstverständlich ein russisches Visum erforderlich. Am besten besorgt man es sich über ein deutsches Reisebüro, das Erfahrung mit Rußland hat oder selbst (Einladung erforderlich) über die Botschaft und die Konsulate der Russischen Föderation. Eine Beantragung per Post ist nicht möglich. Man sollte etwa vier Wochen Wartezeit für das Visum einplanen. Die Gebühr für das touristische Visum beträgt zur Zeit 43 Euro. Für Eilvisa bezahlt man bedeutend mehr Geld. Außerdem bieten polnische Reisebüros Tagesausflüge nach Kaliningrad mit einem russischen Visum an. Die Zollkontrollen sind in den letzten Jahren gegenüber westlichen Touristen lockerer geworden. Bis 1500 US-Dollar reicht eine mündliche Zolldeklaration – zumindest im Kaliningrader Gebiet. Man muß sich nach der Einreise innerhalb von drei Tagen beim OVIR (Miliz) registrieren lassen; übernachtet man im Hotel, übernimmt dies das Hotel. Sonst kann eine Strafe bei der Ausreise fällig werden.
Grenzübergänge von Polen aus sind: Bartoszyce/Bagrationovsk, Gołdap und seit 1997 auch auf der alten Reichsstraße 1 zwischen Braniewo und Mamonovo (Heiligenbeil). An der Grenze Mamonovo muß mit längeren Wartezeiten gerechnet werden.

Internet

Schnell ins Internet? Auch dies ist in Rußland seit Jahren möglich. Immer mehr Post- und Telefonämter bieten diesen Service preiswert an ebenso wie Internetcafés (Kafeterija Interneta/Кафетерия Интернета). Einfach junge Leute fragen.

Radfahren
In dem relativ kleinen Gebiet Kaliningrad stellt das Fahrrad eine gute Möglichkeit der Fortbewegung dar, obschon westliche Radtouristen hier noch mehr als in Polen als Exoten betrachtet werden. Vorsicht ist vor den Sperrgebieten in Grenznähe geboten. Genehmigung einholen! Über die Grenze – beispielsweise nach Nida (Litauen) – kann man auch mit dem Fahrrad fahren.

Reiseveranstalter
▶ DNV-Tours
Heubergstr. 21
70806 Kornwestheim
Tel. 07154/13183-0, Fax -3.

▶ Ost-Reise-Service GmbH
Am Alten Friedhof 2
33647 Bielefeld
Tel./Fax 0521/4173333.

▶ Sputnik-Travel GmbH
Stresemannstr. 107
10963 Berlin
Tel. 030/20454581, Fax 20455998.

Telefonieren
Vorwahl von Deutschland nach Kaliningrad 007/4012.
Von Rußland nach Deutschland: 8/10/49.
Wichtige Telefonnummern:
▶ Schnelle medizinische Hilfe 03.
▶ Feuerwehr 01.
▶ Polizei 02.
▶ Telefonauskunft 09, 070.
▶ Touristische Auskünfte 393939.
▶ Zollverwaltung Kaliningrad 472003, 430511.

Problemlos ist das Telefonieren im Kaliningrader Gebiet von Privatanschlüssen oder vom Hotel aus. Für Fernsprecher auf der Straße benötigt man Telefonkarten beziehungsweise ›321-PIN-Karten‹. Auch läßt es sich vom Post- und Telegrafenamt aus anrufen. Hierbei ist zu beachten, daß man vorher angeben muß, wie lange man telefonieren will. Dann wird Vorkasse fällig, und wenn sich der gewünschte Teilnehmer meldet, drückt man die Otvet/Ответ-Taste (Antwort), die einem vorher mitgeteilt wird, damit die Verbindung zustande kommt.

Uhrzeit
Im Kaliningrader Gebiet gilt mitteleuropäische Zeit plus eine Stunde, auch gibt es hier die Sommerzeit. Gegenüber der Moskauer Zeit ist es in Kaliningrad eine Stunde früher. Achtung: Alle Züge, auch Vorortzüge, fahren nach Moskauer Zeit.

Masuren im Internet

www.polen-info.de
Der deutschsprachige Internetauftritt des Polnischen Fremdenverkehrsamts mit zahllosen Informationen in Wort und Bild zum touristischen Angebot in Polen.

www.masuren-online.de
Ein großer deutschsprachiger Info-Service rund um das Thema Frisches Haff, Ermland und Masuren von Aktivurlaub über Kunst und Kultur bis zur Unterkunft. Ferner beinhalten die Seiten aktuelle Nachrichten aus Polen, den täglichen Wechselkurs Euro/Złoty, Minisprachkurse, Literaturtips, Reisevorschläge und vieles mehr zum stundenlangen Surfen durch das virtuelle Nordostpolen; mit vielen Links zu Deutsch-Polnischen Gesellschaften, Verbänden und Interessenvereinigungen.

www.welcome2masuria.com
Der deutschsprachige online-Reiseführer bietet ein umfassendes Informationsangebot über die masurischen Orte, Seen, Sehenswürdigkeiten und Ausflugziele, mit zahlreichen Tips für Naturerlebnisse, Sport- und Freizeitaktivitäten sowie einem großen Katalog ausgewählter Unterkunftsmöglichkeiten der unterschiedlichsten Kategorien, von Hotels und Pensionen über Ferienhäuser und Privatzimmervermietung bis hin zu Reiterhöfen und Campingplätzen, die man sich online anschauen und direkt buchen kann.

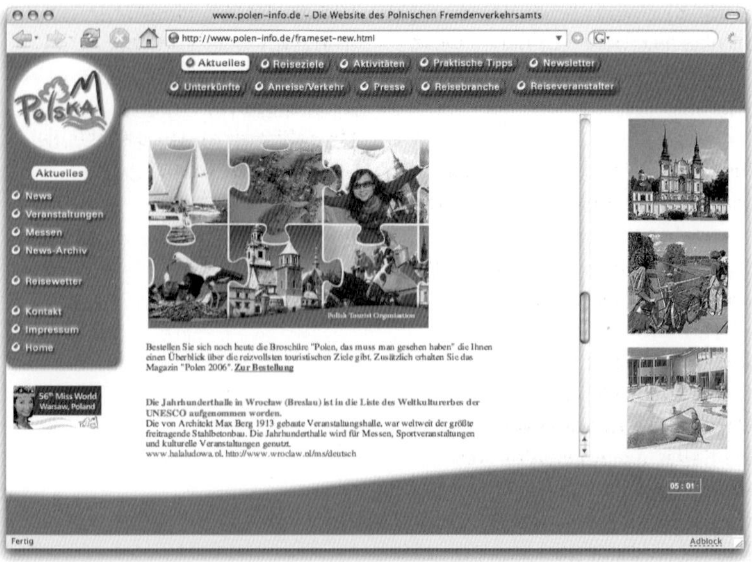

Internetseite des Polnischen Fremdenverkehrsamtes

www.infolinia.com.pl
Die Seite der Polnischen Tourismusorganisation (POT). In der POT arbeiten mit dem Ziel der Tourismusförderung in Polen Vertreter des Staates, der Woiwodschaften und der Touristikwirtschaft zusammen. Neben Informationen über die polnischen Tourismusorganisationen, Regional- und Stadtverwaltungen, Behörden etc. mit Links auf deren Seiten bietet die Website ein Tourismusmagazin, einen Messe- und Veranstaltungskalender sowie viele touristische News in Polnisch und Englisch.

www.pttk.pl
Die Homepage der Polnischen Gesellschaft für Touristik und Heimatkunde mit einem großen Angebot an touristischen Aktivitäten von Paddeln über Radeln bis Wandern sowie einem reichhaltigen Unterkunftsangebot, in Polnisch, Englisch, Deutsch.

www.wim.pl
Die Seite der Woiwodschaft Warmińsko-Mazurskie erteilt ausführliche Informationen über zahlreiche Städte und Landschaften in Ermland und Masuren, leider nur auf Polnisch.

www.mazury.com.pl
www.mazury.info.pl
Unter beiden Adressen verbergen sich Seiten mit vielen Infos über masurische Städte und Gemeinden, Unterkünfte, Sehenswürdigkeiten und Freizeitaktivitäten, leider ebenfalls nur auf Polnisch.

www.kaliningrad.aktuell.ru
Deutschsprachige Website mit aktuellen Nachrichten aus dem Kaliningrader Gebiet und auch touristischen Informationen zu Visafragen, Unterkunft und Sehenswürdigkeiten.

www.klgd.ru
Offizielle Seite der Stadtverwaltung, auch auf englisch.

www.kaliningrad.net
Wer des Russischen mächtig ist, findet auf dieser Seite einen Stadtplan von Kaliningrad sowie Fahrpläne.

www.network-ecotourism.de
Seite des Projekts ›Ökotourismus rund um die Frische und Kurische Nehrung‹, Informationen zum russischen Teil der Kurischen Nehrung und zum Ökotourismus-Zentrum in Lesnoj, das Unterkünfte und Ausflüge anbietet.

www.eco-kenig.info
Umweltinformationsportal für das Kaliningrader Gebiet.

Kartenregister

Übersichtskarten

Stadtpläne

Personen- und Sachregister

Polnisch/russisch-deutsches Ortsregister

Deutsch-polnisch/ russisches Ortsregister

Bildnachweis

Titel: Segelboot auf dem Jezioro Mikołajki
12/13: Am Jezioro Śniardwy
52/53: Krantor in Gdańsk
116/117: Paddelboote auf der Krutynia
156/157: Am Jezioro Niegocin bei Giżycko
204/205: In der Suwalszczyzna
236/237: Kaliningrad, pl. Pobedy

Peter Hirth, transit Archiv: 19, 52/53, 56, 80, 86, 90, 91, 186u., 187u.
Holger Kretzschmar: 37, 256, 236/237, 239, 240, 243, 246, 247, 248, 259, 260, 261, 262, 263, 265, 266, 267, 268, 270, 277, 278, 281, 283, 285, 317, 318, 321
Kerstin und André Micklitza: Titel, 20, 65, 68, 72, 134, 135o., 136, 185, 186o.
Detlev von Oppeln: 19, 25, 41, 66, 67u. 75, 100, 101, 104, 105, 120, 125, 144, 146, 156/157, 178, 182, 188, 192, 193, 196, 198, 199, 201, 202, 208, 211, 222, 224, 227, 229, 233, 235, 253, 254o., 255, 286, 297, 315
Polnisches Fremdenverkehrsamt: 60, 63, 67o.
Claudia Quaukies: 14, 15, 27, 29, 30, 79, 108, 123, 133, 135u., 140, 143, 148, 150, 152, 153, 161, 162, 165, 166, 187o., 197, 210, 216, 221, 232, 236/237, 254u., 301, 302, 307, 309
Maren Rathke: 9, 10, 12/13, 16, 23, 34, 45, 50, 58, 62, 173, 174, 176, 190, 204/205, 304, 311
Ulrich A. Rödiger: 78, 88, 95, 111, 113, 116/117